中国地理丛书
A BOOK SERIES OF CHINESE GEOGRAPHY

简明中国历史地图集
CONCISE HISTORICAL ATLAS OF CHINA

中国社会科学院　主办
SPONSORED BY
CHINESE ACADEMY OF SOCIAL SCIENCES

谭其骧　主编
CHIEF EDITOR PROF. TAN QIXIANG

中国 地图出版社出版
CHINA CARTOGRAPHIC PUBLISHING HOUSE

图书在版编目（CIP）数据

简明中国历史地图集/谭其骧主编 . —北京：中国地图
出版社，1996.6 重印
ISBN 7－5031－1015－5

Ⅰ.简… Ⅱ.谭… Ⅲ.历史地图－中国 Ⅳ.K992.6－64

中国版本图书馆 CIP 数据核字(96)第 08854 号

中国地理丛书

简明中国历史地图集
(精装本)

中国社会科学院主办
谭其骧　　　主编
中国地图出版社出版
（北京市白纸坊西街 3 号　邮编 100054）

河北三河艺苑印刷厂印刷
新华书店 北京发行所发行

787×1092　1/16　13 1/2 印张
1991 年 10 月第 1 版 1996 年 6 月河北第 2 次印刷
印数：20001－70000

定价：48.00元

《中国地理丛书》出版说明

　　建国三十多年来，我国社会主义建设事业蓬勃发展，我们伟大祖国面貌日新月异。在这片辽阔的土地上，不论是人烟稠密的东部平原地区，还是地旷人稀的西部高原山地；不论是郁郁葱葱的江南大地，还是沙漠广布的西北干旱地区；不论是开发利用自然资源、改造自然环境，还是发展工农业生产、改变不合理的生产布局等等，都已经发生了极其深刻的变化。广大的地理工作者，在十亿神州大地上，进行了大量的考察和研究，积累许多资料。这一切使我国地理学的发展，进入了新的阶段，在理论上和实践上，都达到了新的水平。

　　在这样的有利条件下，组织编写出版《中国地理丛书》，把我们伟大祖国的锦绣河山和各种丰富的自然资源，特别是三十多年来我国人民艰苦斗争，改造自然，进行社会主义建设所取得的成就，比较全面、系统地加以总结、宣传，对于向广大群众，特别是青年普及中国地理知识，激发他们的爱国热情，为社会主义现代化而奋斗，有着重要和积极的作用。同时，也将促进世界各国人民对我国的了解。

　　《中国地理丛书》是普及地理知识的中级读物，包括中国地理总论和人文地理、自然地理、区域地理以及地图集各类。其主要读者对象是具有中等文化水平的广大群众和干部。它既不同于一般性的地理知识读物，也不同于学术性研究著作和教材。因此本丛书注重于科学性和知识性，既要反映我国地大物博、资源丰富，又要反映我国人民利用这些资源进行社会主义建设所取得的伟大成就，以及地区经济开发中的潜力和前景；既要反映我国当代地理科学研究的广度和深度，又要反映我国地理学的优良传统、最新进展和社会主义建设中的地理问题，具有时代的特色。在文字表述上，亦力求做到深入浅出，流畅易懂，形式新颖。

　　在全国广大地理工作者、出版工作者的共同努力下，这套丛书得以陆续编写出版，是值得高兴的事。但是，由于参加丛书编写的作者很多，出版单位也很多，各方面的条件不平衡，再加上我们的工作做得不够细致，这套丛书在内容和表述上，设计和印制上，都难免存在这样或那样的不足。我们诚恳地希望广大读者提出宝贵的意见和建议，以便再版发行时予以修正和提高。

　　我们谨向为本丛书的编写出版作出贡献、给予帮助的所有同志表示衷心的感谢。

《中国地理丛书》编委会

一九八五年二月

Compiler's Note on A Book Series of Chinese Geography

Since the founding of our People's Republic more than 30 years ago, China's socialist construction has been forging rapidly ahead, and the country has undergone tremendous change in all fields, such as exploitation and utilization of natural resources, transformation of natural environment, distribution and production growth of industry and agriculture, etc. Vast numbers of geographers of our country have made numerous investigations on the subjects above-mentioned throughout the country, and accumulated much information concerned, carrying China's geography to a new stage and pushing it to a new high in terms of its theory and practice.

Under these favourable conditions, it is a matter of cardinal significance to compile and publish A Book Series of Chinese Geography, which rather comprehensively and systematically summarizes and propagandizes China's beautiful land and rich natural resources, especially the achievements of the Chinese people in their hard struggle to transform nature and carry socialist construction during the 30-odd years after the founding of New China, thus the knowledge of Chinese geography can be spread among the broad masses, especially young people, to arouse their patriotic enthusiasm for achieving the socialist modernization. Moreover, this series will be helpful to readers abroad who wish to know our country.

As a kind of popular geography readings of middle rank, the book series covers a general survey of China's geography, human geography, physical geography, regional geography, geographic atlases and so on. It is intended mainly for the readers at secondary school education level. Different from the general geographic knowledge books or the academic research works as well as textbooks, the series lays equal stress upon science and knowledge, so it represents not only the vast territory and abundant resources, but also great successes in socialist construction achieved by Chinese people using these resources, and reveals potentialities and prospects of the regional economy development as well. In addition, with the features of our time, the book series shows the scope and depth of scientific research on China's geography, its fine tradition and latest progress, and geographic problem existing in socialist construction as well. The series tries to explain the profound in simple terms, written in an easy and fluent style, and be in a new form.

Thanks to joint efforts of numerous geographers and publishers, it is a great pleasure that A Book Series of Chinese Geography can be compiled and published in succession after all. However, the numerous writers, compilers, publishers participated in the book series work are in different conditions, plus our organization work is not thought out carefully enough, so earnestly hoping that our broad masses of readers put forward comments and suggestions on the unavoidable mistakes and shortcomings both in the contents and description, and in the design and printing of this series, so as to improve the future editions. We wish to extend our heartfelt thanks to those, who gave us valuable help and made a contribution to writing, compilation and publication of this book series.

Editorial Board of A Book Series of Chinese Geography

February, 1985

《简明中国历史地图集》制图工作人员
Map Compilation and Reproduction Staff of the Concise Historical Atlas of China

责任编辑：顾乃福
Managing Editor：Gu Naifu

编　　辑：洪根寿
Editor：Hong Genshou

制　　图：贺湘京　　袁素英
Cartographers：He Xiangjing　Yuan Suying
　　　　　张　萍　　赵文玉
　　　　　Zhang Ping　Zhao Wenyu
　　　　　段　凌　　王永红
　　　　　Duan Ling　Wang Yonghong

审　　校：
Cartographic Revisers：
　　　　　陈淑兰　　　尤文波
　　　　　Chen Shulan　You Wenbo

英文翻译：范　　毅
English Text Translator：Fan Yi

封面设计：陈建华
Cover Designer：Chen Jianhua

制印工艺：王立红　　　王惠芳
Art Designers：Wang Lihong　Wang Huifang

出版审订：计伯仁
Publishing Examiner：Ji Boren

前　言

　　五十年代开始编绘由中国社会科学院主办的《中国历史地图集》时，目的主要是要把中国历代各个政权的疆界和政区画出来；政区要求画出一二级政区的治所、界线和所有县级治所，此外还要择要画出一些著名地名。要达到这个目的，比例尺就不能大到几百万（五六百万至二三百万）分之一，一个政权的疆域就不能不按大政区划分成好几幅（几幅至二三十幅）。这种图幅我们称为分幅图，这是图集的主体。我们的编绘工作所能达到的详密精确度赖以表达，我们对有关学术界所能作出的贡献也藉此显示。当时我们仅仅认为既然一个时期分画成了好几幅图，就不得不将这几幅用小比例尺综合为一幅，我们称之为总图（后来称为全图），供综览这一时期的概貌之用。因此在每一时期的分幅图完成后，我们就将全组图幅交给制图同志，让他们缩编成全国总图。内容原则上视比例尺而定，一般只能画出一级政区界线治所，不画县治和其他小地名，二级政区只画治所不画区界，治所不能全画则听由制图者随意取舍。这样画出来的总图，在编者心目中一般不予重视，对其内容选择是否恰当，不事审核。当然，有些时期有些边区并无分幅图，只靠分幅图是拼不成总图的，编者还得对这些边区画上一些部族名和山川名。那毕竟只是藉以避免空白而已，其详确程度是远远赶不上分幅图的。总之，当时我们的编图工作侧重于分幅图，对总图比较忽视。而当时这种思想实质上是错误的。

　　分幅图果然可以由于详密精确而为学者赞赏，但每一个历史时期只能显示某一年代的疆域政区，看不到这一时期的前后变化，对学者而言也还有一个不可低估的缺点。何况图集的服务对象不应该局限于学者，应该尽可能争取为广大读者服务。由于以分幅图为主体，结果全图集多至五百多页，不能不分订为八册，如此巨著，怎能普及，怎能为广大读者服务？

　　前一个缺点我们在八十年代将原先的内部本改编为公开发行本时已有所纠正。我们对前后变化较大的若干历史时期如南北朝、唐、宋、金、元、明、清，不再只画一幅分幅图的综合图，都酌情加画了几幅全图。后一个缺点则将由出版这册《简明中国历史地图集》予以补救。

　　这一图册不为专家服务，专为一般读者服务；因此，与八册本全图集相反，删去了原来的主体部分分幅图，专收历代的全图，使读者手此一册，就能窥见中国几千年中历代疆域政区变化的概貌。全集截止于清代，本册又加画了两幅中华民国时期全图，使所包涵的中国历史时代更臻完备。原始社会遗址图的说明曾经考古所王世民同志予以修订。两幅民国图的编绘者是中国地图出版社的顾乃福同志。民国图和卷首中华人民共和国全图的图说都由中国地图出版社陈潮同志撰写。

　　不无遗憾的是，当初缩编分幅图为总图时，取舍难免有失当之处，由于审核不严，未能改正。此次汇集时，因基本上采用旧版，不便多作改动，只能改正了其中一小部分，仍留有一些当改未改之处。

　　在编绘图集的分幅图时，原对图中每一个点、每一条线、每一块面都将史料依据和考证结论作有记录。七十年代由于急于出图，未能将这些文字资料一并整理出书。十多年来，当年参与编图的各单位，除中央民族学院已将东北地区的释文汇编成书，于1988年整理出版外，其他

单位都因另有其他繁重任务,未能顾到此项工作。全部释文的出版日期,目前尚难以估计。

图集的释文既然一时还拿不出来,作为图集的缩本的这册简明图,自可不必附以繁重的图面点线的今地考释。但正因为这册图的服务对象是广大普通读者,这些人中很可能有一部分是对中国史的知识知之不多,还不能够完全看懂这册图的,所以地名考释虽然不需要,对中国历代各王朝与政权的兴衰递嬗和政区划分概状,都很需要有一个简括的说明。因此本图册对每幅图都附以一篇大致不超过三千字的图说,希望读者藉此获得一些与地图相互阐发的基本中国历史地理知识。一代兴亡降替和疆域政区的变革要用二三千字来说明是不那么容易的,这些图说肯定有写得不妥当甚至错误之处,希望史学界同志能予以指正,俾得在再版时予以修正。

再者,由于图幅的编绘者是七八十年代参与编绘工作的各单位同志,而图说则全部出于拙撰,很可能会出现若干图与说不相照应或不一致之处,这些缺点的存在都应该由我个人负责。

这一图册和图说的出版,希望能对图集的偏重专门性,普及性不足的缺点能有所补益,希望能对广大普通读者起到一些普及中国历史地理基本知识的作用。就是对已备有八册本全图的学者而言,再备此一册于案头,也可以因其简便受到欢迎。

谭其骧

1990 年 8 月 17 日

FOREWORD

The Historical Atlas of China which began to be compiled in the fifties and sponsored by Chinese A-cademy of Social Sciences was to show the political boundaries and administrative regions of every regime in the successive dynasties of Chinese history; the political boundaries and seats of the first and second level administrative areas; all county-level seats and some famous place names. For this reason, the map scale could not be as large as one to several millions (such as from 1 : 6m to 1 : 2m), and the territory map of a large administrative areas regime had to be divided into separate sheets(several to 20 or 30). These sheets are called separate maps which are principal parts of this atlas. These maps revealed not only the meticulous and accurate compiling technology of the cartographers but also the contribution of related academic circles. Depending on these separate maps, however, we could not scan the general pic-ture of one regime. We had to put separate maps of one regime together to form a smaller scale map which was called overall map. On this map we only presented political boundaries and seats of the first-order administrative areas and the seats of the second-order administrative areas. We had to present names of tribes, rivers and mountains in some regions that had no separate maps. Cartographers could accept or reject these elements by themselves. The quality of the overall map is relatively lower. There-fore, it is a mistake that we only paid more attention to separate maps rather than overall maps.

Though these separate maps were praised by scholars for their accurate and detailed contents, they merely showed the territory and administrative regions of one dynasty at a special time and could not re-flect the changes of dynasty in this period. It is thus a regrettable matter for scholars. In addition, the atlas of eight volumes including more than five hundred pages was too enormous to be popular among the public.

When we made the public edition of the atlas from the restricted edition in the eighties, the former defect was overcome by increasing a few overall maps of dynasties which witnessed relatively great changes (such as the Northern and Southern Dynasties, the Tang Dynasty, the Song Dynasty, the Jin Dynasty, the Yuan Dynasty, the Ming Dynasty, the Qing Dynasty). The latter defect will be overcome by publishing this abridged atlas.

Because this abridged atlas is for general readers, not for specialists, only overall maps are collected in contrast with the old atlas. It is possible that the reader can see an outline of changes of territories and administrative regions during a few thousand years in Chinese history with this atlas. In order to remedy a defect that the old atlas' data ended at the Qing Dynasty, we attach two overall maps of Republic of China which are compiled by Mr. Gu Naifu of China Cartographic Publishing House so to make the abridged atlas include all Chinese historical periods. The explanation of the map of remains of primitive society has been revised by Mr. Wang Shimin of Institute of Archaeology. The explanations of these two maps and the first map in this abridged atlas—People's Republic of China are written by Mr. Chen Chao of China Cartographic Publishing House.

It is a pity that on the overall maps of the old atlas there were some mistakes when the atlas were compiled. When we compiled this new atlas, we adopted the plates of the old one, therefore, there will be some defects in this abridged atlas even though we made efforts to correct some original mistakes.

Records about historical evidences and correcting conclusions of every point, line and area were made when we compiled the separate maps of the old atlas. But they have not been published with the atlas at that time, except the explanation of northeastern region published by Central College of Nation-

alities in 1988.

In this case, for such an abridged atlas, it is unnecessary to attach the numerous explanations of maps, But it is necessary to attach a summary of Chinese history about the administrative division and the rise and decline of every dynasty in order to help readers insufficient to the knowledge of Chinese history to understand this abridged atlas. The words of summary for each map are not over three thousand. We try to make reader acquire knowledge of Chinese historical geography from the abridged atlas. Of course, it is not easy to describe in 3000 words the changes of administrative division, rise and decline of a dynasty. There will be inappropriate views even mistakes in these explanations. We hope historians make comments of criticisms for the reprint of this atlas. Moreover, these maps were compiled by staffs from different institutions in the seventies or eighties, the explanations of these maps were all written by me. Thus I will be responsible for the possible inconsistencies between maps and explanations.

We hope that the abridged atlas can remedy the defect of overspecializing of old atlas and help the ordinary readers to get some essential knowledge of Chinese historical geography. It is also a welcome handy atlas for scholars who have the old atlas.

Prof. Tan Qixiang
Aug. 17,1990

目　　录

1—2	中华人民共和国全图	二千一百万分之一
3—4	原始社会遗址图	二千一百万分之一
5—6	夏时期全图	二千一百万分之一
	安邑、帝丘附近	七百万分之一
7—8	商时期全图	二千一百万分之一
	商时期中心区域	一千万分之一
9—10	西周时期全图	二千一百万分之一
	西周时期中心区域	一千一百万分之一
11—12	春秋时期全图	二千一百万分之一
13—14	战国时期全图	二千一百万分之一
15—16	秦时期全图	二千一百万分之一
17—18	西汉时期全图	二千一百万分之一
19—20	东汉时期全图	二千一百万分之一
21—22	三国时期全图	二千一百万分之一
23—24	西晋时期全图	二千一百万分之一
25—26	东晋十六国时期全图	二千一百万分之一
27—28	附十六国	二千一百万分之一
29—30	宋　魏时期全图	二千一百万分之一
31—32	齐　魏时期全图	二千一百万分之一
33—34	梁　东魏　西魏时期全图	二千一百万分之一
35—36	陈　齐　周时期全图	二千一百万分之一
37—38	隋时期全图	二千一百万分之一
39—40	唐时期全图（一）	二千一百万分之一
41—42	唐时期全图（二）	二千一百万分之一
43—44	唐时期全图（三）	二千一百万分之一
45—46	元和方镇图	八百四十万分之一
47—48	五代十国时期全图	二千一百万分之一
49—50	五代十国时期分国图	一千八百万分之一
51—52	辽　北宋时期全图	二千一百万分之一
53—54	金　南宋时期全图（一）	二千一百万分之一
55—56	金　南宋时期全图（二）	二千一百万分之一
57—58	元时期全图（一）	二千一百万分之一
59—60	元时期全图（二）	二千一百万分之一
61—62	明时期全图（一）	二千一百万分之一
63—64	明时期全图（二）	二千一百万分之一
65—66	清时期全图（一）	二千一百万分之一
67—68	清时期全图（二）	二千一百万分之一
69—70	中华民国时期全图（一）	二千一百万分之一
71—72	中华民国时期全图（二）	二千一百万分之一
73—125	地名索引	

Contents

1—2   The General Map of the
            People's Republic of China ·················· 1 : 21,000,000

3—4   The Primitive Society Sites ···················· 1 : 21,000,000

5—6   The General Map of the Xia Dynasty Period ············ 1 : 21,000,000

         Vicinities of An Yi and Di Qiu ······················ 1 : 7,000,000

7—8   The General Map of the Shang Dynasty Period ············ 1 : 21,000,000

         The Central Area of the Shang Dynasty ············ 1 : 10,000,000

9—10   The General Map of the
            Western Zhou Dynasty Period ················· 1 : 21,000,000

         The Central Area of the Western Zhou Dynasty

         ·················· 1 : 11,000,000

11—12   The General Map of the
             Spring and Autumn Period ··················· 1 : 21,000,000

13—14   The General Map of the
             Warring States Period ···················· 1 : 21,000,000

15—16   The General Map of the
             Qin Dynasty Period ····················· 1 : 21,000,000

17—18   The General Map of the
             Western Han Dynasty Period ················· 1 : 21,000,000

19—20   The General Map of the
             Eastern Han Dynasty Period ················· 1 : 21,000,000

21—22   The General Map of the Three Kingdoms Period ········· 1 : 21,000,000

23—24   The General Map of the
             Western Jin Dynasty Period ················· 1 : 21,000,000

25—26   The General Map of the Eastern Jin
             Dynasty and the Sixteen Kingdoms ················ 1 : 21,000,000

27—28   Attached: the Sixteen Kingdoms ················ 1 : 21,000,000

29—30   The General Map of the Song and Wei Period ············ 1 : 21,000,000

31—32   The General Map of the Qi and Wei Period ·············· 1:21,000,000

33—34   The General Map of the Liang,
             Eastern Wei and Western Wei Period ················ 1:21,000,000

35—36   The General Map of the Chen, Qi and Zhou Period ······ 1:21,000,000

37—38   The General Map of the Sui Dynasty Period ·············· 1:21,000,000

39—40   **The General Map of the**
         Tang Dynasty Period(I) ·································· 1 ː 21,000,000

41—42   **The General Map of the**
         Tang Dynasty Period(II) ······························· 1 ː 21,000,000

43—44   **The General Map of the**
         Tang Dynasty Period(III) ······························ 1 ː 21,000,000

45—46   **Fang Zhen Map of the Yuan He Period** ····················· 1 ː 8,400,000

47—48   **The General Map of the**
         Five Dynasties and Ten Kingdoms Period ············· 1 ː 21,000,000

49—50   **The Map of Regimes during the**
         Five Dynasties and Ten Kingdoms Period ············· 1 ː 18,000,000

51—52   **The General Map of the Liao Dynasty**
         and the Northern Song Dynasty ····················· 1 ː 21,000,000

53—54   **The General Map of the Jin Dynasty**
         and the Southern Song Dynasty(I) ················· 1 ː 21,000,000

55—56   **The General Map of the Jin Dynasty**
         and the Southern Song Dynasty(II) ················ 1 ː 21,000,000

57—58   **The General Map of the**
         Yuan Dynasty Period(I) ······························ 1 ː 21,000,000

59—60   **The General Map of the**
         Yuan Dynasty Period(II) ····························· 1 ː 21,000,000

61—62   **The General Map of the**
         Ming Dynasty Period(I) ······························ 1 ː 21,000,000

63—64   **The General Map of the**
         Ming Dynasty Period(II) ····························· 1 ː 21,000,000

65—66   **The General Map of the**
         Qing Dynasty Period(I) ······························ 1 ː 21,000,000

67—68   **The General Map of the**
         Qing Dynasty Period(II) ····························· 1 ː 21,000,000

69—70   **The General Map of the Republic**
         of China Period(I) ································· 1 ː 21,000,000

71—72   **The General Map of the Republic**
         of China Period(II) ································ 1 ː 21,000,000

73—125   **Index**

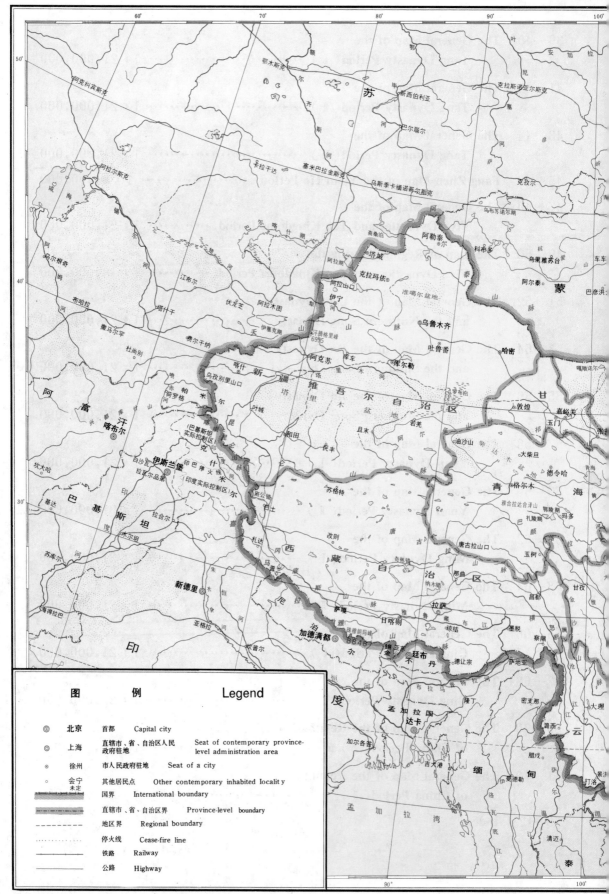

图 例 Legend

◎	北京	首都 Capital city
◉	上海	直辖市、省、自治区人民 Seat of contemporary province-政府驻地 level administration area
⊙	徐州	市人民政府驻地 Seat of a city
○	会宁 未定	其他居民点 Other contemporary inhabited locality
		国界 International boundary
		直辖市、省、自治区界 Province-level boundary
		地区界 Regional boundary
		停火线 Cease-fire line
		铁路 Railway
		公路 Highway

本图集今中国国界线系按照我社1989年出版的 1:400万《中华人民共和国地形图》绘制
本图集今行政区划资料截期1990年12月底

南海诸岛
四千六百二十万分之一

比例尺　二千一百万分之一
200　0　200　400　600　800公里

中华人民共和国时期图说

中华人民共和国于1949年10月1日成立，首都北京。新中国承袭了中华民国时期的疆域。六十年代初期，我国陆续和相邻的缅甸（1960年10月）、尼泊尔（1961年10月）、蒙古（1962年12月）、阿富汗（1963年11月）和巴基斯坦（1963年3月）等签订了边界条约或边界协定，确定了边界的划分和准确走向。其他各段边界，均仍按传统习惯走向在地图上标绘。

为适应社会主义革命和建设的需要，地方各级行政区划体制，经过多次较大的调整。大体上可分为：建国前夕和恢复阶段（1947—1952年）、过渡阶段（1953—1957年）、"大跃进"和调整阶段（1958—1965年）、文革阶段（1966—1976年）、拨乱反正和改革开放阶段（1977年以后）等五个阶段。

一、建国前夕和恢复阶段
（1947—1952年）

早在抗日、解放战争期间，各大解放区已陆续建立各级革命政权。建国前夕省级以上行政区划建制，主要的变动有：1947年5月，在乌兰浩特成立了内蒙古自治区；1949年2月，成立了华北人民政府，其辖区在同年8月撤销冀东、冀南、冀中、冀鲁豫、太行、太岳、太原等七个行政区，恢复河北、山西、察哈尔、绥远等省和北平、天津两市。同时，以河南省黄河以北、山东省运河以西、河北省漳河以南地区新设平原省，省会新乡市。1949年4月，东北地区重新建制辽东、辽西、吉林、黑龙江、松江、热河六省，沈阳、抚顺、鞍山、本溪四直辖市及旅大行署区。同年3月，成立新的山东省人民政府，省会济南市。辖区包括了原江苏省的徐州、连云港地区。同年4—5月，原江苏、安徽两省地区，分设苏北、苏南、皖北、皖南四行署区。其他凡在建国前夕解放的省和直辖市，如浙江、福建等省，南京、上海、西安、武汉等直辖市除原青岛直辖市降为省辖市外，均保留原建制。

建国以后，全国各大解放区实行大行政区形式，作为中央派出性质的领导体制。全国划分为华北、东北、华东、中南、西北、西南六大行政区，领导各省、直辖市和内蒙古自治区、西藏地方及昌都地区。各大区的领导机构，除华北、东北设人民政府外，余均设军政委员会。1949年10月，华北人民政府撤销，所辖省市直属中央。至1952年4月，恢复华北大行政区，设行政委员会。1952年11月，各大区军政委员会改为行政委员会。

恢复阶段（1949—1952年）省级行政区划建制的变动：

1949年10月1日，北平市改为北京市，并定为中华人民共和国首都。同年11月，正式设置天津中央直辖市。1950年10月，昌都地区解放后，由西康省划出，改为直属中央的单位。同年11月，旅大行署区改设旅大直辖市；四川省分划为川东、川南、川西、川北四个行署区。1951年5月，西藏地方和平解放。1952年8月，撤销皖北、皖南两行署区，恢复安徽省，省会合肥市。同年9月，恢复四川省，省会成都市，重庆仍为直辖市。同年11月，撤销察哈尔省，其辖区分别划归河北省和山西省；撤销苏北、苏南两行署区，恢复江苏省，省会南京市（同年12月南京直辖市降为省辖市）。撤销平原省，其辖区分别划归河南省和山东省。

省际主要行政区划的调整：

1949年8月，由山东省管辖的沛县、丰县、华山、铜北四县划归苏北行署区。10月，察哈尔省的繁峙县划归山西省。12月，黑龙江省的佛山县划归松江省。同年，宁夏省的额济纳旗划归甘肃省代管，1950年7月仍划回宁夏省。

1950年3月，原暂由陕西省代管的两郧专区（辖六县）仍划回湖北省。8月，察哈尔省的化德、多伦、宝昌三县划归内蒙古自治区。同年，平原省的河西、齐禹两县划归山东省。

1951年6月，川东行署区的巴县划归重庆市；重庆市的北碚管理处划归川东行署区。

1952年1月，暂由皖北行署区管辖的永城县划回河南省。3月，广东省的钦廉专区（辖合浦、钦县、灵山、防城四县和北海市）划归广西省；广西省的怀集县划归广东省。4月，河北省的天津县划归天津市。9月，四川省的綦江、长寿、江北三县和北碚市划归重庆市；辽东省的本溪县和抚顺县分别划归本溪市和抚顺市。11月，山东省的庆云、盐山、吴桥、东光、宁津、南皮六县划回河北省，赣榆、邳县、东海三县和新海连市划回江苏省；河北省的恩县、武城、夏津、临清、馆陶五县划归山东省。12月，松江省的佛山县划回黑龙江省。同年，原由辽西省管辖的山海关市划回河北省，并改为秦皇岛市的山海关区。

省级行政中心的迁移和更名：

1950年2月，广西省省会定为南宁市（解放前驻桂林市）。同年，内蒙古自治区首府暂迁张家口市，1952年6月迁驻归绥市。1952年新疆省省会迪化市更名乌鲁木齐市。

二、过渡阶段
（1953—1957年）

1954年6月19日中央人民政府第32次会议通过《关于撤销大区一级行政机构和合并若干省、市建制的决定》，撤销了全国六个大行政区行政委员会的建制，以适应开始实行第一个五年计划的需要。省级行政区划，也有较大的调整。1953年7月，增设哈尔滨直辖市。9月，增设长春直辖市。1954年6月，上述两市仍降为省辖市，分别划归黑龙江省和吉林省管辖。同时，撤销辽东、辽西两省，合并设立辽宁省；撤销松江省，并入黑龙江省；撤销宁夏省，并入甘肃省；撤销绥远省，并入内蒙古自治区；撤销沈阳、旅大、鞍山、抚顺、本溪五直辖市，降为省辖市，划归辽宁省管辖；撤销武汉、广州、西安、重庆四直辖市，降为省辖市，分别划归湖北省、广东省、陕西省和四川省管辖。同年，吉林省省会由吉林市

迁驻长春市；河南省省会由开封市迁驻郑州市。

　　１９５５年３月，西藏地方（含昌都地区）设置西藏自治区筹备委员会。７月，一届人大二次会议决定，撤销热河省，分别划归河北省、辽宁省和内蒙古自治区；撤销西康省，并入四川省。同年９月，撤销新疆省，成立新疆维吾尔自治区。

　　１９５３—１９５７年省际主要行政区划调整：

　　１９５３年１月，重庆市的巴县、綦江、江北、长寿四县仍划回四川省。同年３月，安徽省的萧县、砀山、江浦三县，划回江苏省。同年６月，江苏省的嵊泗县划归浙江省。同年８月，山东省新设微山县，辖区包括全部微山湖面及江苏沛县属１５村。１９５４年１１月，四川省的名山县划归西康省。１９５５年２月，江苏省的萧县、砀山两县仍划回安徽省；安徽省的泗洪、盱眙两县划归江苏省。同年５月，广西省的合浦、钦县、灵山、防城、浦北各县及北海市仍划回广东省。１９５６年３月，河北省的昌平县划归北京市。同年４月，甘肃省的巴彦浩特蒙古族自治州和额济纳旗划归内蒙古自治区。同年７月，山东省微山县的黄山岛、套里岛等３５个村划归江苏省，微山湖面仍由山东省统一管理。

三、"大跃进"和调整阶段
（１９５８—１９６５年）

　　１９５８年以后，省级行政区划建制基本稳定，只有少数省际的局部调整。但在１９５８—１９６２年的一段时间内，各省内部县级单位曾有较大幅度的变动反复。１９５８年全国县级单位由１９５７年的２０９２个减少到１７４８个，到１９６２年则又恢复到２０７５个。

　　省级行政区划建制的变动：

　　１９５８年２月，天津直辖市降为省辖市（河北省省会同时由保定市迁驻天津市）。同年３月，撤销广西省，改设广西僮族自治区（１９６５年１０月"僮"更名为"壮"）。同年６月，建立宁夏回族自治区，其辖区由甘肃省划出。１９６０年１月，西藏自治区（筹委会）新的行政区划公布，明确包括原中央直辖的昌都地区在内。１９６５年９月，西藏自治区正式成立。

　　省际主要行政区划的调整：

　　１９５８年１月和１１月，上海市扩大市区，两次将江苏省的上海等十县先后划入。同年３月和１０月，北京市扩大市区，两次将河北省的通县等九县先后划入。１９６２年３月，河北省的商都县划归内蒙古自治区。１９６３年３月，河南省的东明县划归山东省。１９６４年９月，山东省的范县划归河南省。１９６５年３月，河北与山东两省基本沿四女寺减河和南运河为界，较大幅度调整省界，其结果河北省的宁津、庆云两县划归山东省；山东省的馆陶县划归河北省。同年６月，广东省的合浦、钦州、灵山、浦北等县及北海市划归广西壮族自治区。

四、文革阶段
（１９６６—１９７６年）

　　这一时期行政区划基本稳定。省级建制变动只有一起，即１９６７年１月，天津市改为中央直辖市。省会迁移一起，即１９６８年２月，河北省省会由天津市迁驻石家庄市。省际行政区划调整有二起，即１９６９年７月，将内蒙古自治区的呼伦贝尔盟、哲里木盟（不含突泉县和科右前旗）、昭乌达盟以及阿拉善左旗和右旗、额济纳旗分别划归黑龙江省、吉林省、辽宁省、宁夏回族自治区和甘肃省。另一起是１９７３年７月，河北省的蓟县、宝坻、武清、静海、宁河五县划归天津市。其他县级以下局部省际区域调整或省界划定尚有八起，不详赘。

五、拨乱反正和改革开放阶段
（１９７７年以后）

　　１９７７年起，经过两年拨乱反正，特别是１９７９年十一届三中全会以后，国家以经济建设为中心，坚持四项基本原则，实行改革开放政策，全国行政区划基本稳定。１９７９年５月，将１９６９年由内蒙古自治区划给黑龙江省、吉林省、辽宁省、宁夏回族自治区和甘肃省的各盟旗，仍划回内蒙古自治区。为适应经济发展需要，在不打乱原有行政建制条件下，实行了许多行政管理体制的改革。如建立深圳、珠海、厦门、汕头等经济特区；划沿海十四个大中城市为对外开放城市；规定大连、重庆、青岛等十四个省辖市为中央计划单列市；新设市较１９７６年增加近一倍半；在有条件的地区推行市管县的管理体制，现已有北京、天津、上海三直辖市，辽宁、江苏、广东三省全部实行了市管县体制；为进一步实行改革开放，１９８８年将原广东省的海南行政区改设为海南省。

　　截止１９９０年底，全国共辖省级行政单位３１个，其中包括２３省５自治区３直辖市。地级行政单位３３６个，其中包括１８５地级市、３０自治州、１１３地区、８盟。县级行政单位２８３３个，其中包括２７９县级市、６５１市辖区，１７２３县，１２１自治县，５１旗，３自治旗，３特区，１工农区，１林区。

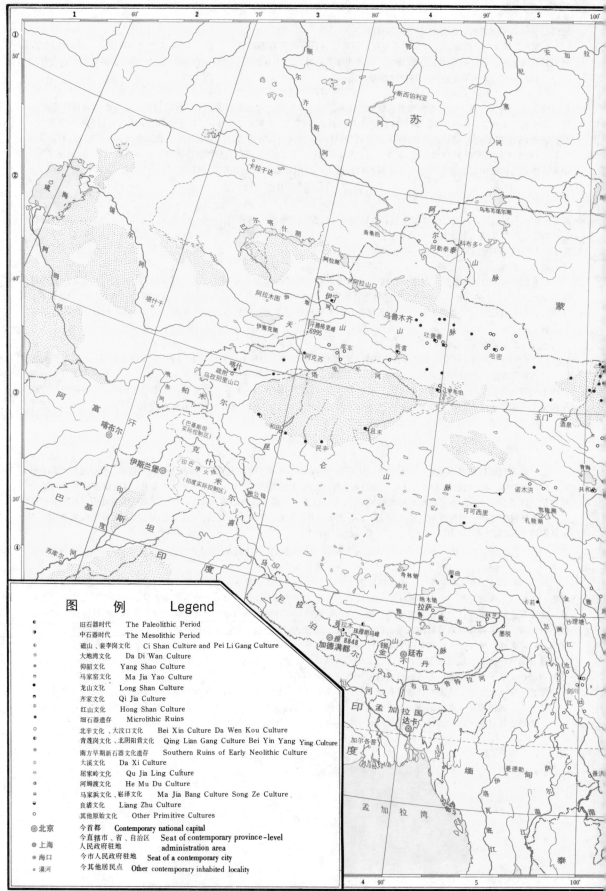

原始社会遗址图说

本图集各图幅全都采用古今对照法。历史图用黑色符号注记,衬以浅灰色今地图。惟独这幅原始社会遗址图因没有当时的地理名称传世,故只用符号标出各种遗址在今地图上的分布;既无历史图可绘,当然也谈不上古今对照。

又,本图集除新增二幅民国图外,主体部分自夏商周至清代各幅都采用《中国历史地图集》原图,除极个别点线稍有增删移易外,基本上不作改动。但自60年代末《中国历史地图集》定稿后二十多年来,新发现的原始社会遗址为数颇多,从而考古学界对各种考古学文化的命名和分布年代论断,都有所变动、改进。90年代新出版的图册若仍然采用二十多年前的旧图,显然很不合适。因而这幅图又不得不改动全集编例,不用原图,改用绘制于80年代的《中国国家历史地图集》中的原始社会遗址图。

图中画出的遗址中原截止于夏以前,边区适当展迟下限。全国共有旧石器时代遗址二百余处,新石器时代达八千多处,为比例尺所限,图上只能以今县市为单位,一县市不论发现遗址多少,只画一个符号。图上除注出部分市县河湖名外,只标出一些有代表性的重要遗址所在的乡镇名。

旧石器时代早期遗址　　中国大地上已发现的最早的人类化石和文化遗址,共有山西芮城西侯度、云南元谋、河北阳原小长梁、东谷坨四处。前者距今约180万年,其次约170万年,后二者约100万年。在地质上属早更新世晚期。其时人类以打制石器为主要生产工具,过着采集和狩猎生活。此外属于旧石器早期的重要遗址又有陕西蓝田、北京周口店、山西芮城匼河、垣曲南海峪、河南南召云阳、湖北郧县梅铺、大冶石龙头、安徽和县陶店、贵州黔西观音洞、辽宁营口金牛山、本溪庙后山等处,地质年代属中更新世,距今在三五十万年左右。其中周口店一处,即本世纪20年代初最早发现后来闻名于世的"北京人"遗址。

旧石器时代中期遗址　　有陕西大荔甜水沟、山西襄汾丁村及阳高许家窑、广东曲江马坝、贵州桐梓岩灰洞、湖北长阳下丁家、辽宁喀左鸽子洞等处,地质年代属晚更新世,距今约十万年。

旧石器时代晚期遗址　　有黑龙江呼玛十八站、内蒙古乌审旗萨拉乌苏沿岸和宁夏灵武水洞沟(旧称河套文化)、山西朔县峙峪、河南安阳小南海、河北阳原虎头梁、山西沁水下川、内蒙古呼和浩特大窑、四川汉源富林、北京周口店山顶洞、广西柳江通天岩、青海可可西里、西藏定日苏日、申扎梅雄、台湾台南左镇、台东长滨等处,地质年代属晚更新世至全新世开始时期,距今一至三万年。

中石器时代遗址　　发现较少,也不够典型,考古学界多存在不同看法。有陕西大荔沙苑、河南许昌灵井、山西沁水下川、黑龙江哈尔滨顾乡屯、内蒙古满洲里札赉诺尔、广西武鸣等处。地质上属全新世时期,距今七八千年至一万年。

在全国三十一个一级行政区中,只有新疆、海南、天津、上海四个地区未发现旧、中石器时代遗址。

新石器时代遗址

磁山、裴李岗文化　　公元前6000年至前5000年。磁山在河北武安西南,裴李岗在河南新郑西北,以这两处遗址为代表的文化颇多相似之处,早于仰韶文化。遗址遍布于武安以南河南中部,西至登封、郏县,东至尉氏、项城,东南至于潢川。

大地湾文化　　公元前5850年至前5400年。大地湾遗址在甘肃秦安县邵店村东,以此为代表的文化分布于甘陕渭河流域,兼及陕西汉水上游。早于仰韶文化。

仰韶文化　　公元前5000年至前3000年。仰韶村在河南渑池,以此为代表的文化遗址遍布于河南、陕西、山西、河北,东至鲁西北,北至河套,西至宁夏陇西,南至鄂西北。分为半坡(陕西西安)、庙底沟(河南三门峡)、西王村(山西芮城)、王湾(河南洛阳)、大河村

（郑州）、后岗、大司空村（安阳）等类型。

马家窑文化　　前３３００至前２０５０年。以甘肃临洮马家窑遗址为代表，包括石岭下、马家窑、半山、马厂四种类型，主要分布于东起甘肃渭河流域，西至河西走廊和青海河湟地区。是仰韶文化晚期的一个地方分支，故又名甘肃仰韶文化。

龙山文化　　前２９００至前１９００年。以山东章丘龙山镇城子崖为代表，分布于山东、苏北、皖北、河南、河北、山西、陕西及辽东半岛南端、鄂西北、河套东北隅，分为庙底沟二期文化，以安阳后岗为代表的河南龙山文化，以城子崖和日照两城镇为代表的山东龙山文化（即典型龙山文化），以长安客省庄为代表的陕西龙山文化（又称"客省庄二期文化"），以襄汾陶寺为代表的龙山文化陶寺类型五种类型。

齐家文化　　前２０００年左右。以甘肃广河齐家坪遗址为代表，分布于东起甘肃泾渭，西抵青海河湟，南至甘南白龙江流域，北入内蒙古阿拉善。上承马家窑文化，晚期已进入青铜时代早期，约与中原夏朝同时。

红山文化　　前３５００年左右。以内蒙古赤峰市东北红山后遗址为代表，分布于内蒙古东南部、辽宁西部、河北北部、吉林西北部。相对年代与中原仰韶文化大致相当。

细石器遗存　　分布于东北三省、内蒙古、宁夏、新疆、西藏等地，是新石器时代一种以渔猎畜牧经济为主的文化。除以细小打制石器为共同特征外，各地的文化面貌和年代各有不同。

北辛、大汶口文化　　前５４００至前２５００年。北辛遗址在山东滕县东南，大汶口遗址在山东泰安县南大汶口镇与宁阳堡头村交界处。北辛文化分布于山东泰安以南至江苏邳县，年代较早，约在前５４００至前４４００年之间。大汶口文化分布较广，遍及山东黄河以南运河以东，东至黄海，南至江苏淮北，年代约在北辛文化之后，前２５００年以后发展为山东龙山文化。

青莲岗、北阴阳营文化　　前５４００至前３０００年。青莲岗遗址在江苏淮安东北，以此为代表的文化分布于江苏淮河下游南岸，年代约为前５４００至前４４００年之间。北阴阳营遗址在江苏南京市区南京大学内，以此为代表的文化分布于江苏宁镇地区和安徽东南部，年代约为前４０００年至前３０００年。

南方早期新石器文化遗存　　以打制、磨制石器和简单绳纹陶为基本内涵的华南较早期新石器文化，遍布于江西、福建、台湾、广东、广西、贵州、云南、川南、西藏等地。其中有早至前１２０００年至前９０００年的广东阳春独石仔、封开黄岩洞遗址，江西万年仙人洞遗址为前６８００年左右，广西南宁豹子头遗址为前８７００至前７６００年。其他大致较晚，有些已被命名为不同的考古学文化，如以江西修水山背村跑马岭遗址为代表的山背文化，以福建闽侯县石山遗址为代表的昙石山文化，台湾台东八仙洞遗址为代表的长滨文化，台北大岔坑遗址为代表的大岔坑文化，圆山遗址为代表的圆山文化，高雄凤鼻头遗址为代表的凤鼻头文化，广东曲江石峡遗址为代表分布于北江东江流域的石峡文化等。

大溪文化　　前４４００至前３３００年，以四川巫山大溪遗址为代表，分布于东至湖北江陵公安、南至湖南澧水流域、洞庭湖北岸，北抵汉水中游等处。

屈家岭文化　　前３５００至前２６００年。以湖北京山屈家岭遗址为代表，分布于湖北江汉平原至河南南阳盆地。

河姆渡文化　　前５０００至前３３００年。以浙江余姚河姆渡遗址为代表，分布于宁绍平原的东部，越海东达舟山群岛。

马家浜、崧泽文化　　马家浜文化以浙江嘉兴马家浜遗址为代表，分布于钱塘江以北，西北至常州一带太湖流域。旧称江南青莲岗文化，７０年代改称。年代约始于前５０００年，至前４０００年发展为崧泽文化。崧泽遗址在上海青浦县东，年代下限约为前３３００年，其后发展为良渚文化。

良渚文化　　前３３００至前２２００年。以浙江余杭良渚镇遗址为代表，分布于太湖流域

下接６页背面

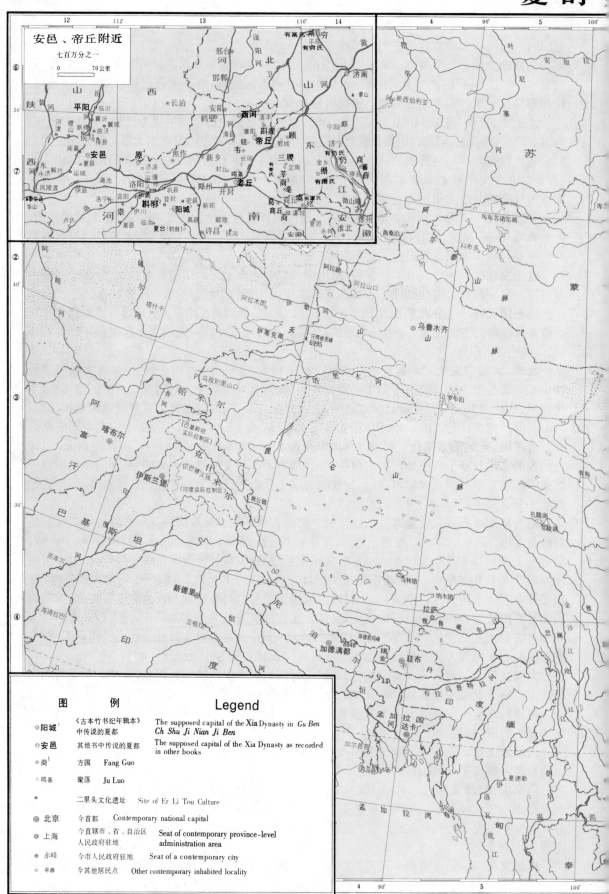

安邑、帝丘附近

七百万分之一

0   70公里

图　例　　　　Legend

◎阳城[1]　《古本竹书纪年辑本》　The supposed capital of the Xia Dynasty in *Gu Ben*
　　　　　中传说的夏都　　　*Ch Shu Ji Nian Ji Ben*

◎安邑　　其他书中传说的夏都　The supposed capital of the Xia Dynasty as recorded
　　　　　　　　　　　　　in other books

◎商[1]　方国　　　　　Fang Guo

○鸣条　聚落　　　　　Ju Luo

·　　二里头文化遗址　Site of Er Li Tou Culture

◎北京　今首都　　　　Contemporary national capital

◎上海　今直辖市、省、自治区　Seat of contemporary province-level
　　　　人民政府驻地　　administration area

◎赤峰　今市人民政府驻地　Seat of a contemporary city

○平原　今其他居民点　Other contemporary inhabited locality

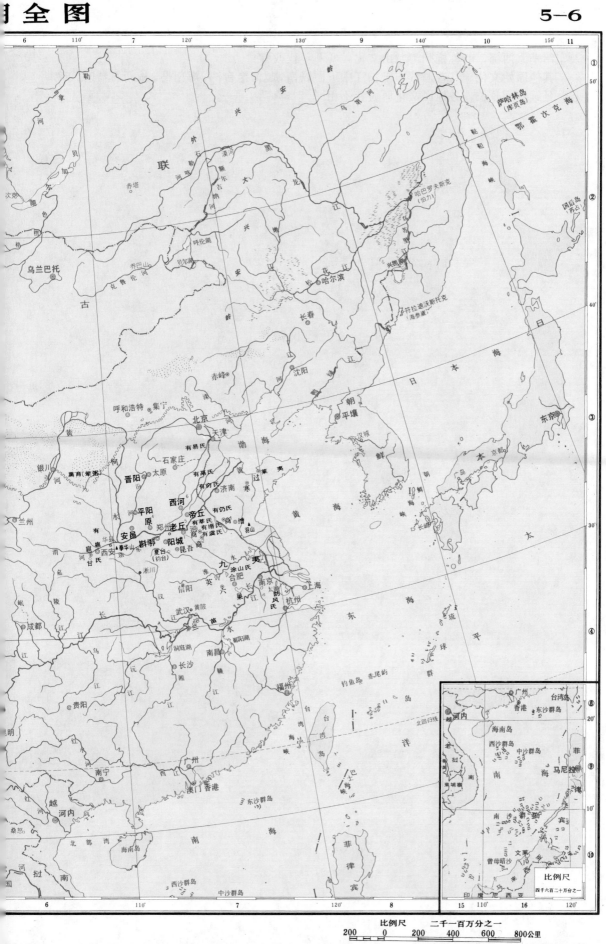

及宁绍平原西部。旧称杭州湾龙山文化，６０年代改称。

其他原始文化　　普遍分布于长江中下游以南，越海至台湾、海南岛。从新石器时代晚期起，延续时间较长，各地区文化面貌各不相同。

夏时期图说

黄河下游的原始社会后期,出现了以尧和舜相继为首领的部落联盟。舜死后夏族首领禹代为部落联盟首领。禹死后子启杀原定继承人益(一说是益让位于启),嗣位,从此由部落首领推选联盟首领的原始社会传统,转变成为一姓世袭,父兄死后由子弟继承的君主制国家,建立起了中国历史上的第一个王朝——夏。

夏朝的年代约起自公元前二十一世纪,历十六君四百有余年至前十六世纪为商所灭。夏族主要活动于今河南中、西部和山西南部地区。近几十年来在这一带先后发现了多处介于晚期龙山文化和早商文化之间的文化遗存,与文献所载夏朝年代和地域符合。以河南偃师二里头遗址为代表的二里头文化一二期,学术界已公认为夏文化遗存。

本图根据《诗经·商颂》、《左传》、《古本竹书纪年》、《世本》、《史记·夏本纪》等比较可信的有关夏代史料编绘,并画出考古遗址中的二里头文化遗址。

夏时期夏族之东分布着许多夷族。启子太康、中康、中康子相时,国家统治权曾落入东夷首领后羿、寒浞、浞子浇、豷之手,至相子少康灭浇,少康子杼灭豷,夏室中兴。又传五世七君至孔甲,夏衰,诸侯多叛。又传三世至桀(履癸),为商汤所败,被放于南巢而死。

据《古本竹书纪年》,禹都阳城(河南登封东南告成镇),太康居斟(河南旧巩县西南五十八里),相处帝丘(河南濮阳),杼居原(河南济源西北),迁老丘(开封东北),杼五世孙胤甲居西河(安阳东南),桀又居斟鄩。见于他书中的夏都又有安邑(山西夏县东北)、平阳(临汾西南)、晋阳 (太原西南)、阳翟(河南禹县)。1960年在今偃师西南,洛阳老城东约十八公里的二里头遗址发现大型宫殿建筑遗址,考古学者或认为这是斟鄩的遗址,或认为这是桀后期自斟鄩"迁于河南"的"河南"。

夏时的方国有有穷、有仍、有莘、有易、有鬲、有缗、有虞、有扈、过、寒、商、缯、亳、葛、斟灌、三朡、昆吾、韦、顾、涂山、防风、英、六巢等,四裔有莱夷、九夷、熏育、三苗等。

二里头文化遗址,主要分布于河南郑州附近、伊洛汝颍流域和山西汾水下游一带。

商 时

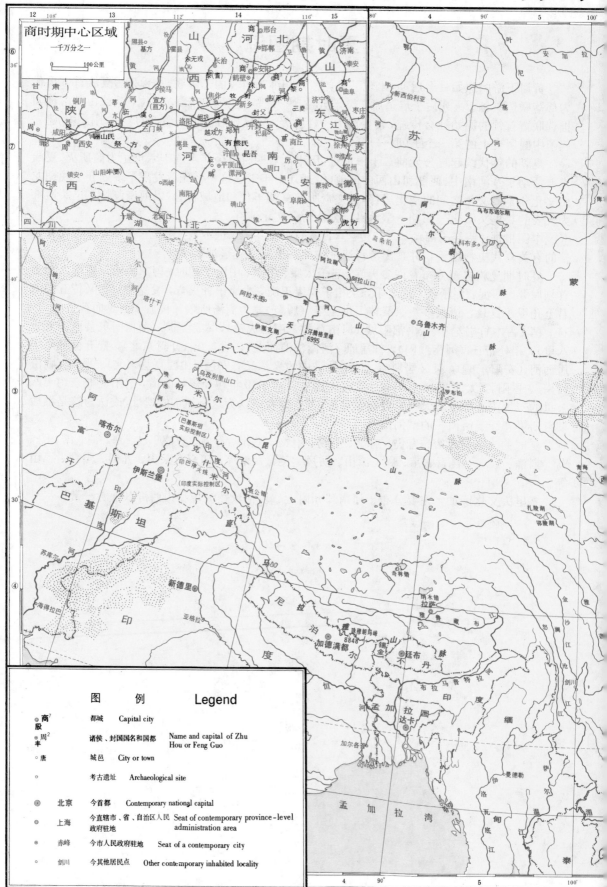

商时期中心区域

一千万分之一

0 ———— 100公里

商代都城曾有七次迁移：商¹亳；商²嚣；商³相；商⁴邢；商⁵庇；商⁶奄；商⁷殷。

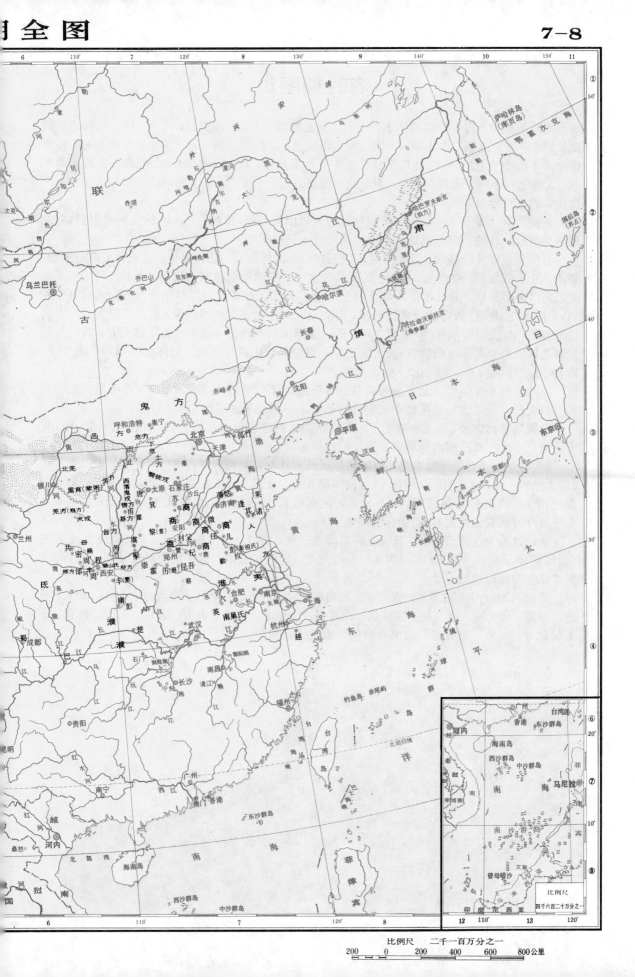

商时期图说

商族始祖契，相传曾佐禹治水，传十三世至成汤（天乙）在灭葛、灭韦、顾、昆吾之后灭夏，建成中国史上第二个王朝——商。商人屡次迁居，自契至汤八迁，汤从先王居都亳，传十世十八王数迁至盘庚迁殷，此后至商亡273年不复迁，周人遂称商为殷，惟商人自称为商不改。又传七世十一王至纣（帝辛）为周武王所灭。凡十七世三十王，起前十六世纪，止前十一世纪，约五百年。

商朝因有1899年以后在殷墟发现的大量甲骨刻辞，和多处出土有铭文的青铜器，并发现多处宫殿、作坊、陵墓遗址，中国史从此进入信史时代。

自汤至盘庚几经盛衰。盘庚弟之子武丁在位时国势鼎盛，北伐鬼方、羌方，又南击荆蛮，势力达于长江流域。今湖北、湖南、江西都有这一时期的遗址和出土遗物。武丁传三代五王至武乙时"东夷浸盛，分迁淮岱，渐居中土"。至其孙帝乙、帝乙子纣时屡征夷方，虽取得了胜利，国力因之虚耗。西方的周渐次兴起，周文王取得了大多数诸侯拥戴，至武王时大会八百诸侯于盟津，与庸、蜀、羌、髳、微、卢、彭、濮等族联兵伐纣，战于牧野，遂灭商。其时纣都于帝乙以来的别都沫（朝歌）。周灭商之年，史学界有十多种说法，近年以采用前1066、前1057、前1045、前1027等说为多。

本图资料采自甲骨、金文及《尚书》、《诗经》、《左传》、《国语》、《古本竹书纪年》、《世本》、《史记·殷本纪》等文献中比较可信部分，并画出考古遗址。

全图限于比例尺，不能容纳见于记载应予画出的地名和遗址，特另制中心区域图一幅，扩大比例尺，使在此范围内的地名、遗址都能画出。

《尚书序》、《史记·殷本纪》谓汤至盘庚凡五迁都，今综合《古本竹书纪年》及《书序》、《殷本纪》之说，排定自亳（即薄）（今河南商丘北）迁嚣（一作隞荥阳东北，一说即今郑州），再迁相（内黄东南），再迁邢（一作耿，河北邢台），再迁庇（山东郓城北），再迁奄（曲阜），再迁殷（河南安阳西北），图中标出商1至7。

商时以亳为名之地甚多。旧说汤所居即有三亳：南亳（商丘东南）、北亳（商丘北）、西亳（偃师西）。王国维《说亳》考定灭夏时应在北亳。近年在偃师二里头发现商代早期宫殿，学术界多认为即西亳遗址。

商时周边方国戎狄甚多，有人方、淮夷、虎方、群舒、有熊氏、越戏方、祭方、犬方、邢方、基方、余无戎、燕京戎、鬎徒戎、西落鬼戎、龙方、昝方、旨方、犬戎、羌方、熏育、土方、危方、昌方、鬼方等，远夷有肃慎、氐、羌、濮等。

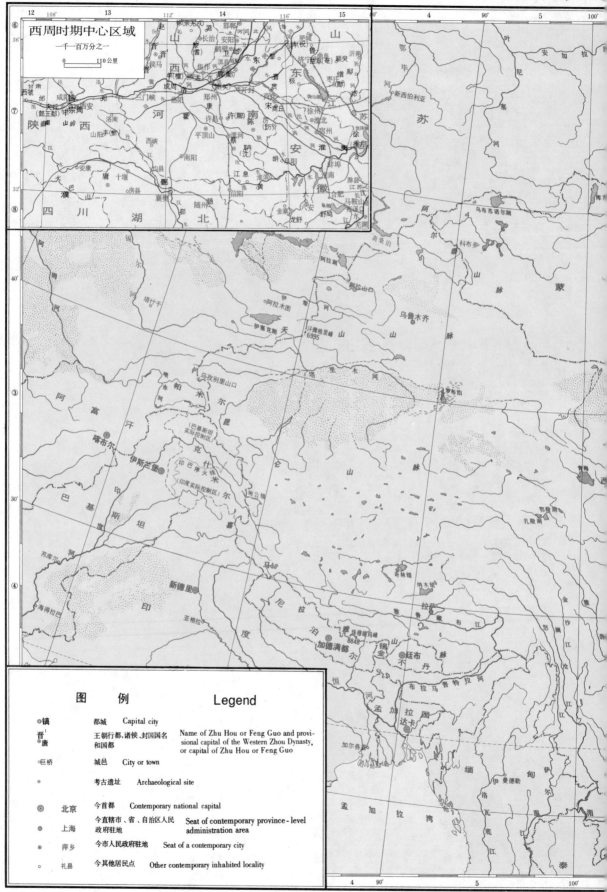

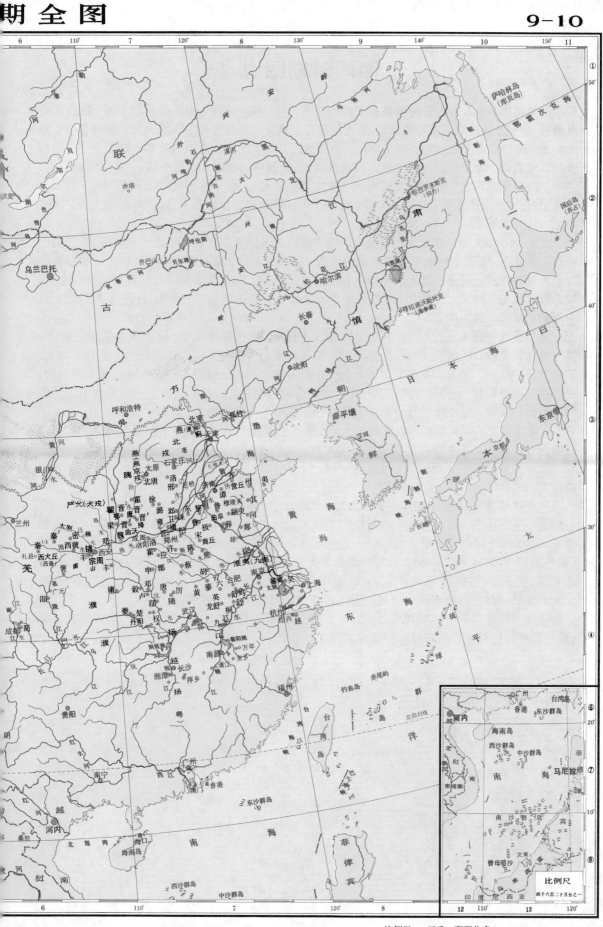

西周时期图说

　　周始祖弃，周人认为是种植稷和麦的创始者，号后稷，姬姓。相传舜封之于邰（陕西武功西南）。传至公刘迁豳（邠,旬邑西）。又九传至古公亶父，自豳徙岐山下之周原，渐臻强盛，号周太王，时约在前十二世纪。传子季历，当商武乙、太丁之世。商以为牧师，已而杀之。季历子昌，称西伯。曾为商纣囚于羑里（河南汤阴），旋被释。解虞（山西平陆）、芮（陕西大荔）之争，两国从而附之。败戎人。灭密须（甘肃灵台西南）、黎（耆）（山西长治西南）、邗（河南沁阳西北）、崇（河南嵩县北）等国。迁都于丰（陕西西安沣水西）。死后追谥为文王。太子发立，是为武王。

　　武王十一年灭商，建立周朝，是为西周。建镐京于沣水东。后二年武王死，子成王诵立。年幼，叔周公旦摄政。初武王封纣子武庚于殷，以弟管叔鲜、蔡叔度监之。至是武庚联合管蔡与东方夷族叛周。周公东征，削平叛乱，统治扩及东方，大规模多封同姓与异姓诸侯。七年，周公反政成王；营建"天下之中"洛邑于洛水之阳，于是丰镐为"宗周"，洛邑为"成周"，成为周朝东西两个政治中心。

　　成王及其子康王在位时"天下安宁"。康王子昭王，死于征楚途中。昭王子穆王征犬戎，徐偃王率九夷来攻，命楚伐灭之。又曾西向远游与西王母（可能是西北某部落的女首领）相见。又经共王、懿王、孝王、夷王至厉王，无道，断山泽之利，压制国人言论。国人起义袭王宫，王奔彘（山西霍县）。乃有"共和"行政。共和一说为周召二公共同执政，一说为共伯和受诸侯拥戴代行王政。共和元年为前841年，中国史有确切纪年始此。共和十四年厉王死，太子即位，是为宣王。西北与严允、诸戎交战，又用兵于东南淮夷、徐戎。子幽王荒淫，废申后立褒姒为后，前771年申后之父申侯引犬戎攻杀幽王于骊山下，西周亡。

　　图中所采辑资料来历，除无甲骨刻辞外，同商时期。除全图外，另制中心区域图幅，亦同商时期。

　　西周时诸侯封国在中心区域图中分大小二级，大国用⊙号，小国用○号。国都名称与国名不同者，另行注出。夷狄部族一律用注记表示其大致方位。其时大国有鲁（都曲阜）、齐（都营丘即今临淄）、丰、薄姑、邶、鄘、卫（都沫）、东、晋、宋（都商丘）、陈、蔡、许、楚（都丹阳）、庸、吴（都蕃离）、徐等。夷狄著者齐东有莱夷，北有郯瞒（长翟）；晋南有条戎，北有隗、狐氏、燕京戎、北戎、鬼方；宗周西有陆浑戎，北有严允、太原、翟；江淮间有淮夷、虎方、群舒；楚之西南有濮与扬越；秦之西有羌；燕之东北有肃慎等。

　　诸侯国曾迁都者，标明其先后次序，如晋先后都于唐（时以唐为国号）、鄂、曲沃、绛（翼）四地，樊初在宗周东南，后迁成周河北。

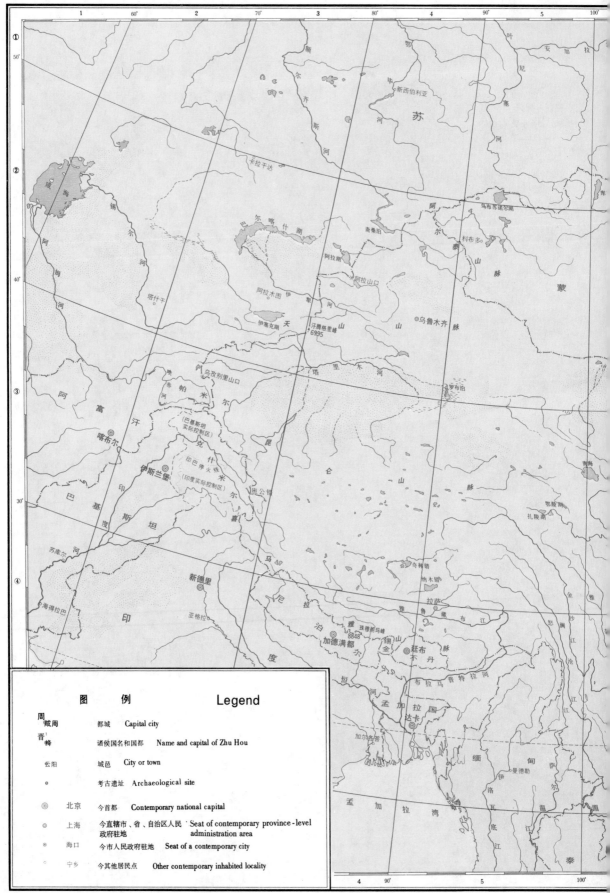

图　例　　　　Legend

周
戎周　　　都城　　Capital city

晋'
绛　　　　诸侯国名和国都　　Name and capital of Zhu Hou

云阳　　　城邑　　City or town

·　　　　考古遗址　Archaeological site

◎　　北京　　今首都　　Contemporary national capital

◎　　上海　　今直辖市、省、自治区人民　Seat of contemporary province - level
　　　　　　政府驻地　　　　　administration area

⊙　　海口　　今市人民政府驻地　Seat of a contemporary city

○　　宁乡　　今其他居民点　Other contemporary inhabited locality

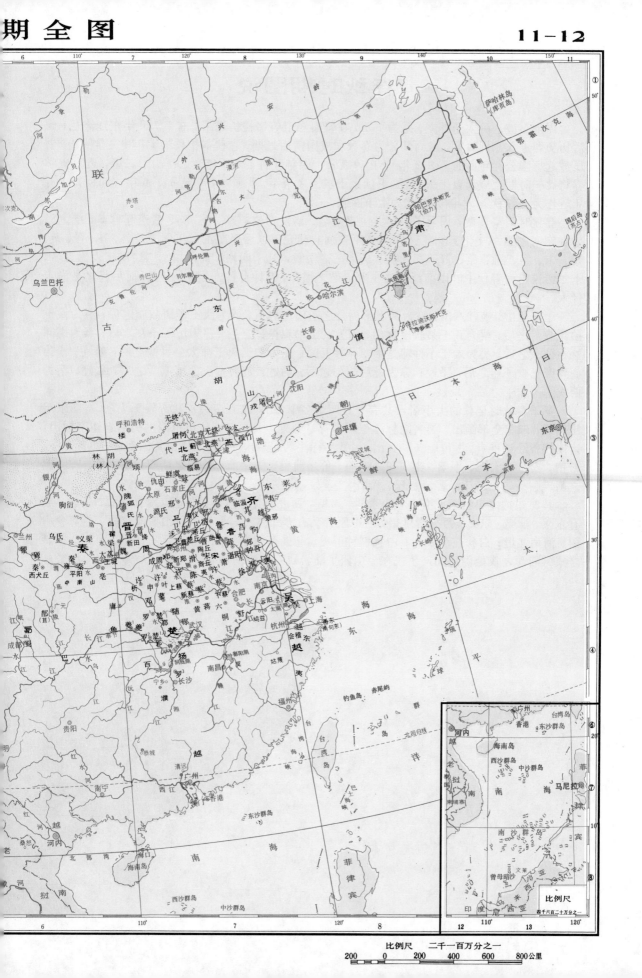

春秋时期图说

周幽王被杀后太子继立，是为平王，在晋秦郑卫等诸侯护送下，前７７０年东迁洛邑；此后历史即进入东周时期。东周又分为春秋和战国前后二期。春秋本指鲁国编年史《春秋》一书所载起鲁隐公元年（前７２２年），止鲁哀公十四年（前４８１年）二百四十二年，近今史学界将此一时期上展起自平王东迁，下延止于敬王之末年，即前７７０至４７６年共二百九十五年皆作为"春秋"，本图亦以此为上下断限。

春秋时王室衰微，周天子但居共主之虚名，诸侯专政，齐、晋、秦、楚迭起称霸，继之以僻在东南之吴。《史记》在《三代世表》下表列共和元年以后至敬王末年周王及鲁、齐、晋、秦、楚、宋、卫、陈、蔡、曹、郑、燕、吴十三诸侯国，凡十四格，而以《十二诸侯年表》为名。十二诸侯始为春秋中叶以前泛指诸主要诸侯之惯称，但计自鲁、至燕十二国，而后起之吴尚未计入。

十三国中，姬姓八国：鲁为武王弟周公之子伯禽之后；晋为武王子唐叔虞之后；卫为武王弟康叔封之后；蔡为武王弟叔度之后；曹为武王弟叔振铎之后；郑为厉王子友之后；燕为周同姓召公奭之后；吴为太王子仲雍之后。异姓五国：齐为文王武王师太公吕尚之后，姜姓；宋为商纣庶兄微子启之后，子姓；陈为舜后胡公之后，妫姓；楚为蛮夷部落熊绎之后，芈姓；秦为西戎部落非子之后，嬴姓。

见于春秋时记载的大小诸侯共有一百四十多个，此外又有蛮夷戎狄部族三十余。本图限于比例尺，未能全部画出。国名除标注于国都符号旁外，大国在其疆域范围内另用隶体字标出。诸国族曾经迁徙者，尽可能一一画出，用数字标注其先后次序。大国注出其国都名，如晋之绛、新田，秦之西犬丘、平阳、雍，齐之临淄，鲁之曲阜，宋之商丘，郑之新郑，楚之郢、鄀，燕之蓟、临易，卫之沫、曹、楚丘、帝丘。

其时边远之夷狄东北有山戎、东胡、肃慎，西北有羌、林胡、楼烦，南有百濮、扬越，东有东莱、淮夷、东夷。西与诸夏错处，中原者又有赤狄潞氏等种在太行山南段东西二麓，今山西、河南北境；白狄在今陕北；白狄别种鲜虞、肥鼓等在今河北中部，又有扬拒、泉皋、伊雒之戎、陆浑之戎处伊洛间，茅戎在今山西平陆，戎蛮在今河南临汝，皆因无法见图，从略。

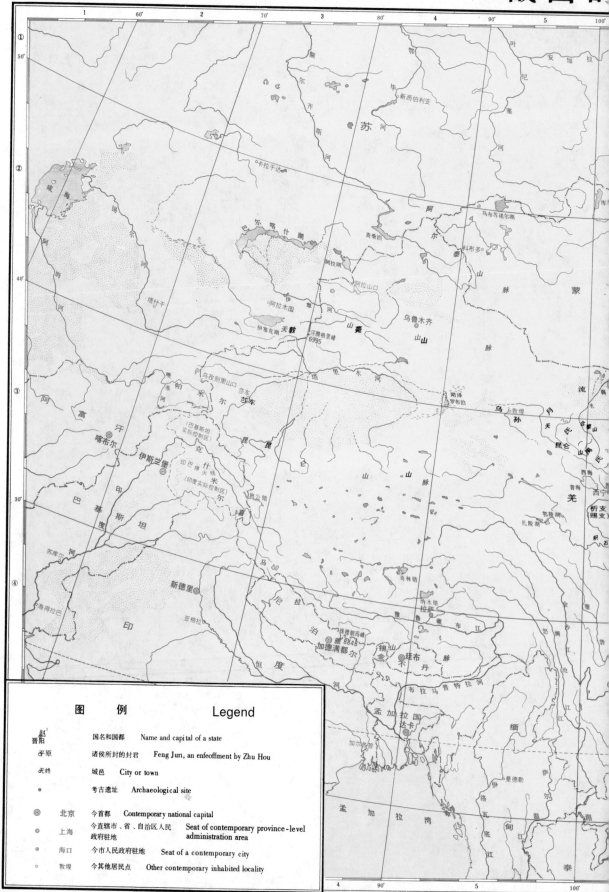

图　例　　　　　Legend

赵¹
晋阳　　　　国名和国都　　Name and capital of a state

平原　　　　诸侯所封的封君　Feng Jun, an enfeoffment by Zhu Hou

无终　　　　城邑　　　　　City or town

·　　　　　考古遗址　　　Archaeological site

◎　北京　　今首都　　　　Contemporary national capital

◉　上海　　今直辖市、省、自治区人民　Seat of contemporary province-level
　　　　　　政府驻地　　　　　　　administration area

◉　海口　　今市人民政府驻地　Seat of a contemporary city

○　敦煌　　今其他居民点　Other contemporary inhabited locality

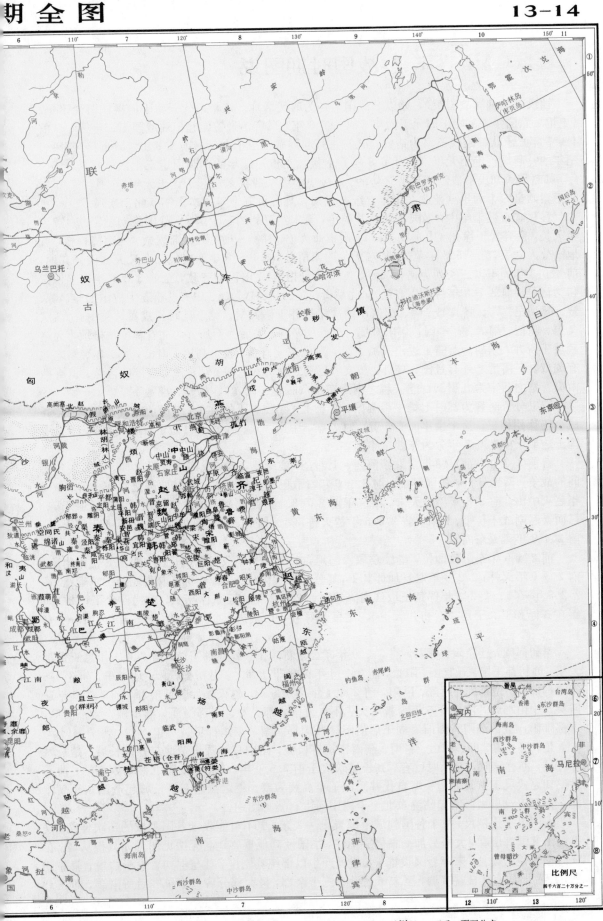

200　0　200　400　600　800公里

战国时期图说

西汉刘向编《战国策》，始以"战国"作为时代名称。这个时代开始于何年，旧说不一。《史记·六国年表》始于周元王元年（前４７５年）；《资治通鉴》起于周威烈王二十三年（前４０３年）承认韩赵魏三家为诸侯；又有主张起周敬王三十九年（前４８１年）上接《春秋》纪年的；起周贞定王元年（前４６８年）上接《左传》编年的；起周定王十六年（前４５３年）韩赵魏灭知氏形成三家分晋之势的。近今史学界一般都采用起于元王元年（前４７５年），止于秦始皇二十六年（前２２１年）统一六国，凡二百五十年。本图亦以此为断限。

春秋二百数十年中，强国不断兼并弱小，至末年只剩约三十国。入战国最初越于前４７３年灭吴，会齐晋于徐州（山东滕县南），周王命为伯，称霸一时，后世渐衰微。六卿擅晋权，晋地渐分入六家，前４５８年范、中行二氏为四家所分，前４５３年韩赵魏三家又灭知氏分其地，前４０３年周王以三家列为诸侯（前３５５年晋祀绝）。田氏专齐政，至前３８６年周承认田和为诸侯（前３７９年吕氏后裔绝）。此后秦、楚、韩、赵、魏、田齐、燕遂为战国七雄。陈、蔡、郑、杞、莒、滕、邹、薛、郯诸小国次第被并于诸大国。见于其时的戎翟，关中有大荔、义渠、朐衍、绵诸、獂等国，华阳有蜀、巴、苴等国，先后为秦所并，北有林胡、楼烦，为赵武灵王所并，东胡为燕昭王逐出长城之外，燕之东北有秽、发、高夷、肃慎，燕、赵、秦之北有匈奴。秦河洮之外有月氏、乌孙、析支。巴蜀之南为筰、僰、邛、徙、夜郎、且兰、滇等西南夷。楚之西南为九夷、百濮。越之南为东越（瓯越、闽越）、扬越、骆越。

三家分晋时魏为其时七雄中最强国，前３４４年魏惠王始称王，继而前３３４年魏惠、齐威会于徐州相王，又十余年而秦、韩、赵、燕、中山、宋莫不称王（楚于春秋时已称王）。而周王之地于前３６７年分为东西二小国。

自前３３０—前３２８年秦取魏河西、上郡，声威所及，遂演成连横合纵之局，经多次各国间的战争，秦地日扩，各国日削。前３１６年秦取巴蜀。前３０６年楚取越之江东。前２９６年赵灭中山。前２８６年齐灭宋。秦又于前２７８年破楚郢都，尽占江汉地区，楚迁避于陈。已而秦赵剧战于长平、邯郸，前２５６年楚灭鲁，秦灭西周，周王室亦绝。前２５４年魏灭卫。前２４９年秦灭东周。

前２４６年秦王政即位，继续攻取六国地，前２４１年取卫于魏，迁于野王，使为附庸。前２３０年灭韩；２２８年取赵地俘其王，其公子保代为代王；２２６年取燕地燕王东迁辽东；２２５年灭魏；２２３年俘楚王取江南降越君；２２２年攻辽东俘燕王、攻代俘代王；２２１年攻齐俘齐王。于是"秦初并天下"，建皇帝尊号，历史进入了中国第一个一统帝国——秦朝。

秦初都雍，迁泾阳、栎阳，前３５０年孝公定都咸阳。魏初都安邑，前３６１年惠王定都大梁。韩初都平阳，迁宜阳、阳翟，前３７５年灭郑即迁都之。赵初都晋阳，迁中牟，前３８６年定都邯郸。楚都郢，迁陈、巨阳，前２４１年又迁寿春。越灭吴后曾迁琅邪，前３７９年迁回吴。中山都顾，前４０６年为魏所灭，不久复国，都灵寿。齐都临淄，燕都蓟，鲁都曲阜，宋都睢阳，卫都濮阳皆因旧。周王居洛阳，西周都河南，东周都巩。

楚、齐、魏、韩、中山、赵南、燕南皆筑有长城，图中只能画出楚北与齐南长城。楚长城称方城，亦称连隄，春秋时已有。齐长城筑成于前３５０年。赵、燕、秦北接匈奴东胡，前三世纪初赵武灵王首筑北边长城自代至阴山下至高阙为塞。继之燕昭王筑长城起造阳东至满潘汗，秦昭王筑长城西南起临洮东北至于榆中河上，皆见图中。

本图限于比例尺，故于各国疆域范围皆无法表示，更不可能表示各国疆域的历次伸缩，仅得画出其国都所在，大国另加一隶体字标注，小国及其他重要地名无法见图者亦只得从略。春秋时秦晋楚已设县，末年晋又设郡，入战国产生以郡统县制度。县与郡初皆设于边境；兼并日烈，设置郡县地区日益普遍，至末年已设有三十余郡，极大部分皆为秦统一后所沿袭，即三十

六郡所本。但亦有战国时曾设而入秦不复存在者，如设于大江巫峡一带之巫郡，设于陶地一带的陶郡，本图一概未能画出。

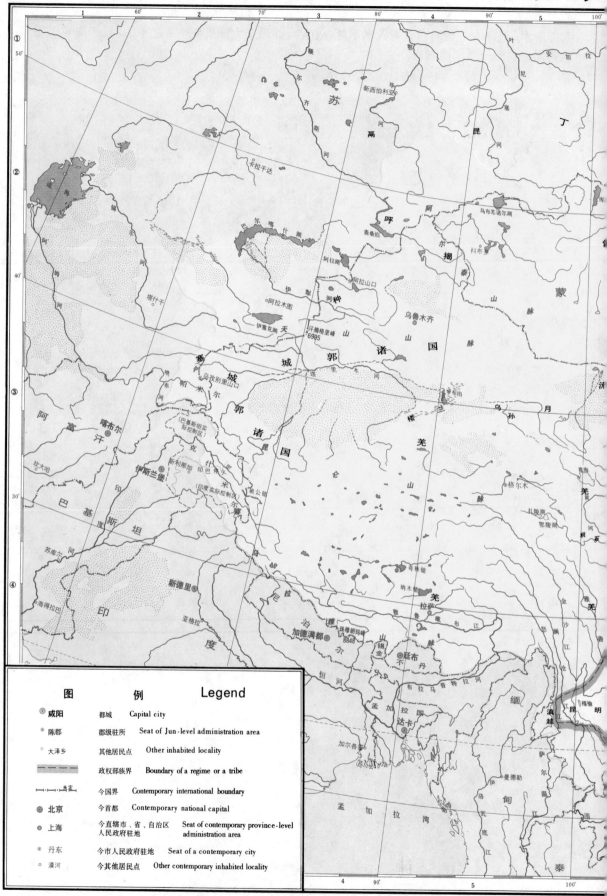

图　　例　　Legend

◎ 咸阳　　都城　　Capital city

⊙ 陈郡　　郡级驻所　　Seat of Jun-level administration area

○ 大泽乡　　其他居民点　　Other inhabited locality

政权部族界　　Boundary of a regime or a tribe

今国界　　Contemporary international boundary

◎ 北京　　今首都　　Contemporary national capital

⊚ 上海　　今直辖市、省、自治区　　Seat of contemporary province-level
　　　　人民政府驻地　　administration area

⊛ 丹东　　今市人民政府驻地　　Seat of a contemporary city

○ 漠河　　今其他居民点　　Other contemporary inhabited locality

比例尺　二千一百万分之一
200　0　200　400　600　800公里

秦时期图说

　　战国后期秦国逐步蚕食、吞并山东六国，至秦王政二十六年（前２２１）完成统一，建号皇帝，建立起了中国史上第一个一统皇朝——秦朝。历十五年（前２０６），为农民起义军和六国旧贵族所推翻。

　　秦朝废除分封诸侯制，将始起于战国时代的郡县制普遍推行于全国，以郡统县。郡的首长是守（行政长官）、尉（典武职甲卒，又是守的副职）、监（掌吏治监察），直属朝廷，县大者置令，小者置长。初并天下时全境分置三十六郡。其后南并五岭以南南越地，置南海、桂林、象三郡；北取匈奴阴山以南地置九原郡；又陆续分析内郡。至秦末，除都城咸阳（今陕西咸阳市东北）附近关中平原为内史辖境外，见于《史记》、《汉书》、《续汉书》、《水经注》等记载的秦郡共四十八郡。全国县级政区约有一千左右。本图画出四十八郡的治所和见于当时记载的著名山川。又，西南夷地区虽未置郡县，亦曾"置吏"于夜郎、滇等部族，历十余岁至秦亡始弃守，故一并画入秦版图内。

　　秦时期秦朝疆界以外各族，用注记表示其大致方位。西域国族无明确史料记载，只标作"城郭诸国"。

四十八郡表

郡名	郡治县名	郡治今地	郡名	郡治县名	郡治今地
上郡	肤施	陕西榆林南	会稽	吴县	江苏苏州市
汉中	南郑	陕西汉中市	上谷	沮阳	河北怀来东南
巴郡	江州	四川重庆市江北	渔阳	渔阳	北京密云西南
蜀郡	成都	四川成都市	右北平	无终	天津蓟县
陇西	狄道	甘肃临洮	辽西	阳乐	辽宁义县西
北地	义渠	甘肃宁县西北	辽东	襄平	辽宁辽阳市
三川	洛阳	河南洛阳市东	临淄	临淄	山东淄博市临淄
颍川	阳翟	河南禹县	琅邪	琅邪	山东胶南西南
河东	安邑	山西夏县西北	黔中		湖南沅陵西南
东郡	濮阳	河南濮阳南	广阳	蓟县	北京市西南
砀郡	睢阳	河南商丘南	陈郡	陈县	河南淮阳
邯郸	邯郸	河北邯郸市	闽中	东冶	福建福州市
巨鹿	巨鹿	河北平乡西南	南海	番禺	广东广州市
太原	晋阳	山西太原市西南	桂林		广西百色东北
上党	长子	山西长子西	象郡	临尘	广西崇左
雁门	善无	山西右玉西	九原	九原	内蒙古包头市西
代郡	代县	河北蔚县东北	东海	郯县	山东郯城北
云中	云中	内蒙古托克托东北	恒山	东垣	河北石家庄市东
南郡	江陵	湖北江陵	济北	博阳	山东泰安东南
南阳	宛县	河南南阳市	胶东	即墨	山东平度东南
泗水	相县	安徽濉溪西北	河内	怀县	河南武陟西南
薛郡	鲁县	山东曲阜	衡山	邾县	湖北黄冈北
九江	寿春	安徽寿县	鄣郡	鄣县	浙江安吉西北
长沙	临湘	湖南长沙市	庐江	番阳	江西波阳东北

西汉时期图说

　　秦亡经楚汉之战，公元前２０２年，汉王刘邦击破楚王项羽，即帝位，继秦之后再建统一皇朝——汉。汉朝历时四百二十二年。

　　公元前２０２——公元９年是前汉朝，因建都长安，通称西汉。

　　公元２５——２２０年是后汉朝，因建都雒阳，通称东汉。

　　两汉之间是９——２３年的王莽统治时期，国号新；２３——２５年的刘玄统治时期，国号汉，年号更始。

　　西汉初年疆域比秦朝减缩了南越东越和河套地区。武帝时大事恢拓，极盛时东北置乐浪等朝鲜四郡，与三韩接壤于朝鲜半岛中部；北以阴山、长城与匈奴乌桓接壤；西北置河西四郡有河西走廊及湟水流域地；西南置西南夷七郡西抵四川盆地边缘，南有怒江哀牢山之东北云贵高原；南置南越九郡，有今两广、海南岛及越南北部中部地。武帝末年与昭宣之际东北及西南边郡稍有省废，至元帝初元三年（前４６）弃珠崖即今海南岛，是后不再变动。

　　西汉既继承了秦代的郡县制，又在部分地域恢复封建制：一部分郡县直属朝廷，另一部分分属诸侯王国。高帝五年（前２０２）有异姓七国分领二十余郡。十二年（前１９５）有同姓九国、异姓一国；其时天子独有十五郡，此外三十余郡悉属诸侯，一国领有数郡，少或二三，多至六七。至景帝三年（前１５４）平定吴楚七国之乱后，悉收诸侯王支郡，自后一国但有一郡，郡、国乃处于同等地位。武帝颁行推恩令后，王国的领地又因分封诸子为侯改属汉郡而逐渐缩小。《汉书・地理志》以平帝元始二年（公元２）版籍为据，其时共有１０３郡国（８３郡、２０国），领１５８７县、道、邑、侯国各种县级单位。大郡领县多至三五十，王国小者但领三、四县。

　　景帝中元二年（前１４８）更名郡守为太守，尉为都尉。王国的统治权汉初由诸侯王掌握；景帝剥夺诸侯王统治权，但得"衣租食税"；地方官由朝廷任命，内史治国民如郡太守，中尉掌武职如郡都尉。成帝绥和元年（前８）省内史，改以国相治民。

西汉元始二年（公元２）一百零三郡国表 <small>（次序依《汉书・地理志》）</small>

郡国名	治所县名	治所今地	郡国名	治所县名	治所今地
京兆尹	长安	陕西西安市西北	南阳郡	宛	河南南阳市
左冯翊	长安	陕西西安市西北	南郡	江陵	湖北江陵
右扶风	长安	陕西西安市西北	江夏郡	西陵	湖北新洲西
弘农郡	弘农	河南灵宝北	庐江郡	舒	安徽庐江西南
河东郡	安邑	山西夏县西北	九江郡	寿春	安徽寿县
太原郡	晋阳	山西太原市西南	山阳郡	昌邑	山东金乡西北
上党郡	长子	山西长子西	定陶国	定陶	山东定陶西北
河内郡	怀	河南武陟西南	沛郡	相	安徽淮北市西北
河南郡	雒阳	河南洛阳市东	魏郡	邺	河北临漳西南
东郡	濮阳	河南濮阳南	巨鹿郡	巨鹿	河北平乡西南
陈留郡	陈留	河南开封市东南	常山郡	元氏	河北元氏西北
颍川郡	阳翟	河南禹县	清河郡	清阳	河北清河东南
汝南郡	平舆	河南平舆北	涿郡	涿	河北涿县

下接１８页背面

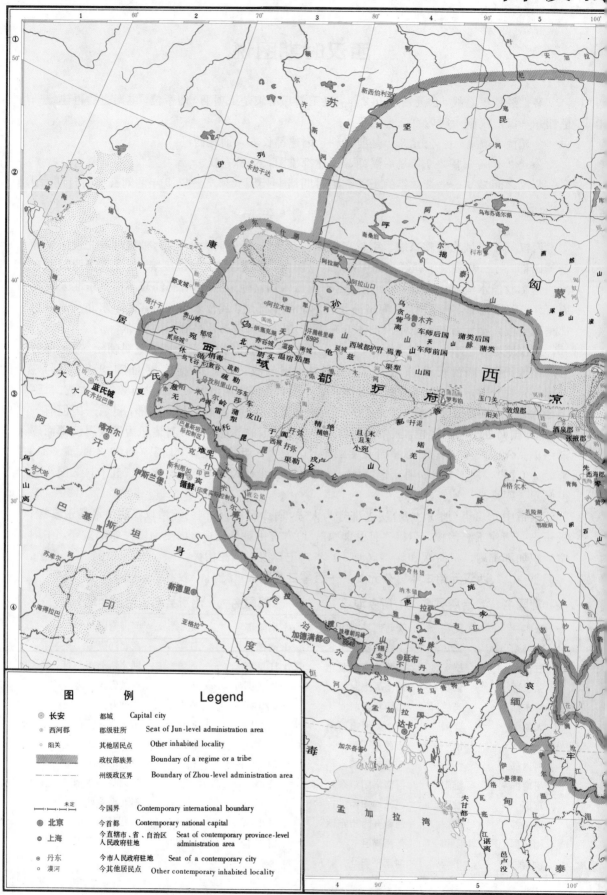

图　例　　　　Legend

◎ 长安　　　都城　　Capital city

⊙ 西河郡　　郡级驻所　　Seat of Jun-level administration area

○ 阳关　　　其他居民点　　Other inhabited locality

政权部族界　　Boundary of a regime or a tribe

州级政区界　　Boundary of Zhou-level administration area

未定　　今国界　　Contemporary international boundary

◎ 北京　　今首都　　Contemporary national capital

◎ 上海　　今直辖市、省、自治区　　Seat of contemporary province-level
　　　　人民政府驻地　　administration area

⊙ 丹东　　今市人民政府驻地　　Seat of a contemporary city

○ 漠河　　今其他居民点　　Other contemporary inhabited locality

郡名	治所	今地	郡名	治所	今地
勃海郡	浮阳	河北沧州市东南	五原郡	九原	内蒙古包头市西
平原郡	平原	山东平原西南	云中郡	云中	内蒙古托克托东北
千乘郡	千乘	山东高青东	定襄郡	成乐	内蒙古和林格尔西北
济南郡	东平陵	山东章丘西北	雁门郡	善无	山西右玉东南
泰山郡	奉高	山东泰安东	代郡	代	河北蔚县东北
齐郡	临淄	山东淄博市临淄	上谷郡	沮阳	河北怀来东南
北海郡	营陵	山东昌乐东南	渔阳郡	渔阳	北京密云西南
东莱郡	掖	山东掖县	右北平郡	平冈	辽宁凌源西南
琅邪郡	东武	山东诸城	辽西郡		辽宁阜新西南
东海郡	郯	山东郯城北	辽东郡	襄平	辽宁辽阳市
临淮郡	徐	江苏泗洪东南	玄菟郡	高句骊	辽宁新宾西南
会稽郡	吴	江苏苏州市	乐浪郡	朝鲜	朝鲜平壤大同江南岸
丹阳郡	宛陵	安徽宣城	南海郡	番禺	广东广州市
豫章郡	南昌	江西南昌市	郁林郡	布山	广西桂平西南
桂阳郡	郴	湖南郴州市	苍梧郡	广信	广西梧州市
武陵郡	义陵	湖南溆浦南	交阯郡	嬴陵	越南河内市
零陵郡	零陵	广西全州西南	合浦郡	合浦	广西合浦东北
汉中郡	西城	陕西安康西北	九真郡	胥浦	越南清化西北
广汉郡	梓潼	四川梓潼	日南郡	西捲	越南广治西北
蜀郡	成都	四川成都市	赵国	邯郸	河北邯郸市
犍为郡	僰道	四川宜宾市西南	广平郡	广平	河北鸡泽东南
越巂郡	邛都	四川西昌市东南	真定国	真定	河北石家庄市东
益州郡	滇池	云南晋宁东北	中山国	卢奴	河北定县
牂柯郡	故且兰	贵州黄平西南	信都郡	信都	河北冀县
巴郡	江州	四川重庆市江北	河间国	乐成	河北献县东南
武都郡	武都	甘肃西和南	广阳国	蓟	北京市西南
陇西郡	狄道	甘肃临洮	菑川国	剧	山东寿光南
金城郡	允吾	甘肃永靖西北	胶东国	即墨	山东平度东南
天水郡	平襄	甘肃通渭西	高密国	高密	山东高密西南
武威郡	姑臧	甘肃武威	城阳国	莒	山东莒县
张掖郡	觻得	甘肃张掖西北	淮阳国	陈	河南淮阳
酒泉郡	禄福	甘肃酒泉	梁国	睢阳	河南商丘南
敦煌郡	敦煌	甘肃敦煌西	东平国	无盐	山东东平东
安定郡	高平	宁夏固原	鲁国	鲁	山东曲阜
北地郡	马领	甘肃庆阳西北	楚国	彭城	江苏徐州市
上郡	肤施	陕西榆林东南	泗水国	凌	江苏泗阳西北
西河郡	平定	内蒙古准噶尔旗西南	广陵国	广陵	江苏扬州市西北
			六安国	六	安徽六安市
朔方郡	朔方	内蒙古杭锦旗北黄河南岸	长沙国	临湘	湖南长沙市

汉初省郡监，由丞相派遣僚佐分区刺察，不设常员。武帝元封五年（前１０６）始设部刺史，除近畿七郡外，分全国一百多个郡国为十三部，每部设一刺史，掌刺察部内官吏与强宗豪右，定为常制。十三刺史部中有十一部采用《禹贡》、《职方》里的州名为部名，称×州刺史部，

故习惯上又称一部为一州。征和四年（前89），又设司隶校尉一职，掌察举京师百官与近畿七郡。从此全国连同十三州部共有十四个监察吏治的部。司隶校尉至成帝绥和二年（前7）改称司隶。

西汉十四部分察郡国表

司　隶　部	察京兆、冯翊、扶风、河东、河内、河南、弘农七郡。
兖州刺史部	察东、陈留、山阳、泰山四郡，淮阳、东平、定陶、城阳四国。
豫州刺史部	察颍川、汝南、沛三郡，梁、鲁二国。
青州刺史部	察齐、济南、千乘、平原、北海、东莱六郡，菑川、胶东、高密三国。
徐州刺史部	察东海、琅邪、临淮三郡，楚、泗水、广陵三国。
并州刺史部	察太原、上党、云中、定襄、雁门、代六郡。
冀州刺史部	察魏、清河、巨鹿、广平、信都、常山六郡，赵、真定、中山、河间四国。
幽州刺史部	察涿、勃海、上谷、渔阳、右北平、辽西、辽东、玄菟、乐浪九郡，广阳一国。
荆州刺史部	察南、南阳、江夏、武陵、桂阳、零陵六郡，长沙一国。
扬州刺史部	察九江、庐江、豫章、丹阳、会稽五郡，六安一国。
益州刺史部	察蜀、广汉、汉中、武都、巴、犍为、越巂、牂柯、益州九郡。
凉州刺史部	察安定、天水、陇西、金城、武威、张掖、酒泉、敦煌八郡。
朔方刺史部	察北地、上、西河、朔方、五原五郡。
交阯刺史部	察南海、苍梧、郁林、合浦、交阯、九真、日南七郡。

图中用隶体字标出部名，并画出部界。刺史，成、哀后改名牧；平时巡行郡国，岁尽诣京师奏事，并无固定治所。

西域诸国，汉初役属于匈奴。汉武帝初年张骞穿越匈奴地始通西域。其后汉得河西地开置郡县，遂得出阳关、玉门关与西域直接交通。经半个世纪汉匈间争夺，至宣帝神爵二年（前60），汉取得全胜，于是设西域都护府于乌垒城（新疆轮台东北），统辖天山以南葱岭以东三十六国。至元帝初（前48）又置戊己校尉，屯田于车师前部之高昌壁（吐鲁番东）；辖境扩展至包有天山以北乌孙，葱岭以西大宛，都凡四十八国。其后又有增析，哀、平间都凡五十国。本图为图幅所限，画出其三十一国及一部分国都、名山大川。

汉朝疆域以外，其时东蒙古高原为东胡后裔乌桓、鲜卑分布地；松、嫩、黑龙、图们流域为夫余、肃慎、沃沮分布地；漠南北为匈奴地，呼揭、坚昆、丁零皆为其役属；青藏高原为诸羌地，唐旄、发羌在今西藏境，先零羌傍西海（今青海）而居，王莽时曾诱使内附置西海郡。云南西南部为哀牢夷地。海南岛自武帝元封元年（前110）后为汉朝珠崖、儋耳二郡地，元帝初元三年（前46）放弃，遂由土人自治。

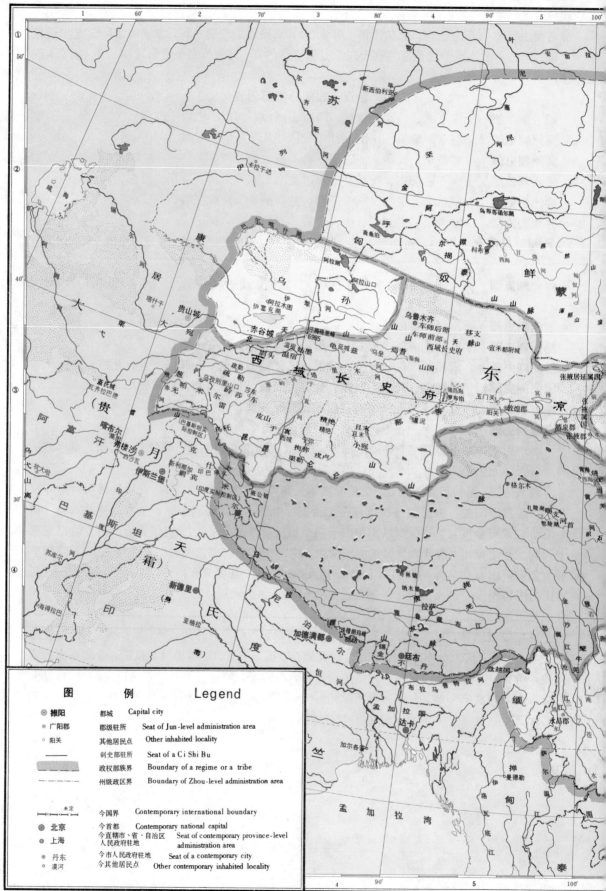

东汉时

图　例　　Legend

◎ 雒阳	都城	Capital city
◉ 广阳郡	郡级驻所	Seat of Jun-level administration area
○ 阳关	其他居民点	Other inhabited locality
─	刺史部驻所	Seat of a Ci Shi Bu
	政权部族界	Boundary of a regime or a tribe
—·—	州级政区界	Boundary of Zhou-level administration area

─┤未定├─	今国界	Contemporary international boundary
◎ 北京	今首都	Contemporary national capital
◉ 上海	今直辖市、省、自治区人民政府驻地	Seat of contemporary province-level administration area
◉ 丹东	今市人民政府驻地	Seat of a contemporary city
○ 漠河	今其他居民点	Other contemporary inhabited locality

比例尺　二千一百万分之一
200　0　200　400　600　800公里

东汉时期图说

东汉光武帝刘秀于建武元年（２５）即帝位，以次削平王莽末年以来割据政权，至建武十三年（３７）恢复统一。光武时又废止王莽时所改变的州、郡、县各级区划名称，恢复西汉后期旧制。由于多年战乱使户口锐减，相应省并郡国十，县、邑、道、侯国四百余。后世陆续增析，历百年至顺帝时凡郡国百五，县、邑、道、侯国千一百八十，备载《续汉书·郡国志》。《志》于河南尹户口数上繫以"永和五年"四字，故一般认为《志》所载１０５郡国即此年（１４０）政区制度。（但此年实应有１０６郡国。１０５郡国则为冲帝永嘉元年（１４５）至桓帝建和元年（１４７）期间阜陵王国暂绝未复时制度。）郡级政区除郡、国（王国）外，安帝又以属国分边郡远县治民比郡而冠以本郡名，属国都尉比郡太守王国相。罢郡都尉并职太守，惟边郡往往置都尉。县级政区除县、邑、道、侯国外，又有公国二。

王莽时改西汉十四部为十二州。东汉建武初一度恢复十四部，不久省朔方部并入并州部，改称交趾部为交州部。从此十三刺史部减为十二部，都称州；又将京畿的司隶校尉部也作为一州，合称十三州。实际是将西汉的十四部改为十三部。

西汉的部刺史或牧只有暂时的驻所，没有固定的治所，平时巡行郡国，岁尽诣京师奏事；对部内郡国长吏只有省察举劾之权，无权黜退，黜退之权属于中央的三公。光武改制，刺史或牧不再还京奏事，有权劾罢郡国长吏。从此州有了固定的治所；刺史品秩虽然仍旧为六百石，低于二千石的郡太守、王国相，职掌限于察吏而不关治民，却因有权黜陟能否，实际上渐成为郡国守相的上司。

《续汉书·郡国志》十三部百五郡国表

司隶校尉部	治雒阳		
河南尹	前汉河南郡	河内郡	同前汉①
河东郡	同前汉	弘农郡	同前汉
京兆尹	同前汉	左冯翊	治高陵，今陕西高陵西南
右扶风	治槐里，今陕西兴平东南		
豫州刺史部	治沛国谯县，今安徽亳县		
颍川郡	同前汉	汝南郡	同前汉
梁国	同前汉	沛国	前汉郡
陈国	前汉淮阳国	鲁国	同前汉
冀州刺史部	治常山高邑，今河北高邑东		
魏郡	同前汉	巨鹿郡	并入前汉广平国，治廮陶，今河北宁晋西南
常山国	前汉郡，并入前汉真定国	中山国	同前汉
安平国	前汉信都国	河间国	同前汉
清河国	前汉郡，治甘陵，今山东临清东	赵国	同前汉
勃海郡	治南皮，今河北南皮北		
兖州刺史部	治山阳昌邑，今山东金乡西北		
陈留郡	同前汉	东郡	同前汉

东平国	同前汉	任城国	分东平置，治任城， 今山东济宁市东南
泰山郡	同前汉	济北国	分泰山置，治卢县， 今山东长清南
山阳郡	同前汉	济阴郡	同前汉
徐州刺史部 东海郡	治东海郯县，今山东郯城北 同前汉	琅邪国	前汉郡，并入前汉 城阳国，治开阳， 今山东临沂北
彭城国	前汉楚国	广陵郡	前汉国， 并入前汉泗水国
下邳国	前汉临淮郡，治下邳， 今江苏邳县南		
青州刺史部	治齐国临淄， 今山东淄博市临淄		
济南国	前汉郡	平原郡	同前汉
乐安国	前汉千乘郡，治临济， 今山东高青东南	北海国	前汉郡，并入葘川、高密、 胶东三国治剧县， 今山东昌乐
东莱郡	治黄县，今山东黄县东	齐国	前汉郡
荆州刺史部	治武陵汉寿， 今湖南常德市东北		
南阳郡	同前汉	南郡	同前汉
江夏郡	同前汉	零陵郡	治泉陵，今湖南零陵
桂阳郡	同前汉	武陵郡	治临沅，今湖南常德市
长沙郡	前汉国		
扬州刺史部	治九江历阳，今安徽和县		
九江郡	治阴陵，今安徽定远西北	丹阳郡	同前汉
庐江郡	并入前汉六安国	会稽郡	治山阴，今浙江绍兴市
吴郡	分会稽置，治吴县， 今江苏苏州市	豫章郡	同前汉
益州刺史部	治广汉雒县， 今四川广汉北		
汉中郡	治南郑， 今陕西汉中市	巴郡	同前汉
广汉郡	治广汉， 今四川广汉北	蜀郡	同前汉
犍为郡	治武阳， 今四川彭山东	牂柯郡	同前汉
越嶲郡	同前汉	益州郡	同前汉
永昌郡	以哀牢夷内附地并割 益州郡西部置，治不韦， 今云南保山东北	广汉属国	分广汉北部置， 治阴平道， 今甘肃文县西北
蜀郡属国	分蜀郡西部置，治汉嘉， 今四川雅安北	犍为属国	分犍为南部置，治朱提， 今云南昭通
凉州刺史部	治汉阳陇县， 今甘肃张家川		

下接 22 页背面

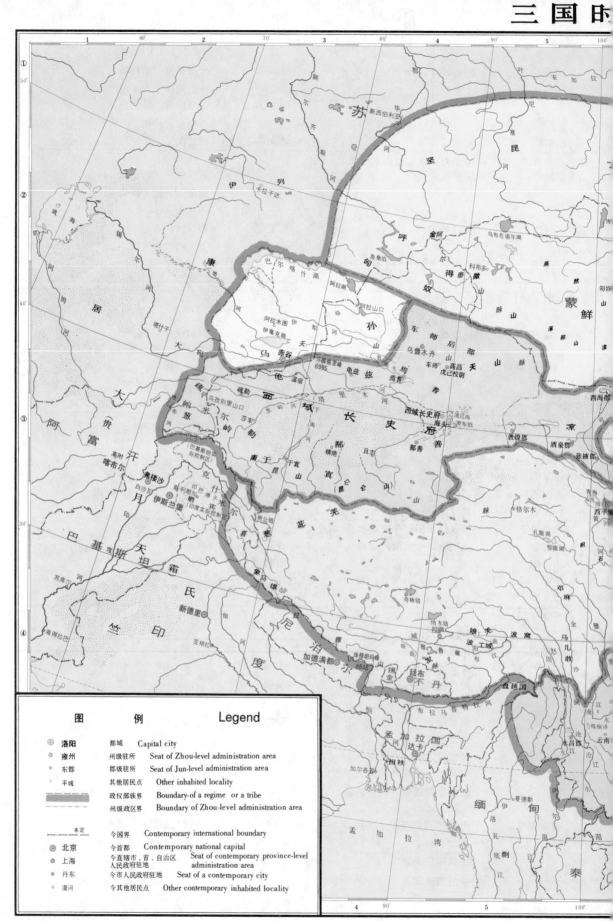

三 国 时

魏景元三年、蜀汉景耀五年、吴永安五年（262年）

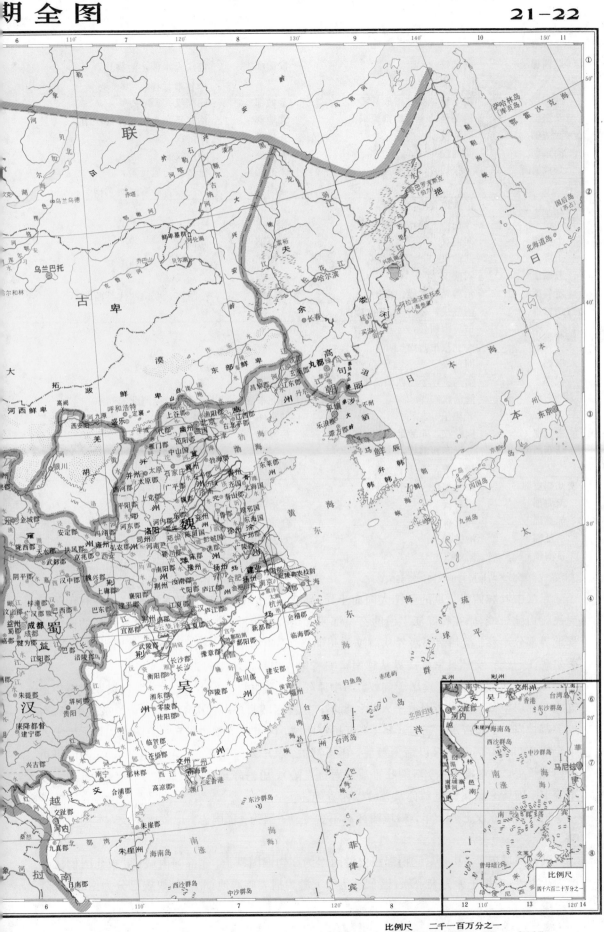

陇西郡	同前汉	汉阳郡	前汉天水郡，治冀县，今甘肃甘谷
武都郡	治下辨，今甘肃成县西	金城郡	同前汉
安定郡	治临泾，今甘肃镇原东南	北地郡	治富平，今宁夏青铜峡南
武威郡	同前汉	张掖郡	同前汉
酒泉郡	同前汉	敦煌郡	同前汉
张掖属国	分张掖置，不领县	张掖居延属国	分张掖之居延置，今内蒙古额济纳旗东南
并州刺史部	治太原晋阳，今山西太原市西南		
上党郡	同前汉	太原郡	同前汉
上郡	同前汉	西河郡	治离石，今山西离石
五原郡	同前汉	云中郡	同前汉
定襄郡	治善无，本雁门郡治	雁门郡	治阴馆，今山西代县西北
朔方郡	治临戎，今内蒙古磴口北		
幽州刺史部	治广阳蓟县，今北京市西南		
涿郡	同前汉	广阳郡	前汉国
代郡	治高柳，今山西阳高	上谷郡	同前汉
渔阳郡	同前汉	右北平郡	治土垠，今河北丰润东
辽西郡	治阳乐	辽东郡	同前汉
玄菟郡	同前汉，非故地	乐浪郡	同前汉
辽东属国	分辽东西部置，治昌黎，今辽宁义县		
交州刺史部	治龙编，今越南北宁		
南海郡	同前汉	苍梧郡	同前汉
郁林郡	同前汉	合浦郡	同前汉
交趾郡	治龙编	九真郡	同前汉
日南郡	同前汉		

①同前汉指郡国名与治所与前汉同，辖县未必同。

　　东汉中叶和西汉后期的版图大同而小异。异在：幽州乐浪东界从日本海西移至狼林山脉阿虎飞岭山脉一线，原在鸭绿江上游的玄菟郡西移至浑河中游；从幽州的辽西西至并州的雁门诸郡北界部分南移；益州南部西界从前汉益州郡怒江、哀牢山脉一线扩展至永昌郡伊洛瓦底江、萨尔温江一线；交州日南郡南界从越南富安省南界内移至承天省南界。

　　王莽时西域怨叛，复役属于匈奴，与中原隔绝。至明帝十六年（73）征匈奴取伊吾庐地置宜禾都尉屯田，西域诸国遣子入侍；明年，复置西域都护府。次年，焉耆、龟兹叛杀都护，遂罢都护府。至和帝永元三年（91）班超定西域，因以超为都护，五十余国悉内属。后十六年至安帝初（107），又以诸国叛乱，再罢都护。又十六年至延光二年（123），乃以班勇为西域长史，出屯柳中（今新疆吐鲁番东南鲁克沁）。勇击降焉耆，于是龟兹、疏勒、于阗、莎车等十七国皆来服属；但乌孙及葱岭以西遂绝。

　　桓帝以后东汉七八十年，疆域政区有不少变动。因为《郡国志》记载所不及，本图不予反映。

　　汉朝疆域以外，其时东北鸭绿江上游两岸为高句丽国领土，建都国内城；更东北图们江两岸为沃沮族，松嫩平原为夫余族，迤东松花江下游为挹娄族居地。北边匈奴族已分为南北二部，

南匈奴降汉入居塞内缘边八郡，北匈奴远引西去。乌桓也入居塞内。于是鲜卑乘机日渐拓展，南抄汉边，北拒丁零，东却夫余，西击乌孙，尽据匈奴故地。青藏高原仍为诸羌所居。王莽末还据西海的先零羌于光武时内徙塞内陇右关中诸郡，此后西海河湟一带为烧当羌之地。此外又有武都边外白马、越巂边外牦牛等羌。

三国时期图说

自184年黄巾起义，经过董卓之乱，关东州郡起兵讨董卓，转入割据争雄，相互吞并之局，历三十余年至214年刘璋降刘备，215年张鲁降曹操而天下归于曹操、刘备、孙权三家。220年操死，子丕代汉称魏帝，221年刘备称汉帝，222年吴王孙权建年号（229年称帝），进入国史上三国时期。

黄巾起义后东汉朝廷加重州的首长刺史或牧的权任，从此州遂由两汉监察区转变成为郡以上一级行政区。194年分凉州河西为雍州。213年诏书"并十四州复为九州（《禹贡九州》）"，但其时东汉帝国已分裂，九州制只能在曹操统治下地域内实行。曹丕称帝，当年即恢复十四州制，改以关陇为雍州，以河西为凉州。三国时魏有司、豫、冀、兖、徐、青、雍、凉、并、幽十州，又有荆、扬二州之北境，仍置州，全境共十二州。蜀但有益州一州；又分其南中七郡置庲降都督以统之。吴有扬、荆、交三州。三国合计凡十六州。荆、扬二州魏吴并建，各得其一部分，故实际仍只十四州。其后263年魏灭蜀得益州，翌年分益州为梁州，吴分交州为广州，增为十八州；则已不是三国鼎峙时期而进入魏（266年后为晋）吴对峙时期了。本图以魏伐蜀前一年即262年为准，其时一级政区为十六州，画出其治所及辖境范围。

郡国一级东汉献帝末已增至一百二十余；262年魏境有郡国九十余；蜀境有郡二十余；吴境有郡三十余，又有一毗陵典农校尉领县比郡。三国共约一百四十余郡国。本图基本上全部予以画出，注郡国名于治所符号旁；但为比例尺所限，有少数几个未能上图。

魏都洛阳，今河南洛阳市东。

司隶，治洛阳。豫州，治汝南安成，今河南汝南东南。冀州，治安平信都，今河北冀县。兖州，治东郡丘，今山东郓城西北。徐州，治下邳下邳，今江苏邳县南。青州，治临淄，今山东淄博市临淄。荆州，治南阳新野，今河南新野。扬州，治淮南寿春，今安徽寿县。雍州，治京兆长安，今陕西西安市西北。凉

下接24页背面

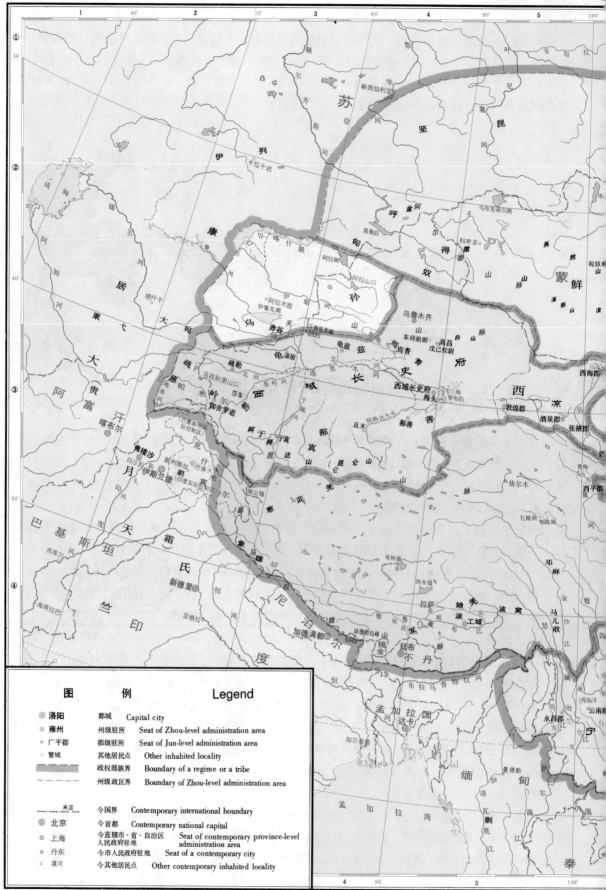

西晋时

图　例　　Legend

◎ 洛阳　　都城　Capital city
◉ 雍州　　州级驻所　Seat of Zhou-level administration area
○ 广平郡　郡级驻所　Seat of Jun-level administration area
○ 管城　　其他居民点　Other inhabited locality
▨▨▨▨　　政权部族界　Boundary of a regime or a tribe
－－－－　　州级政区界　Boundary of Zhou-level administration area

━━━ 未定 ━━━　今国界　Contemporary international boundary
◎ 北京　　今首都　Contemporary national capital
△ 上海　　今直辖市、省、自治区　Seat of contemporary province-level
　　　　　人民政府驻地　administration area
○ 丹东　　今市人民政府驻地　Seat of a contemporary city
○ 漠河　　今其他居民点　Other contemporary inhabited locality

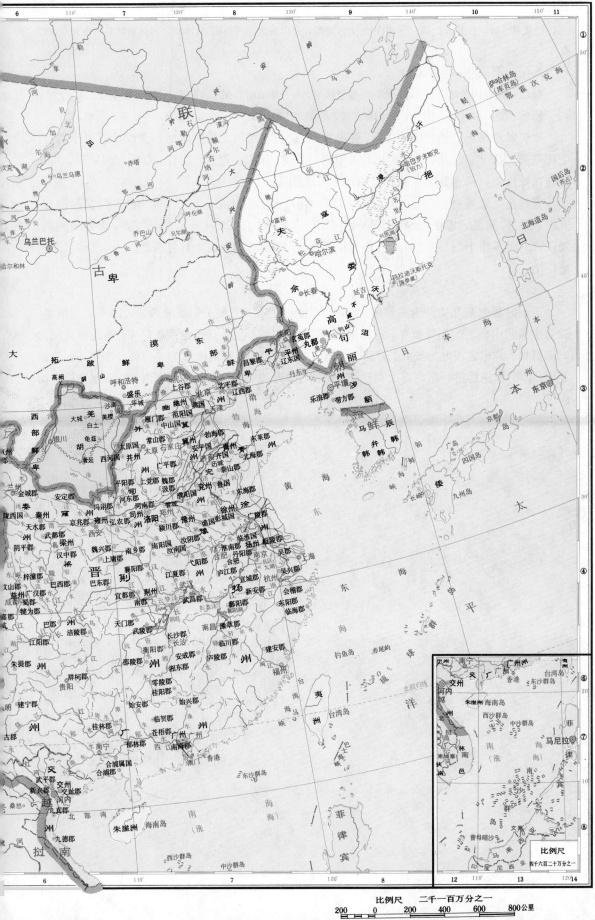

州，治武威姑臧，今甘肃武威。并州，治太原晋阳，今山西太原市西南。幽州，治燕国蓟县，今北京市西南。

蜀汉，都成都，今四川成都市。

益州，治蜀郡成都。庲降都督，治建宁味县，今云南曲靖。吴都建业，今江苏南京市。

扬州，治丹阳建业。荆州，治南郡江陵，今湖北江陵。交州，治南海番禺，今广东广州市。

魏仍以西域长史领护西域诸国，驻海头（新疆罗布泊西北楼兰遗址），置戊己校尉于高昌，屯田驻防。西汉末的五十国,这时已并为鄯善、于阗、疏勒、龟兹、焉耆、车师后部六国。乌孙不属西域长史，都赤谷（今苏联吉尔吉斯伊什提克）。

曹魏东北疆界由于涉貊的降附而东抵日本海，复西汉之旧；北边河套内外则两汉时朔方、五原、云中、定襄、北地、上郡六郡及西河雁门之北半，自东汉末年以来已荒弃，为羌胡所据。蜀汉西北疆界由于白马羌的内附，稍有扩展。孙吴日南郡南界由于林邑国之扩张，北移至今越南广治。

三国时曹魏东北境外为高句丽、沃沮、夫余、挹娄，北则羌胡据套内，大漠南北为鲜卑。近边中部阴山南北为拓跋鲜卑，定都盛乐，即西汉定襄郡治；套西为西部鲜卑；西辽河流域为东部鲜卑。鲜卑之西北为匈奴、呼得、坚昆、丁令等部。伊犁河流域为乌孙国。青藏高原为诸羌地。孙吴曾先后用兵东南海上夷洲、朱崖洲，并无功而还；夷洲即今台湾岛，朱崖洲即今海南岛。

西晋时期图说

晋武帝司马炎于泰始元年（265）纂魏称帝，是为西晋。仍魏旧都洛阳，有十四州。泰始五年（269）分雍、凉、梁三州置秦州；七年（271）分益州置宁州；咸宁二年（276）分幽州置平州，共得十七州。太康元年（280）平吴得其扬、荆、交、广四州，并南北二荆二扬皆为一州，以十九州成一统。秦宁二州于太康三年罢并雍、益，故本图以太康二年（281）为准，画出其时的十九州和一百七十一郡国。州画州治州界；郡国画治所，但为比例尺所限未能画全。《晋书·地理志》记载颇有脱误，图中间有据清人考证予以补正处，如青州补画北海郡。

司州　即汉魏之司隶，治洛阳，统郡十二：河南、荥阳、弘农、上洛、平阳、河东、汲、河内、广平、阳平、魏、顿丘

兖州　治濮阳廪丘，统郡国八：陈留、濮阳、济阳、高平、任城、东平、济北、泰山

豫州　治梁国陈县，统郡国十：颍川、汝南、襄城、汝阴、梁、沛、谯、鲁、弋阳、安丰

冀州　治安平信都，统郡国十三：赵、巨鹿、安平、平原、乐陵、渤海、章武、河间、高阳、博陵、清河、中山、常山

幽州　治范阳涿县，统郡国七：范阳、燕、北平、上谷、广宁、代、辽西

平州　治辽东襄平，统郡国五：昌黎、辽东、乐浪、玄菟、带方

并州　治太原晋阳，统郡国六：太原、上党、西河、乐平、雁门、新兴

雍州　治京兆长安，统郡七：京兆、冯翊、扶风、安定、北地、始平、新平

凉州　治武威姑臧，统郡八：金城、西平、武威、张掖、西、酒泉、敦煌、西海

秦州　治天水冀县，统郡六：陇西、南安、天水、略阳、武都、阴平

梁州　治汉中南郑，统郡八：汉中、梓潼、广汉、新都、涪陵、巴、巴西、巴东

益州　治蜀郡成都，统郡八：蜀、犍为、汶山、汉嘉、江阳、朱提、越巂、牂柯

宁州　治建宁滇池，统郡四：云南、兴古、建宁、永昌

青州　治齐国临淄，统郡国七：齐、济南、北海、乐安、城阳、东莱、长广

徐州　治彭城国彭城，统郡国七：彭城、下邳、东海、琅邪、东莞、广陵、临淮

荆州　治南郡江陵，统郡国二十二：江夏、南、襄阳、南阳、南乡、义阳、新城、魏兴、上庸、建平、宜都、南平、武陵、天门、长沙、衡阳、湘东、零陵、邵陵、桂阳、武昌、安成

扬州　治丹阳建邺，统郡十六：丹阳、宣城、淮南、庐江、毗陵、吴、吴兴、会稽、东阳、新安、临海、建安、豫章、临川、鄱阳、庐陵

交州　治交趾龙编，统郡七：合浦、交趾、新昌、武平、九真、九德、日南

广州　治南海番禺，统郡十：南海、临贺、始安、始兴、苍梧、郁林、桂林、高凉、高兴、宁浦

太康三年罢秦、宁二州，惠帝时复置，又分扬州、荆州十郡为江州，治豫章；怀帝永嘉元年（307）又分荆州、江州八郡为湘州，治长沙；故西晋末年共有二十一州。

西域和境外各族分布情况基本同曹魏。

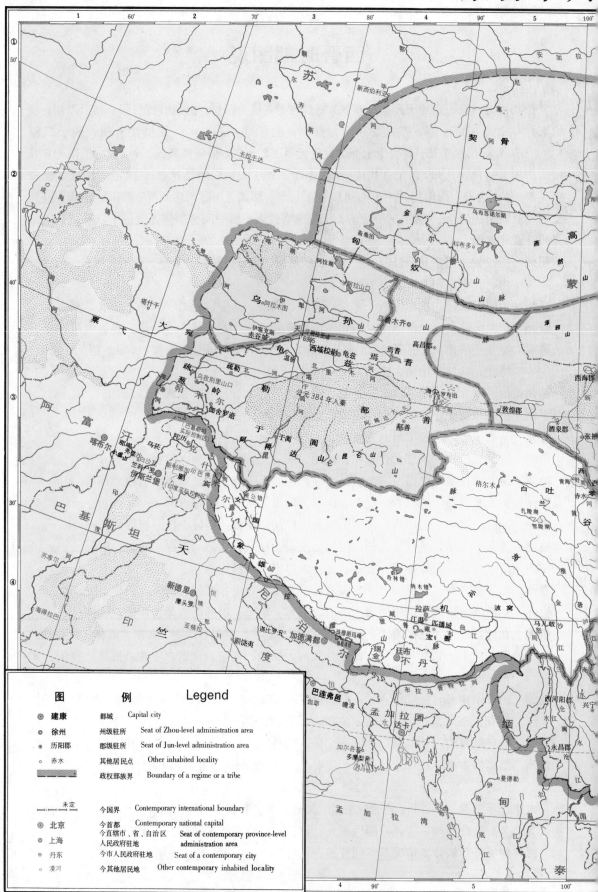

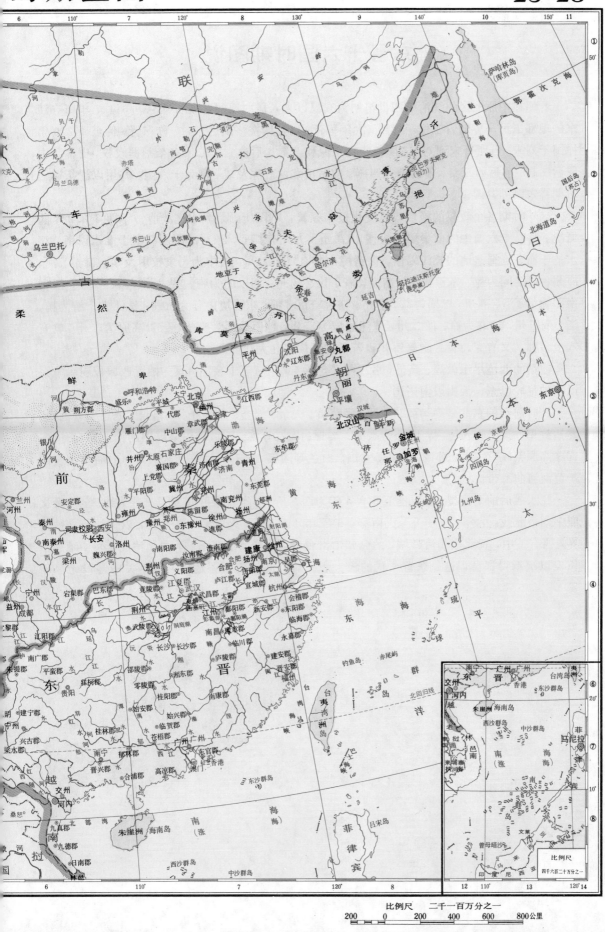

联

安

外

兴

安

荒

州

勒

喀

尔

古

大

乌兰乌德

乔塔

黑

贝干

巴

尔

尼

乌兰巴托

乔巴山

呼伦湖

贝尔湖

鄂霍次克海

萨哈林岛（库页岛）

海

豆

水

江

哈尔滨

长春

黑

丹

大

契

库

莫

奚

高

都

句

丽

朝

呼和浩特

盛乐

大宁

北京

蓟州

代州

江西郡

雁门郡

中山郡

章武郡

沈阳

辽东郡

丹东

平壤

北汉山

金城

加罗

百济

新罗

任那

济州

东京

日

本

岛

东海

东莞郡

黄

海

黄

海

平

琉

球

群

岛

钓鱼岛

赤尾屿

台湾

东

海

太

平

洋

北回归线

夷

洲

澎

湖

列

岛

菲

律

宾

巴

士

海

峡

吕宋岛

南

海

海南岛

东沙群岛

西沙群岛

中沙群岛

越

南

拉

九真郡

北郡

朱崖洲

九德郡

日南郡

林邑

河内

东晋十六国时期图说

　　晋朝在中原地区的统治于四世纪初为东汉以来入居内地的各族所推翻。３１７年镇守江东的琅邪王司马睿即晋王位于建康，次年称帝；以建康在洛阳之东，史称东晋。传至４２０年禅国于刘宋。自西晋末到刘宋初，各族在中原和巴蜀先后建立了二十多个割据政权，史称其中前后二赵、前后西三秦、前后南北四燕、前后南北西五凉及成、夏为十六国，并用以泛指这一时期晋宋以外各国。

　　这一时期各个政权的疆域政区变化极为频繁，本图所画是淝水之战前一年即３８２年的概况。其时十六国中的前秦臻于极盛，《禹贡》九州有其七，东晋的版图只限于淮水以南、汉水的下游、巴蜀盆地的长江以南。前秦境内共有二十二州：关中为司隶校尉及秦、南秦、河、凉州；河淮间为豫、东豫、兖、南兖、青、徐、扬州；河以北为雍、并、冀、幽、平州；汉中南阳为梁、洛、荆州；巴蜀为益、宁州。辖有一百多郡。东晋境内分为八州：长江中下游为扬、江、荆三州，江北为徐、豫二州，珠江流域为广州，越南北部为交州，云贵高原为宁州。辖有八十多郡。又有兖、青、幽等侨州和若干侨郡侨寄在大江南北。

　　前秦的西境尽于敦煌、高昌，后二年（３８４）西域三十余国降附，始置西域校尉于龟兹以领护葱岭以东，天山以南诸国。

　　其时前秦的东北是高句丽、契丹、库莫奚、夫余、挹娄、寇漫汗、乌洛侯、地豆于等国族。北边鲜卑、柔然收入境内，境外为高车、契骨、匈奴等族。西域校尉诸属国的西北是乌孙国。青藏高原羌族有宝髻、孙波、象雄、女国、白兰等国族，又有从辽东迁来的鲜卑吐谷浑部建国于黄河河曲一带。

　　淝水战后前秦分裂瓦解，延至３９４年为西秦所灭。东晋乘胜收复了一些失地。至安帝义熙中刘裕北伐，六年（４１０）灭南燕，十三年（４１７）灭后秦，晋土遂北以黄河与北魏为界，西有关中，置北徐州治彭城，北兖州治滑台城，北青州治东阳城，司州治虎牢城，雍州治长安以统新得郡县，这是东晋一代的极大版图。但同年刘裕还建康，次年关中即没于赫连夏。

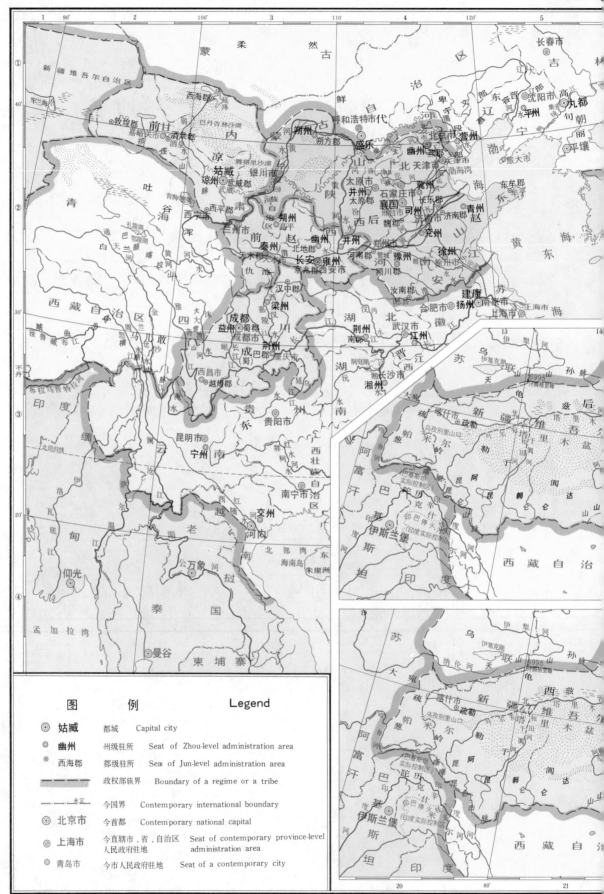

图 例　　　　Legend

◉ 姑臧　都城　Capital city
◎ 幽州　州级驻所　Seat of Zhou-level administration area
○ 西海郡　郡级驻所　Seat of Jun-level administration area
政权部族界　Boundary of a regime or a tribe
今国界　Contemporary international boundary
◎ 北京市　今首都　Contemporary national capital
◎ 上海市　今直辖市、省、自治区人民政府驻地　Seat of contemporary province-level administration area
◎ 青岛市　今市人民政府驻地　Seat of a contemporary city

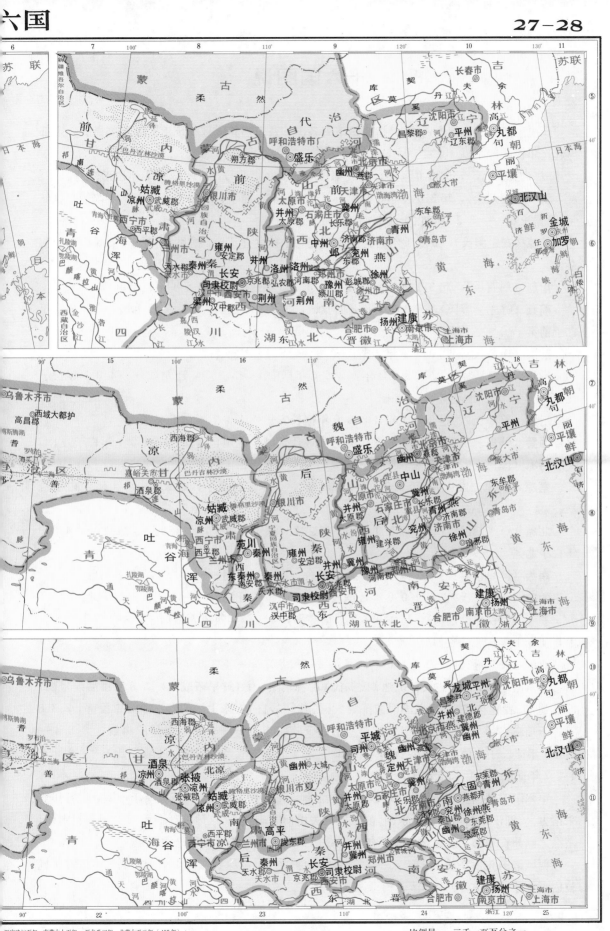

西凉建初五年、南燕太上五年、夏龙升三年、北燕太平元年（409年）

比例尺　二千一百万分之一

200　0　　200　400　600　800公里

十六国图说

历史上所谓"五胡十六国",指的是下列各国,兹表列其国号和统治者的族类姓氏,定都与起迄年份:

成(巴氏李氏),起303年,据成都——338年改号汉——347年亡于东晋。

汉(匈奴刘氏),起304年,据离石,徙左国城、蒲子、平阳——319年改号赵(前赵),据长安——329年亡于后赵。

前凉(安定张氏),301年始为凉州刺史,子孙世有其地,据姑臧——376年亡于前秦。

后赵(羯石氏),起319年,据襄国,335年迁邺——351年亡于冉魏。

前燕(鲜卑慕容氏),起337年,据龙城,350年迁蓟,357年迁邺——370年亡于前秦。

前秦(氐苻氏),起351年,据长安——394年亡于后秦。

后燕(鲜卑慕容氏),起384年,386年据中山,397年迁龙城——407年亡于北燕。

后秦(羌姚氏),起384年,386年据长安——417年亡于东晋。

西秦(鲜卑乞伏氏),起385年据勇士,迁金城、苑川、南安——431年亡于夏。

后凉(氐吕氏),起386年,据姑臧——403年亡于后秦。

南凉(鲜卑秃发氏),起397年,据广武,迁乐都、西平、姑臧——414年亡于西秦。

北凉(卢水胡沮渠氏),起397年,据建康,次年迁张掖,412年迁姑臧——439年亡于北魏。

南燕(鲜卑慕容氏),起398年,据滑台,次年迁广固——410年亡于东晋。

西凉(陇西李氏),起400年,据敦煌,405年迁酒泉——421年亡于北凉。

夏(匈奴铁弗赫连氏),起407年,据高平,413年筑统万城居之,427年出奔陇上,431年亡于吐谷浑。

北燕(长乐冯氏),起410年,据龙城(和龙)——436年亡于北魏。

十六国之外,见图的又有仇池(氐杨氏)后称南秦,代(鲜卑拓跋氏)386年后改号魏,即北魏。二者起自魏晋,十六国时或降附大国、或建号自立。未上图的有辽西鲜卑段部,338年并于前燕;宇文部344年为前燕所破。又有350—352年据邺的冉魏,384—394年据长子的西燕(慕容氏),386—391年据滑台的翟魏(丁零翟氏),405—413年据成都的后蜀(谯氏)等。

十六国时各国竞相析置州郡,汉晋一州之地,往往分为四五,疆域虽局于一隅,州名却兼采诸方。故刘汉地处河东而有雍州,前赵地处关中而有幽州,北燕地处辽西而有青州冀州幽州,南燕之幽州在琅邪,夏之幽州在郭尔罗斯,诸如此类的名实不符现象很普遍。

西域诸国先后在前凉、前秦、后凉、西凉领护之下,前凉置西域长史于海头,前秦置西域校尉于龟兹,后凉置西域大都护于高昌。

十六国乍兴乍灭，不存于同一年代，不能见于同一图幅。若一国各为一幅而取其盛时，则后先错出，无从窥见各个时代列国并峙情况。今将与东晋同时的十六国按时代先后分为五组予以画出。其中３８２年第三组的前秦已见于东晋十六国时期图，此外３２７年第一组、３６６年第二组、３９５年第四组、４０９年第五组各国并见于本图。

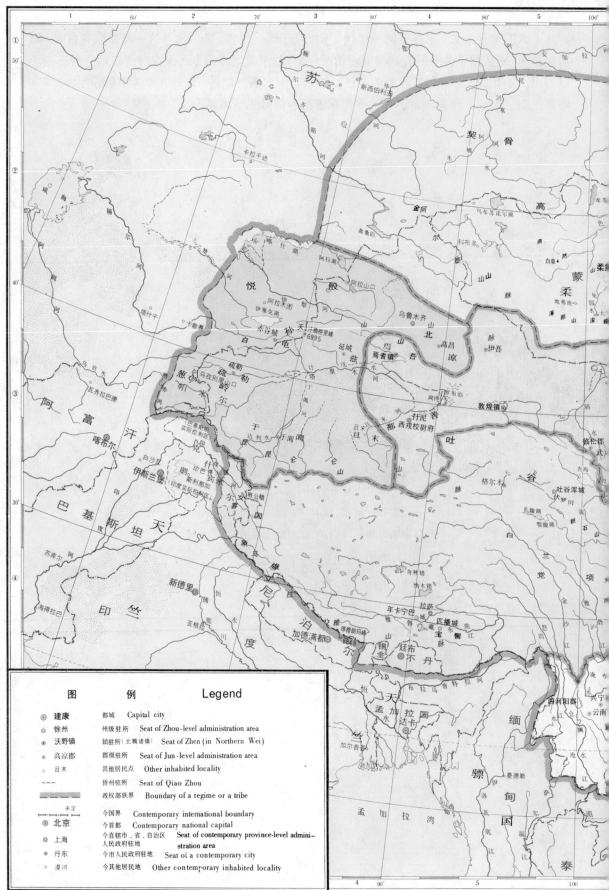

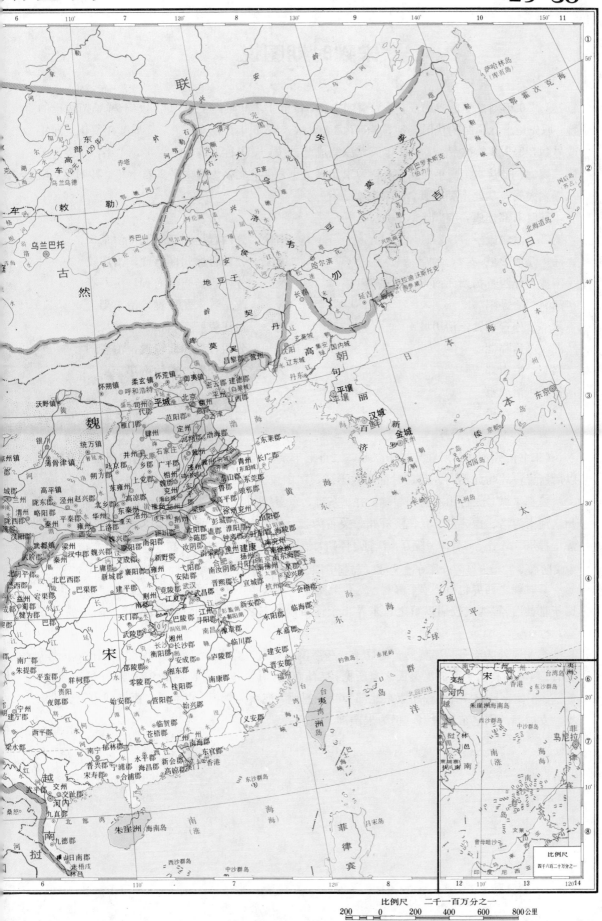

宋魏时期图说

　　４２０年刘裕受晋禅称帝，是为南朝宋朝，传至４７９年禅于齐。北朝始于鲜卑拓跋氏的魏，原先是十六国时的代国，３３８年称王建号，３７６年为前秦所并，３８６年复国，同年改号魏，３９８年称帝。４３９年灭北凉完成北方统一，史称北魏。传至５３４年，分裂为东西二魏。本图以４４９年为准，南朝为宋元嘉二十六年，北朝为魏太平真君十年。其明年，南北爆发大战，从此南朝转衰，北朝转盛。

　　其时宋都建康，有州十八：

扬	治建康	南徐	分西晋扬州江南置，治京口
徐	治彭城	南兖	分西晋徐州淮南置，治广陵
南豫	分西晋扬州江南置，治姑熟	豫	分西晋扬州淮南置，治寿春
江	治寻阳	青	改东晋末北青置，治东阳
冀	分青州置，治历城	荆	治江陵
湘	治临湘	雍	分西晋荆州北境置，治襄阳
梁	治南郑	秦	分梁州置，寄治南郑
益	治成都	宁	治味
广	治番禺	交	治龙编

　　《宋书·州郡志》所载凡二十二州，二百七十余郡国。其兖、司、郢、越四州皆元嘉末年以后所置，故与此不同。元嘉时郡国数不详，图中仅画出一部分。

　　魏都平城，太行山右为司、肆、并、东雍、东秦等州，山左为冀、相、定、幽、平、营等州，河南为洛、豫、荆、兖、济等州，关右为雍、华、秦、泾、渭等州。又置镇于边境，有敦煌、凉州、高平、薄骨律、统万、沃野、怀朔、柔玄、怀荒、枹罕、武都、御夷等镇。镇将统兵屯戍防御，主一方城隍仓库守土之责，与刺史同。

　　其时魏之西界包有焉耆、鄯善。焉耆于４４８年攻下，鄯善于４４５年攻下，"赋役其民，比于郡县"，置西戎校尉以镇之。东界止于辽西，辽东之地则于十六国后期已为高句丽所占有。

　　东北境外为契丹、库莫奚、地豆于、乌洛侯、失韦、豆莫娄、勿吉。漠北为柔然、高车、契骨。西域则高昌为北凉沮渠氏之裔所据；乌孙南迁，其故地为匈奴后裔悦般所据；仍有疏勒、龟兹、于阗、且末等。青藏高原东北部为吐谷浑地，迤南为党项、白兰羌，西南则为宝髻、象雄、女国等。宋之东南海上，仍为朱崖洲、夷洲。

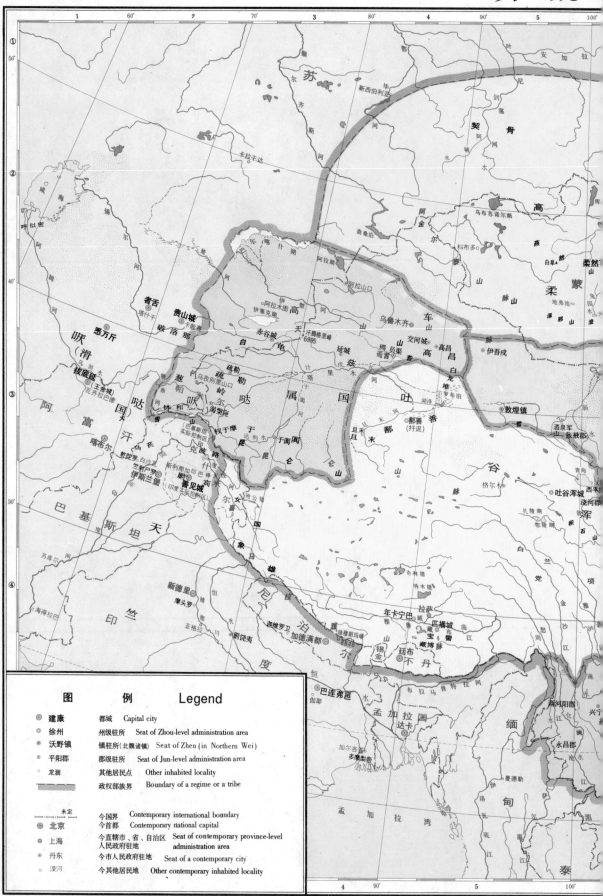

齐建武四年、魏太和二十一年（497年）

图　例　Legend

◎ 建康　都城　Capital city

◉ 徐州　州级驻所　Seat of Zhou-level administration area

◈ 沃野镇　镇驻所(北魏诸镇)　Seat of Zhen (in Northern Wei)

◌ 平阳郡　郡级驻所　Seat of Jun-level administration area

○ 龙涸　其他居民点　Other inhabited locality

▬▬▬　政权部族界　Boundary of a regime or a tribe

├—┼—┤ 未定　今国界　Contemporary international boundary

◉ 北京　今首都　Contemporary national capital

◎ 上海　今直辖市、省、自治区人民政府驻地　Seat of contemporary province-level administration area

◌ 丹东　今市人民政府驻地　Seat of a contemporary city

○ 漯河　今其他居民地　Other contemporary inhabited locality

比例尺　二千一百万分之一
200　0　200　400　600　800公里

比例尺
四千六百二十万分之一

齐魏时期图说

　　479年萧道成受宋禅,是为南朝齐朝,传至502年禅于梁。北魏于493年迁都洛阳。本图以497年为准,齐为建武四年,魏为太和二十一年。次年起,自宋泰始年间(466—469)失淮北以来基本稳定的双方疆界,又发生变动。

　　齐初承宋泰始以来之旧,置二十二州。曾分荆益五郡置巴州于巴东,寻省。终一代仍为二十二州,即《南齐书·州郡志》所载。《志》所载郡、左郡、俚郡、僚郡达三百九十五。

扬建康　南徐京口　豫寿春　南豫姑熟　南兖广陵　北兖淮阴　北徐钟离　青郁洲　冀与青州共一刺史　江寻阳　广南海郡　交交阯郡　越临漳郡　荆江陵　郢夏口　司义阳　雍襄阳　别置宁蛮府领蛮左诸郡　湘长沙郡　梁南郑　秦与梁州共一刺史　益成都　宁建宁郡

　　北魏境内的州、镇设置已多达五十二:

司洛阳金墉城　豫汝南悬瓠城　荆山北　洛上洛　东荆泚阳　东豫南新息　南兖涡阳　兖瑕丘　青广固　齐历城　徐彭城　南徐宿预　南青东安郡　光东莱掖　济碻磝城　相邺　冀信都　幽蓟　平肥如　营白狼城　定中山郡　瀛河间郡　燕广宁　安燕乐　并晋阳　肆九原　恒平城　朔盛乐　汾蒲子城　雍长安　秦上邽　豳定安　夏统万城　东秦中部　华华阴　泾安定　岐雍城　梁仇池　西安大兴郡　河枹罕　凉姑臧共四十一州

御夷　怀荒　柔玄　抚冥　武川　怀朔　沃野　薄骨律　高平　鄯善　敦煌　自东而西十一镇

　　魏境东北接高句丽及契丹、库莫奚、失韦等族;漠北为柔然、高车等族。西尽敦煌、伊吾,境外高昌之北凉沮渠氏于460年为柔然所灭;此后华人阚氏、张氏、马氏相继为臣附于柔然之高昌王;是年,金城麴氏代马氏为王。天山以南焉耆以西诸国隶属于中亚之哒;天山以北为高车牧地。吐谷浑强盛,奄有鄯善且末之地。

　　齐交州南界又内移至横山,即今越南河静、广平省界。

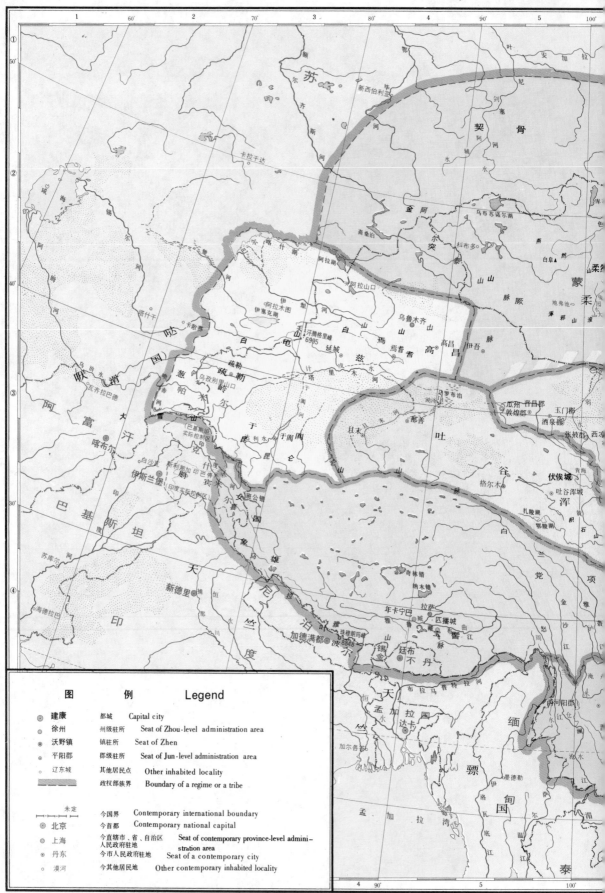

梁东魏西魏时期图说

　　５０２年萧衍受齐禅，是为南朝梁朝；传至５５７年禅于陈。北魏自５２３年六镇起义后，经连续战乱，至５３４年孝武帝奔长安依宇文泰，高欢入洛阳另立孝静帝迁都邺，从此分裂为东、西二魏。本图以５４６年即梁中大同元年、东魏武定四年、西魏大统十二年为准。是时梁朝全盛，东西魏相持不下。次年，侯景之乱起，从此南朝一蹶不振。

　　梁"天监十年（５１１）有州二十三，郡三百五十"。其后颇事恢拓，析置日滥，至"大同（５３５—５４６）中州一百七，郡县亦称于此"。往往徒有其名，无土地户口之实。北魏于六镇起义后改镇为州，至东西魏分裂前夕有州八十余，郡三百五十余。《魏书·地形志》所载系东魏武定时制度，合以西魏境内全魏末永熙（５３３—５３４）旧簿，共有一百一十一州，五百一十九郡。图中于三方州郡都只画其一部分。

　　海南岛自西汉元帝时弃守，历５８０年至梁复置崖州于岛上。

　　突厥初兴于金山（阿尔泰山）之阳，臣属柔然。哌哒退出葱岭以东。吐谷浑建都伏俟城。

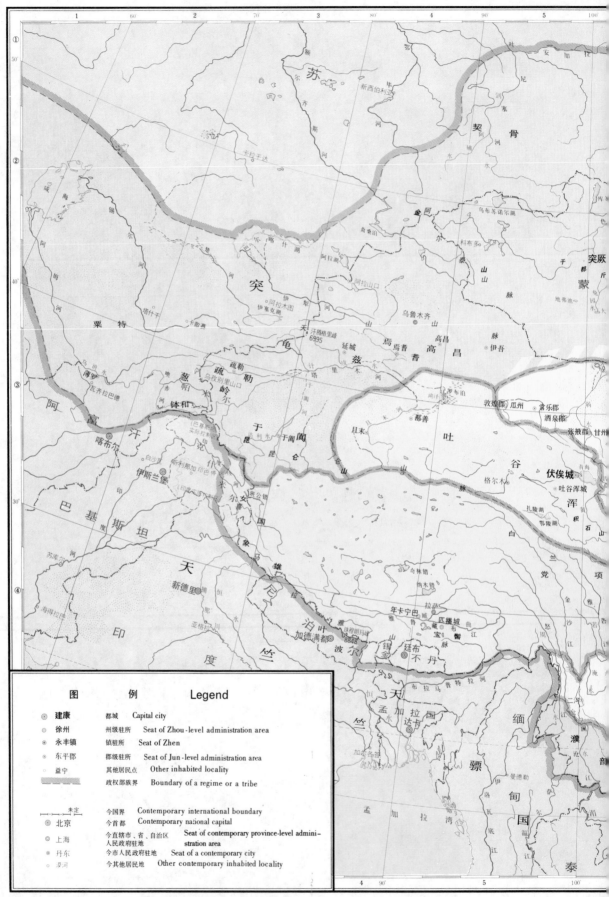

图　例　　　　Legend

◎　建康　　都城　Capital city
○　徐州　　州级驻所　Seat of Zhou-level administration area
◉　永丰镇　　镇驻所　Seat of Zhen
◦　东平郡　　郡级驻所　Seat of Jun-level administration area
·　益宁　　其他居民点　Other inhabited locality
　　　　　政权部族界　Boundary of a regime or a tribe

├—·—┤ 未定 今国界　Contemporary international boundary
◉　北京　　今首都　Contemporary national capital
◎　上海　　今直辖市、省、自治区人民政府驻地　Seat of contemporary province-level administration area
○　丹东　　今市人民政府驻地　Seat of a contemporary city
·　泰河　　今其他居民地　Other contemporary inhabited locality

陈太建四年、齐武平三年、周建德元年　（572年）

陈齐周时期图说

　　５５７年陈霸先受梁禅，是为南朝陈朝；传至５８９年为隋所灭。５５０年东魏高洋废其主自立，建号齐，史称北齐；传至５７７年为北周所灭。５５７年宇文氏废西魏帝自立，建号周，史称北周；传至５８１年禅于隋。本图以５７２年即陈太建四年、齐武平三年、周建德元年为准。次年，陈攻齐取淮南；后二年周攻齐，又二年灭齐。

　　梁自侯景乱后，江北丧于东魏、北齐，汉东、荆襄及汉中巴蜀沦于西魏。５５５年在西魏卵翼下称帝于江陵，史称后梁。故陈朝疆界，仅得三峡以东大江以南之地，"州有四十二，郡唯一百九"。北齐承东魏之旧，河北有平阳以东，河南有洛阳以东之地，又开拓淮南，末年有"州九十七，郡一百六十"。北周在灭齐后三年有"州二百一十一，郡五百八"。估计灭齐前州数大致与齐相当，郡数应多于齐。图中三方及后梁各画出一部分州郡。因齐周置州较陈为多，故齐周基本只画州，陈境画郡较多。云贵高原上只有南宁一州，那是由于侯景乱后当地实际上已为爨蛮所据，南宁州刺史只是朝廷授予爨酋的一个虚名。

　　其时突厥已击降铁勒，破灭柔然，西破哒哒，臣服西域诸国，北并契骨，东有室韦，威服塞外诸部；北至北海（贝加尔湖）南北五六千里，西至西海（咸海），东西万余里。

　　云南西南部在南朝前期由于土著的反抗，永昌郡已"有名无民"；至是完全成为化外之地，为濮族诸部所居。

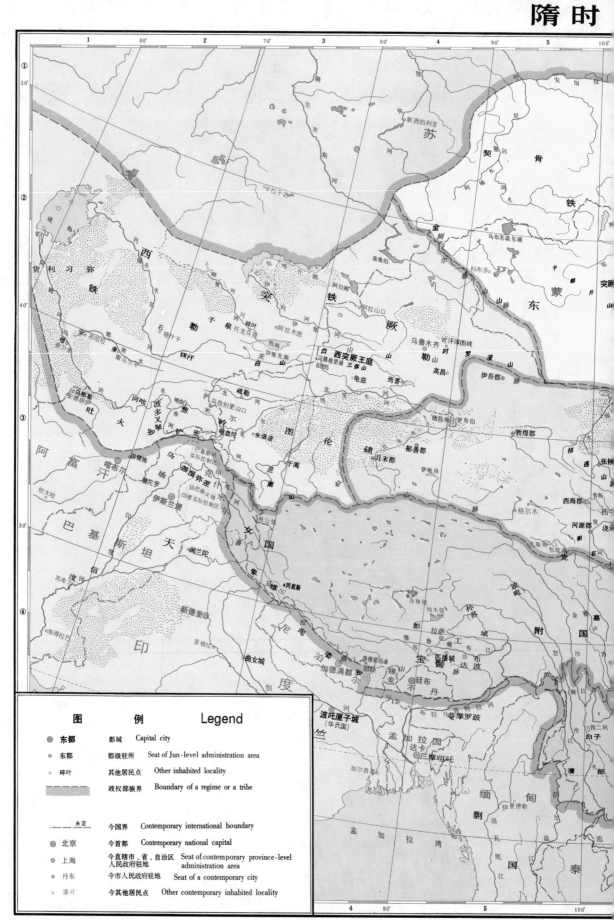

隋时期图说

　　５８１年杨坚篡周，建立隋朝；５８９年灭陈，结束西晋末年以来二百八十多年的长期分裂之局，复归一统。仅二十余年，初则由暴政引起农民大起义，继以群雄纷起割据，６１８年隋亡。

　　文帝开皇三年（５８３）废除行政区中的郡一级，将施行了四百年的州、郡、县三级制改为以州统县二级制。但汉晋时平均每州领八九郡，每郡领八九县，至南北朝后期州增析至二百五六十，郡增析至六百有奇，而县数仍为千五六百，所以到隋改为以州统县时，平均每州领县不过六七，比汉晋的郡平均领县数还要少些。炀帝大业三年（６０７）将州一级都改为郡，从此过去几百年上下两个不同级别的政区名，变而为同一级别的不同时期名称，沿袭至后代不改。

　　《隋书·地理志》所载是大业五年（６０９）平定吐谷浑更置四郡之初的版图，"大凡郡一百九十，县一千二百五十五"，说是"隋氏之盛，极于此也"。实际大业五年后又有所恢拓增置，故本图改以八年（６１２）为准，这是真正的隋极大版图。但农民大起义已于上一年爆发，不数年隋帝国即土崩瓦解。

　　大业八年时全境郡数当为１９２郡，本图尽量予以画出，惟中原地区为比例尺所限，未能画全。

　　大业三年改州为郡时置司隶台于中央掌全国吏治巡察，设别驾二人分察东都、京师，刺史十四人分察畿外。此十六人的巡察地区范围为史乘所不及，故图中不见。

　　《隋书·地理志》将全境郡县按《禹贡》九州分州记载，这不是当时的行政区域，也不是吏治监察区，故本图不用。

　　大业八年时隋境东北抵辽水下游，置辽东郡于辽水西岸通定镇（今辽宁新民东北）；西北有大业五年平吐谷浑所置西海、河源（今青海北部）、鄯善、且末（今新疆若羌、且末）四郡，六年所置伊吾郡（今新疆哈密）；北承北周之旧抵五原郡（今内蒙古后套），南仍以日南郡南界横山接林邑国境；又在海南岛上分置珠崖、儋耳、临振三郡。

　　隋朝境外辽东为高丽国地，高丽东北至海为靺鞨诸部。其西完水（黑龙江）难水（嫩江）流域为室韦诸部，南至隋边塞为契丹、霫、奚等部。

　　５８３年后突厥分为东西二部：金山（阿尔泰山）以东为东突厥（即北突厥），建牙于颓根河（鄂尔浑河）上今蒙古哈尔和林北，铁勒、拔也古、仆骨、同罗、回纥、都波等部及契骨皆为所统属。自金山西逾药杀水（锡尔河）、乌浒水（阿姆河），南抵于阗南山为西突厥，建庭于龟兹北山，统有白山（天山）北铁勒诸部，南龟兹等城郭诸国，东至高昌，西至吐火罗，河中诸国皆服属之。

　　青藏高原中部为宝髻、孙波等，东部为党项、嘉良、附国，西部为女国、象雄。

　　隋初在云贵高原上疆界有所扩展；开皇十三年（５９３）设南宁州总管府于味（今曲靖），辖有东至今贵州西部，西至云南大理白族自治州之地。十七八年爨翫复叛，遂弃于域外。大业中西南越巂、犍为、牂柯等郡边境外为昆明、东爨、西爨、白子、濮部之地。

　　日南郡之南为林邑国地，大业元年曾用兵占领，置比景、海阴、林邑三郡；数月后军还，

林邑王复其故地。《隋书·地理志》以大业五年为准而载有这三郡是错的。

建安郡之东海岛上为流求，即今台湾省，大业中曾遣人招抚之，不从，自尔遂绝。

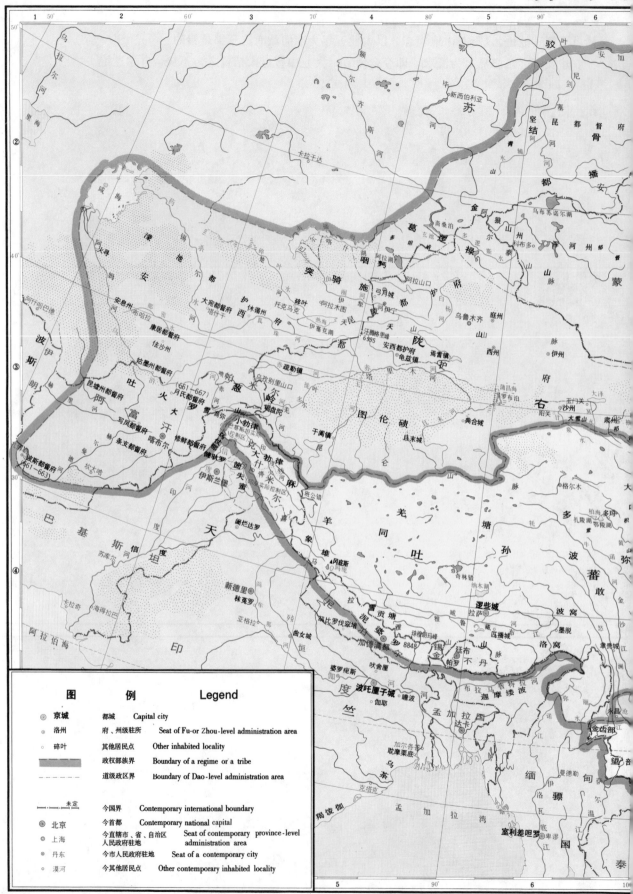

比例尺　二千一百万分之一
200　0　200　400　600　800公里

唐时期图 （一）说

唐朝起武德元年（６１８），迄天祐四年（９０７），历时２９０年，作图四幅。

６１７年隋太原留守李渊起兵入长安，立代王杨侑为帝，６１８年逼侑禅位，是为唐高祖。渐次削平隋末以来割据群雄，至太宗贞观二年（６２８）完成统一。贞观四年（６３０）破降东突厥，十四年（６４０）灭高昌，二十年（６４６）破降薛延陀；高宗永徽元年（６５０）击擒突厥车鼻可汗，显庆二年（６５７）破降西突厥，五年击降百济，龙朔二年（６６２）破铁勒定天山，总章元年（６６８）击灭高丽。与此等战胜攻取同时，四裔各族多相继降附，唐版图臻于极盛。本图即以总章二年（６６９）为准。

武德初即普改天下郡为州，增析州县颇多；数州合置一总管府以统军戎；七年，改总管府为都督府。贞观初大加省并，十三年（６３９）有州府３５８，县１５５１；次年平高昌，增置西、庭二州六县。此后内地府州仍有所并省，而边境广事建立由当地部族酋长为都督刺史的羁縻府州，由灵、夏、幽、营、凉、松等边州都督府，又特设安西、单于、安北、安东四都护府以领护之。安西辖西突厥故地，跨天山南北，东抵西州庭州界，西逾葱岭，治龟兹镇。单于辖碛南突厥故地，治云中城。安北辖碛北突厥、铁勒故地，治回纥部落。安东辖高丽故地，治平壤城。图中所画疆界，间有追溯建置极盛时情况，与本年实际不尽符合者；如吐火罗河中诸府已多为大食所占，熊津府已放弃。

贞观元年（６２７）因山川形便，分天下为关内、河南、河东、河北、山南、陇右、淮南、江南、剑南、岭南十道。其时的道主要是地理区划，时或遣使分道观风、巡察、举刺，不为常制。

七世纪初吐蕃勃兴，自山南匹播城（今泽当琼结宗）迁都逻些（今拉萨），兼并苏毗（孙波）、羊同，破党项、白兰，西制泥婆罗（今尼泊尔），北逐吐谷浑，统一青康藏高原诸部，兼有川边、滇西北及克什米尔之地。至是又连岁侵占唐边境诸羌羁縻州，成为继突厥、高丽而起与唐争衡于东亚之大国。

滇西南诸羁縻州之外的为濮子、金齿等部。东北松花江、黑龙江流域为靺鞨、室韦诸部。

唐时期图 (二) 说

　　玄宗开元天宝时期是唐代的国势全盛时期。开元仍初唐之旧用州县制,天宝元年（742）改州为郡,肃宗乾元元年（758）又改郡为州。唐290年中仅十六年称郡,故本图不用天宝郡制而用开元州制,定以开元最后一年即二十九年（741）为准。据两唐书《地理志》,开元二十八年有州328,县1573,羁縻府州不在此数。据《资治通鉴》,天宝元年有州331,县1528,羁縻州820。兹据两唐书《地理志》开元二十九年见在之州列表于后,总数不足328之数,志文殆稍有脱漏。天宝初所改郡名附见,以便检阅。长安、洛阳、晋阳三都所在之雍、洛、并三州,开元初已升为京兆、河南、太原三府。都护府已增为六:安西单于仍旧治,北庭治庭州,安北内徙治中受降城,安东内徙治平州,安南治交州。

　　开元二十年（732）置十道采访处置使,检察非法,如汉刺史之职,定为常制。次年,分十道为十五道:分关内为京畿、关内,分河南为都畿、河南,山南为东、西,江南为东、西、黔中。诸道采访处置使京畿治京城内,关内以京官领,都畿治东都城内,河南治汴州,河东治蒲州,河北治魏州,山南东治襄州,山南西治梁州,陇右治鄯州,淮南治扬州,江南东治苏州,江南西治洪州,黔中治黔州,剑南治益州,岭南治广州。图中画出道治及道界。

　　景云二年（711）始于边境置节度使以防御四裔,开元天宝之际增至十节度。安西节度使抚宁西域,治龟兹城。北庭节度使防制突骑施、坚昆,治北庭都护府。河西节度使断隔吐蕃、突厥,治凉州。朔方节度使捍御突厥,治灵州。河东节度使犄角朔方以御突厥,治太原府。范阳节度使临制奚、契丹,治幽州。平卢节度使镇抚室韦、靺鞨,治营州。陇右节度使备御吐蕃,治鄯州。剑南节度使西抗吐蕃,南抚蛮僚,治益州。岭南五府经略使绥静夷僚,治广州。此外又有长乐经略使福州刺史领之,东莱守捉莱州刺史领之,东牟守捉登州刺史领之,备御海疆。

　　边区设置羁縻府州地区,较之总章,有展有缩。河北道高丽旧壤退至以浿水（大同江）为界,其南弃于新罗。创建于开元,置于靺鞨粟末部之忽汗州都督府（渤海）,置于黑水靺鞨部之黑水都督府及勃利州,置于室韦部落之室韦都督府,虽皆未能实际统治其地,册封臣属关系持续不断。关内道北界在单于都护府北700里,东受降城北800里,中受降城即安北都护府治北500里,西受降城北300里。迤北旧安北都护府全境及单于都护府南半境,悉为突厥所有。陇右道天山以南保有安西四镇及葱岭中诸小国,又以小勃律地为绥远军。迤西吐火罗、河中诸国,已为大食所并。天山以北旧隶北庭都护府诸府州,除内徙寄治于北庭府界内者外,或为突骑施或为突厥所并。突骑施本显庆时嗢鹿、洁山二都督府,其后日渐强盛,兼并诸部,开元时已成为介在大食突厥间一强国,虽受唐突骑施都督称号,仅为空名,无臣属关系。

　　吐蕃、突厥为其时唐朝二大敌国。吐蕃境界略如总章之旧。突厥以高宗永淳元年（682）反唐复国,史称后突厥;并有铁勒诸部及黠戛斯、骨利干之地,南侵唐边,西服葛逻禄。

开元末天宝初州郡对照表 （顶格者见图,低一格者不见图）

下接 42 页背面

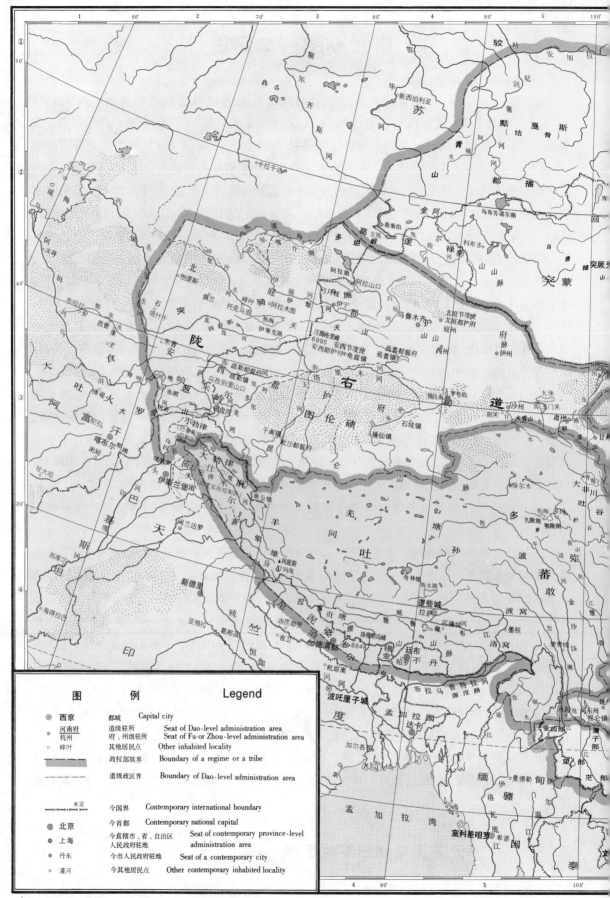

开元	天宝	开元	天宝	开元	天宝
京兆府	京兆府	徐州	彭城郡	邢州	巨鹿郡
商州	上洛郡	郓州	东平郡	恒州	常山郡
岐州	扶风郡	齐州	济南郡	冀州	信都郡
邠州	新平郡	青州	北海郡	沧州	景城郡
华州	华阴郡	登州	东牟郡	易州	上谷郡
同州	冯翊郡	莱州	东莱郡	幽州	范阳郡
以上京畿道六府州		棣州	乐安郡	瀛州	河间郡
陇州	汧阳郡	兖州	鲁郡	蓟州	渔阳郡
原州	平凉郡	海州	东海郡	平州	北平郡
宁州	彭原郡	沂州	琅邪郡	营州	柳城郡
庆州	顺化郡	陕州	陕郡	安东都护府	不改
鄜州	洛交郡	虢州	弘农郡	怀州	河内郡
灵州	灵武郡	蔡州	汝南郡	博州	博平郡
胜州	榆林郡	泗州	临淮郡	卫州	汲郡
丰州	九原郡	濠州	钟离郡	贝州	清河郡
单于都护府	不改	曹州	济阴郡	洺州	广平郡
安北都护府	不改	濮州	濮阳郡	深州	饶阳郡
泾州	保定郡	淄州	淄川郡	赵州	赵郡
坊州	中部郡	密州	高密郡	德州	平原郡
丹州	咸宁郡	以上河南道二十七州		定州	博陵郡
延州	延安郡	蒲州	河东郡	莫州	文安郡
威州	××郡	晋州	平阳郡	妫州	妫川郡
会州	会宁郡	隰州	大宁郡	檀州	密云郡
盐州	五原郡	大原府	太原府	以上河北道二十五府州	
夏州	朔方郡	汾州	西河郡	荆州	南郡
绥州	上郡	代州	雁门郡	峡州	夷陵郡
银州	银川郡	云州	云中郡	归州	巴东郡
宥州	宁朔郡	朔州	马邑郡	朗州	武陵郡
(麟州奉宸垂元)	新秦郡	潞州	上党郡	涪州	涪陵郡
以上关内道二十二府州		绛州	绛郡	万州	南浦郡
河南府	河南府	慈州	文成郡	襄州	襄阳郡
汝州	临汝郡	沁州	阳城郡	唐州	淮安郡
以上都畿道二府州		辽州	乐平郡	隋州	汉东郡
滑州	灵昌郡	岚州	楼烦郡	邓州	南阳郡
郑州	荥阳郡	石州	昌化郡	金州	汉阴郡
颍州	汝阴郡	忻州	定襄郡	夔州	云安郡
许州	颍川郡	蔚州	兴唐郡	澧州	澧阳郡
陈州	淮阳郡	泽州	高平郡	忠州	南宾郡
汴州	陈留郡	以上河东道十八州		均州	武当郡
宋州	睢阳郡	魏州	魏郡	房州	房陵郡
亳州	谯郡	相州	邺郡	复州	竟陵郡

鄜州	富水郡	以上陇右道二十二府州		袁州	宜春郡
以上山南东道十八州		扬州	广陵郡	潭州	长沙郡
梁州	汉中郡	楚州	淮阴郡	衡州	衡阳郡
利州	益昌郡	和州	历阳郡	永州	零陵郡
凤州	河池郡	寿州	寿春郡	郴州	桂阳郡
兴州	顺政郡	庐州	庐江郡	邵州	邵阳郡
巴州	清化郡	光州	弋阳郡	抚州	临川郡
通州	通川郡	安州	安陆郡	道州	江华郡
阆州	阆中郡	申州	义阳郡	以上江南西道十七州	
洋州	洋川郡	滁州	永阳郡	黔州	黔中郡
成州	同谷郡	舒州	同安郡	辰州	卢溪郡
文州	阴平郡	蕲州	蕲春郡	巫州	潭阳郡
扶州	同昌郡	黄州	齐安郡	播州	播川郡
集州	符阳郡	以上淮南道十二州		锦州	卢阳郡
壁州	始宁郡	润州	丹阳郡	施州	清化郡
蓬州	蓬山郡	苏州	吴郡	业州	龙溪郡
开州	盛山郡	杭州	余杭郡	夷州	义泉郡
果州	南充郡	越州	会稽郡	思州	宁夷郡
渠州	潾山郡	衢州	信安郡	费州	涪川郡
以上山南西道十七州		婺州	东阳郡	南州	南川郡
河州	安昌郡	温州	永嘉郡	溪州	灵溪郡
鄯州	西平郡	台州	临海郡	溱州	溱溪郡
兰州	金城郡	福州	长乐郡	以上黔中道十三州	
岷州	和政郡	建州	建安郡	益州	蜀郡
凉州	武威郡	泉州	清源郡	汉州	德阳郡
沙州	敦煌郡	汀州	临汀郡	嘉州	犍为郡
甘州	张掖郡	漳州	漳浦郡	巂州	越巂郡
肃州	酒泉郡	常州	晋陵郡	雅州	卢山郡
伊州	伊吾郡	湖州	吴兴郡	茂州	通化郡
西州	交河郡	睦州	新定郡	戎州	南溪郡
庭州	×××	明州	余姚郡	姚州	云南郡
北庭都护府	不改	处州	缙云郡	梓州	梓潼郡
安西都护府	不改	以上江南东道十八州		遂州	遂宁郡
秦州	天水郡	宣州	宣城郡	合州	巴川郡
渭州	陇西郡	歙州	新安郡	渝州	南平郡
临州	狄道郡	洪州	豫章郡	泸州	泸川郡
阶州	武都郡	江州	浔阳郡	彭州	濛阳郡
洮州	临洮郡	鄂州	江夏郡	蜀州	唐安郡
廓州	宁塞郡	岳州	巴陵郡	眉州	通义郡
叠州	合川郡	饶州	鄱阳郡	邛州	临邛郡
宕州	怀道郡	虔州	南康郡	简州	阳安郡
瓜州	晋昌郡	吉州	庐陵郡	资州	资阳郡

下接 44 页背面

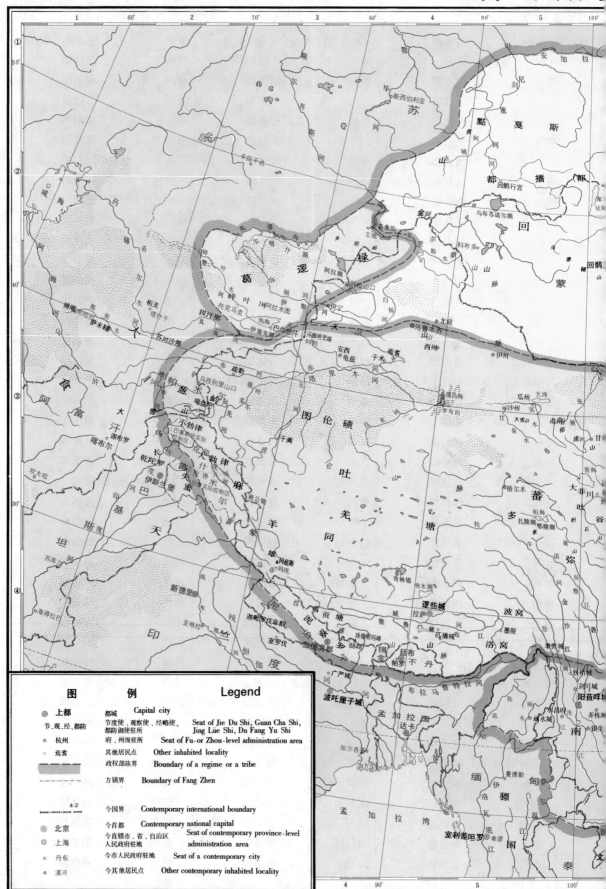

① 50°
② 40°
③ 30°
④

新西伯利亚
苏
鄂
安加拉
剑尼
塞
黠 戛 斯

都 播 都
回鹘行宫
乌布苏诺尔湖
金 阿尔
科布多
回 鹘
回鹘

卡拉干达
咸海
锡 尔
柘支
苏对沙那
托克马克 碎叶
伊丽河
阿拉木图
多坦
玄池
白杨河
北庭
瑶池
伊宁
北庭
西州
伊州

帕米尔
葱岭
乌孜别里山口
喀喇昆仑
赤疏勒
安西 龟兹
于术
罗布泊
瓜州 大泽
沙州
甘州
连山
肃州
甘州

阿富汗
大汗
喀布罗
勃律
什停米
克什米尔
乾陀罗
长颂
伊斯兰堡
巴基斯坦
新德里
海得拉巴
印

图 伦 碛
吐 谷 浑
羊 同
雄
冈底斯
玛帐
迦毗罗伐窣堵
室罗伐
加尔各答
广严城
波吒厘子城

吐 蕃
鄂陵湖
扎陵湖
柏海
多
青海
大非川
黄河
弥
诺
雅

逻些城
拉萨
藏
匹播城
波窝
墨脱
沙窝
洛窝
不丹
廷布
帕罗
贵城江
铁桥城
剑川城
阳苴咩城

珠穆朗玛
8848
雪山
布拉马普特拉河
孟加拉国
达卡
罗
缅
伊
洛
骠
瓦
室利差呾罗
卑谬
底
江
泰
国

孟加拉湾

元和十五年（820年）

比例尺　　二千一百万分之一
200　0　200　400　600　800公里

黎州	洪源郡	宜州	龙水郡	岩州	常乐郡
翼州	临翼郡	桂州	始安郡	濛州	临潭郡
维州	维川郡	梧州	苍梧郡	笼州	扶南郡
松州	交川郡	柳州	龙城郡	田州	横山郡
当州	江源郡	容州	普宁郡	环州	整平郡
悉州	归诚郡	廉州	合浦郡	贺州	临贺郡
静州	静川郡	交州	交趾郡	连州	连山郡
柘州	蓬山郡	陆州	玉山郡	富州	开江郡
恭州	恭化郡	峰州	承化郡	昭州	平乐郡
保州	天保郡	爱州	九真郡	蒙州	蒙化郡
绵州	巴西郡	驩州	日南郡	严州	循德郡
剑州	普安郡	康州	晋康郡	融州	融水郡
龙州	应灵郡	泷州	开阳郡	古州	乐兴郡
普州	安岳郡	新州	新阳郡	牢州	定川郡
陵州	仁寿郡	封州	临封郡	白州	南昌郡
荣州	和义郡	潘州	南潘郡	绣州	常林郡
以上剑南道三十五州		勤州	云浮郡	郁林州	郁林郡
广州	南海郡	罗州	招义郡	党州	宁仁郡
韶州	始兴郡	辩州	陵水郡	窦州	怀德郡
循州	海丰郡	高州	高凉郡	禺州	温水郡
潮州	潮阳郡	恩州	恩平郡	义州	连城郡
端州	高要郡	澄州	贺水郡	长州	文炀郡
春州	南陵郡	宾州	岭方郡	福禄州	唐林郡
雷州	海康郡	横州	宁浦郡	汤州	汤泉郡
崖州	珠崖郡	峦州	永定郡	芝州	忻城郡
振州	延德郡	钦州	宁越郡	武峨州	武峨郡
儋州	昌化郡	贵州	怀泽郡	武安州	武曲郡
万安州	万安郡	龚州	临江郡	庞州	
邕州	朗宁郡	象州	象郡	南登州	
浔州	浔江郡	藤州	感义郡	以上岭南道七十二州	

唐时期图 (三)说

　　唐自安史之乱（７５５—７６３）后内地裂为方镇数十，陇右与剑南西山地入吐蕃，自天宝年间起大漠南北回纥取代突厥，南诏叛唐统一云南，形势大非初盛唐时之比。宪宗元和时削平叛镇，号称中兴，本图以元和十五年（８２０）为准，藉以反映中唐时期疆域政区概貌。

　　隋开皇置总管府以统数州军戎，大业罢。唐武德初复置，七年改都督府。贞观十三年（６３９）凡都督府四十一，分统天下州县，唯近畿九州不属都督府。景云二年（７１１）曾使都督兼纠察州县之任，逾月即以权重不便而罢。开元十七年（７２９）有大都督府五，中都督府十五，下都督府二十。景云二年始有以边州都督充节度使者，至开元遂有缘边八节度。旋增为十。又渐以节度使兼度支、营田、采访等使，遂综一道军民财赋事权。安史乱起，内地各

处继起效尤，都督之权重持节者皆称节度使，主兵事而不授节者称防御使，经略使或团练使。大者领十余州，小者二三州，各为一道，亦称一镇。乾元元年（758）罢开元以来之十五道采访使，改置各镇观察处置使。此后或以节度兼观察，或以观察兼防御、经略，安史以前采访使道与都督府两种不同区划，至是乃合而为一。名为一道而已非仅监察区域，名为一镇而已非仅军政区域，实际已成为统辖数州的高一级行政区划。隋初以来的州县二级行政区划制，乃变而为道（镇）、州、县三级制。图中于诸镇所治州治旁加注××节（度使）、或××观（察使）、或××经（略使）、或××都（防御使），并画出各镇间界线。

缘边羁縻府州已大量撤废或内徙。关内道突厥回纥州限于碛南，多数侨治灵、夏州境内；灵、夏、庆州境内又有党项、吐谷浑州。河北道除侨在幽州境内者外，惟存辽东高丽降户州。剑南道西境多没入吐蕃，南境多没入南诏，惟雅、黎、巂、戎、泸州所领犹有存者。黔中道及岭南桂、邕、安南三管所领则基本沿袭如旧，间有增设。奚、契丹岁有酋豪入长安参与朝会，然外附回鹘，故不授官爵。室韦部落中设有都督通朝献，但室韦分部至二十有余，此都督未必能统辖全境。

唐朝境外，其时渤海最为海东盛国，有五京十五府六十二州；地东至海，北黑水靺鞨，南新罗，西接契丹及唐之辽东。图中画出其五京十五府治所。都上京龙泉府，故址今黑龙江宁安县西南东京城。西京鸭绿府濒鸭绿江南岸，由此取水道对唐通朝贡。

渤海之北为黑水靺鞨，通朝献；又东北为思慕、莫曳皆、郡利、窟说等部，皆不能自通。

回纥本铁勒十五部之一，臣属突厥。天宝初起而攻灭突厥，尽得突厥故地，建牙于乌德犍山（杭爱山）嗢昆河（鄂尔浑河）之间。东极室韦，西逾金山，南控大漠。贞元四年（788）改称回鹘。又于吐蕃陷北庭后逐走之而有其地。回鹘之西则为葛逻禄，本回纥属部，安史后转盛，脱离回鹘独立，代突骑施有碎叶川（吹河）伊丽河（伊犁河）至多逻斯水（额尔齐斯河）之地。开成五年（840）回鹘为黠戛斯所破，部族分支西迁。

安史乱起吐蕃乘机入侵唐土，至安史之乱结束之年，即广德元年（763），已尽取陇右道河陇间诸州及关内道之陇右原、会等州，剑南道之西山诸州及大渡河南之巂州。是年冬，陷长安十二日后退出。此后十余年又西取河西凉、甘、肃、瓜、沙、伊等州。贞元六年（790）陷北庭，西州、安西相继陷落，四镇弃守，自焉耆以西至葱岭小勃律皆为所役属。元和末除巂州已为唐收复，北庭已入回鹘外，基本上仍占有贞元以来极大版图。次年为长庆元年，唐蕃会盟于长安西郊，此后双方停止攻战。至会昌中（842—846）其国内乱，大中初（848—851）唐边镇克复陇右秦原等三州七关，沙州人张义潮逐吐蕃守将以瓜、沙、伊、西等十一州归唐，疆界始变。

南诏本乌蛮六诏之一蒙舍诏（今云南巍山），于六诏为最南，故称南诏。初唐置羁縻蒙舍州隶姚州都督府，开元中在唐朝支持下统一六诏，封云南王。不久就向东扩张占领爨区，天宝九载（750）起兵反唐攻陷姚州，旋即臣附吐蕃连兵于天宝十载至十三载屡次大败唐兵，将唐朝势力逐出云南。安史乱起又北取巂州南部地，接着向周边蛮僚部落大事开拓，西至伊洛瓦底江上游，东至今滇黔界上乌蒙乌撒部，南抵红河上游，筑拓东城于今昆明市以控制东南部，成为唐土西南一大国。贞元十年（794）又转而连唐反吐蕃，夺取了神川都督地（今剑川、鹤庆、丽江、中甸一带）和昆明城（今盐源）。又南征茫蛮、黑齿等部族，拓土南与女王国（今泰国南奔一带）接壤。开元时都太和城（今大理太和村），大历十四年（779）徙都阳苴咩城（今大理）。

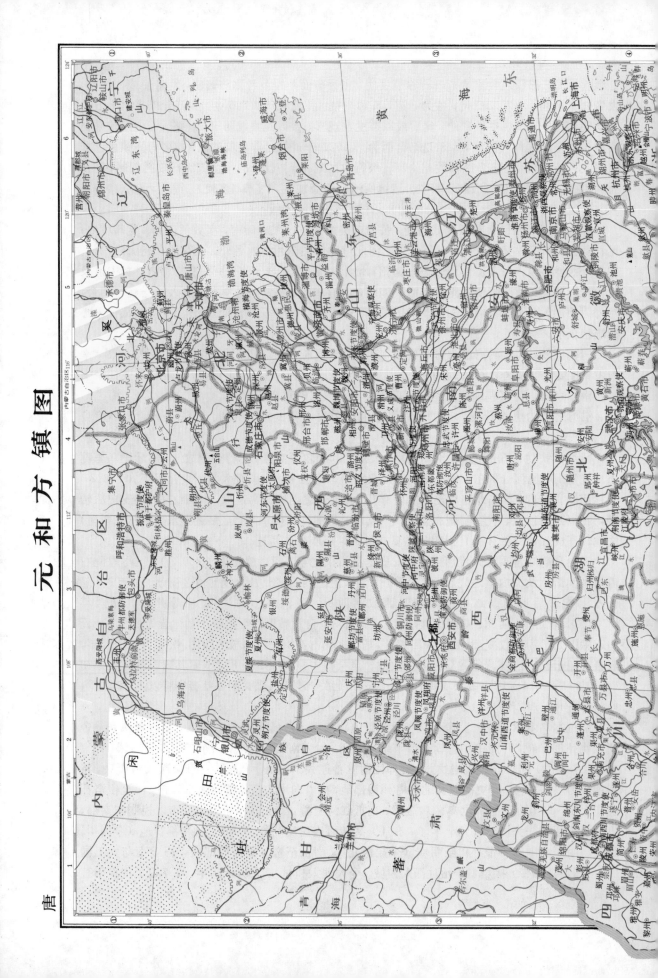

元和方镇图

唐

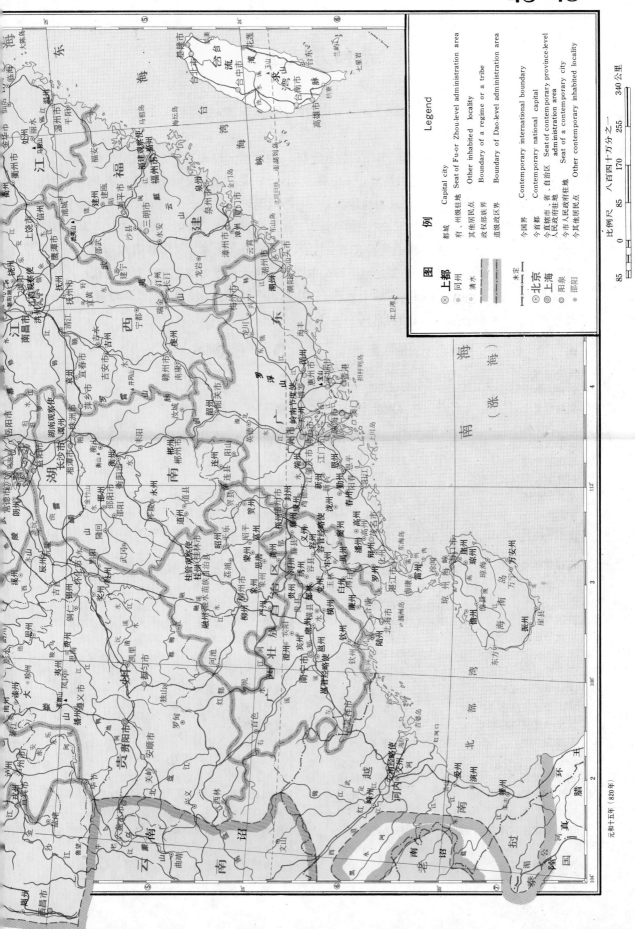

图 例
Legend

都城　Capital city

同州　府，州级驻地　Seat of Fu-or Zhou-level administration area

其他居民点　Other inhabited locality

清水　政权部族界　Boundary of a regime or a tribe

道级政区界　Boundary of Dao-level administration area

未定

北京　今国界　Contemporary international boundary

今首都　Contemporary national capital

上海　今省镇市、省、自治区　Seat of contemporary province-level
人民政府驻地　administration area

阳泉　今市人民政府驻地　Seat of a contemporary city

邵阳　今其他居民点　Other contemporary inhabited locality

比例尺　八百四十万分之一

85　0　85　170　255　340 公里

元和方镇图说

　　这是一幅元和十五年（８２０）时唐朝境内的方镇区划图，亦即放大了比例尺的唐时期图（三）的唐直属版图部分。

　　唐自安史乱后形成方镇（道）、州、县三级制。《旧唐书·地理志》所录肃宗至德、乾元之制，凡三十二节度，七观察，二经略，三防御，共四十四镇。德宗贞元十四年（７９８）贾耽所上《十道录》（时"十道"已成为地理区划，与行政无涉），"凡三十一节度，十一观察，益以防御、经略以守臣称使者共五十"。宪宗元和二年李吉甫上《元和国计簿》，"总计天下方镇四十八，州府二百九十五，县千四百五十三"。八年，吉甫又上《元和郡县图志》，"凡四十七镇"。今传本已残缺，故四十七镇之目不详。本图以元和十五年为准，覈以史传记载，其时除京师京兆府（雍州）外，全国共分四十八镇。图中画出各镇名称、境界，以及所辖府、州、城，表列如下：（镇与府州皆附以当时常用别称。）

镇　　名	治　　所	领　　府州城
潼关防御史	华州	
同州防御史	同州	
凤翔节度使	凤翔府（岐州）	陇州
泾原节度使	泾州	原州
邠宁节度使	邠州	宁州、庆州
鄜坊节度使	鄜州	坊州、丹州、延州
朔方节度使（灵武）	灵州	盐州
夏绥节度使	夏州	绥州、银州、宥州
振武节度使	单于都护府	麟州、胜州、东受降城
丰州都防御使	天德军	丰州、中受降城、西受降城 以上关内道
东都畿都防御使	河南府（洛州）（河阳等五城别属河阳三城节度使）	汝州
陕虢观察使	陕州	虢州
宣武节度使（汴宋）	汴州	宋州、亳州、颍州
义成节度使（郑滑）	滑州	郑州
武宁节度使（徐泗）	徐州	宿州、泗州、濠州
忠武节度使（陈许）	许州	陈州、溵州、蔡州
平卢节度使（淄青）	青州	淄州、齐州、登州、莱州
天平节度使（郓曹）	郓州	曹州、濮州
兖海观察使	兖州	海州、沂州、密州 以上河南道
河中节度使	河中府（蒲州）	绛州、晋州、慈州、隰州
河东节度使	太原府（并州）	汾州、沁州、仪州、岚州、石州、忻州、代州、蔚州、朔州、云州
昭义节度使（泽潞）	潞州	泽州、邢州、洺州、磁州 以上河东道
河阳三城节度使	怀州	河南府之河阳、温、济源、河清、汜水五县

魏博节度使	魏州	相州、博州、卫州、贝州、澶州
成德节度使（恒冀）	镇州（恒）	冀州、深州、赵州、德州、棣州
横海节度使（沧景）	沧州	景州、德州、棣州
义武节度使（易定）	定州	易州
卢龙节度使（幽州）	幽州	蓟州、涿州、瀛州、莫州、妫州、檀州、平州、营州
		以上河北道
山南东道节度使（襄阳）	襄州	邓州、复州、郢州、唐州、随州、均州、房州
山南西道节度使	兴元府（梁州）	洋州、利州、凤州、兴州、文州、集州、壁州、巴州、蓬州、通州、开州、阆州、果州、渠州
金商都防御使	金州	商州
荆南节度使	江陵府（荆）	澧州、朗州、峡州、夔州、忠州、万州、归州
		以上山南道
淮南节度使	扬州	楚州、滁州、和州、舒州、寿州、庐州、光州
		以上淮南道
浙西观察使	润州	常州、苏州、杭州、湖州、睦州
浙东观察使	越州	婺州、衢州、温州、处州、台州、明州
鄂岳观察使	鄂州	沔州、岳州、安州、申州、黄州、蕲州
江西观察使	洪州	饶州、虔州、吉州、江州、袁州、信州、抚州
宣歙观察使	宣州	歙州、池州
湖南观察使	潭州	衡州、郴州、永州、连州、道州、邵州
福建观察使	福州	建州、泉州、漳州、汀州
黔中观察使	黔州	涪州、夷州、思州、费州、南州、珍州、溱州、播州、辰州、锦州、叙州、溪州、施州、奖州
		以上江南道
剑南西川节度使	成都府（益州）	彭州、蜀州、汉州、邛州、简州、资州、嘉州、戎州、雅州、眉州、茂州、黎州、巂州
剑南东川节度使	梓州	剑州、绵州、遂州、渝州、合州、普州、荣州、陵州、泸州、龙州、昌州
		以上剑南道
岭南节度使	广州	循州、潮州、端州、康州、封州、韶州、春州、新州、雷州、罗州、高州、恩州、潘州、辩州、勤州、泷州、崖州、琼州、振州、儋州、万安州
邕管经略使	邕州	贵州、宾州、澄州、横州、钦州、浔州、峦州、岩州
容管经略使	容州	白州、禺州、牢州、绣州、党州、窦州、廉州、义州、郁林州、平琴州、顺州
桂管经略使	桂州	梧州、贺州、昭州、象州、柳州、严州、融州、龚州、富州、蒙州、思唐州、宜州
安南经略使	安南都护府（交州）	爱州、驩州、陆州、峰州、演州、长州、武峨州、武安州、福禄州、汤州
		以上岭南道

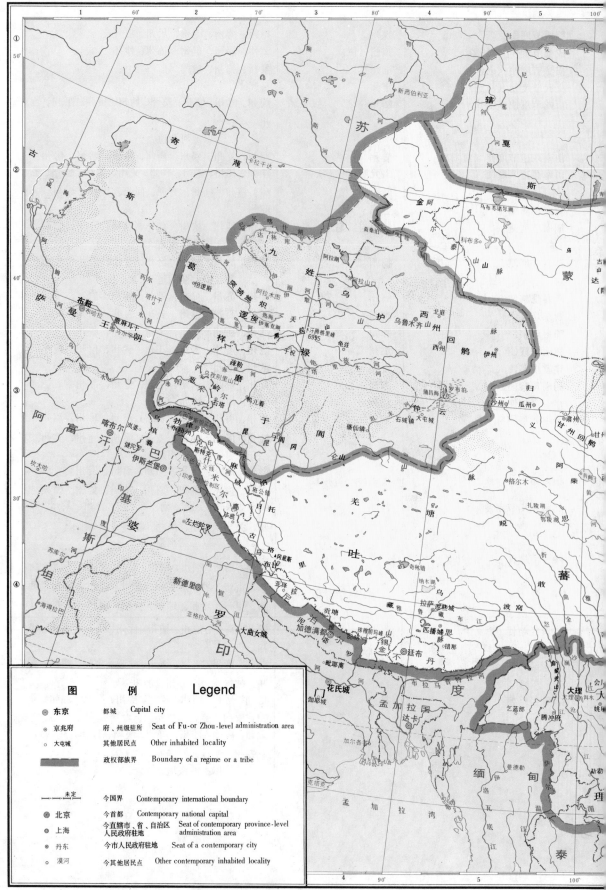

图　例　　Legend

◎ 东京	都城	Capital city
◉ 京兆府	府、州级驻所	Seat of Fu- or Zhou-level administration area
○ 大屯城	其他居民点	Other inhabited locality
▬▬▬	政权部族界	Boundary of a regime or a tribe
━━┿━━ 未定	今国界	Contemporary international boundary
◉ 北京	今首都	Contemporary national capital
◉ 上海	今直辖市、省、自治区人民政府驻地	Seat of contemporary province-level administration area
◉ 丹东	今市人民政府驻地	Seat of a contemporary city
○ 漠河	今其他居民点	Other contemporary inhabited locality

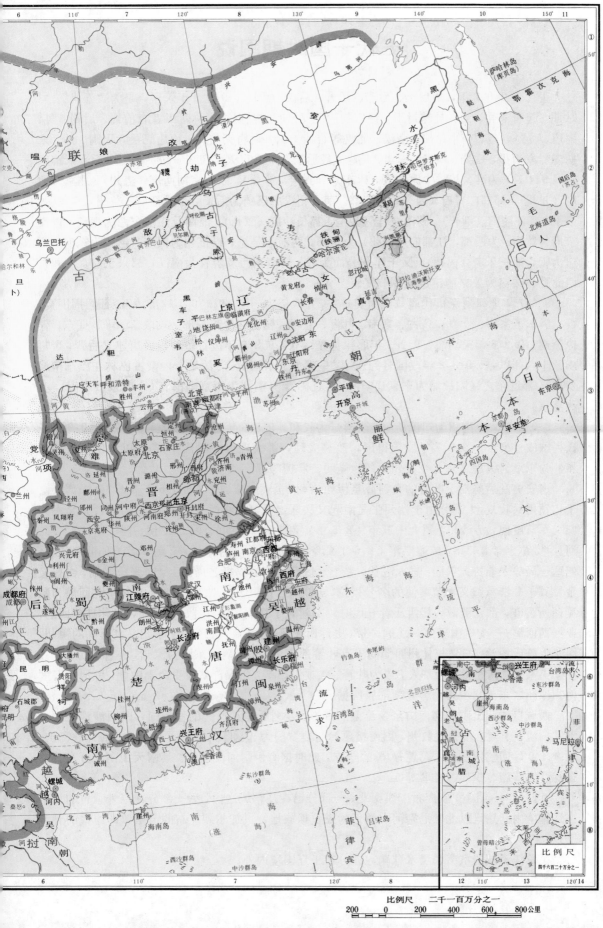

五代十国时期图说

  唐亡于９０７年，历后梁、后唐、后晋、后汉、后周至９６０年入宋，是为"五代"。同时期（起唐末吴、蜀、吴越封王，终宋初灭北汉）四方割据建国称帝王者有前蜀、后蜀、吴、南唐、吴越、楚、南平、闽、南汉、北汉等合为十国。后唐灭前蜀；南唐篡吴，灭闽、楚，宋初先后取南平、后蜀、南汉、南唐、吴越，最后于９７９年灭北汉成一统。本图以后晋天福八年（９４３）为准，其时中原为晋，建东京开封府（汴州），以西京河南府（洛州）、北京太原府（并州）、邺都广晋府（魏州）为陪都。南方则汉中巴蜀为后蜀，都成都府（益州）。荆峡为南平，都江陵府（荆州）。湖南及桂管为楚，都长沙府（潭州）。淮南及江南东西为南唐，以江宁府（昇州）为西都，江都府（扬州）为东都，两浙为吴越，以杭州为西府，越州为东府。福建为闽，都长乐府（福州），又于建州分而为殷。岭南东西及容管为南汉，都兴王府（广州）。西北夏、绥银为独立藩镇定难军节度使。

  ９０７年耶律阿保机代遥辇氏为契丹主，并八部为一国，９１６年称帝。相继征服周围奚、霫、黑车子室韦、女真、乌古、室韦、吐浑、党项、鞑靼、沙陀等部，攻取营、平、辽东，俘掠燕赵，９２６年灭渤海。９２７年耶律德光继立，９３６年援石敬瑭叛后唐建立后晋，晋割幽云十六州以献，９３８年改国号为辽。以皇都为上京临潢府（故址今内蒙古巴林左旗东南波罗城），幕辽东之辽阳故城为东京辽阳府（今辽阳），升幽州为南京幽都府（今北京市西南），亦称燕京。

  ９０２年蒙氏南诏为郑氏所篡，改国号为长和。９２８年赵氏得国改号天兴，９２９年杨氏得国改号义宁。９３７年段氏得国，改号大理，都大理（故阳苴咩城），以鄯阐（故拓东城）为东京。大理之东北今贵州西部为昆明、牂柯等部。

  唐安史乱后陷没于吐蕃的自河陇至伊西诸州，至大中咸通中（８４６—８６１）一部分由于边镇用兵收复，大部分由于沙州张义潮起义兵逐走吐蕃守将而复归唐朝版图。唐授张义潮为归义军节度使，治沙州，领大中五年（８５１）义潮絜以归朝的沙、瓜、伊、西、甘、肃、鄯、河、兰、岷、廓十一州，咸通二年（８６１）增领义潮新收复的凉州。义潮卒后子孙世袭其职。但这一局势未能持久巩固。进入五代，整个地区已呈分崩离析之局。后梁时张氏绝嗣，由曹义金及其子孙继承归义军节度使的名号权位，辖境却已仅限于沙瓜二州。８４０年漠北回鹘为黠戛斯所袭破，部众溃散，其西迁者五代时一支建牙于甘州，领有甘、肃二州，史称甘州回鹘，或河西回鹘；一支建国于西州北庭一带，史称西州回鹘，或高昌回鹘。介于归义高昌间的伊州，由华人陈氏统治。归义与甘州回鹘间隔有吐蕃部落。甘州回鹘之东则为凉州，亦称西凉府。其民华夷杂处；其守将或为华人，或为吐蕃、党项人，皆由州人自立而受命于中朝，称河西节度使。凉州之东灵州徼外则为党项部族所据。

  西域自沙州出阳关傍南山至今若羌一带为古小月氏遗种所建的仲云国，又西涉沙迹而入于阗国境。于阗全境分置数州，西南接葱岭与婆罗门为邻。自高昌迤西天山以北的九姓乌护，是８４０后回鹘西迁进入葛逻禄境的一支，此时据有伊犁河流域地。其南天山南北分布着葛逻禄、突骑施、炽俟、样磨等族。

  其时达旦（阻卜）族广布于漠南北，一部分已在辽辖境之内，另一部分在今外蒙古的尚不在辽辖境内。达旦以北叶尼塞河上游仍为黠戛斯族地，贝加尔湖左右的嗢娘改即唐代的骨利干。

  黑龙江流域的室韦、黑水靺鞨，亦分布于辽国境内外。

唐代的吐蕃此时沦于分裂状态。河陇地区剩下一小部分,祁连山南麓的阿柴是原服属于吐蕃的吐谷浑部落,在今青海地区的蕃族称脱思麻。在旧吐蕃中心地区的称乌思,其东为波窝、敢,其西为藏。藏以西今阿里、克什米尔地区分为纳里、古格、布让、日托、麻域等部。

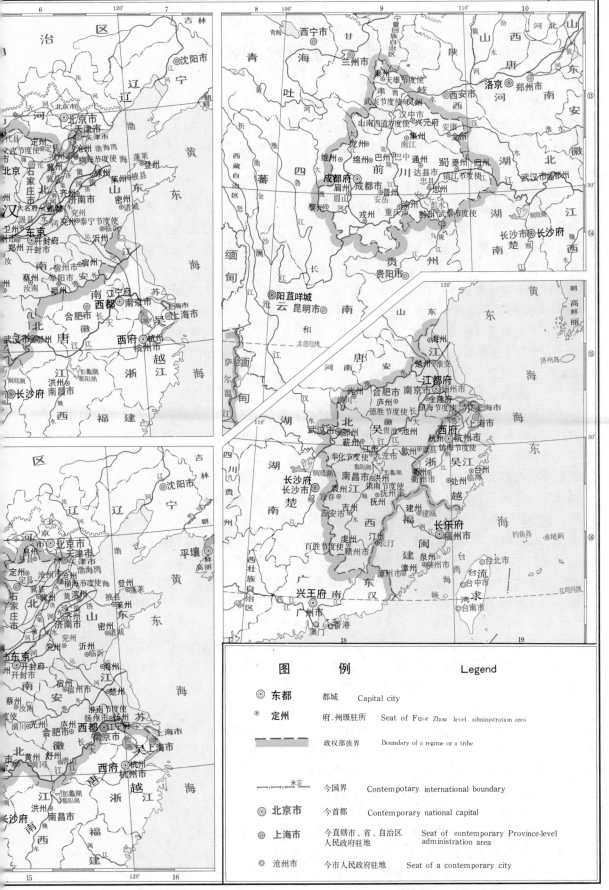

五代十国时期分国图说

五代十国时期，中原更迭过"五代"，南北先后建立了"十国"，《五代十国时期全图》以其中的一年为准，所以只见五代中的晋代，十国中的南唐、后蜀、南平、楚、吴越、闽、南汉七国，尚有梁、唐、汉、周四代和前蜀、吴、北汉三国因年代错出，不见该图；特编本图补见。

后梁及同时北方诸国（镇）

882年黄巢将朱温叛巢降唐，赐名全忠。883年授宣武（汴宋）节度使。自此朱全忠以汴镇为根本，吞并邻近诸镇，进而挟持天子，至907年以梁王篡位，称帝于汴州，史称后梁。以汴州为东都开封府，改东都河南府（洛阳）为西都，废西都，改京兆府为大安府。909年迁都洛阳；913年子朱友贞迁还开封，923年为后唐所灭。

图以908年为准。其时梁境东至于海，西尽大安，南抵荆南，北有邢（保义）、魏（天雄）。与梁并峙于南北者：南方为前蜀、吴、楚、吴越、闽、南汉；西北为凤翔节度使岐王李茂贞；岐北为灵（朔方）、夏（定难）二镇；东北为卢龙（幽州）节度使刘守光（909年称燕王，911年称帝）；燕南为镇冀（赵）、易定二镇；与梁争战最烈者为河东节度使晋王李存勖。

后唐

883年李克用任河东节度使。此后颇侵夺邻镇，896年称晋王。908年克用死，子存勖嗣。913年灭燕，已而梁之魏博、河中相继归附，又取镇冀，收易定。923年四月即帝位于魏州，国号唐，史称后唐。以魏州为兴唐府，建号东京（今大名），以太原府为西京，又以镇州为北都真定府。十月灭梁，迁都洛阳，号洛京，改西京为北京，罢北都及东京开封府，以大安府为西京京兆府。925年以洛京为东都，东京为邺都，北京为北都，西京为西都。929年罢邺都。本图以934年为准，境界较后梁为广：西则岐与朔方已在境内，惟定难仍独立；北抵幽云，惟河套之丰、胜、辽西之营、平已为契丹所夺；而荆南之高氏受封南平王，已独立。936年北京留守石敬瑭反，契丹册为晋帝，晋割幽、蓟、瀛、莫、涿、檀、顺、新、妫、儒、武、云、应、寰、朔、蔚十六州界契丹。冬，晋兵破洛阳，唐亡。

后汉

943年辽（契丹）起兵取晋，947年兵入大梁（开封），晋亡。河东节度使刘知远即帝位于晋阳，仍称晋天福十二年。辽兵北返，知远入大梁，改国号为汉，史称后汉。本图以949年为准。仍以东京开封府为首都，以西京河南府，北京太原府、邺都大名府（广晋府）为陪都。疆域较后晋略有变动：北得胜州、失易州于辽，西南失秦、凤、阶、成于后蜀。

后周与北汉

951年邺都留守郭威引兵入京城篡汉自立，国号周，史称后周。北京留守河东节度使刘崇（知远弟）称帝于晋阳，史称北汉。本图以959年为准。周仍都东京开封府，以西京河南府为陪都。疆域颇有扩展：西取秦、凤、阶、成四州于后蜀，南取淮南江北十四州于南唐，北取易、瀛、莫三州于辽。北汉都太原府，有州十。

前蜀

唐西川节度使王建于唐末兼并东川、山南西、荆南、黔中之地，903年称蜀王，907年称帝，史称前蜀。旋又取秦、凤、阶、成于岐，925年为后唐所灭。本图以924年为

准。

吴

唐末淮南节度使杨行密尽收淮南地，９０２年称吴王，旋又进取江南之昇、润、常、鄂等州。五代初尽取江西诸州。９２７年行密子溥称帝，９３７年禅于南唐。图以９３４年为准。都于江都府（扬州），以昇州为金陵府。

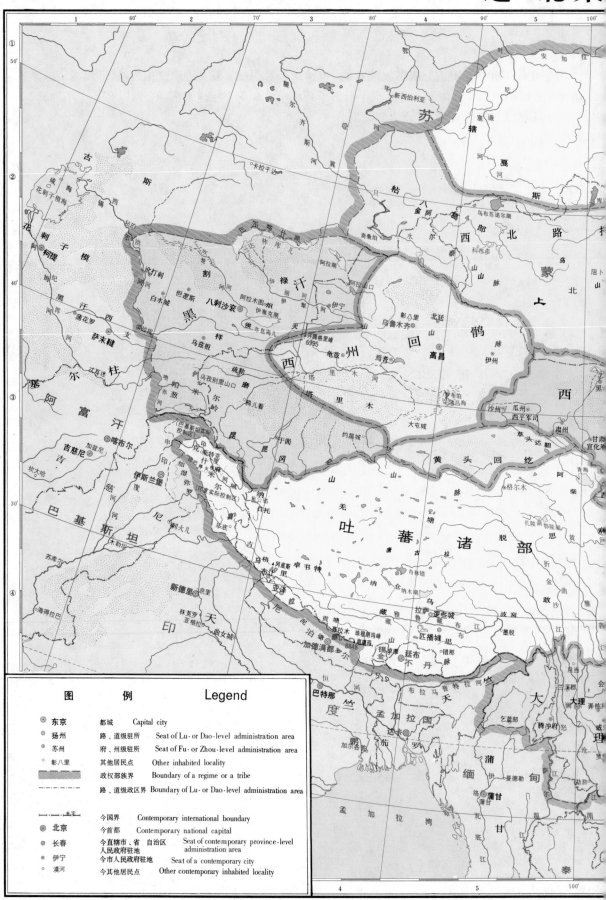

辽天庆元年，北宋政和元年（1111 年）
①京畿路　②属京西北路

辽北宋时期图说

十世纪后期至十二世纪二十年代为辽、北宋南北对峙时期,本图以1111年辽天祚帝天庆元年宋徽宗政和元年为准。

983年辽圣宗复国号为契丹,1066年兴宗复称辽,至1125年天祚帝为金兵所擒,辽亡。

1007年圣宗建中京大定府(内蒙古宁城西大明城),自临潢迁都于此。1044年兴宗升云州为西京大同府(山西大同市),于是备上、东、中、南、西五京。

全境分为五京道,五京府外有府六、州军城一百五十六、县二百九,又有部族五十二、属国六十。"东至于海",今日本海,鄂霍次克海。"西至金山",今阿尔泰山。北接斡朗改、辖戛斯,其南则黑汗西州回鹘、西夏、北宋、高丽。

960年赵匡胤代周称帝,建立宋朝。963年取荆南、湖南,965年取后蜀,971年取南汉,975年取南唐,978年吴越、漳泉入朝,979年攻灭北汉,982年夏绥入朝,从而结束五代十国割据之局,完成统一。未几,夏绥复为西夏所据。传至1127年金兵破京师,徽钦二宗被掳北去,是为北宋。

初期因后周之旧都于开封号东京,以洛阳为陪都号西京;1014年以应天府(河南商丘南)为南京,1042年以大名府为北京,备四京。太祖时置诸道转运使以总财赋,分全国为十三道。太宗以边防、盗贼、刑讼、金谷、按廉之任,皆委于转运使,分全国为十五路。真宗时分为十八路,神宗时分为二十三路,徽宗崇宁四年(1105)又增一路为二十四路。诸路除转运使司外又置提点刑狱司理刑狱,安抚使司理军政,提举常平司理仓储。转运司称漕司,提点刑狱司称宪司。安抚司称帅司,常平司称仓司。宪司分路时或与漕司不同,帅司仓司非逐路皆设。一漕司辖区或分设二三帅司。一路诸司或不在一地。表列二十四路漕司路名、治所、今地如下:

路名	治所	治所今地	路名	治所	治所今地
京畿路	陈留	河南开封市东南陈留	淮南西路	寿州	安徽凤台
京东东路	青州	山东益都	江南东路	江宁府	江苏南京市
京东西路	应天府	河南商丘市南	江南西路	洪州	江西南昌市
京西南路	襄州	湖北襄樊市	荆湖南路	潭州	湖南长沙市
京西北路	河南府	河南洛阳市东	荆湖北路	江陵府	湖北江陵
河北东路	大名府	河北大名东	福建路	福州	福建福州市
河北西路	真定府	河北正定	成都府路	成都府	四川成都市
河东路	太原府	山西太原市	梓州路	梓州	四川三台
永兴军路	京兆府	陕西西安市	利州路	兴元府	陕西汉中市
秦凤路	秦州	甘肃天水市	夔州路	夔州	四川奉节
两浙路	杭州	浙江杭州市	广南东路	广州	广东广州市
淮南东路	扬州	江苏扬州市	广南西路	桂州	广西桂林市

河北陕西为兵防重地，故河北二路分设四帅司，陕西二路分设六帅司：

河北东 { 大名府路治大名府
　　　　高阳关路治河间府今河北河间

河北西 { 真定府路治真定府
　　　　定州路治定州今河北定县

永兴军 { 永兴军路治京兆府
　　　　鄜延路治延安府今陕西延安市
　　　　环庆路治庆州今甘肃庆阳

秦凤 { 秦凤路治秦州
　　　熙河路治熙州今甘肃临洮
　　　泾原路治渭州今甘肃平凉

　　路下地方行政区划为州县二级。州级有府、州、军、监之分：重于州者为府，轻于州者为军，管理官营工矿业兼理民事者为监。军监或直属于路比下州，或隶于府州比县。元丰三年（１０８０）共有府十四，州二百四十二，军三十七，监四。宣和四年（１１２２）共有府三十八，州二百四十三，军五十二，监四，县一千二百余。图中画出州级治所不及半数。

　　北以雁门（关山在山西代县北）、白沟（水道流经河北雄县、霸县北天津市区）接辽境，西北以横山（山在陕西横山、靖边、吴旗）接西夏境，西以河、湟、洮、岷、剑南西山接吐蕃诸部，西南接大理及越之李朝，东南际海。

　　９８２年党项酋夏绥银定难军节度使李继捧降宋，族弟继迁率部反宋，屡败宋兵，传子德明、孙元昊。元昊于１０３４年建年号，１０３８年称帝，国号大夏，史称西夏。尽有东起黄河，西尽玉门关（敦煌西），南迄萧关（甘肃环县北），北抵大漠之地，定都兴庆府（宁夏银川）。１０４４年与宋达成和议，不久又在击败辽军后与辽议和，从此形成宋辽夏三足鼎立之局。１１１１年时元昊曾孙乾顺在位。全境有府州二十二：河南九州，河西九州，河外四州。又设左右厢十二监军司。图中画出军司与府州各一部分。

　　辽宋夏三国之外，其时云南为大理国，青藏为吐蕃诸部及黄头回纥，西域为西州回鹘及黑汗王朝。

　　大理都大理，画出其境内府、郡、部各若干。

　　西州回鹘都高昌，境界较前有所扩展，南并仲云，东有伊州，西有龟兹。

　　黑汗亦作黑韩，欧洲东方学界和钱币学家称为喀拉汗朝。这是一个在十世纪后期由样磨、葛逻禄、炽俟、九姓乌护等突厥语族联合建成的汗国，信伊斯兰教。汗廷在八剌沙衮（苏联吉尔吉斯托克马克东），副汗治怛逻斯（苏联哈萨克江布尔）和疏勒（新疆喀什）。９９９年破波斯萨曼朝，奄有阿姆河以北中亚地区。约自１０４１年起，黑汗分裂为东西二汗。图中西支作国外处理。东汗于１００４年后不久灭于阗，此后与宋朝不断有交往。

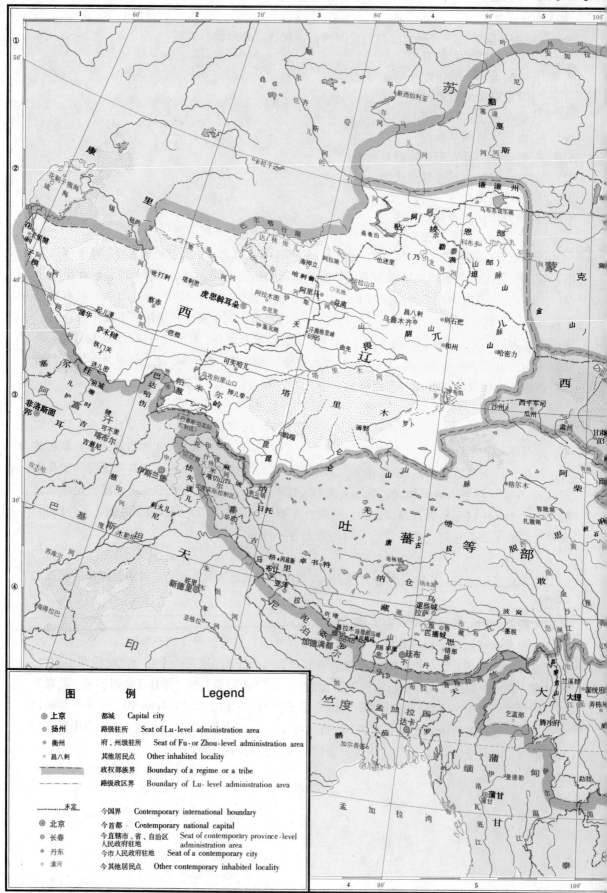

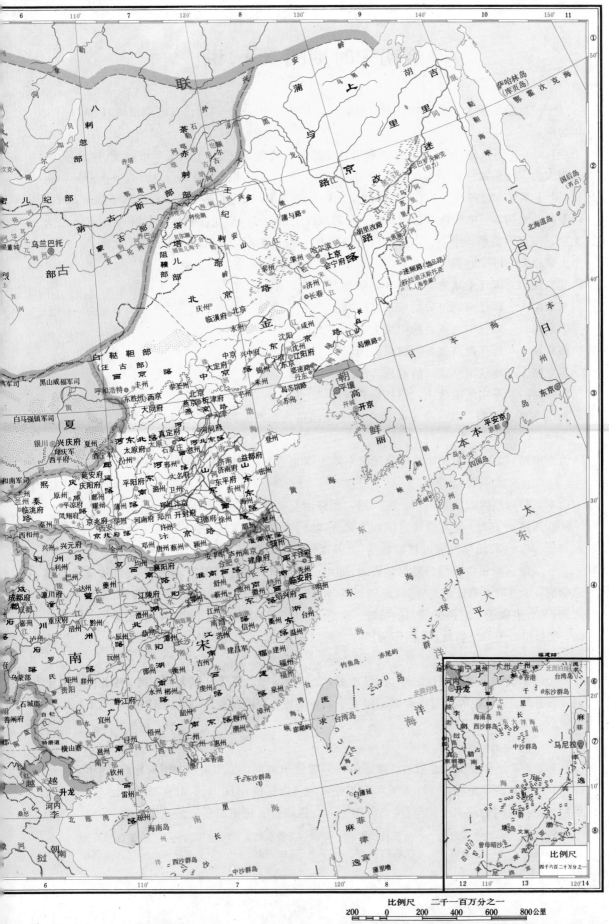

金南宋时期图 (一)说

　　十二世纪初至十三世纪初为金与南宋南北对峙时期,图(一)画出其前期疆域,以1142年为准。

　　1114年,辽的属部女真部族联盟长完颜阿骨打起兵反辽,1115年称帝,建国号金,是为太祖。传弟太宗,于1125年灭辽,1127年灭北宋。经宋金之间战争十余年,至1141年双方订和议。1142年为金熙宗皇统二年,宋进誓表于金,称臣纳币割地;两国以秦岭淮水为界,中间唐邓二州属金。是时金以上京为都(黑龙江阿城南白城),以辽上京为北京,南京为燕京,中京、东京、西京仍辽旧,以宋东京为汴京。分全境为十七路:

上京路　　即金之旧土,初号内地,1138年建号上京,治上京会宁府。

北京路　　即辽上京道,1138年改名,治北京临潢府。

东京路　　即辽东京道,治东京辽阳府。

中京路　　即辽中京道,治中京大定府。

西京路　　即辽西京道,治西京大同府。

燕京路　　即辽南京道,治燕京析津府。

汴京路　　即宋河南故土,治汴京开封府。

河北东路、西路　　1129年改宋之河北四路为东西二路,东路治河间府,西路治真定府。

河东南路、北路　　1128年分宋河东路为南北二路,南路治平阳府(山西临汾),北路治太原府。

山东东路西路因宋之京东东、西二路,东路治益都府,西路治东平府。

陕西四路　　1142年改宋之陕西六路为四路:京兆府路治京兆府,庆原路治庆阳府,熙秦路治临洮府(甘肃临洮),鄜延路治延安府。

　　诸京所领路各设兵马都部署司,即由留守带府尹兼任都部署。诸府所领路各设兵马都总管府,即由府尹兼任都总管。诸路辖州县各若干,州级有散府、节镇州、防御州、刺史州、军之别。又有隶属于上京路的蒲与、曷懒、速频、胡里改四路和隶属于东京路的曷苏馆、婆速二路,也是相当于州级的政区,因不领民户只领猛安谋克,故不称府州而称路,图中亦作州级处理。上京、北京、西京等路又辖有边境诸部族。

　　全境东极吉里迷胡里改之地,至日本海;北抵蒲与路北三千余里大兴安岭,西北包有王纪剌、塔塔儿、白鞑靼等部与境外诸部接壤于蒙古高原,西接西夏、吐蕃,南以秦岭淮水与宋为表里。

　　1127年金侵宋军北撤后,康王赵构即帝位于南京,是为高宗,南宋始此。同年,南迁扬州;明年,渡江南逃;1138年定都临安府(浙江杭州);1141年定和议,1142年割地定界,时为绍兴十二年。境内分路十六,逐路设安抚使司掌一路兵民之政:

| 两浙西路 | 治临安府 | 今浙江杭州市 | 两浙东路 | 治绍兴 | 今浙江绍兴市 |
| 江南东路 | 建康府 | 江苏南京市 | 江南西路 | 洪州 | 江西南昌市 |

淮南东路	扬州	江苏扬州市	淮南西路	庐州	安徽合肥市
荆湖南路	潭州	湖南长沙市	荆湖北路	江陵府	湖北江陵
京西南路	襄阳府	湖北襄樊市	福建路	福州	福建福州市
成都府路	成都府	四川成都市	潼川府路	潼川府	四川三台
夔州路	夔州	四川奉节	利州路	兴元府	陕西汉中市
广南东路	广州	广东广州市	广南西路	静江府	广西桂林市

又设转运、提点刑狱等司，路分与安抚司同，而治所时或不同。诸路辖府州军监各若干。

西夏、大理、吐蕃诸部，疆理略如辽宋时之旧。

金兵灭辽后，随即南下侵宋。辽宗室耶律大石领兵北走西北路招讨司（蒙古中部、西部），召集辽西北地区各部族，重组统治机构。1130年率部西行，服属西州回鹘黑汗王朝境内诸部。1132年即帝位，仍以辽为国号，史称西辽。1134年建都于八剌沙衮，号虎思斡耳朵。旋又出兵南进至斡端（和阗），西征至花剌子模，奄有东起蒙古高原西部，西抵阿姆河下游之地。

其时蒙古高原中部及迤东迤北之地，为克烈、萌古斯等突厥、鞑靼部族。

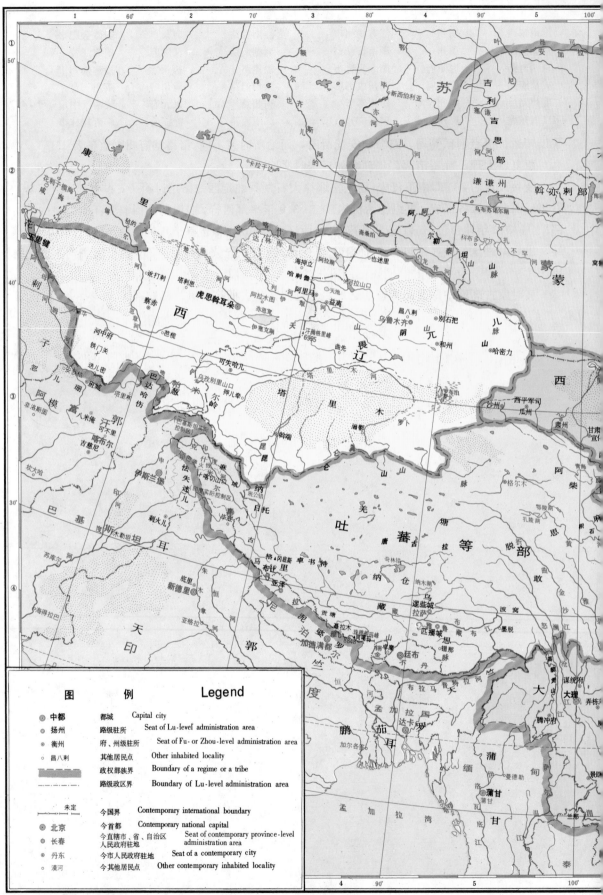

图　　例	Legend
◎ 中都　　都城	Capital city
◉ 扬州　　路级驻所	Seat of Lu-level administration area
⊙ 衡州　　府、州级驻所	Seat of Fu- or Zhou-level administration area
○ 昌八刺　其他居民点	Other inhabited locality
～～～　政权部族界	Boundary of a regime or a tribe
------　路级政区界	Boundary of Lu-level administration area
├─┤　未定	
├─┼─┤　今国界	Contemporary international boundary
◎ 北京　　今首都	Contemporary national capital
◉ 长春　　今直辖市、省、自治区人民政府驻地	Seat of contemporary province-level administration area
⊙ 丹东　　今市人民政府驻地	Seat of a contemporary city
○ 漠河　　今其他居民点	Other contemporary inhabited locality

金泰和八年，南宋嘉定元年（1208 年）

金南宋时期图（二）说

宋金于１１４１年议和后，１１６１年金败盟南侵，战端再起。１１６５年再订和议，地界如旧。１２０６年宋出兵攻金，１２０８年再订和议，地界仍如旧。本图即以此年（金章宗泰和八年、宋宁宗嘉定元年）疆理为准。

《金史地理志》所载行政区划，即此年制度。全境分为总管府路十九：

中都路以大兴府尹兼任		山东西路	东平府
上京路	会宁府	大名府路	大名府
东京路	辽阳府	河东北路	太原府
北京路	大定府	河东南路	平阳府
西京路	大同府	京兆府路	京兆府
南京路	开封府	凤翔路	凤翔府（陕西凤翔）
咸平路	咸平府（辽宁开原北）	鄜延路	延安府
河北东路	河间府	庆原路	庆阳府
河北西路	真定府	临洮路	临洮府
山东东路	益都府		

转运司则分为中都、西京、辽东（治咸平府）、北京、南京、河北东、河北西、山东东、山东西、河东南、河东北、陕西东（治京兆府）、陕西西（治平凉府）十三路；按察司则分为中都西京（治大同府）、上京东京（治会宁府）、北京临潢（治临潢府）、南京、河北东西大名府（治河间府）、山东东西（治济南府）、河东南北（治汾州）、陕西东西（治平凉府）八路。共领京、府、州凡一百七十九，县六百八十三。又有曷懒、蒲与、速频、胡里改、婆速五路领猛安谋克不领民户，分隶于上京、东京二路比于府州。又有西南、西北、东北三路招讨司置于西京路之丰州（内蒙古呼和浩特东白塔）、桓州（内蒙古正蓝旗西北）、北京路之泰州（吉林大安东南他虎城），各领有若干猛安谋克及藩部。

１２１１年起蒙古侵金，１２１４年金避蒙古迁都南京开封府。１２１７年由于金侵宋而两国战事又起，１２３３年金帝避蒙兵出奔蔡州（河南汝南），１２３４年蒙、宋军破蔡州，金亡。

南宋利州路于绍兴十四年（１１４４）分为东、西二路，其后时分时合，嘉定元年（１２０８）年值分置时，故全境分路十七。利州东路治兴元府，西路治沔州，今陕西略阳。潼川府路移治泸州，今四川泸州。余仍绍兴之旧。转运使司、提点刑狱司路分同安抚司，治所间有不同。诸路领府二十七、州一百三十二、军三十四、监二。

１２３４年金亡后蒙古随即发动对宋进攻，经四十多年战争，终于在１２７６年宋帝被逼出降，元军入临安；残余势力在江西和福建、广东沿海继续抗元，至１２７９年覆没于崖山（广东新会南），宋亡。

西夏于１２０５年遭受蒙古军首次侵掠后修复城堡，改都城兴庆府为中兴府；其后连续被

侵，终于在１２２７年被灭。

大理全境东至今黔西北盘江，西至今缅北伊洛瓦底江流域，南至今泰国北边老挝西北部，北至川南大渡河，置八府、四郡、四镇。１２５３年为蒙古所灭。

１２０６年蒙古部铁木真统一蒙古高原诸部，建大蒙古国称成吉思汗，建大斡耳朵于怯绿连河（克鲁伦河）上。其疆域东至金山（大兴安岭），包有弘吉剌部；南接金之西南路界壕，包有汪古部；西有阿勒泰山乃蛮部；北包谦河（叶尼塞河）流域吉利吉思部及大泽（贝加尔湖）左右不里牙惕、八剌忽等部。

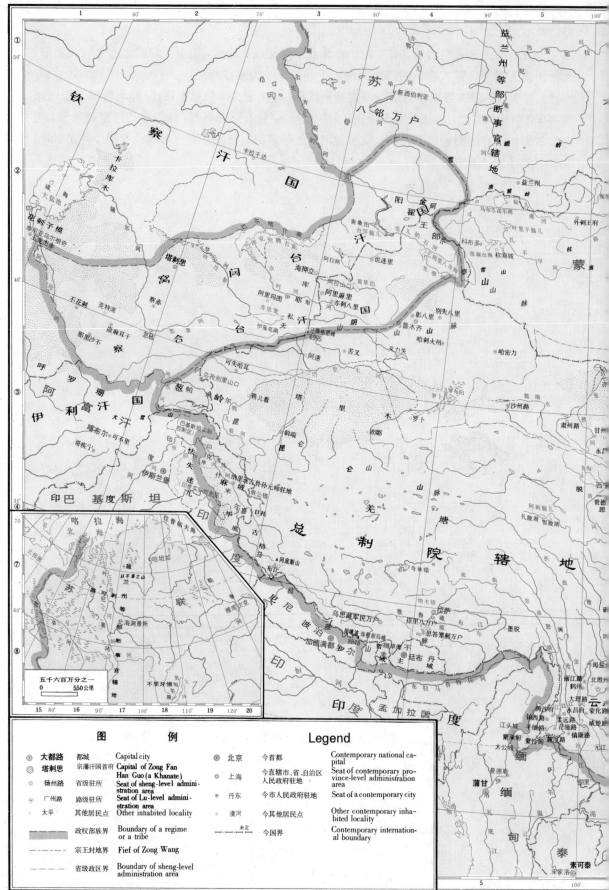

至元十七年（1280年）

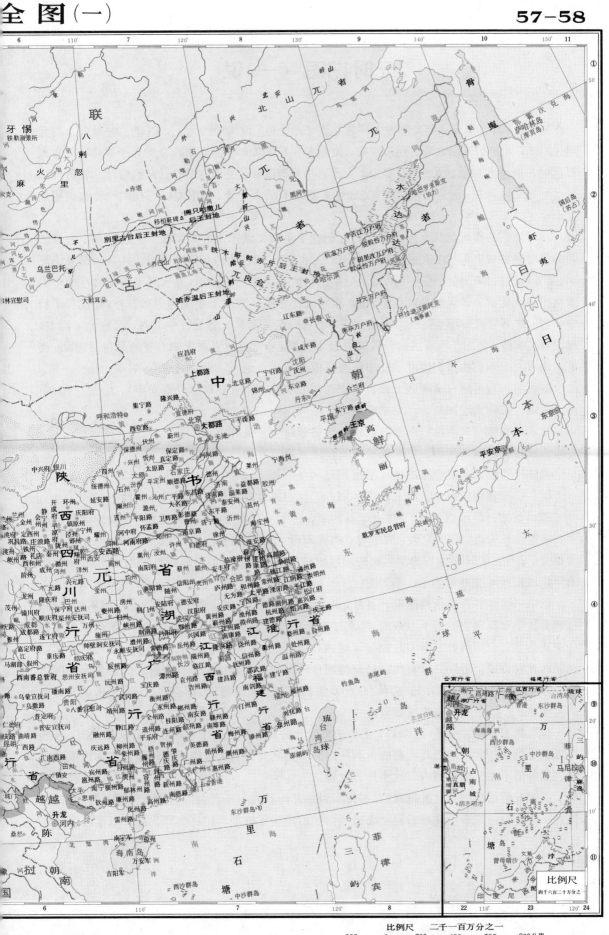

比例尺　　二千一百万分之一

200　0　200　400　600　800公里

元时期图 （一）说

　　1271年（至元八年）蒙古大汗忽必烈（元世祖）改国号为大元，创建了中国史上的元朝。1276年纳宋帝之降，兵入临安，灭南宋。1279年消灭宋残余势力于崖山。蒙古国初起时各据一方的金、夏、西辽、宋、大理、吐蕃等政权，经成吉思汗、窝阔台汗、蒙哥汗以来七十年征讨兼并，至是全被消灭，完成了旷古未有的大一统。本图即以完成大一统的次年至元十七年（1280年）为准。

　　这时元朝的都城已从至元九年起定在新建于金中都城东北的大都城（今北京城），忽必烈初即位时的都城上都（内蒙古正蓝旗东闪电河北岸），则作为每年四月至八、九月间避暑的夏都。地方行政机构已将蒙古初年沿用金后期的行省制度推行于全国，并从原来的临时性的中央派出机构演变成为常设的最高地方政府。全境除部分地区直隶于中央的中书省外，分设若干行中书省。中书省又称都省，号为腹里。行中书省的全称是××等处行中书省，简称××行省，或只称××省。至元年间省区的分置罢并极为频繁，十七年时直隶于中书省的是包括河北、河南、山东、山西、漠南、漠北、辽东和西夏故地等广大地域，行中书省有六：

　　陕西四川行省辖有金陕西五路、南宋四川路故地，治安西路（今西安市）。

　　云南行省辖大理国故地，治中庆路（今昆明市）。

　　江淮行省辖南宋两淮、两浙路故地，治扬州路（今扬州市）。

　　江西行省辖南宋江西、广东路故地，治隆兴路（今南昌市）。

　　福建行省辖南宋福建路故地，治泉州路（今泉州市）。

　　湖广行省辖南宋湖南、湖北、京西南、广西四路故地，治潭州路（今长沙市）。

　　省以下的行政区划为路、府、州、县四级，西南又有宣抚司、安抚司和军。唐宋时较大的州，多数已升为路。府或隶路，或隶省。州或隶府，或隶路、省。府州或不领县。图中画出其一部分。又有宣慰司作为省的派出机构用以统辖远离省会地区的路府州县，辖区称道。至元十七年所设宣慰司道不可悉考，不上图。

　　除中书省和各行省所辖路府州县外，黑龙江上游有所谓东道诸王即成吉思汗诸弟的封地，迤东有置于女真部族的若干万户府；极北还有一些部族和断事官等特殊建置。吐蕃地区由设置在中央的掌管全国佛教事务的总制院管辖。西域地区的建置隶属不明。阿尔泰山以西阿姆河以东是西北宗藩成吉思汗三子窝阔台后裔窝阔台汗国和成吉思汗二子察合台后裔察合台汗国之地。其时察合台汗笃哇实际是在窝阔台汗海都控制之下的附庸，二国连兵反元，不承认元帝的宗主地位；二国的疆界也难以划分。

　　也儿的石（额尔齐斯）河以西，花剌子模以北是成吉思汗长子术赤后裔的钦察汗国，阿姆河以西是蒙哥汗之弟旭烈兀后裔的伊利汗国。二国名义上对大汗即元帝称藩，实际已成独立国。其版图不在中国范围内，故作外国处理。

　　其时元朝的版图东北抵鲸海（日本海），以慈悲岭铁岭与王氏高丽为界于朝鲜半岛中部；北抵日不落之山，在今苏联西伯利亚北极圈内；西南接尼波罗、印度、缅、越；东南际海。

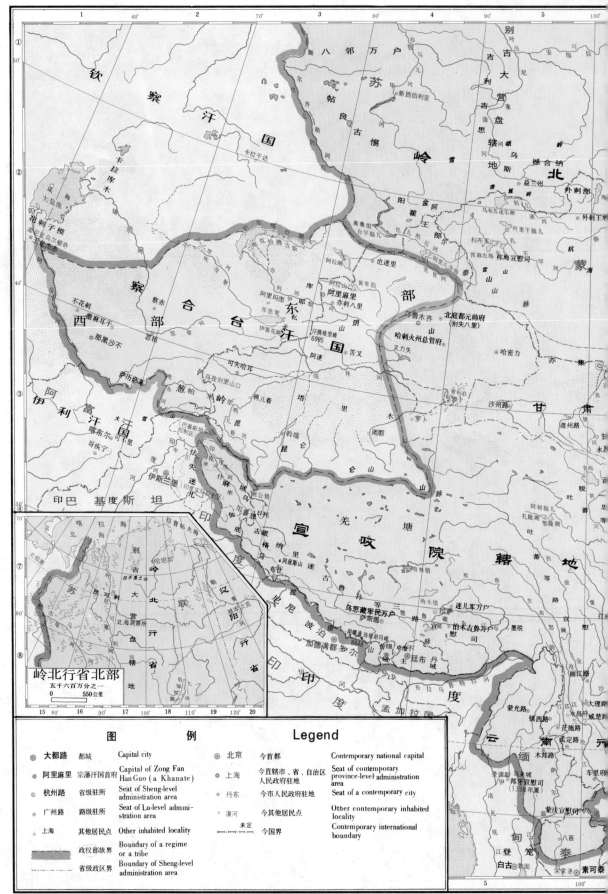

元 时 期

至顺元年（1330年）

元时期图 （二）说

本图以《元史地理志》所载文宗至顺元年（1330）版籍为准。其时"立中书省一，行中书省十有一，……分镇藩服，路一百八十五，府三十三，州三百五十九，军四，安抚司十五，县一千一百二十七。"

中书省　甘肃、辽阳、河南、岭北等处相继建立行省后，中书省辖境遂限于河北、漠南、山东、山西。

岭北行省　大德十一年（1307）置和林行省，治和林（蒙古后杭爱省厄尔得尼召北，1235年后窝阔台汗至蒙哥汗时代的蒙古国都城）。皇庆元年（1312）改为岭北行省，和林路改名和宁路。统辖东起哈剌温山（大兴安岭），西至也儿的石河，今蒙古人民共和国和内蒙古新疆部分、苏联西伯利亚地区。

辽阳行省　至元初曾置东京行省，旋罢。二十三年再立，同年罢。二十四年（1287）复置，改称辽阳，治辽阳路（今辽阳市）。辖境相当金东京、咸平、上京三路和北京路的大部分，西北起大兴安岭外兴安岭，东南抵海，接高丽境。

河南江北行省　至元二十八年（1291）割中书省之河南、江淮、湖广二行省之江北立，治汴梁路（今开封市）。辖境有今河南省河南部分和湖北、安徽、江苏三省的江北部分。

陕西行省　四川行省　至元十八年（1281）分陕西四川行省为陕西、四川二省，其后一度再合为一，二十三年又分为二。陕西行省治安西路后改奉元路（今西安市），辖境相当金陕西五路及南宋利州路部分地，东起山陕间黄河，西包河洮，南起大巴山，北包鄂尔多斯草原。四川行省治成都路，相当宋成都、潼川、夔州三路及利州路一部分，今四川省的大部分。

甘肃行省　景定二年（1261）立西夏中兴行省于西夏故地，治中兴府。其后屡罢屡置，至元二十三年（1286）徙省治于甘州路（今张掖），改称甘肃行省。辖境有今宁夏回族自治区、甘肃河西地区和内蒙古西部。

云南行省　因旧。辖境在今缅、泰境内有所扩展。

江浙行省　至元二十一年改江淮行省为江浙行省，徙治杭州。二十三年还治扬州，复称江淮行省。二十六年再徙杭州，二十八年（1291）割江北州郡隶河南行省，改称江浙。大德三年（1299）罢福建行省，以其地并江浙。辖境相当宋两浙西、两浙东、江南东、福建四路，今浙江福建二省、上海市和安徽、江苏的江南部分。

江西行省　因旧。辖有今江西大部广东大部分地。

湖广行省　至元十八年移治鄂州，后改武昌路（今武汉市武昌）。辖境有今湖南、广西、海南三省、贵州省的大部分、湖北、广东各一部分。

又有征东行省，大德三年初置于高丽，未几罢；至治元年（1321）复立。此省丞相由高丽国王兼任，自辟官属，不改变其原有政权机构与制度，故与一般行省性质不同；应视作藩属国。

甘肃之西又有哈密力、北庭都元帅府（别失八里）、哈剌火州之地，不属行省。

至元二十五年改总制院为宣政院，所辖吐蕃地分设三道宣慰司：1．吐蕃等处宣慰司即脱思麻宣慰司；2．吐蕃等路宣慰司即朵甘思宣慰司；3．乌思藏、纳里、速古鲁孙三路宣慰司即乌思藏宣慰司。脱思麻司辖有青海黄南州至四川阿坝州之地。朵甘思司辖有青海果洛州、玉树州至四川甘孜州、西藏昌都地区之地。乌思藏司辖有西藏大部分和克什米尔之地。宣慰司下辖有宣抚司、安抚司、招讨司、元帅府、万户府等建置。

　　东道诸王自至元二十八年平定乃颜之乱后，已在岭北行省和辽阳行省节制之下。西北窝阔台汗国已于1309年破灭，领地大半为察合台汗国所并。察合台汗国已与元朝通好称藩，其地东接别失八里哈剌火州，西尽阿姆河，南抵昆仑山，北抵库克恰腾吉斯（巴尔喀什湖），西北与钦察汗国，西南与伊利汗国接壤。

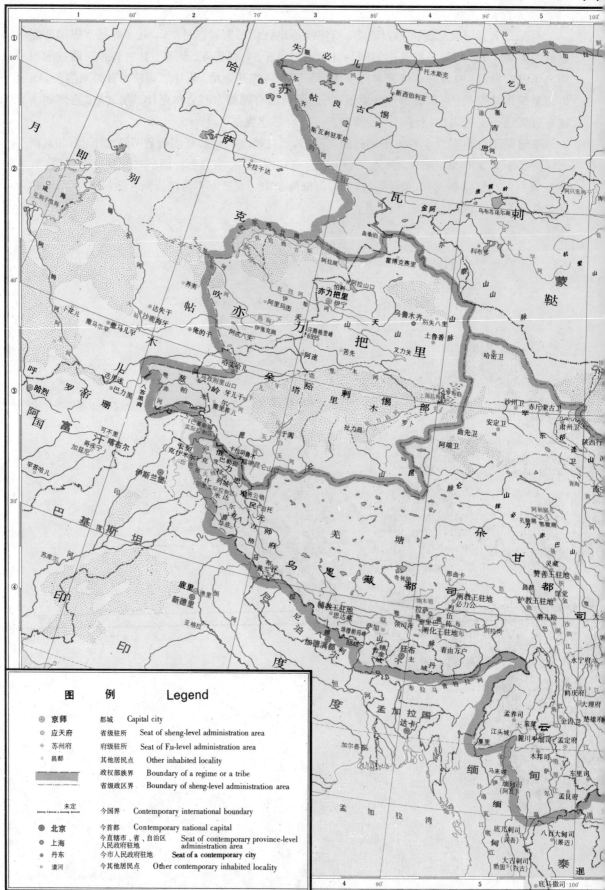

图　例　　Legend

◎ 京师	都城	Capital city
◉ 应天府	省级驻所	Seat of sheng-level administration area
◌ 苏州府	府级驻所	Seat of Fu-level administration area
○ 昌都	其他居民点	Other inhabited locality
	政权部族界	Boundary of a regime or a tribe
	省级政区界	Boundary of sheng-level administration area
———— 未定	今国界	Contemporary international boundary
⊙ 北京	今首都	Contemporary national capital
⊡ 上海	今直辖市、省、自治区人民政府驻地	Seat of contemporary province-level administration area
⊛ 丹东	今市人民政府驻地	**Seat of a contemporary city**
○ 漠河	今其他居民点	Other contemporary inhabited locality

明时期图 （一） 说

　　元末农民起义军蜂起，随后形成了若干割据政权。朱元璋以１３５２年起兵于濠州（安徽凤阳），１３５６年取集庆（南京），改称应天府以为根据地，在破灭上游的陈友谅和下游的张士诚之后，１３６８年即帝位，建国号明，年号洪武，是为太祖。同年，北伐中原，元帝弃大都北走。明兵又四出征讨，至洪武十五年（１３８２）平云南，二十年（１３８６）降辽东元将纳哈出，完成统一。

　　洪武元年以开封府为北京，应天府为南京，意欲复北宋之旧，定都开封。十一年以开封漕运不便，罢北京；应天府改称京师。成祖永乐元年（１４０３）以北平府（元大都）为北京，称行在，改府名为顺天。十九年定都北京，以京师为南京，北京为京师。

　　洪武初仍元制以中书省及行中书省分统郡县；九年改行中书省为承宣布政使司；十三年罢中书省，以所领郡县直隶六部。是时全境共有直隶（中央直辖区）一，布政使司十二：浙江治杭州府；江西治南昌府；福建治福州府；湖广治武昌府；山东治济南府；山西治太原府；北平治北平府；河南治开封府；陕西治西安府；广东治广州府；广西治桂林府；四川治成都府。十五年，又增置云南布政使司。永乐元年罢北平布政使司以所领直隶北京，自此有南北二直隶。五年收安南入版图，置交阯布政使司；十一年置贵州布政使司。至是共有直隶二、布使司十四。宣德二年（１４２７）弃安南，罢交阯布政司。此后终明一代为直隶二、布政司十三。二直隶又称京师、南京二京，十三布政司流俗仍称十三省。两京十三司总称十五省。宣德称明代盛世，本图以宣德八年（１４３３）为准。

　　十五省分统府、州各百数十，县一千一百有余。府州县只领民户，另置卫、所以领军户。全国卫所以千计，分隶于两京都督府及十六都指挥司、四行都指挥司、一留守司。两京都督府各有直隶卫所。十三省各有一都指挥司，京师又有万全都司治宣府卫（河北宣化），大宁都司治保定府，山东又有辽东都司治定辽卫（辽宁辽阳）。又有山西行都司治大同府，陕西行都司治甘州卫（甘肃张掖），福建行都司治建宁府（建瓯），四川行都司治建昌卫（西昌），中都留守司治中都凤阳府（安徽凤阳）。

　　府州县卫所之外，又有土府、土州、土县隶于布政司，宣慰、宣抚、安抚、长官等土司隶于都司。

　　两直隶和各布司都司是直辖版图，外此洪武永乐间又在西陲设哈密（新疆哈密）、赤斤蒙古（甘肃玉门西北）、沙州（甘肃敦煌）等羁縻七卫于陕西行都司边外；永乐招抚海西、建州、野人女真诸部，分置数以百计的羁縻卫所于辽东都司边外，又招抚黑龙江下游奴儿干、吉烈迷及海东苦夷诸部族，设奴儿干、囊哈儿等卫，统以流官奴儿干都司（治黑龙江口今苏联哈巴罗夫斯克边区塔赫塔）。又遣使诏谕西番各族，授其僧俗首领以国师、法王、及都指挥、宣慰使、招讨使、元帅、万户等官，因俗以为治。阐化、赞善、护教、阐教、辅教五王各有分地，相当今西藏自治区除阿里以外及青海玉树州之地。又置俄力思军民元帅府于今阿里地区。又设乌斯藏、朵甘二都指挥司于五王之地。封大宝、大乘、大慈等法王于乌斯藏之地，设董卜韩胡、长河西鱼通宁远二宣慰司于四川徼外今四川甘孜、阿坝州之地。

　　１３６８年元帝退出大都，北走上都；次年明军捣上都，元帝再往北逃；又次年明军克应

昌（内蒙古克什克腾西达米诺尔附近），元帝逃往和林，国号仍为元，史称北元。传至1402年去帝号称可汗，去国号称鞑靼。永乐宣德时时或寇边，时或修职贡，受封爵。

元亡之后蒙古分为三部：鞑靼之西为瓦剌，永乐初分马哈木、太平、把秃孛罗三部，明朝封为顺宁、贤义、安乐三王。数与鞑靼相互攻袭，对明时通贡献，间侵及哈密。

鞑靼之东为兀良哈，洪武时受明招抚，置朵颜、泰宁、福余三卫于其部落，通称兀良哈三卫，或朵颜三卫。牧地在洮儿河流域及嫩江下游一带。三卫是明的羁縻卫，和鞑靼瓦剌与明朝仅为藩属关系不同。

十四世纪四十年代察合台汗国陷于分裂，六十年代西察合台汗国演变为帖木儿汗国。明初东察合台汗居别失八里（新疆吉木萨尔北破城子）；永乐十六年（1418）西迁亦力把里（新疆伊宁），明代史籍即以城名作为其国名。其地西起葱岭、库克恰腾吉斯（巴尔喀什湖），而哈实哈儿（喀什）不在境内；东接哈密及撒里畏吾儿阿端曲先等卫；北起也儿的石河（额尔齐斯河）上游，南抵昆仑山。其向阳地区（天山南路）则在贵族朵豁剌惕氏控制之下。

明时期图（二）说

本图依据《明史地理志》、《万历明会典》记载，画出万历十年（1582）时疆域政区。其时明朝直辖版图仍为两京十三布政使司，惟所领府州县稍有增损；十六都指挥使司仍旧，行都指挥司除山西、陕西、四川、福建仍旧外，成化时又增设湖广行都司治郧阳府（郧县），留守司除中都外，嘉靖又增设兴都一司于承天府（钟祥）；卫所及土官土司皆稍有增损。

京师、山西、陕西的北边，洪武时为阴山潢河一线；永乐初内徙大宁都司于保定府，东胜卫于永平府及遵化县，宣德徙开平卫于独石堡，正统后鞑靼牧地渐次南展，嘉靖以后遂以长城一线与鞑靼及朵颜三卫为界，明朝在此一线上多次坚筑长城，至是已完成西起嘉峪关，东抵山海关的全线工程，称为"边墙"；又在宣化、大同二镇之南及北直、山西界上筑有内长城，称为"次边"。

山东的辽东都司，明初西接大宁都司，北临兀良哈三卫，东临女真诸卫州等羁縻地区；正统后三卫转而为瓦剌、鞑靼所控制，女真诸卫所亦不复能维持永乐宣德旧制，大宁都司故地又为三卫所侵据；明廷乃于西起山海关北，东至九连城东鸭绿江浒一线，筑较为简易的"辽东边墙"为分界线。北边边墙大部分至今犹存，惟多已残破，辽东边墙则早已湮灭。

缘边分段设总兵官统兵防御，初设辽东（驻广宁）、宣府、大同、延绥（驻榆林）四镇，继设宁夏、甘肃（驻甘州）、蓟州三镇，又太原与固原近边亦称边镇，合称九边，于全国诸镇中最为重镇。

云南西南境旧有的孟密、孟养、木邦、蛮莫等土司，至是皆为缅甸所并。

广东珠江口，嘉靖三十二年（1553）葡萄牙人贿通地方官，在壕镜澳（今澳门）登岸建立居留地，万历元年（1573）变贿赂为地租。

川陕徼外仍为东起董卜韩胡西至俄力思诸西番部族地，惟护教王已在宣德后无嗣而绝。黄教僧锁南坚错已取得极高威望，被奉为活佛，并获得鞑靼俺答汗所赠达赖喇嘛尊号，是为三世达赖。西番自大宝法王阐化等四王皆俯首称弟子，自此诸番王徒拥虚位，不复能施其号令，一切皆听命于达赖，成为藏族地区政教合一的首领。

辽东边外的建州卫，本在图们江北，正统中西迁苏子河畔赫图阿拉（辽宁新宾老城），逼

下接64页背面

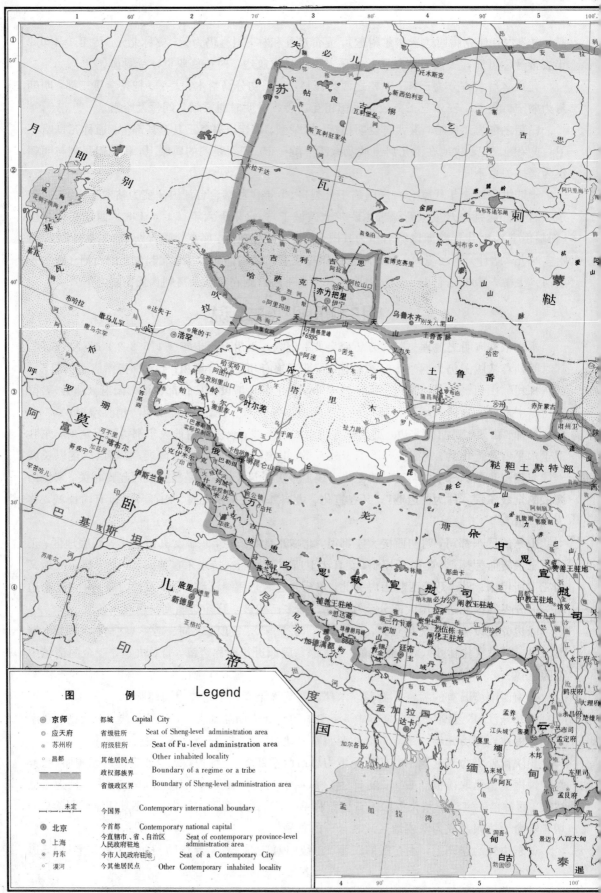

图　例　Legend

◎ 京师	都城	Capital City
◎ 应天府	省级驻所	Seat of Sheng-level administration area
⊙ 苏州府	府级驻所	Seat of Fu-level administration area
☉ 昌都	其他居民点	Other inhabited locality
	政权部族界	Boundary of a regime or a tribe
	省级政区界	Boundary of Sheng-level administration area
┤ 未定 ├	今国界	Contemporary international boundary
◎ 北京	今首都	Contemporary national capital
◉ 上海	今直辖市、省、自治区人民政府驻地	Seat of contemporary province-level administration area
◉ 丹东	今市人民政府驻地	Seat of a Contemporary City
○ 漠河	今其他居民点	Other Contemporary inhabited locality

万历十年（1582年）

比例尺　二千一百万分之一

200　0　200　400　600　800公里

近边墙，天顺后时辄寇扰辽东。

正统元年（１４３６）瓦剌顺宁王脱懽吞并贤义、安乐二王部落，统一瓦剌；二年后又进而控制鞑靼，遂立元裔脱脱不花为蒙古可汗，自为丞相握实权。明年脱懽死，子也先继立；又东取兀良哈三卫及建州女真各部，西掠沙州、赤斤蒙古、哈密等卫。正统十四年（１４４９）南下攻明，俘英宗于土木堡。景泰四年（１４５３）自立为大元田盛大可汗，后二年因内乱被杀，蒙古又分裂。其后鞑靼达延汗（明史称小王子）在汗位时迫瓦剌西迁，统一鞑靼各大小割据领地，并为六万户，自领左翼察哈尔、喀尔喀、兀良哈三万户，封其一子为济农，统右翼袄儿都司（鄂尔多斯）、满官嗔（土默特）、永绍不（永谢布）三万户。达延汗卒后鞑靼又分裂。至万历初年达延汗孙土默特首领控制右翼，称阿勒坦（俺答）汗。筑大板升城于今呼和浩特，成为漠南地区的政治经济文化中心；明赐名归化。

阿勒坦汗又自河套侵入青海，明朝称驻牧青海的部落为"海寇"，图中作鞑靼土默特部。

其时亦力把里已分为亦力把里、叶尔羌、土鲁番三国，其王皆察合台后裔。叶尔羌尽有天山以南葱岭以东博斯腾湖以西之地。土鲁番以成化八年（１４７２）袭占哈密，明朝力谋存复不果，至嘉靖时嘉峪关外七卫之地皆为所有。

清时期图 （一）说

１５８３（明万历十一）年，建州女真首领明建州左卫指挥使爱新觉罗·努尔哈赤（清太祖），始起兵兼并邻部；在统一建州诸部、吞并海西女真、收服东部蒙古之后，１６１６（明万历四十四）年即汗位，建国号金，史称后金。１６１８年开始攻取明朝辽东地区。１６２６年子皇太极（清太宗）嗣立，１６３５年改女真族名为满洲，１６３６年即皇帝位，改国号为清。

清开国后１２３年，疆域在逐渐扩展中：

１．吞灭明朝　　１６４４年在明总兵吴三桂招引下，清兵进入山海关、击败李自成，顺治帝入主北京。１６４５年清兵下江南，南明弘光帝政权覆灭。１６５９年清兵入滇，南明永历帝逃入缅甸。１６６４年清兵消灭夔东十三家抗清义军，大陆南明残余势力被肃清。海上南明势力郑成功于１６６２年逐走荷兰侵略军，占领台湾，仍奉永历正朔；１６８３（清康熙二十二）年，清兵入台湾，成功孙克塽降，明祚告终。

２．统一东北诸部族与并有漠南蒙古，这两件事都完成于灭明之前。　太祖时代统一了建州诸部和海西四部，征服招抚了野人女真的主要部分；臣服了蒙古科尔沁、喀尔喀等部。太宗时代统一了乌苏里江、黑龙江流域和海东库页岛上诸部族；击并蒙古察哈尔部，迤西土默特、鄂尔多斯等部相继降附，漠南蒙古十六部悉入版图。

３．灭明之后，经过对准噶尔的长期战争，陆续将厄鲁特蒙古、喀尔喀蒙古、套西、青海蒙古与西藏、回部等地全部收入版图。漠西厄鲁特蒙古即明代瓦剌之后，明季分为准噶尔、杜尔伯特、土尔扈特、和硕特四部，游牧于阿尔泰山以西天山以北一带。明末清初准噶尔尽并四部之地，和硕特移牧青海、西藏。１６７８（康熙十七）年准噶尔又并有天山以南之回部（维吾尔）地，１６８８年击并漠北喀尔喀蒙古三部地，三部被迫投清，清廷安置于漠南北部。１６９０年准噶尔进扰漠南，清朝开始反击。经康熙三次亲征，１６９７年准噶尔汗噶尔丹战败自杀，阿尔泰山以东尽入清朝版图，喀尔喀还牧故地，青海和硕特亦称藩臣服。山以西仍为

准部所有。１７１７（康熙五十六）年准噶尔侵占西藏，１７２０（康熙五十九）年清兵入藏，准部败走，西藏遂入版图。１７２３（雍正元）年青海和硕特叛清降准，清出兵以次年平定之。１７５５（乾隆二十）年清乘准部内乱出师进取伊犁，擒其汗，准部初定。已而降将阿睦尔撒纳叛，１７５７年始荡平。准部既平，所属额尔齐斯河以北乌梁海诸部亦尽入版图。天山以南回部乘机谋独立，１７５９（乾隆二十四）年为清兵所平定。清准抗争凡历康、雍、乾三朝，首尾达七十年，至是乃以准噶尔覆亡清朝全胜结束；清由此拓地万里，建成了中国历史上最大版图的一统帝国。

本图以《嘉庆重修一统志》为据，画出嘉庆二十五（１８２０）年清朝的疆域政区。其时全国分为二十七区：山海关内明朝故土为"内地十八省"；东北满洲入关以前故土为"盛京三将军"；西北蒙藏准回诸部分为六区。因明之旧以顺天府为京师，又以入关前旧都沈阳为陪都，称盛京奉天府。

直隶省 明北直隶，入清称直隶省。扩展北境。总督驻保定府。分为霸昌（昌平）、通永（通州）、清河（保定）、天津、大顺广（大名）、口北（宣化）、热河（承德）七道，领顺天、保定、永平、河间、天津、正定、顺德、广平、大名、宣化、承德十一府，遵化、易、冀、赵、深、定六直隶州，及口北张家口、独石口、多伦诺尔三厅。

江苏省 明南直隶，入清改为江南省。康熙六年分江南东半为江苏省。两江（江南江西）总督驻江宁府，江苏巡抚驻苏州府。分为盐法（江宁）、苏松太（上海）、淮扬（清河）、淮徐海（徐州）、淮海（安东）、常镇通海（镇江）六道，领江宁、苏州、松江、常州、镇江、淮安、扬州、徐州八府，太仓、海、通三直隶州，海门一直隶厅。

安徽省 康熙六年分江南西半为安徽省。巡抚驻安庆府。分为安徽（芜湖）、庐凤（凤阳）二道，领安庆、徽州、宁国、池州、太平、庐州、凤阳、颍州八府，滁、和、广德、六安、泗五直隶州。

山西省 因明旧。扩展北境。巡抚驻太原府。分为冀宁（太原）、河东（运城）、雁平（代州）、归绥（绥远）四道，领太原、平阳、蒲州、潞安、汾州、泽州、大同、宁武、朔平九府，平定、忻、代、保德、霍、解、绛、隰、沁、辽十直隶州，归化、绥远、托克托、清水河、萨拉齐、和林格尔六厅。

山东省 因明旧。划出辽东都司。巡抚驻济南府。分为济东泰武临（济南）、登青莱（登州）、兖沂曹济（兖州）三道，领济南、兖州、东昌、青州、登州、莱州、武定、沂州、泰安、曹州十府，济宁临清二直隶州。

河南省 因明旧。巡抚驻开封府。分为开归陈许（开封）、河北（武陟）、河陕汝（陕州）、南汝光（信阳）四道，领开封、陈州、归德、彰德、卫辉、怀庆、河南、南阳、汝宁九府，许、陕、光、汝四直隶州。

陕西省 康熙二年分陕西省为二，东部仍称陕西。巡抚驻西安府。分为西乾鄜（西安）、凤邠（西安）、潼商（潼关）、陕安（汉中）、延榆绥（榆林）五道，领西安、延安、凤翔、汉中、榆林、兴安、同州七府，商、乾、汾、鄜、绥德五直隶州。

甘肃省 康熙二年分陕西省西部为巩昌省，五年改称甘肃。陕甘总督兼甘肃巡抚驻兰州府。分为兰州、平庆泾（固原）、巩秦阶（岷州）、宁夏、甘凉（凉州）、西宁、安肃（肃州）七道，又有镇迪道在新疆境内。领兰州、巩昌、平凉、庆阳、宁夏、甘州、凉州、西宁八府，泾、

下接 66 页背面

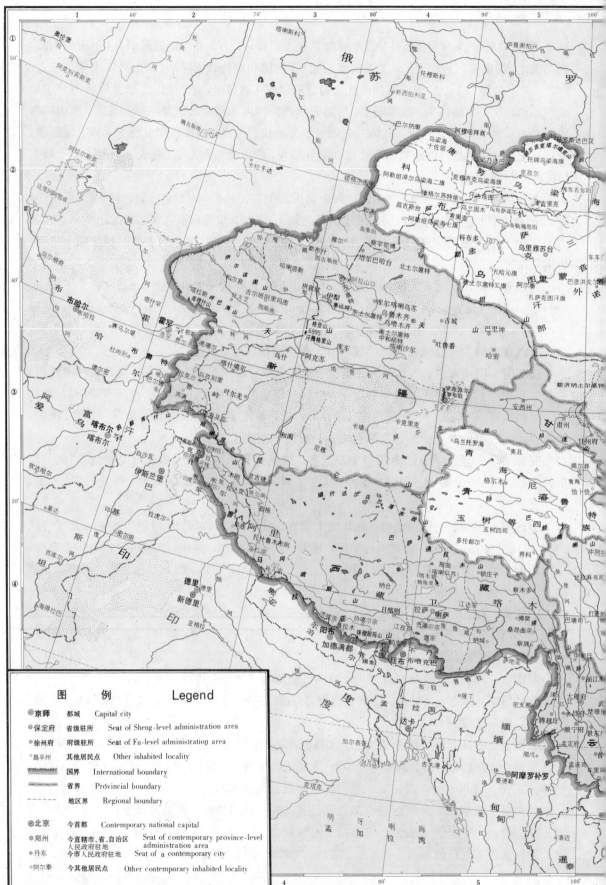

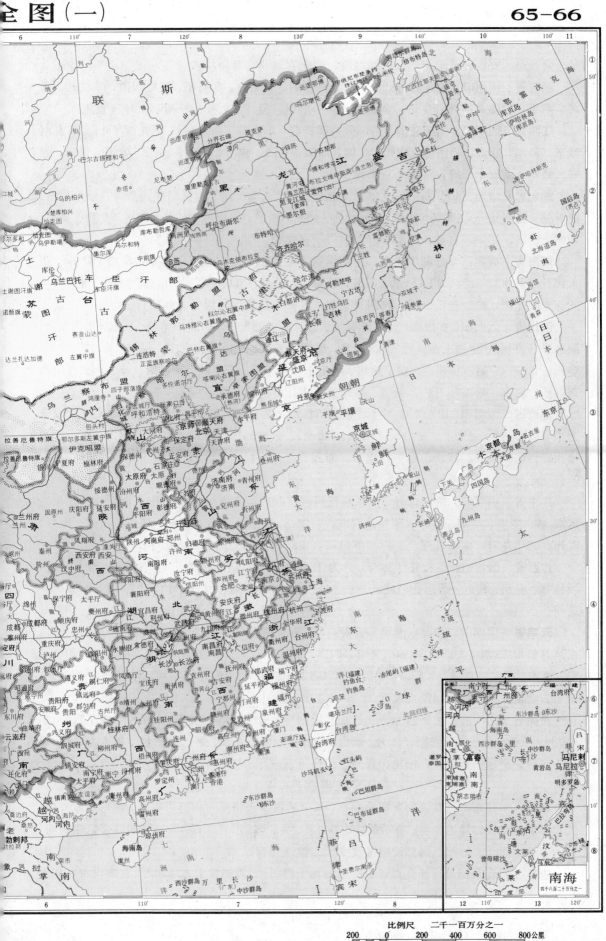

秦、阶、肃、安西五直隶州，又有镇西府、迪化直隶州在新疆境内。

浙江省 因明旧。巡抚驻杭州府。分为杭嘉湖、宁绍台、金衢严、温处四道，领杭州、嘉兴、湖州、宁波、绍兴、台州、金华、衢州、严州、温州、处州十一府，玉环一直隶厅。

江西省 因明旧。巡抚驻南昌府。分为南抚建、瑞袁临（南昌）、广饶九南（九江）、吉南赣宁（赣州）四道，领南昌、饶州、广信、南康、九江、建昌、抚州、临江、瑞州、袁州、吉安、赣州、南安十三府，宁都一直隶州。

湖北省 康熙三年分湖广省北部为湖北省。湖广总督、湖北巡抚同驻武昌府。分为武昌、汉黄德（黄州）、安襄郧荆（襄阳）、荆宜施（荆州）四道，领武昌、汉阳、黄州、安陆、德安、荆州、襄阳、郧阳、宜昌、施南十府，荆门一直隶州。

湖南省 康熙三年分湖广省南部为湖南省。巡抚驻长沙府。分为长宝、岳常澧（澧州）、衡永郴桂（衡州）、辰沅永靖（凤凰）四道，领长沙、岳州、宝庆、衡州、常德、辰州、沅州、永州、永顺九府，澧、桂阳、靖、郴四直隶州，乾州、凤凰、永绥、晃州四直隶厅。

四川省 因明旧。扩展西境。减缩南境。总督驻成都府。分为成绵龙茂、川东（重庆）、川南永宁（泸州）、建昌上南（雅安）、川北（保宁）五道，领成都、重庆、保宁、顺庆、叙州、夔州、龙安、宁远、雅州、嘉定、潼川、绥定十二府，眉、邛、泸、资、绵、茂、忠、酉阳八直隶州，叙永、松潘、石柱、杂谷、太平五直隶厅，懋功一屯务厅。

福建省 因明旧。康熙二十三年增领台湾澎湖诸岛。闽浙总督、福建巡抚同驻福州府。分为粮驿（福州）、兴泉永（厦门）、汀漳龙（漳州）、延建邵（延平）、台湾（台湾府）五道，领福州、兴化、泉州、漳州、延平、建宁、邵武、汀州、福宁、台湾十府，永春、龙岩二直隶州。

广东省 因明旧。两广总督、广东巡抚同驻广州府。分为粮储（广州）、南韶连（韶州）、惠潮嘉、肇罗、高廉、雷琼（琼州）六道，领广州、韶州、惠州、潮州、肇庆、高州、廉州、雷州、琼州九府，南雄、连、嘉应、罗定四直隶州，佛冈、连山二直隶厅。

广西省 因明旧。巡抚驻桂林府。分为桂平梧郁、左江（南宁）、右江（柳州）三道，领桂林、柳州、庆远、思恩、泗城、平乐、梧州、浔州、南宁、太平、镇安十一府，郁林一直隶州。

云南省 因明旧。扩展东北境。云贵总督、云南巡抚同驻云南府。分为粮驿（云南）、迤东（寻甸）、迤西（大理）、迤南（普洱）四道，领云南、大理、临安、楚雄、澂江、广南、顺宁、曲靖、丽江、普洱、永昌、开化、东川、昭通十四府，广西、武定、元江、镇沅四直隶州，景东、蒙化、永胜、腾越四直隶厅。

贵州省 因明旧。扩展西北境。巡抚驻贵阳府。分为粮驿（贵阳）、贵西（威宁）、贵东（古州）三道，领贵阳、安顺、都匀、镇远、思南、石阡、思州、铜仁、黎平、大定、兴义、遵义十二府，平越一直隶州，松桃、普安、仁怀三直隶厅。

以上内地十八省。

奉天 明辽东都司及清朝发祥地兴京。入关后设奉天将军一称盛京将军，统辖全境驻防，又设奉天府尹统辖境内州县。将军及盛京户、礼、兵、刑、工五部，奉天府尹同驻盛京奉天府。分为奉天、熊岳、锦州三副都统辖区及奉天、锦州二府。

吉林 明辽东都司边外女真诸卫所至奴儿干都司地。清初设宁古塔将军，旋改设吉林将军

驻吉林城。分为吉林、宁古塔、白都讷、阿勒楚喀、三姓五副都统辖区，嘉庆五年又设长春厅。

黑龙江 明辽东都司边外野人女真及东蒙古地。清康熙二十三年设黑龙江将军驻黑龙江城，二十九年移驻墨尔根，三十八年移驻齐齐哈尔。分为齐齐哈尔、黑龙江、墨尔根三副都统及呼伦贝尔副都统衔总管四辖区。又有布特哈总管。

以上盛京三将军辖区。

新疆 乾隆二十七年设总统伊犁等处将军，统辖天山南北准部回部各新疆地方驻防官兵，驻伊犁惠远城。伊犁、塔尔巴哈台、喀什噶尔三处设参赞大臣，乌鲁木齐设都统，哈密、喀喇沙尔、库车、阿克苏、乌什、叶尔羌、和阗设办事大臣，库尔喀喇乌苏、古城、巴里坤、吐鲁番、英吉沙尔设领队大臣，皆统于将军。又设镇西府于巴里坤，迪化直隶州于乌鲁木齐隶甘肃省。又有部分哈萨克、布鲁特部落，为伊犁、喀什噶尔大臣羁驭巡视所及。

乌里雅苏台 雍正十一年设定边左副将军统辖喀尔喀蒙古四部及科布多、唐努乌梁海地方，驻乌里雅苏台，通称外蒙古。喀尔喀北路为土谢图汗部二十旗，东路为车臣汗部二十三旗，西路为扎萨克图汗部十九旗。中路三音诺颜部分自土谢图汗部，二十四旗。科布多设参赞大臣，管厄鲁特、乌梁海十七旗。唐努乌梁海五旗四十六佐领，分属将军、扎萨克图汗部、三音诺颜部。

以上西北二将军辖区。

内蒙古 漠南蒙古东起科尔沁西至鄂尔多斯凡二十四部四十九旗，合为哲里木、卓索图、昭乌达、锡林郭勒、乌兰察布、伊克昭六盟，迳隶理藩院。设有热河都统，驻防直隶承德府。又有归化城土默特二旗，由山西绥远城将军管辖，又有察哈尔八旗，各设总管，由察哈尔都统管辖，驻直隶张家口。直隶盛京边外又设有诸牧厂，各设总管。

套西蒙古 阿拉善厄鲁特一旗，额济纳旧土尔扈特一旗，牧地在河套贺兰山以西，各自为部，不设盟。

以上漠南蒙古二区。

青海 北部为蒙古厄鲁特等二十九旗，南部为玉树等四十土司，由西宁办事大臣统辖，驻甘肃西宁府。

西藏 分卫（前藏）、藏（后藏）、喀木（康）、阿里四区，辖六十余城，东接四川巴塘，西至拉达克、丁木刚。达赖喇嘛驻拉萨，掌全藏政令；班禅额尔德尼驻日喀则，掌后藏寺院，并受命于驻藏办事大臣、帮办大臣。

以上青藏二办事大臣辖区。

康熙二十八年（１６８９）中俄订立尼布楚条约，划定黑龙江吉林与俄国远东地区间边界：黑龙江西以自南北流入黑龙江之额尔古讷河，自北南流入黑龙江之格尔必齐河及额尔古讷河口至格尔必齐河口间之黑龙江为界；北以格尔必齐河源东至于海之外兴安岭为界。东端乌第河以南，作为两国待议地区。海中格布特等岛屿属吉林。

雍正五年（１７２７）中俄订立布连斯奇界约，划定外蒙古与俄国西伯利亚间边界，东起额尔古讷河西岸阿巴该图，西至唐努乌梁海沙宾达巴哈。

康熙五十一年（１７１２）定盛京与朝鲜之间以鸭绿江图们江为界，于长白山天池南分水岭上立碑为记。

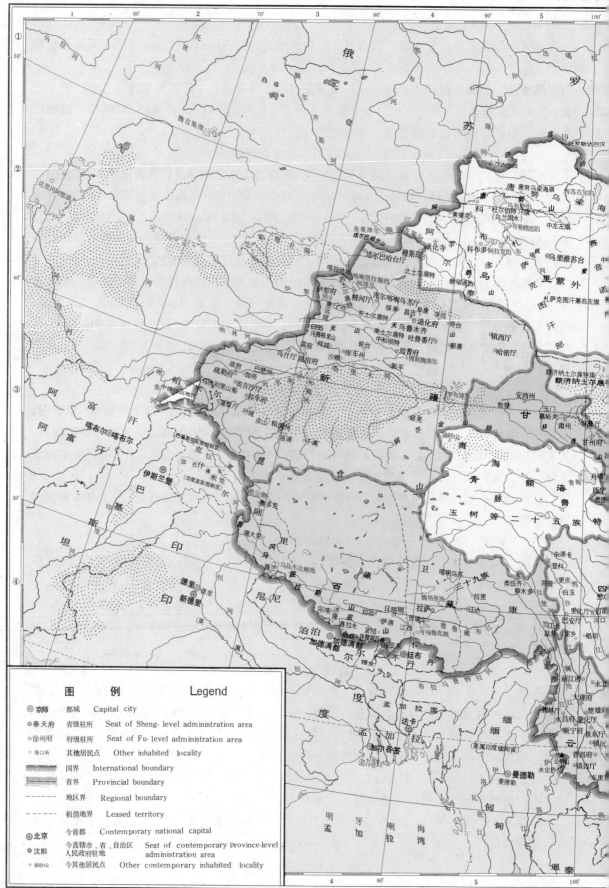

图 例　　　　Legend

◎ 京师　都城　Capital city
◉ 奉天府　省级驻所　Seat of Sheng-level administration area
◎ 徐州府　府级驻所　Seat of Fu-level administration area
○ 海口所　其他居民点　Other inhabited locality
国界　International boundary
省界　Provincial boundary
地区界　Regional boundary
租借地界　Leased territory
◎ 北京　今首都　Contemporary national capital
● 沈阳　今直辖市、省、自治区　Seat of contemporary Province-level
　　　　人民政府驻地　administration area
○ 油砂山　今其他居民点　Other contemporary inhabited locality

光绪三十四年（1908年）　①归化厅　②武川厅（寄治归化厅）　③宁远厅　④陶林厅　⑤和林格尔厅　⑥常州府

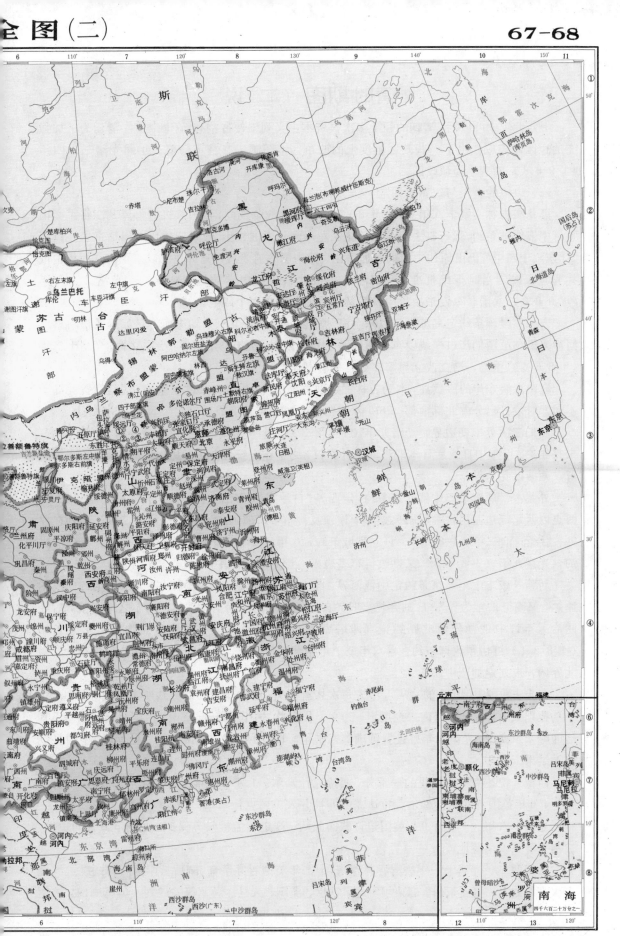

清时期图 （二）说

十九世纪中叶以后，清朝的领土多次被资本主义列强侵占割夺，不断减缩；清廷为了加强统治边区，相应作出了一些政区制度上的改革。本图画出辛亥革命前三年即光绪三十四年（１９０８）的清季疆域政区。

一、边境的丧失与边界的划定

黑龙江吉林　咸丰八年（１８５８）第二次鸦片战争期间，俄国乘机迫胁黑龙江将军奕山签订中俄瑷珲条约，强行割去黑龙江松花江左岸大片中国领土，仅规定瑷珲对岸精奇里江以南"江东六十四屯"仍由原住中国人永远居住，归中国政府管理。乌苏里江以东至海，划为中俄共管地。清廷当时拒绝批准，后二年在中俄北京条约中遂被迫确认此约。光绪二十六年（１９００）八国联军侵华战役中，俄又出兵强占江东六十四屯。

吉林　瑷珲条约定乌苏里江以东至海为中俄共管地，北京条约进而将乌苏里及松阿察二河逾兴凯湖至图们江口一线以东原中国领土划归俄国。次年勘定边界，绘图立牌。光绪十二年（１８８６）重勘，增立改立界牌多处，多有退让。

鞑靼海峡东岸的库页岛，本为吉林三姓副都统辖境，中俄订立北京条约，清廷竟置此岛于不问。时俄日已分占北部南部。1875年全归俄，1905年日俄战后以北纬５０°以南归日。

图们江源处中朝边界，光绪九年（１８８３）至十三年（１８８７）曾经双方交涉勘查，未得结论。甲午中日战后日本取得韩国外交权，终于在宣统元年（１９０９）定以石乙水为江源，两国以此为界。

外蒙古　咸丰十年中俄北京条约，定西界"自沙宾达巴哈起至斋桑淖尔"，虽未经勘定，此两点以西北定边左副将军所属乌梁海十佐领及科布多所属阿尔泰淖尔乌梁海二旗，已划在界外。后经同治三年（１８６４）订立塔城条约，八年（１８６９）订科布多、乌里雅苏台二界约，光绪九年（１８８３）又勘改科布多边界，遂划定如图中所示。

新疆　咸丰十年北京条约定中俄西界"自沙宾达巴哈起，至斋桑淖尔，又西南至特穆尔图淖尔，又南至浩罕为界"，已割弃乾嘉旧界自巴勒喀什湖东南至特穆尔图淖尔之地于俄，后经同治三年订中俄勘分西北界约记（即塔城条约），同治九年于边界建立牌博，光绪七年（１８８１）订伊犁改订条约，自八年至十年相继勘定伊犁、塔尔巴哈台、喀什噶尔东北、西北界约，遂划定如图中所示。

外蒙古新疆中俄历次的勘界　，中方每次皆有丧失。喀什噶尔西北界约所定中俄分界线，止于乌孜别里山豁；自此以南未经勘定，约文但作自此"中国界转向正南，俄国界转向西南。"其地即帕米尔高原，光绪初年曾设置苏满等八卡伦。１８９５年英俄两国竟私分其地，中国虽抗议无结果。

西藏　拉达克本为阿里的一部分，西接克什米尔。１８４０年左右克什米尔侵入拉达克，１８４６年英国吞并克什米尔，拉达克随即被并入英属克什米尔。

光绪十六年（１８９０）英国迫订藏印条约，规定哲孟雄归英保护，并划定藏哲间边界，被割去春丕以南等地。

云南两广　光绪十一年法国吞并越南，十二年英国吞并缅甸，嗣后云南两广与缅越边界经多次交涉划定，滇西茶山、麻栗坝等地，铁壁、虎踞、天马、汉龙等关遂划入英属缅甸，滇南

乌得、孟乌二土司划入法属交趾支那。惟两广与越南接壤处，清廷以商务利益换取对方界务让步，故十万大山西南稍有展出，钦州西南江坪黄竹原为越南飞地，至是并入钦州。

粤闽海疆　原属广东广州府新安县的香港岛，鸦片战争中为英国占据，道光二十二年（１８４２）中英订江宁条约，割让于英国。咸丰十年（１８６０）第二次鸦片战争结束时中英订天津续约，又以香港对岸之九龙司地方一区割归英属。

原隶福建省之台湾府，光绪十一年建为行省。甲午中日之战（１８９４）中国战败，次年订中日马关条约，割让于日本。

二、沿海港湾被强租

澳门　在广东广州府香山县南。初沿明旧为葡萄牙人租住地；１８４９年后葡拒交地租，逐走清驻澳官吏；光绪十三年（1887）中葡订天津条约，允准葡萄牙"永居管理"澳门。

香港　光绪二十四年（１８９８）中英订香港界址专条；次年，勘定以深圳河及深圳大鹏二湾以南及附近海面租予英国，以９９年为限期。（为别于割让地九龙司地方一区，此称九龙新界）。

胶州湾　在山东胶州东南。光绪二十三年德国因教案出兵据胶州湾，次年迫订胶州湾租约，定期９９年。青岛为湾中商港。

旅顺口大连湾　在奉天金州境。光绪二十四年俄国强租，包括亚当湾、貔子窝湾以南陆地及附近海面岛屿，租期二十五年。光绪三十一年（１９０５）日俄之战俄国战败，旅大租借权为日本所承袭。

威海卫　在山东登州文登县北。光绪二十四年英国擅以兵舰停泊于此，旋即强订租约，租期二十五年。

广州湾　在广东雷州东北。光绪二十五年（１８９９）法国用兵占据，旋即强订租约，定期九十九年。

列强侵夺我主权，又有通商、筑路及划定通商口岸租界等约，不见图。

三、边境政区改革

新疆　光绪九年（１８８３）建行省，置巡抚；旋即裁诸驻防大臣及扎萨克、阿奇木伯克，改置府、厅、州、县。分为镇迪、伊塔、阿克苏、喀什噶尔四道，迪化、伊犁、温宿、焉耆、疏勒、莎车六府，库车、和阗二直隶州，镇西、吐鲁番、哈密、库尔喀喇乌苏、塔尔巴哈台、精河、乌什、英吉沙尔八直隶厅，州一、县二十一。新疆巡抚驻迪化，辖镇迪、阿克苏、喀什噶尔三道。仍设伊犁将军驻惠远城，辖伊塔道。（民国二年始并伊犁入新疆）

外蒙古　光绪三十二年（１９０６）设阿尔泰办事大臣，分辖科布多西南部阿尔泰乌梁海、新土尔扈特、新和硕特三部地，驻承化寺。（民国八年并入新疆）

台湾　光绪十一年分福建台湾府建行省，随后分建台湾、台北、台南三府，台东一直隶州，厅三、县十一。巡抚驻台北。光绪二十一年（１８９５）全省割于日本。

东三省　光绪三十三年（１９０７）奉天、吉林、黑龙江改行省，设巡抚，又设东三省总督统辖。悉裁副都统、协领、城守尉等驻防，改设析置府、厅、州、县；各分数道。总督奉天巡抚驻奉天府，吉林巡抚驻吉林府，黑龙江巡抚驻龙江府。三省间区划颇有改变，内蒙古哲里木盟牧地多划入三省。

内地十八省、内蒙古、青海、西藏改动皆不多，不备举。

中华民国

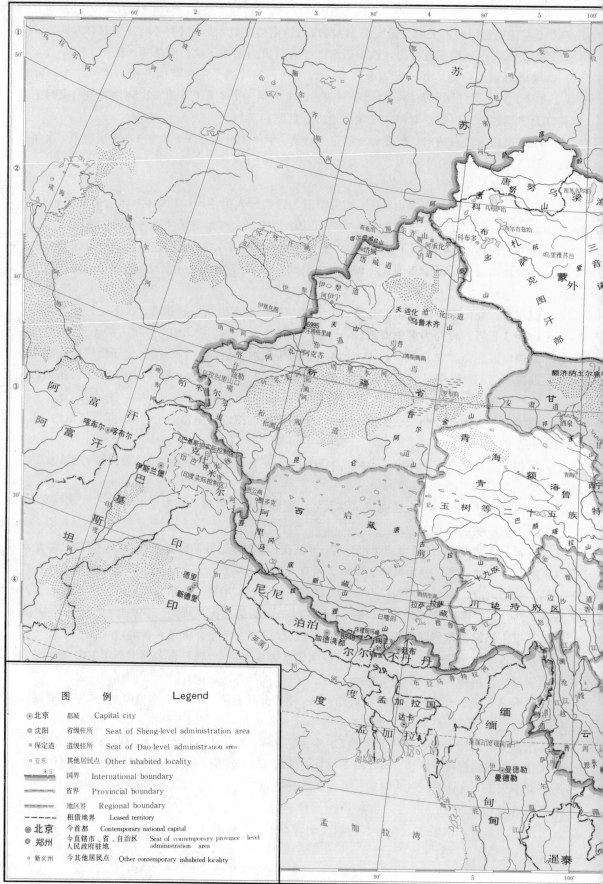

图 例　Legend

- ◉ 北京　都城　Capital city
- ◎ 沈阳　省级驻所　Seat of Sheng-level administration area
- ⊙ 保定道　道级驻所　Seat of Dao-level administration area
- ○ 亚东　其他居民点　Other inhabited locality
- ▭▭▭ 未定　国界　International boundary
- ▭▭▭ 省界　Provincial boundary
- ▭▭▭ 地区界　Regional boundary
- －－－－－ 租借地界　Leased territory
- ◉ 北京　今首都　Contemporary national capital
- ◎ 郑州　今直辖市、省、自治区　Seat of contemporary province-level
  人民政府驻地　　administration area
- ○ 新义州　今其他居民点　Other contemporary inhabited locality

中华民国十五年（1926年）

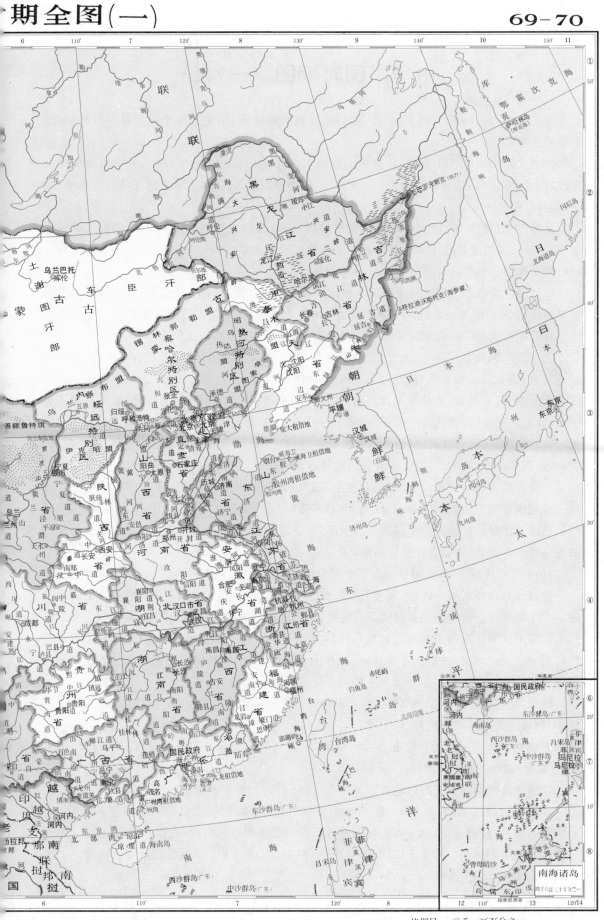

南海诸岛
四千六百二十万分之一

中华民国时期图 （一）说

辛亥革命（1911年）武昌首义，各省响应，推翻清朝统治，结束了两千多年君主专制制度，中华民国诞生。

民国元年（1912年）1月1日，孙中山在南京宣誓就任临时大总统，成立中华民国临时中央政府。2月12日，清宣统皇帝退位。4月1日，孙中山正式辞职，由袁世凯任临时大总统。5日，临时政府迁往北京。

民国四年（1915年）12月12日，袁世凯窃国称帝，次年6月初死去。此后，进入了军阀纷争和割据时期，也就是北洋军阀政府时期。直至民国十六年（1927年，南京国民政府建立），这一时期又称为北京政府时期。

中华民国承袭了清朝的领土疆域。在南京临时政府时期，由孙中山签署颁布了《中华民国临时约法》。其中第三条规定：中华民国领土为二十二省、内外蒙古、西藏、青海。此外，台湾省仍处在日本占领之下。由于时间较短，临时政府来不及对地方行政区划有所建置。

北京政府初期，沿袭的二十二省为：直隶省（治天津）、奉天省（治沈阳）、吉林省（治吉林）、黑龙江省（治龙江）、山东省（治历城）、河南省（治开封）、山西省（治阳曲）、江苏省（治江宁）、浙江省（治杭州）、安徽省（治怀宁）、江西省（治南昌）、福建省（治闽侯）、湖北省（治武昌）、湖南省（治长沙）、广东省（治番禺）、广西省（治邕宁）、云南省（治昆明）、贵州省（治贵阳）、四川省（治成都）、陕西省（治长安）、甘肃省（治皋兰）、新疆省（治迪化）。另有顺天府仍沿清旧制；内外蒙古、青海、西藏等地方，均维持原状；台湾省仍由日占。

外蒙古地方在辛亥革命之际，其封建主在沙俄政府策划支持下，于1911年12月宣布"独立"。袁世凯政府妥协，于1913年11月，签订中俄《声明文件》。1915年6月，又签订《中俄蒙条约》。这些文件虽称外蒙古是中国领土的一部分，但又承认外蒙古"自治"，并承认俄国在外蒙古的侵略势力。接着，外蒙古宣告取消独立。

1914年6月，俄国公然出兵霸占了中国唐努乌梁海地区，宣布将其置于俄国的保护之下。

西藏地方在辛亥革命之后，某些上层亲英分子在英国的策动下，迫使中央驻藏军队撤离西藏。1913年10月，英国迫使袁世凯政府同意，在印度的西姆拉召开所谓"中英藏会议"，英国提出了实际由英国统治西藏的条约草案。1914年7月，英、藏代表签署了所谓《西姆拉条约》，中国政府代表拒绝签字，并声明不承认英、藏片面所签的文件，使英国企图将西藏分裂出中国的阴谋破产。

清末，由德国侵占的胶州湾租借地，1915年以第一次世界大战为由，为日本侵占。1922年据中日《解决山东悬案条约》交还中国。

青海地方在清末原为西宁办事大臣辖区，民国初改称青海办事长官，借住西宁。1915年10月裁撤，改设甘边宁海镇守使，隶属甘肃。

清末原由理藩院管辖的内蒙古西套二旗，1914年改归甘肃省节制。

地方的行政区划，清末为省、道、府、州、县（厅）五级，拟改为省、县两级未实行。民国二年（1913年）1月，政府公布《划一现行各省地方行政官厅组织令》，废府州、存道县，实行省、道、县三级的行政区划体制。随后于民国三年（1914年）开始，进行了一系列行政区划的调整。

一、省级区划调整

民国三年(1914年)5月,顺天府属宁河、大城、新镇、文安四县划归直隶省。其余所属廿县,皆明确归顺天府管辖,原受制于直隶长官者,一切罢去。同年10月,顺天府改制,原辖区域设置京兆地方。

民国三年(1914年)4月,从四川省析出川边道及金沙江以西原昌都府等地区,设置相当于省一级的川边特别行政区(治康定)。

民国三年(1914年)7月,清末原拟设省的热河、察哈尔、绥远三地区,设置相当于省一级的热河特别行政区(治承德)、察哈尔特别行政区(借治万全)、绥远特别行政区(治归绥)。热河辖热河道及内蒙古地区的卓索图盟和昭乌达盟;察哈尔辖兴和道(原山西省辖)及内蒙古地区的锡林郭勒盟、察哈尔部的左右翼八旗及牧厂等处;绥远辖绥远道(原山西省辖)及内蒙古地区的乌兰察布盟和伊克昭盟。

民国三年(1914年)8月,阿尔泰办事大臣辖区,改设置阿尔泰(游牧)地方(治承化寺),直隶中央。至民国八年(1919年)6月,裁撤阿尔泰地方,将其划入新疆省,次年改置阿山道。

民国十三年(1924年),苏联归还原沙俄占中东铁路[①] 沿线地方行政权,即沿铁路两侧各30华里范围,设置"东省特别行政区",主管机关驻滨江(哈尔滨),这是一种特殊的相当省级的政区形式。

民国十五年(1926年)秋,国民政府在北伐中设置汉口特别市。

二、道级区划调整

民国三年(1914年)6月,《政府公报》发布大总统申令,公布各省所属道区域名单,基本沿袭清末道的区域,但道名有较多更改,全国共设九十三道。同年8月,河南省的河北道尹,由武陟移驻汲县。同年10月,安徽省安庆道的滁县、全椒、来安三县与淮泗道的六安、英山、霍山三县互划。民国九年(1920年),黑龙江省增设绥兰道;新疆省增设塔城道、焉耆道、和阗道;四川省增设川边道;湖南省撤销武陵道。

三、县级区划调整

从民国三年(1914年)起,各省先后进行裁府、州、厅留县或裁府、州、厅并县的工作。对于盟旗制度仍照旧实行;西北、西南地区保留土司制度;一些新开发或改土归流地区,准备设县而条件不成熟者,则先设置设治局。

在留县、并县过程中,各省各自为政,全国产生严重的县名重名现象,多达94组涉及221县。其中两县重名者最多,有74组148县。三县重名者次之,有12组36县。四县重名者4组16县。五县重名者3组15县。六县重名者1组6县(直隶、吉林、山东、江西、浙江各省均有新城县)。民国三年(1914年)1月,政府公布更名决定。明确更名原则,凡两县同名者存其先,新定名者或通商大埠还其旧。这是行政区划历史上一次重大的整顿,经过长期使用,基本稳定,颇见成效。

截止1926年底止,全国共辖地方一级行政单位33个。其中包括23省(含日占台湾省),5特别行政区,4地方,1特别市。以下共有98道1800余县。

---

① ·清末(1897—1903年)沙俄在我国东北掠夺路权,修筑了中东铁路,以哈尔滨为中心,东起绥芬河,西迄满洲里,南达旅顺、大连。日俄战争后,长春以南路段由日本占据,改称南满铁路。

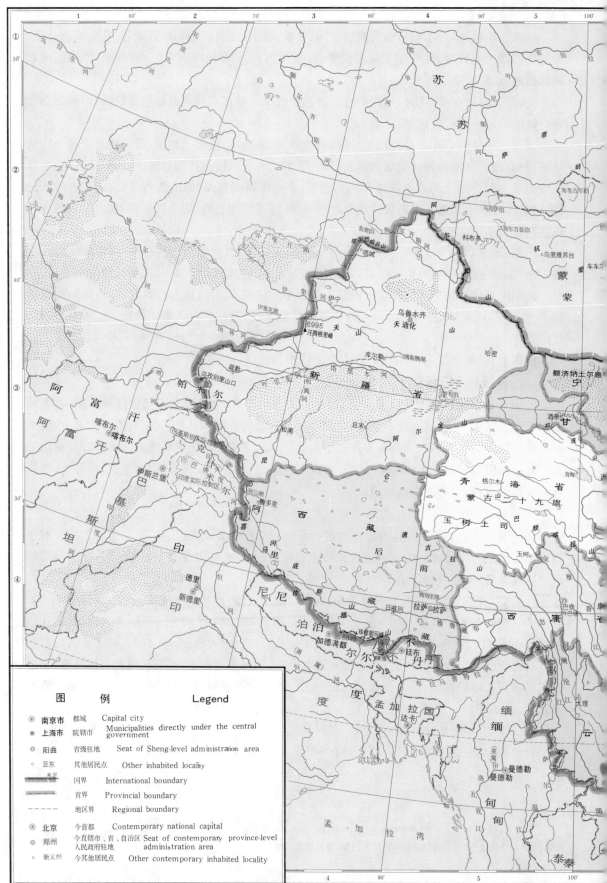

中华民国三十五年（1946年）

图　例　　　　Legend

南京市　都城　Capital city
上海市　院辖市　Municipalities directly under the central government
阳曲　省级驻地　Seat of Sheng-level administration area
亚东　其他居民点　Other inhabited locality
未定　国界　International boundary
省界　Provincial boundary
地区界　Regional boundary
北京　今首都　Contemporary national capital
郑州　今直辖市、省、自治区人民政府驻地　Seat of contemporary province-level administration area
新义州　今其他居民点　Other contemporary inhabited locality

中华民国时期图 （二）说

　　民国十六年(1927年)4月,国民党中央政治会议决定的"国民政府"在南京成立,并发表《建都南京宣言》。民国十七年(1928年)6月,国民党部队进驻北京,完全取代北洋军阀政府,南京政府宣布"统一告成"。从1927年至1949年新中国成立前夕,是为南京政府时期。其中的1937年7月至1945年9月,是八年抗战时期。1939年南京政府迁往重庆市,并定为陪都。抗战胜利后,于1946年还都南京。

　　南京政府时期的地方省级行政区划,有几次较大的变动,可分为抗日战争前、中、后三个阶段。

　　一、抗战以前阶段(1927—1936年)

　　有关政区建制:民国十六年(1927年)6月,设南京为特别市,1930年6月起,改称南京院辖市(即直辖市,下同)。同年8月,设上海为特别市,1930年6月,改称上海院辖市。1928年7月,设北平为特别市,同时撤销京兆地方。1930年12月,改称北平院辖市(1930年6—12月,一度降为河北省辖市)。1928年7月,设天津为特别市,1935年6月,改称天津院辖市(1930年12月以后,曾降为河北省辖市)。1928年9月,撤销热河、察哈尔、绥远三个特别行政区,分别设置热河省(省会承德)、察哈尔省(省会万全)、绥远省(省会归绥);同时公布撤销川边特别行政区,设置西康省,但当时暂未实行,至1935年设西康建省委员会于雅安。1928年11月,以原甘肃省宁夏道及归其节制的内蒙古西套二旗辖区设置宁夏省(省会宁夏);同时以原甘肃省西宁道及青海地方辖区设置青海省(省会西宁)。1929年4月,武汉设特别市,(6月更名汉口特别市,至1931年5月降为湖北省辖市)。1929年5月,以收回日本交还的胶澳商埠地界设青岛为特别市,1930年9月,改称青岛院辖市。1930年1月,曾设广州为特别市,同年8月降为广东省辖市。1932年1月,曾设长安为院辖市,但仅筹备未正式成立。

　　此外,按《建国大纲》的规定,1928年春宣布废除了"道"的建置,于1929年陆续完成[①]。

　　有关省际行政区的调整:1928年7月,原京兆地方所辖廿县划归河北省。同年9月,原察哈尔特别行政区所辖兴和道划归绥远省,原直隶省辖口北道划归察哈尔省。1929年11月,绥远省所辖陶乐湖滩地区设置陶乐县后划归宁夏省。1933年4—5月,分别新设安徽省立煌县、湖北省礼山县和河南省经扶县,相应调整了三省相交处的省界。1934年6—7月,福建省光泽县和安徽省婺源县划归江西省。1935年3月,南京院辖市扩大市郊区;同年5月,青岛院辖市扩大市郊区。1936年2月,安徽省所辖英山县划归湖北省。

　　有关政区更名:1927年7月,直隶省更名河北省;同时北京更名北平。1929年2月,奉天省更名辽宁省。同年6月,武汉(含武汉三镇)特别市更名汉口特别市(不含武昌,汉阳亦于1930年划出);同年9月,吉林省省会吉林更名永吉。

　　有关省会迁移:1928年9月,河北省省会由天津迁驻北平,1930年12月复又迁回天津,1935年6月,再由天津迁驻清苑。1928年江苏省省会由江宁迁驻镇江。1936年10月,广西省省会由邕宁迁驻桂林。同年,西康建省委员会由雅安迁驻康定。

　　有关收回租借地:1898年被英国租借的威海卫地区,1930年9月收回。同年10月,设置了直隶中央的"威海卫行政区"。

二、抗日战争阶段(1937—1945年)

1938年7月,原筹备设置的西康省批准成立,省会康定。辖区除原划定的川边道(原川边特别区)及金沙江以西原昌都府等地区外,又重新划入四川省的原建昌道地区(即裁道后设置的第十七、十八两行政督察区)。

1939年5月,将重庆改设为院辖市,并扩大市郊区,将四川省巴县的沙坪坝、磁器口、小龙坎、歌乐山、唐家沱、寸滩等地区划入。

1942年10月,湖北省利川县与四川省奉节县之间有局部的省界调整。

三、抗战胜利后阶段(1945年9月—1949年9月)

有关我国疆域:1945年9月抗日战争胜利,根据《开罗宣言》和《波茨坦公告》,被日本侵占50年的台湾省归还我国[②]。1905年由沙俄转为日占旅顺口、大连湾地区收回改置大连院辖市。1899年法租广州湾地区,收回改置广东省辖湛江市。其他各城市和租界地和通商口岸也都陆续收回(不见图)。1946年1月,当时南京政府承认外蒙古独立,唯详确疆界,尚待勘定。抗战期间被日本侵占的我南海诸岛,胜利后相应收回。1947年我国派人员及军舰前往接收,并鸣炮升旗,勒石树碑为誌。

有关政区建置:1945年9月,被日本侵占、扶植为伪"满洲国"的原东北三省,改设置辽宁、安东、辽北、吉林、松江、合江、黑龙江、嫩江、兴安9省和哈尔滨院辖市[③]。抗战前设置的"东省特别行政区"和"威海卫行政区"相应取消,后者改置为山东省威海卫省辖市。1947年6月,汉口、广州、西安、沈阳均改置为院辖市。

有关省际行政区划的调整:1945年12月,南京院辖市再次扩大市郊区,由江苏省江宁县划入汤水、麒麟、东流、古泉4乡镇。1946年,上海院辖市扩大市郊区,由江苏省上海、宝山、南汇、青浦、松江五县各一部划入。1947年6月,原属江西省的婺源县划归安徽省,光泽县划归福建省。

有关省会迁移:1946年,安徽省省会由怀宁迁驻合肥。

截止1947年底止,全国共辖省级行政单位48个。其中包括35省1地方12院辖市。以下设57省辖市,2016县40设治局1管理局,131旗[④]。1948—1949年9月底无重大政区变化。

第二次国内革命战争、抗日战争和第三次国内革命战争各个时期,在中国共产党领导下,建立过地方革命政权。1931年11月,在江西苏区成立了中央苏区中央工农民主政府,同时存在有川陕、鄂豫皖、洪湖等十多块革命根据地。长征后至1936年,建立了陕甘宁革命根据地。抗日战争开始,于1937年9月,成立了陕甘宁边区政府。此后领导有晋察冀、晋绥、晋冀豫、山东、华中、华南等主要抗日根据地的地方革命政权。解放战争前期,全国解放区划分为陕甘宁、晋绥、晋察冀、东北、晋冀鲁豫和华东等大区。 1947年5月1日,正式成立了内蒙古自治区。解放战争后期,适应全国解放的需要,将全国划分为华北、东北、华东、中南、西北、西南六大解放区。1949年4月,建立了东北人民政府,并将东北地区划分为辽东、辽西、吉林、松江、黑龙江及热河6省,沈阳、抚顺、鞍山、本溪诸直辖市。1949年8月,在华北新建平原省。

注①1928年春废道制后,复于1932年实行"行政督察区"体制。将一省分为若干行政督察区,设行政督察专员公署,作为省的派出机构,管理一部分县,相当于现在的地级行政单位,但不是正式的一级政区,故不赘述。

注②台湾省日占前设 3 府 1 直隶厅,日占后期设 5 州 3 厅 11 市。1945 年归还我国后改置 9 市 8 县。1950 年 2 月又调整为 5 市 16 县。

注③1931 年日本侵占东北。1932 年 3 月,在日本操纵下,伪满发表"建国宣言",宣布成立伪"满洲国"。1934 年改称伪"满洲帝国"。将我原东北辽宁、吉林、黑龙江 3 省及热河省改置为 19 省 1 特别市。1945 年抗战胜利后新设的 9 省,除热河省恢复原省外,余为伪满 18 省的基础上合并而成。

注④1934 年经《水陆地图审查委员会》审定公布蒙旗名单,确定全国共 239 旗。其中外蒙古地方辖 108 旗,1946 年外蒙古独立后相应划出。

简明中国历史地图集

地 名 索 引

地 名 索 引 简 要 说 明

1. 本索引除原始社会遗址图外仅收入古内容名称注记。

   同一历史时期，因标准年代不同，在不同图幅中出现的同一地名，索引中分别列出。

   河、湖、海等水文名称注记，均在其名称后加"～"符号；山峰、山脉名称注记，均在其名称后加"△"符号，以资区别。其他关隘、鄂博等未再加符号区分。

2. 每条索引均列出名称、历史时期、图幅页码和索引座标。例如：成周（春秋）11—12③7，其中（春秋）为历史时期；11—12为周所在春秋时期全图的页码；③7表示成周位于纵向座标③横向座标7的网格内。如图所示。

   （商）、（西周）、（南北朝）、（唐）等，仅表明历史时期，不表示政治上的隶属关系。

   索引中的山脉、河流、部族等散列注记的座标，以其首字与末字所在图中的位置标注；不定点的座标，以其首字的所在图中位置标注。若上述散列注记的首字或末字正好压在经纬线上时，则以第二个字或倒数第二个字所在图中位置标注。

3. 索引编排按地名首字的部首笔画为序；部首相同的按首字笔画为序，首字相同的按第二个字的笔画为序，余类推。

4. 原始社会遗址图幅中，以遗址符号定位的今地名，与其他图幅的古内容名称注记一起编排索引。

5. 索引后附有《地名首字笔画检字表》，可根据地名首字的笔画，查到所需地名的索引。

   另附有《汉字简体繁体对照表》，以便查阅。

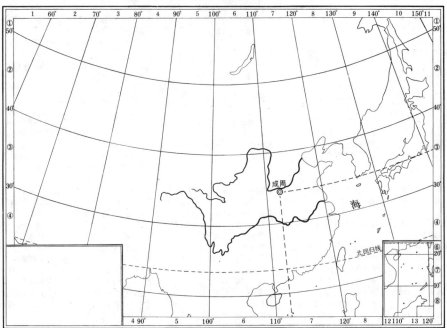

春秋时期全图 **11—12**

二 画

二连浩特(原始社会)3—4②7
二河(南北朝)35—36④6
丁木刚(清)65—66③3
丁令(西汉)17—18①6
丁令(三国)21—22①6—7
丁令(西晋)23—24①6—7
丁村(原始社会)3—4③7
丁零(东汉)19—20①6
丁[靈](秦)15—16①5—6
七十城门(元)57—58④6
七州洋～(金南宋)53—54⑤7
七州洋～(金南宋)55—56⑤7
七洲洋～(元)57—58⑤7
七洲洋～(元)59—60⑤7
七洲洋～(明)61—62⑤7
七洲洋～(明)63—64⑤7
七洲洋～(清)65—66⑤7
七洲洋～(清)67—68⑤7
卜花儿(明)61—62③2
卜鲁丹河卫(明)61—62①8
人方(商)7—8③7
八百(元)59—60⑤5
八百大甸(明)63—64⑤5—6
八百大甸司(景迈)(明)61—62⑤5
八米俺(金南宋)55—56③2
八邻万户(元)57—58①4
八邻万户(元)59—60①3—4
八剌沙衮(辽北宋)51—52②3
八剌忽(元)57—58①7—6
八剌忽(元)59—60①7—6
八剌忽部(金南宋)53—54①7—6
八剌忽部(金南宋)55—56①7—6
八重山(明)63—64④8
八答黑商(明)61—62③3
八答黑商(明)63—64③3
八番宣慰司(元)57—58④6
儿(商)7—8③7
九龙(清)67—68④7
九龙租借地(民国)69—70④7
九夷(夏)5—6③7
九夷(战国)13—14③6
(九夷)淮夷(西周)9—10③7
九州岛(民国)69—70③9
九州岛(民国)71—72③9
九江(西周)9—10③7—④7
九江(民国)69—70④7
九江府(明)61—62④7
九江府(明)63—64④7
九江府(清)65—66④7
九江府(清)67—68④7
九江郡(秦)15—16③7
九江郡(西汉)17—18③7
九江郡(东汉)19—20③7
九江郡(隋)37—38④7
九姓乌护(五代十国)47—48②3—4
九真郡(西汉)17—18⑤6
九真郡(东汉)19—20⑤6
九真郡(三国)21—22⑤6
九真郡(西晋)23—24⑤6
九真郡(东晋十六国)25—26⑤6
九真郡(南北朝)29—30⑤6
九真郡(南北朝)31—32⑤6
九真郡(南北朝)33—34⑤6
九真郡(南北朝)35—36⑤6
九真郡(隋)37—38⑤6
九原(战国)13—14②6
九原(三国)21—22②6
九原郡(秦)15—16②6
九疑山△(秦)15—16④7
九德郡(西晋)23—24⑤6
九德郡(东晋十六国)25—26④6
九德郡(南北朝)29—30⑤6
九德郡(南北朝)31—32⑤6
九德郡(南北朝)33—34⑤6
(乃满部)粘拔恩部(金南宋)53—54②4—5

三 画

三十九族(清)67—68③5
三十九族(民国)69—70③5
三万卫(明)61—62②8
三万卫(明)63—64②8
三川郡(秦)15—16③7
三屿(辽北宋)51—52⑦13—14
三屿(元)57—58⑤8
三屿(元)59—60⑤8
三竹节寨(明)63—64④4
三苗(夏)5—6③7
三明(原始社会)3—4③7
三姓(清)65—66②8
三音诺颜部(清)65—66②5—6
三音诺颜部(民国)69—70②6
三音诺颜旗(清)65—66②6
三摩呾吒(隋)37—38④5
三朡(夏)5—6⑦13
于巳尼大水(北海)～(东晋十六国)25—26①6
于巳尼大水(北海)～(南北朝)29—30①6
于巳尼大水(北海)～(南北朝)31—32①6
于巳尼大水(北海)～(南北朝)33—34①6
于巳尼大水(北海)～(南北朝)35—36①6
于术(唐)43—44②4
于延水～(秦)15—16②7
于延水～(南北朝)29—30②7
于延水～(南北朝)31—32②7
于延水～(南北朝)33—34②7
于延水～(南北朝)35—36②7
于祝(五代十国)47—48②3
于都斤山△(南北朝)35—36②5—6
于都斤山△(隋)37—38②5—6
(于厥)乌古(五代十国)47—48②7
于阗(西汉)17—18③3—4
于阗(西晋)23—24③3
于阗(东晋十六国)25—26③3
于阗(十六国)27—28⑧13—14
于阗(十六国)27—28⑪20—21
于阗(南北朝)29—30③3
于阗(南北朝)31—32③3
于阗(南北朝)33—34③3
于阗(南北朝)35—36③3
于阗(隋)37—38③3
于阗(唐)43—44③3
于阗(五代十国)47—48③3
于阗(辽北宋)51—51③3
于阗(明)61—62③3
于阗(明)63—64③3
于阗(清)67—68③4
于阗河～(西汉)17—18③4
于阗河～(三国)21—22③4
于阗河～(西晋)23—24③4
于阗河～(东晋十六国)25—26③4
于阗河～(十六国)27—28⑧14
于阗河～(十六国)27—28⑪21
于阗河～(南北朝)29—30③4
于阗河～(南北朝)31—32③4
于阗河～(南北朝)33—34③4
于阗河～(南北朝)35—36③4
于寘(东汉)19—20③3—4
于寘(三国)21—22③3
于寘河～(东汉)19—20③4
于阗镇(唐)39—40③4
于阗镇(唐)41—42③3
工布(隋)37—38④5
工曲～(三国)21—22③5—④5
工曲～(西晋)23—24③5—④5
工域(三国)21—22④5
工域(西晋)23—24④5
土兀剌河～(辽北宋)51—52②6
土兀剌河～(金南宋)53—54②6
土兀剌河～(金南宋)55—56②6
土兀剌河～(元)57—58②6
土兀剌河～(元)59—60②6
土方(商)7—8③7
土护真河～(唐)41—42②8—7
土护真河～(唐)43—44②8—7
土河～(五代十国)47—48②8—7
土河～(辽北宋)51—52②8—7
土剌河～(明)61—62②6
土剌河～(明)63—64②6
土鲁番(明)61—62②4
土鲁番(明)63—64②4
土谢图汗部(清)65—66②6
土谢图汗部(清)67—68②6
土谢图汗部(民国)69—70②6
土谢图汗旗(清)65—66②6
土谢图汗旗(清)67—68②6
(土默特)满官嗔(明)63—64②7
土默特右旗(清)67—68②8
下危(商)7—8②7—③7
下邳郡(三国)21—22③7
下邳郡(南北朝)33—34③7
下蔡(春秋)11—12③7
大屯城(五代十国)47—48③4
大屯城(辽北宋)51—52③4
大月氏(西汉)17—18③2—3
大月氏(贵霜)(东汉)19—20③2—④3
大月氏(贵霜)(三国)21—22③2—④3
大月氏(贵霜)(西晋)23—24③2—④3
大古剌司(白古)(明)61—62⑤5
大东沟(清)67—68③8
大宁(东晋十六国)25—26②7
大宁(明)61—62②7
大宁(明)63—64②7
大宁路(元)59—60②7
大辽水～(西汉)17—18②8
大辽水～(东汉)19—20②8
大辽水～(三国)21—22②8
大辽水～(西晋)23—24②8
大辽水～(东晋十六国)25—26②8
大辽水～(十六国)27—28⑤10
大辽水～(十六国)27—28⑩25
大辽河(十六国)27—28①5
大曲女城(五代十国)47—48④3
大同(原始社会)3—4②7
大同(民国)69—70②7
大同(民国)71—72②7
大同节度使(五代十国)49—50④12
大同府(辽北宋)51—52②7
大同府(金南宋)53—54②7
大同府(金南宋)55—56②7
大同府(明)61—62②7
大同府(明)63—64②7
大同府(清)65—66②7
大同府(清)67—68②7
大同路(元)59—60②7
大名(民国)69—70③7
大名府(辽北宋)51—52③7
大名府(金南宋)53—54③7
大名府(金南宋)55—56③7
大名府(明)61—62③7
大名府(明)63—64③7
大名府(清)65—66③7
大名府(清)67—68③7
大名道(民国)69—70③7
大名路(元)57—58③7
大江～(唐)39—40③7—④7
大江～(唐)41—42③6—④6
大江～(唐)43—44③6—④6
大江～(唐)45—46④1—2
大江～(五代十国)47—48③6—④6
大江～(五代十国)49—50⑬9
大江～(辽北宋)51—52③7—④7
大江～(金南宋)53—54③7
大江～(金南宋)55—56③7
大江～(元)57—58③7—④7
大江～(元)59—60③7—④7
大江～(明)61—62③6—④6
大江～(明)61—62③7
大江～(明)63—64③6—④6
大江～(明)63—64③7
大江～(清)65—66③7
大江～(清)67—68③7
大江～(民国)69—70③6
(大江)长江～(五代十国)47—48③7
(大江)长江～(五代十国)49—50②2

(大江)长江～(五代十国)49－50⑤12
(大江)长江～(五代十国)49－50⑧6
(大江)长江～(五代十国)49－50⑪15
(大江)长江～(五代十国)49－50⑬9－10
(大江)长江～(五代十国)49－50⑭9－⑬10
(大江)长江～(五代十国)49－50⑮18
大兴安山△(清)65－66①7
大兴安岭△(清)65－66①8－②7
大兴安岭△(民国)69－70①8－②8
大兴安岭△(民国)71－72①8－②7
大安府(五代十国)49－50②1
大兴府(金南宋)55－56③7
大连(清)67－68③8
大连市(民国)71－72③8
大别山△(战国)13－14③7
大别山△(唐)45－46④4
大谷郡(南北朝)33－34③6
大岛(明)63－64④8
大汶口(原始社会)3－4③7
大非川(唐)39－40③6－7
大非川(唐)41－42③5－6
大非川(唐)43－44③5－6
大金沙江～(明)63－64④5－⑤5
大泽～(南北朝)29－30②6
大泽～(南北朝)31－32②6
大泽～(南北朝)33－34②6
大泽～(南北朝)35－36②6
大泽～(唐)39－40②6
大泽～(唐)41－42②5
大泽～(唐)43－44②5
大泽～(金南宋)55－56①6
大泽～(元)57－58①6
大泽～(元)59－60①6
大泽乡(秦)15－16③7
大定府(辽北宋)51－52②7
大定府(金南宋)53－54②7
大定府(金南宋)55－56②7
大定府(清)67－68④6
大宛(西汉)17－18②3
大宛(东汉)19－20②3
大宛(三国)21－22②3
大宛(西晋)23－24②3
大宛(东晋十六国)25－26②3
大宛(十六国)27－28⑦13
大宛(十六国)27－28⑩20
大宛都督府(唐)39－40②3
大城(西晋)23－24③6
大城(十六国)27－28⑪23
大荔(春秋)11－12③7
大荔(战国)13－14③7
大勃律(唐)39－40③4
大勃律(唐)41－42③3
大勃律(唐)43－44③3
大食(唐)41－42②2
大食(唐)43－44③2
大室韦(南北朝)35－36①8
大室韦(隋)37－38①7－8
大室韦部(唐)39－40①9－10
大室韦部(唐)41－42①8
大室韦部(唐)43－44①8
大盐池～(元)57－58②1－2
大盐池～(元)59－60②1－2
大都路(元)57－58③7
大都路(元)59－60③7
大夏(西汉)17－18③2－3
大牂等羌(东汉)19－20③6
大理(五代十国)47－48④5
大理(五代十国)47－48④6
大理(辽北宋)51－52④5－6
大理(金南宋)53－54④5
大理(金南宋)55－56④5
大理(民国)71－72④6
大理府(明)61－62④6
大理府(明)63－64④6
大理府(清)65－66④6
大理府(清)67－68④6
大理路(元)57－58④6
大理路(元)59－60④6
大赉厅(清)67－68②8
大雪山△(南北朝)31－32③2－3
大雪山△(南北朝)33－34③2－3
大雪山△(唐)39－40③3－4
大雪山△(唐)39－40③6
大雪山△(唐)41－42③2－3
大雪山△(唐)41－42③5
大雪山△(唐)43－44③2－3
大雪山△(唐)43－44③5
大雪山△(元)57－58③2－3
大雪山△(元)59－60③2－3
大野泽～(唐)45－46③5
大清河～(清)65－66③7
大梁(战国)13－14③7
大渡水～(隋)37－38③6－④6
大渡水～(唐)39－40④7
大渡水～(唐)41－42④6
大渡水～(唐)43－44④6
大渡水～(唐)45－46④1
大渡河～(五代十国)47－48③6－④6
大渡河～(五代十国)49－50⑬9－⑭9
大渡河～(辽北宋)51－52③6
大渡河～(金南宋)53－54③6
大渡河～(金南宋)55－56③6
大渡河～(明)61－62③6－④6
大渡河～(明)63－64③6－④6
大渡河～(清)67－68④6
大渡河～(民国)69－70④6
大渡河～(民国)71－72④6
大幕(西汉)17－18②6－7
大幕(东汉)19－20②6－7
大雷(东晋十六国)25－26③7
大漠(三国)21－22②6－7
大漠(西晋)23－24②6－7
大溪(原始社会)3－4③6
大斡耳朵(金南宋)55－56②6
大斡耳朵(元)57－58②6
大鲜卑山△(东汉)19－20①8－②8
大播州(五代十国)47－48④6
兀良合(元)57－58②8
兀良哈(明)63－64①7－②7
兀者(元)57－58①8－②8
兀者(元)57－58①9－②9
兀者(元)59－60①9－②9
兀者卫(明)61－62②8
兀者吉烈迷万户府(元)59－60②9－10
兀的河～(明)61－62①9
兀的河～(明)63－64①9
兀的河卫(明)61－62①9
兀剌海路(元)59－60②6
兀惹(辽北宋)51－52②8
兀鲁灰河～(金南宋)55－56②7
万年(原始社会)3－4④7
万全都司(明)61－62②7
万全都司(明)63－64②7
万州(唐)39－40③7
万州(唐)41－42③6
万州(唐)45－46④3
万州(元)57－58③6
万安州(唐)43－44⑤7
万安州(唐)45－46⑦3
万安军(元)57－58⑤7
万县(原始社会)3－4③6
万县(清)67－68③6
万县(民国)71－72③6
万里长沙(明)61－62⑦13－⑧13
万里长沙(明)63－64⑦13－⑧13
万里长沙(清)65－66⑤7
万里石塘(辽北宋)51－52⑦13－⑧13
万里石塘(金南宋)53－54⑦13－⑧13
万里石塘(金南宋)55－56⑦13－⑧13
万里石塘(元)57－58④7－⑤7
万里石塘(元)59－60④7－⑤7
万里石塘(明)61－62⑤7
万里石塘(明)63－64⑤7
万象(明)63－64⑤6
弋阳郡(三国)21－22③7
弋阳郡(西晋)23－24③7
弋阳郡(南北朝)29－30③7
弋阳郡(隋)37－38③7
上州(南北朝)35－36③7
上谷郡(秦)15－16②7
上谷郡(西汉)17－18②7
上谷郡(东汉)19－20②7
上谷郡(三国)21－22②7
上谷郡(西晋)23－24②7
上谷郡(隋)37－38③7
上京(唐)43－44②8
上京(五代十国)47－48②7
上京(辽北宋)51－52②7
上京(金南宋)53－54②8
上京(金南宋)55－56②8
上思厅(清)67－68④6
上洛郡(南北朝)29－30③6
上洛郡(隋)37－38③6
上郡(秦)15－16③6
上郡(西汉)17－18③6
上郡(东汉)19－20③6
上郡(隋)37－38③6
上郡(唐)43－44③6
上都(唐)45－46③3
上都路(元)57－58②7
上都路(元)59－60②7
上党郡(秦)15－16③7
上党郡(西汉)17－18③7
上党郡(东汉)19－20③7
上党郡(三国)21－22③7
上党郡(西晋)23－24③7
上党郡(东晋十六国)25－26③7
上党郡(南北朝)29－30③7
上党郡(南北朝)31－32③7
上党郡(南北朝)35－36③7
上党郡(隋)37－38③7
上海(原始社会)3－4③8
上海(元)59－60③8
上海(清)65－66③8
上海(清)67－68③8
上海(民国)69－70③8
上海市(民国)71－72③8
上庸(战国)13－14③7
上庸郡(三国)21－22③7
上庸郡(西晋)23－24③7
上庸郡(南北朝)29－30③7
上庸郡(南北朝)31－32③7
上蔡(春秋)11－12③7
小兴安岭△(民国)69－70②8
小宛(西汉)17－18③4
小宛(东汉)19－20③4
小勃律(唐)39－40③4
小勃律(唐)41－42③3
小勃律(唐)43－44③3
小海～(南北朝)29－30③8
小海～(南北朝)33－34③8
小海～(南北朝)35－36③8
小海～(唐)39－40①7
小海～(唐)41－42①6
小海～(唐)43－44①6
小琉球(明)61－62④8
口北道(民国)69－70②7－③7
山丹城(元)57－58③6
山北部(唐)39－40②9
山北部(唐)41－42②8
山北部(唐)43－44②8
山戎(春秋)11－12②8
山戎(战国)13－14②8
山阳(战国)13－14③7
山阳郡(东汉)19－20③7
山阳郡(南北朝)29－30③7
山国(西汉)17－18②4
山国(东汉)19－20②4
山南东道节(唐)43－44③7
山南东道节度使(唐)45－46③4
山南东道节度使(五代十国)49－50②2
山南西道节(唐)43－44③6
山南西道节度使(唐)45－46③2
千里长沙(金南宋)53－54④7－⑤7
千里长沙(金南宋)55－56④7－⑤7
千里石塘(清)65－66⑦13－⑧13
千泉(隋)37－38②3
乞儿吉思(明)61－62①5
乞儿吉思(明)63－64①4－5
乞则里八寺海～(元)57－58②4
乞则里八寺海～(元)59－60②4
乞蓝部(五代十国)47－48④5
乞蓝部(辽北宋)51－52④5
乞蓝部(金南宋)53－54④5
川边道(民国)69－70③5－6
丸都(三国)21－22②8
丸都(西晋)23－24②8
丸都(东晋十六国)25－26②8
丸都(十六国)27－28①5

丸都(十六国)27－28⑤10
丸都(十六国)27－28⑩25
广元(民国)71－72③6
广元路(元)57－58③6
广元路(元)59－60③6
广平府(清)67－68③7
广平郡(三国)21－22③7
广平郡(西晋)23－24③7
广平郡(南北朝)29－30③7
广平路(元)57－58③7
广汉郡(西汉)17－18③6
广汉郡(东汉)19－20③6
广汉郡(三国)21－22③6
广汉郡(西晋)23－24③6
广汉属国(东汉)19－20③6
广宁卫(明)61－62②8
广宁卫(明)63－64②8
广宁王部(元)59－60①7－②7
广宁中、左屯卫(明)61－62②8
广宁中、左屯卫(明)63－64②8
广宁府(金南宋)53－54②8
广宁府(金南宋)55－56②8
广宁府路(元)57－58②8
广宁府路(元)59－60②8
广西州(清)65－66④6
广西州(清)67－68④6
广西府(明)61－62④6
广西府(明)63－64④6
广西路(元)57－58④6
广州(原始社会)3－4④7
广州(西晋)23－24④7
广州(东晋十六国)25－26④7
广州(南北朝)29－30④7
广州(南北朝)31－32④7
广州(南北朝)33－34③7
广州(南北朝)33－34④7
广州(南北朝)35－36④7
广州(唐)39－40④8
广州(唐)41－42④7
广州(唐)43－44④7
广州(唐)45－46⑥4
广州(辽北宋)51－52④7
广州(金南宋)53－54④7
广州(金南宋)55－56④7
广州(民国)69－70④7
广州(民国)71－72④7
广州府(明)61－62④7
广州府(明)63－64④7
广州府(清)65－66④7
广州府(清)67－68④7
广州湾～(清)67－68④7
广州湾～(民国)69－70④7
广州湾～(民国)71－72④7
广州湾租借地(民国)69－70④7
广州路(元)57－58④7
广州路(元)59－60④7
广阳国(西汉)17－18③7
广阳郡(秦)15－16③7
广阳郡(东汉)19－20③7
广严城(唐)43－44④4
广固(十六国)27－28⑪24
广南西路(元)57－58④6
广南西路(元)59－60④6
广南府(明)61－62④6
广南府(明)63－64④6
广南府(清)67－68④6
广信府(明)61－62④7
广信府(明)63－64④7
广信府(清)65－66④7
广信府(清)67－68④7
广晋府(五代十国)47－48③7
广海卫(明)61－62④7
广海卫(明)63－64④7
广陵(战国)13－14③7
广陵国(西汉)17－18③7
广陵郡(东汉)19－20③7
广陵郡(三国)21－22③7
广陵郡(西晋)23－24③7
广熙郡(南北朝)31－32④7
广德州(清)67－68③7
广德路(元)57－58③7
义川郡(南北朝)33－34③7
义成节(唐)43－44③7
义成节度使(唐)45－46③4
义成郡(南北朝)29－30③7
义成郡(南北朝)31－32③7
义州(南北朝)33－34③7
义州(南北朝)35－36③7
义州(唐)45－46⑥3
义安郡(南北朝)29－30④7
义安郡(南北朝)31－32④7
义安郡(南北朝)33－34④7
义安郡(南北朝)35－36④7
义安郡(隋)37－38④7
义阳郡(东晋十六国)25－26③7
义武节(唐)43－44③7
义武节度使(唐)45－46②4
义武节度使(五代十国)49－50⑧6
义昌节度使(五代十国)49－50②2
义城郡(隋)37－38③6
义渠(春秋)11－12③6
义渠(战国)13－14③6
之罘山△(南北朝)31－32③8
之罘山△(南北朝)33－34③8
弓月城(唐)39－40②5
弓月城(唐)41－42②4
弓卢水～(西汉)17－18②7
卫(西周)9－10③7
卫(春秋)11－12③7
卫(战国)13－14③7
卫(清)67－68③5
卫州(唐)45－46③4
卫州(五代十国)49－50⑤12
卫州(五代十国)49－50⑧6
卫州(金南宋)53－54③7
卫底穆河～(清)65－66①7
卫底穆河～(清)67－68①7
卫河～(明)61－62③7
卫河～(明)63－64③7
卫辉府(明)61－62③7
卫辉府(明)63－64③7
卫辉府(清)67－68③7
卫辉路(元)57－58③7
也儿的石河～(金南宋)53－54①3－②4
也儿的石河～(金南宋)55－56①3－②4
也儿的石河～(元)57－58①3－4
也儿的石河～(元)57－58②4
也儿的石河～(元)59－60①3－4
也儿的石河～(明)61－62①3－②4
也儿的石河～(明)63－64①3－②4
也里古纳河～(金南宋)53－54①8－7
也里古纳河～(金南宋)55－56①8－7
也里古纳河～(元)57－58①8－7
也里古纳河～(元)59－60①8－7
也迷里(金南宋)53－54②4
也迷里(金南宋)55－56②4
也迷里(元)57－58②4
也迷里(元)59－60②4
女直(辽北宋)51－52②9－8
女国(东晋十六国)25－26③3
女国(南北朝)29－30③3
女国(南北朝)31－32③3
女国(南北朝)33－34③3
女国(南北朝)35－36③3
女国(隋)37－38③3
女真(五代十国)47－48②8
刃水～(南北朝)29－30②8
刃水～(南北朝)31－32②8
刃水～(南北朝)33－34②8
刃水～(南北朝)35－36②8
叉力失(元)57－58②4
叉力失(元)59－60②4
叉力失(明)61－62②4
叉力失(明)63－64②4
马儿敢(三国)21－22③5－④5
马儿敢(西晋)23－24③5－④5
马儿敢(东晋十六国)25－26④5
马儿敢(十六国)27－28③2
马平(民国)69－70④6
马平郡(南北朝)33－34④6
马尔康(原始社会)3－4③6
马尼拉(民国)69－70⑦14
马尼拉(民国)71－72⑦14
马尼剌(清)65－66⑦13
马尼剌(清)67－68⑦14
马辰(清)65－66⑧13
马来城(元)59－60④5
马来城(明)61－62④5
马来城(明)63－64④5
马邑郡(隋)37－38③7
马城河～(唐)45－46②1
马品木达赖池～(清)67－68③4
马家窑(原始社会)3－4③6
马韩(西汉)17－18③8
马韩(东汉)19－20③8
马韩(三国)21－22③8
马韩(西晋)23－24③8
马湖江～(西晋)23－24④6
马湖部(元)57－58④6
马訾水～(秦)15－16②8
马訾水～(西汉)17－18②8
马訾水～(东汉)19－20②8
马訾水～(三国)21－22②8
马訾水～(西晋)23－24②8
马鞍山△(唐)45－46④5
乡郡(南北朝)29－30③7
乡郡(南北朝)31－32③7

四 画

丰(商)7－8③6
丰(西周)9－10③6
丰(酆)(商)7－8③6
丰州(南北朝)33－34③7
丰州(南北朝)35－36③7
丰州(南北朝)35－36④7
丰州(唐)39－40②7
丰州(唐)41－42②6
丰州(唐)43－44②6
丰州(唐)45－46①3
丰州(五代十国)47－48②7
丰州(金南宋)53－54②7
丰州都防(唐)43－44②6
丰州都防御使(唐)45－46①3
丰镇厅(清)67－68②7
王纪剌部(金南宋)53－54②8－7
(王舍城)拔底延(南北朝)31－32③2
王京(元)57－58③8
王京(元)59－60③8
王城(春秋)11－12③7
开元万户府(元)57－58②9
开元路(元)59－60②8
开化府(清)65－66④6
开化府(清)67－68④6
开平卫(明)61－62②7
开成府(元)57－58③6
开州(唐)45－46④3
开州(辽北宋)51－52②8
开库康(清)67－68①8
开京(五代十国)47－48③8
开京(辽北宋)51－52③8
开京(金南宋)53－54③8
开京(金南宋)55－56③7
开封(民国)69－70③7
开封(民国)71－72③7
开封府(五代十国)47－48③7
开封府(五代十国)49－50②2
开封府(五代十国)49－50⑧6
开封府(五代十国)49－50⑪15
开封府(辽北宋)51－52③7
开封府(金南宋)53－54③7
开封府(金南宋)55－56③7
开封府(明)61－62③7
开封府(明)63－64③7
开封府(清)65－66③7
开封府(清)67－68③7
开封道(民国)69－70③7
开通(清)67－68②8
开鲁(清)67－68②8
天山△(战国)13－14③5
天山△(西汉)17－18②4－5
天山△(东汉)19－20②5
天山△(三国)21－22②5
天山△(唐)39－40②5
天山△(唐)41－42②4
天山△(唐)43－44②4
天山△(明)61－62②4－5
天山△(明)63－64②4－5
天山△(清)65－66②3－4
天山△(清)67－68②4
天山△(民国)69－70②4
天山△(民国)69－70②4－5
天山△(民国)71－72②4－5
天门郡(西晋)23－24④7
天门郡(南北朝)29－30④7
天门郡(南北朝)35－36④7
天马关(清)65－66④5
天水(民国)69－70③6
天水(民国)71－72③6
天水郡(西汉)17－18③6
天水郡(三国)21－22③6
天水郡(西晋)23－24③6
天水郡(十六国)27－28②3
天水郡(十六国)27－28⑥8
天水郡(十六国)27－28⑧16
天水郡(十六国)27－28

⑪23
天水郡(隋)37—38③6
天平节(唐)43—44③7
天平节度使(唐)45—46③5
天台山△(唐)45—46④6
天全六番司(明)61—62③6
天全六番司(明)63—64③6
天池～(金南宋)53—54②4
天池～(金南宋)55—56②4
天竺(三国)21—22③3—④3
天竺(西晋)23—24③3—④3
天竺(东晋十六国)25—26③3—④3
天竺(南北朝)29—30③3—④3
天竺(南北朝)29—30④4
天竺(南北朝)31—32③3—④3
天竺(南北朝)33—34④3—4
天竺(南北朝)33—34④4
天竺～(南北朝)35—36④3—4
天竺(南北朝)35—36④4
天竺(隋)37—38③3—④4
天竺(唐)39—40③4—④5
天竺(唐)41—42③3—④4
天竺(唐)43—44③3—④3
天竺(辽北宋)51—52④3—4
天竺(辽北宋)51—52④5
天竺(金南宋)53—54③3—④4
天竺(金南宋)53—54④5
天竺(金南宋)55—56④3—4
天竺(金南宋)55—56④5
天竺(身毒)(东汉)19—20③3—④4
天临路(元)59—60④7
天津(民国)69—70③7
天津卫(明)61—62③7
天津卫(明)63—64③7
天津市(民国)71—72③7
天津府(清)65—66③7
天津府(清)67—68③7
天雄节度使(五代十国)49—50⑬9
天德军(唐)43—44②6
天德军(唐)45—46①3
夫甘都卢(西汉)17—18④5—⑤5
夫余(秦)15—16②8
夫余(西汉)17—18②8
夫余(东汉)19—20②8
夫余(三国)21—22②8
夫余(西晋)23—24②8
夫余(东晋十六国)25—26②8
夫余(十六国)27—28⑤10
夫余(十六国)27—28⑩25
元山(清)65—66③8
元山(清)67—68③8
元江州(清)67—68④6
元江府(元)57—58④6
元江府(明)61—62④6
元江府(明)63—64④6
元江路(元)59—60④6
元谋(原始社会)3—4④6
无为路(元)57—58③7
无定河～(唐)39—40③7—8
无定河～(唐)41—42③6—7
无定河～(唐)43—44③6—7
无定河～(唐)45—46②3
无终(春秋)11—12②7
无终(战国)13—14②7
无棣水～(西周)9—10③7
无雷(西汉)17—18③3
无雷(东汉)19—20③3
韦(夏)5—6⑦13
云中郡(秦)15—16②7
云中郡(西汉)17—18②7
云中郡(东汉)19—20②7
云内州(辽北宋)51—52②7
云州(唐)39—40②8
云州(唐)41—42②7
云州(唐)45—46①4
云州(五代十国)47—48②7
云州(五代十国)49—50①2
云州(五代十国)49—50④12
云阳(春秋)11—12③7
云南府(明)61—62④6
云南府(明)63—64④6
云南府(清)65—66④6
云南府(清)67—68④6
云南郡(三国)21—22④6
云南郡(西晋)23—24④6
云南郡(南北朝)29—30④6
云梦～(秦)15—16③7
云梦泽～(春秋)11—12③7
云梦泽～(战国)13—14③7
云梦泽～(西汉)17—18③7—④7
云梦泽～(东汉)19—20③7
云梦泽～(三国)21—22③7
云梦泽～(西晋)23—24③7
扎不罕河～(金南宋)53—54②5
扎不罕河～(金南宋)55—56②5
扎不罕河～(元)57—58②5
扎不罕河～(元)59—60②5
扎卜罕河～(明)61—62②5
扎卜罕河～(明)63—64②5
扎什鲁木布则(清)65—66③4
扎哈沁旗(清)65—66②5
扎萨克图汗部(清)65—66②5
扎萨克图汗旗(清)65—66②5
木邦(明)63—64④5
木邦司(明)61—62④5
木邦路(元)59—60④5
木里吉卫(明)61—62②8
木勒坦(辽北宋)51—52③3
木勒坦(金南宋)53—54③3
木勒坦(金南宋)55—56③3
五尺道(秦)15—16④6
五台山△(唐)39—40③8
五台山△(唐)41—42③7
五台山△(唐)43—44③7
五台山△(唐)45—46②4
五国部(辽北宋)51—52②9
五岭△(秦)15—16④7
五岭△(唐)41—42④7
五原(民国)69—70②6
五原厅(清)67—68②6
五原郡(西汉)17—18②6
五原郡(东汉)19—20②6
五原郡(南北朝)33—34③6
五原郡(隋)37—38②6
五常厅(清)67—68②8
五湖～(春秋)11—12③7—8
不儿罕山△(元)57—58②6
不儿罕山△(元)59—60②6
不丹(清)67—68④5
不丹(民国)69—70④5
不丹(民国)71—72④5
不花剌(元)57—58③2
不花剌(元)59—60③2
下邳国(东汉)19—20③7
不里牙惕(元)57—58①6
不里牙惕(元)59—60①6
不里牙惕(明)61—62①6—7
不里牙惕(明)63—64①6—7
不里牙惕部(金南宋)55—56①6
不咸山△(西晋)23—24②8
不咸山△(东晋十六国)25—26②8
不耐(三国)21—22③8
犬戎(商)7—8③6
(犬戎)严允(西周)9—10③6
太公城(元)57—58④5
太仓州(清)67—68③8
太平(元)57—58④6
太平山(明)63—64④8
太平厅(清)65—66③6
太平府(清)65—66④6
太平府(清)67—68③7
太平府(清)67—68④6
太平洋～(民国)69—70③9—⑤8
太平洋～(民国)71—72③9—⑤8
太平路(元)57—58③7
太白山△(唐)39—40②9
太白山△(唐)41—42②8
太白山△(唐)43—44②8
太行山△(唐)39—40③8
太行山△(唐)41—42③7
太行山△(清)65—66③7
太行山△(民国)69—70③7
太沵河～(南北朝)29—30②8
太沵河～(南北朝)31—32②8
太沵河～(南北朝)33—34②8
太沵河～(南北朝)35—36②8
太沵河～(隋)37—38②8
太原(原始社会)3—4③7
太原(西周)9—10③6
太原国(西晋)23—24③7
太原府(唐)41—42③7
太原府(唐)43—44③7
太原府(唐)45—46②4
太原府(五代十国)47—48③7
太原府(五代十国)49—50②2
太原府(五代十国)49—50⑤12
太原府(五代十国)49—50⑧6
太原府(五代十国)49—50⑪15
太原府(辽北宋)51—52③7
太原府(金南宋)53—54③7
太原府(金南宋)55—56③7
太原府(明)61—62③7
太原府(明)63—64③7
太原府(清)65—66③7
太原府(清)67—68③7
太原郡(秦)15—16③7
太原郡(西汉)17—18③7
太原郡(东汉)19—20③7
太原郡(三国)21—22③7
太原郡(十六国)27—28②4
太原郡(十六国)27—28⑥9
太原郡(十六国)27—28⑧17
太原郡(十六国)27—28⑪24
太原郡(南北朝)33—34③7
太原郡(隋)37—38③7
太原路(元)57—58③7
太湖～(东晋十六国)25—26③7
太湖～(十六国)27—28⑥10
太湖～(十六国)27—28⑧18
太湖～(南北朝)29—30③7
太湖～(南北朝)31—32③7
太湖～(南北朝)33—34③7
太湖～(南北朝)35—36③7
太湖～(隋)37—38③7
太湖～(唐)39—40③8—9
太湖～(唐)41—42③7—8
太湖～(唐)43—44③7—8
太湖～(唐)45—46④6
太湖～(五代十国)47—48③7
太湖～(五代十国)49—50⑮18
太湖～(辽北宋)51—52③7—8
太湖～(金南宋)53—54③7
太湖～(金南宋)55—56③7
太湖～(元)57—58③7
太湖～(元)59—60③7
太湖～(明)61—62③7
太湖～(明)63—64③7
太湖～(清)65—66③7
太湖～(清)67—68③8
太湖～(民国)69—70③8
太湖～(民国)71—72③7
历下(战国)13—14③7
历阳(东汉)19—20③7
历阳郡(东晋十六国)25—26③7
历阳郡(隋)37—38③7
历城(秦)15—16③7
历城(西汉)17—18③7
历城(东汉)19—20③7
历城(三国)21—22③7
历城(西晋)23—24③7
历城(民国)69—70③7
(历城)冀州(南北朝)29—30③7
历(磿)(商)7—8③7
友帖卫(明)63—64①9
厄尔口城(清)65—66①6
匹播城(东晋十六国)25—26④5
匹播城(南北朝)29—30④5
匹播城(南北朝)31—32④5
匹播城(南北朝)33—34④5
匹播城(南北朝)35—36④5
匹播城(隋)37—38④5
匹播城(唐)39—40④6
匹播城(唐)41—42④5
匹播城(唐)43—44④5
匹播城(五代十国)47—48④5
匹播城(辽北宋)51—52④5
匹播城(金南宋)53—54④5
匹播城(金南宋)55—56④5
车车尔勒格(民国)71—72②6
车臣汗部(清)65—66②

6－7
车臣汗部(清)67－68②6－7
车臣汗部(民国)69－70②6－7
车臣汗旗(清)65－66②7
车臣汗旗(清)67－68②7
车臣汗旗(民国)71－72②7
车师(三国)21－22②4
车师后国(西汉)17－18②4
车师后部(东汉)19－20②4
车师后部(三国)21－22②4－5
车师前国(西汉)17－18②4
车师前部(东汉)19－20②4
车师前部(西晋)23－24②4
车里司(明)61－62④6
车里司(明)63－64④6
车里司(清)65－66④6
车里府(元)59－60④6
车里宣慰司(清)67－68④6
巨阳(战国)13－14③7
巨桥(西周)9－10③7
巨鹿郡(秦)15－16③7
巨鹿郡(西汉)17－18③7
牙儿干(明)61－62③3
牙儿干河～(明)61－62③3
牙儿干河～(明)63－64③3
牙母鲁克湖～(清)67－68④5
屯河卫(明)61－62②8
屯留(战国)13－14③7
比干城(南北朝)31－32②6
瓦剌(明)61－62②4－5
瓦剌(明)63－64②3－5
瓦剌驻军处(明)61－62①3
瓦剌驻军处(明)63－64①3
瓦剌堡垒(明)63－64①4
少水～(春秋)11－12③7
日不落之山△(元)57－58⑦17
日不落之山△(元)59－60⑦17
日本(唐)39－40③10
日本(唐)41－42③9
日本(唐)43－44③9
日本(五代十国)47－48③9
日本(辽北宋)51－52③9
日本(金南宋)53－54③10－9
日本(金南宋)55－56③10－9
日本(元)57－58③10－9
日本(元)59－60③10－9
日本(明)61－62②10－9
日本(明)63－64③10－9
日本(清)65－66③10－9
日本(清)67－68②10－③9
日本(民国)69－70②10－③9
日本(民国)71－72②10－③9
日本海～(清)67－68③9
日本海～(民国)69－70③9
日本海～(民国)71－72③9
日托(五代十国)47－48③3－4
日托(辽北宋)51－52③3－4
日托(金南宋)53－54③3－4
日托(金南宋)55－56③3－4
日托(元)57－58③3
日托(元)59－60③3
日托(明)61－62③3
日托(明)63－64③3
日南郡(西汉)17－18⑦12
日南郡(东汉)19－20⑤6
日南郡(三国)21－22⑤6
日南郡(东晋十六国)25－26⑤6
日南郡(南北朝)29－30⑤6
日南郡(隋)37－38⑤6
日喀则(清)65－66④4
日喀则(清)67－68④4
日喀则(民国)71－72④4
日照(原始社会)3－4③7
中山(战国)13－14③7
中山(十六国)27－28⑧17
中山国(西汉)17－18③7
中山国(东汉)19－20③7
中山国(三国)21－22③7
中山国(西晋)23－24③7
中山郡(东晋十六国)25－26③7
中卫(原始社会)3－4③6
中左末旗(清)67－68②6
中左左旗(清)67－68②5
中庆路(元)57－58④6
中庆路(元)59－60④6
中州(十六国)27－28⑥9
中江～(秦)15－16③7
中江水～(唐)45－46④2
中兴府(金南宋)55－56③6
中兴府(元)57－58③6
中兴路(元)59－60③7
中牟(战国)13－14③7
中甸厅(清)65－66④5
中沙群岛(广东)(民国)69－70⑤7
中沙群岛　(民国)71－72⑤7
中阿坝司(清)65－66③6
中和硕特(清)65－66②4
中和硕特(清)67－68②4
中受降城(唐)41－42②6
中受降城(唐)43－44②6
中受降城(唐)45－46①3
中京(唐)43－44②8
中京(辽北宋)51－52②7
中京(金南宋)53－54②7
中南山△(春秋)11－12③6
中俄尼布楚条约待议地区(清)65－66①9
中俄待议地区(清)67－68③3
中前旗(清)65－66②7
中都(金南宋)55－56③7
水达达(元)57－58②9
水达达路(元)59－60②9
水真腊(唐)41－42⑦12
内史(秦)15－16③6
内兴安岭△(清)67－68②8
内蒙古(清)65－66②6－8
内蒙古(清)67－68②6－8
冈底斯△(隋)37－38③4
冈底斯△(唐)39－40③5
冈底斯△(唐)41－42③4
冈底斯△(唐)43－44③4
冈底斯△(五代十国)47－48③4
冈底斯△(辽北宋)51－52③4
冈底斯△(金南宋)53－54③4
冈底斯△(金南宋)55－56③4
冈底斯山△(元)57－58③4
冈底斯山△(元)59－60③4
冈底斯山△(清)65－66③4－④4
冈底斯山△(清)67－68③4－④4
冈底斯山△(民国)69－70③4－④4
冈底斯山△(民国)71－72③4－④4
贝尔池～(清)67－68②7
贝尔池～(民国)69－70②7
贝加尔湖～(民国)69－70①6
贝加尔湖～(民国)71－72①6
贝州(唐)45－46②4
牛满(清)65－66②8
毛人(唐)39－40②11
毛人(唐)41－42②10
毛人(唐)43－44②10
毛人(五代十国)47－48②10
毛怜卫(明)61－62②8－9
升龙(辽北宋)51－52④6
升龙(金南宋)53－54④6
升龙(金南宋)55－56④6
升龙(元)57－58④6
升龙(元)59－60④6
升龙(明)61－62④6
升龙(明)63－64④6
长广郡(南北朝)29－30③8
长广郡(南北朝)33－34③7
长广郡(南北朝)35－36③8
长平郡(隋)37－38③7
长白山△(金南宋)53－54②8
长白山△(金南宋)55－56②8
长白山△(元)57－58②8
长白山△(元)59－60②8
长白山△(清)65－66②8
长白山△(清)67－68②8
长白山△(民国)69－70②8
长白山△(民国)71－72②8
长白山部(辽北宋)51－52②8
长白府(清)67－68②8
长乐府(五代十国)47－48④7
长乐府(五代十国)49－50⑥12
长乐府(五代十国)49－50⑯18
长乐经略使(唐)41－42④7
长乐郡(十六国)27－28②4
长乐郡(十六国)27－28⑥9
长乐郡(十六国)27－28⑧17
长乐郡(十六国)27－28⑪24
长乐郡(南北朝)33－34③7
长江～(东晋十六国)25－26③6－④6
长江～(东晋十六国)25－26③7
长江～(十六国)27－28②3
长江～(十六国)27－28③3
长江～(十六国)27－28⑥9
长江～(十六国)27－28⑧17
长江～(十六国)27－28⑪24
长江～(南北朝)29－30③7
长江～(南北朝)31－32③7
长江～(南北朝)33－34③7
长江～(南北朝)35－36③7
长江～(隋)37－38③7
长江～(唐)39－40③8
长江～(唐)41－42③6－7
长江～(唐)43－44③7
长江～(唐)45－46③5－④5
长江～(民国)69－70③7
长江～(民国)71－72③6
长江～(民国)71－72③7
长江(大江)～(五代十国)47－48③7
长江(大江)～(五代十国)49－50②2
长江(大江)～(五代十国)49－50⑤12
长江(大江)～(五代十国)49－50⑧6
长江(大江)～(五代十国)49－50⑪15
长江(大江)～(五代十国)49－50⑬9－10
长江(大江)～(五代十国)49－50⑭9－⑬10
长江(大江)～(五代十国)49－50⑮18
长安(西汉)17－18③6
长安(东晋十六国)25－26③6
长安(十六国)27－28②3
长安(十六国)27－28⑥8
长安(十六国)27－28⑧16
长安(十六国)27－28⑪23
长安(南北朝)33－34③6
长安(南北朝)35－36③6
长安(民国)69－70③6
长阳(原始社会)3－4③7
长沙(原始社会)3－4④7
长沙(战国)13－14④7
长沙(民国)69－70④7
长沙(民国)71－72④7
长沙国(西汉)17－18④7
长沙府(五代十国)47－48④7
长沙府(五代十国)49－50③2
长沙府(五代十国)49－50⑥12
长沙府(五代十国)49－50⑨6
长沙府(五代十国)49－50⑫15
长沙府(五代十国)49－50⑭10
长沙府(五代十国)49－50⑯18
长沙府(明)61－62④7
长沙府(明)63－64④7
长沙府(清)65－66④7
长沙府(清)67－68④7
长沙郡(秦)15－16④7
长沙郡(东汉)19－20④7
长沙郡(三国)21－22④7
长沙郡(西晋)23－24④7
长沙郡(东晋十六国)25－26④7
长沙郡(南北朝)29－30④7
长沙郡(南北朝)33－34④7
长沙郡(南北朝)35－36④7
长沙郡(隋)37－38④7
长岭府(唐)43－44②8
长和(五代十国)49－50⑭9
长春(原始社会)3－4②8
长春州(辽北宋)51－52②8
长春府(清)67－68②8
长崎(清)65－66③8
长崎(清)67－68③8
仁德府(元)57－58④6
片马(清)65－66④5
仆水～(西汉)17－18④6
仆水～(三国)21－22④6
仆水～(西晋)23－24④6

仆仇化仍斤分公仓月勿丹乌凤六文火计巴

仆骨(唐)39—40②8
仆骨(唐)41—42①7—②6
仆骨(唐)43—44①7—②7
仇由(春秋)11—12③7
仇池(十六国)27—28②3
化平川厅(清)67—68③6
化州路(元)57—58④7
化政郡(南北朝)33—34③6
仍(夏)5—6⑦14
斤南水～(三国)21—22④6
斤南水～(西晋)23—24④6
分界石碑(清)65—66①8
公明山△(清)67—68④5
(仓吾)苍梧(战国)13—14④7
月氏(禺氏)(战国)13—14②5—③6
月氏(秦)15—16②5—③6
月氏都督府(唐)39—40③3
月即别(明)61—62②1—2
月即别(明)63—64②1—2
勿吉(南北朝)29—30②8—9
勿吉(南北朝)31—32②8—9
勿吉(南北朝)33—34②8—9
勿吉(南北朝)35—36②9
丹水～(秦)15—16③7
丹水～(唐)45—46③3
丹州(南北朝)35—36③7
丹州(唐)45—46②3
丹阳(西周)9—10③7
丹阳尹(南北朝)29—30③7
丹阳尹(南北朝)33—34③7
丹阳郡(西汉)17—18③7
丹阳郡(东汉)19—20③7
丹阳郡(三国)21—22③7
丹阳郡(西晋)23—24③7
丹阳郡(隋)37—38③7
丹噶尔厅(清)67—68③6
乌弋山离(西汉)17—18③2
乌弋山离(东汉)19—20③2
乌山△(五代十国)47—48②5—6
乌山△(辽北宋)51—52②5—6
乌云河(清)67—68②8
乌木克依布拉克(清)65—66②7
乌长(唐)41—42③3
乌长(唐)43—44③3
乌什(清)65—66②3
乌什厅(清)67—68②3
乌氏(春秋)11—12③6
乌玉河(明)61—62③3
乌玉河～(明)63—64③3
乌古(于厥)(五代十国)47—48②7

乌古部(辽北宋)51—52①8—②7
乌古敌烈统军司(辽北宋)51—52②7
乌布萨泊～(清)67—68①5
乌布萨泊～(民国)69—70①5
乌布萨泊～(民国)71—72①5
乌布萨诺尔～(清)65—66②5
乌仗那(唐)39—40③4
乌尔和特(清)65—66②7
乌堪屯(清)65—66①8
乌兰托罗海(清)65—66③5
乌兰花(清)67—68②7
乌兰固木(清)65—66②5
(乌兰固木)杜尔伯特汗旗(清)67—68②5
乌兰察布盟(清)65—66②6—7
乌兰察布盟(清)67—68②6—7
乌兰察布盟(民国)69—70②6—7
乌兰察布盟(民国)71—72②6—7
乌场(隋)37—38③3
乌伊勒噶(清)65—66②6
乌江～(清)65—66④6
乌江～(清)67—68④6
乌江～(民国)69—70④6
乌江～(民国)71—72④6
乌那曷(隋)37—38③2
乌孙(秦)15—16②5—③5
乌孙(西汉)17—18②3—4
乌孙(东汉)19—20②3—4
乌孙(三国)21—22②3—4
乌孙(西晋)23—24②3—4
乌孙(东晋十六国)25—26②3—4
乌孙(十六国)27—28⑦13—14
乌孙(十六国)27—28⑩20—21
乌孙(南北朝)29—30③3—②3
乌苌(东晋十六国)25—26③3
乌苌(南北朝)31—32③3
乌苏里江～(清)67—68②9
乌苏里江～(民国)69—70②9
乌苏里江～(民国)71—72②9
乌苏哩江～(清)65—66②9
乌里雅苏台(清)65—66②5
乌里雅苏台(清)67—68②5
乌里雅苏台(民国)69—70②5
乌里雅苏台(民国)71—

72②5
乌孜别里(清)65—66③3
乌孜别里山口(民国)69—70③3
乌孜别里山口(民国)71—72③3
乌孜别里山豁(清)67—68③3
乌拉尔河～(民国)69—70①1
乌拉尔河～(民国)71—72①1
乌拉河～(清)65—66①1
乌拉河～(清)67—68①1
乌罗护部(唐)41—42②8
乌罗护部(唐)43—44②8
乌秅(西汉)17—18③3
乌秅(东汉)19—20③3
乌柏兴(明)61—62③3
乌贪訾离(西汉)17—18②4
乌茶(唐)39—40④5
乌茶(唐)41—42④4
乌思(五代十国)47—48③5—④5
乌思(辽北宋)51—52③5—④5
乌思(金南宋)53—54③5—④5
乌思(金南宋)55—56③5—④5
乌思藏(元)59—60③3—4
乌思藏军民万户(元)57—58④4
乌思藏军民万户(元)59—60④4
乌侯秦水～(东汉)19—20②8—7
乌侯秦水～(三国)21—22②8—7
乌侯秦水～(西晋)23—24②7
乌兹根(辽北宋)51—52②3
乌洛侯(东晋十六国)25—26②3—4
乌洛侯(南北朝)29—30①8—②8
乌洛侯(南北朝)31—32②8
乌洛侯(南北朝)33—34①8—②8
乌洛侯(南北朝)35—36②8
乌浒水～(南北朝)29—30②2
乌浒水～(南北朝)31—32②2
乌浒水～(南北朝)33—34②2
乌浒水～(南北朝)35—36②2
乌浒水～(隋)37—38②2—3
乌浒水～(五代十国)47—48②2
乌浒河～(唐)39—40③3
乌浒河～(唐)41—42③2—3

乌浒河～(唐)43—44③2—3
乌垒(东汉)19—20②4
乌珠穆沁右旗(清)67—68②7
乌珠穆沁右翼旗(清)65—66②7
乌桓(西汉)17—18②7—8
乌勒克玛河～(清)65—66①8—7
乌勒克玛河～(清)67—68①8—7
乌第河～(清)65—66①9
乌第河～(民国)69—70①9
乌第河～(民国)71—72①9
乌得(清)65—66④6
乌得(清)67—68②7
乌梁海十佐领(清)65—66①4
乌斯(元)59—60①5
乌鲁木齐(原始社会)3—4②4
乌鲁古河～(五代十国)47—48②6
乌鲁古河～(辽北宋)51—52②6
乌湖海～(唐)39—40③9
乌湖海～(唐)41—42③8
乌湖海～(唐)43—44③8
乌填囊(五代十国)47—48③3
乌蒙府(明)61—62④6
乌蒙府(明)63—64④6
乌蒙宣抚司(元)57—58④6
乌蒙部(辽北宋)51—52④6
乌蒙部(金南宋)53—54④6
乌蒙部(金南宋)55—56④6
乌蒙路(元)59—60④6
乌撒路(元)57—58④6
乌嚕木齐(清)65—66②4
乌德鞬山△(唐)41—42②5—6
乌德鞬山△(唐)43—44②5—6
凤(南北朝)35—36③6
凤州(唐)39—40③7
凤州(唐)41—42③6
凤州(唐)43—44③6
凤州(唐)45—46③2
凤州(五代十国)49—50⑤11
凤州(五代十国)49—50①9
凤阳(民国)69—70③7
凤阳府(明)61—62③7
凤阳府(清)65—66③7
凤阳府(清)67—68③7
凤凰厅(清)65—66④6
凤凰厅(清)67—68②8
凤翔节(唐)43—44③6
凤翔节度使(唐)45—46③2

凤翔节度使(五代十国)49—50②1
凤翔府(唐)43—44③6
凤翔府(唐)45—46③2
凤翔府(五代十国)47—48③6
凤翔府(五代十国)49—50②1
凤翔府(五代十国)49—50⑤5
凤翔府(辽北宋)51—52③6
凤翔府(金南宋)53—54③6
凤翔府(金南宋)55—56③6
凤翔府(元)57—58③6
凤翔府(元)59—60③6
凤翔府(明)61—62③6
凤翔府(明)63—64③6
凤翔府(清)65—66③6
凤翔府(清)67—68③6
六(夏)5—6③7
六(商)7—8③7
六(西周)9—10③7
六(春秋)11—12③7
六十四佐(清)67—68②8
六同郡(南北朝)33—34④6
六安州(清)67—68③7
六安州(唐)17—18③7
文州(唐)43—44③6
文州(唐)45—46③2
文州(五代十国)49—50②1
文昌(原始社会)3—4⑤7
文单城(唐)41—42⑤6
文单城(唐)43—44⑤6
文城郡(隋)37—38③7
文莱(清)67—68⑧13
文莱   (民国)69—70⑧13
文莱   (民国)71—72⑧13
文莱(勃泥)(明)61—62⑧13
文莱(浡泥)(明)63—64⑧13
火寻(唐)39—40②3
火寻(唐)41—42②2
火里(元)57—58①6
火里秃麻牧地(元)59—60①6
火站河～(明)61—62②2
火站河～(明)63—64②2
计戍水～(南北朝)29—30②4
计戍水～(南北朝)31—32②4
计戍水～(南北朝)33—34②4
计戍水～(南北朝)35—36②4
巴(商)7—8④6
巴(西周)9—10④6
巴(春秋)11—12④6
巴(战国)13—14③6
巴(战国)13—14④6
巴力黑(明)61—62③2
巴士海峡～(元)57—58④8
巴士海峡～(民国)69

巴邓双玉邗打正邛甘古本札可左厉石右布戊龙

—70④9
巴水～(唐)45—46④2
巴水～(五代十国)47—48③6
巴东郡(三国)21—22③6
巴东郡(西晋)23—24③6
巴东郡(东晋十六国)25—26③6
巴东郡(南北朝)31—32③6
巴东郡(南北朝)33—34③6
巴东郡(隋)37—38③6
巴尔古锡穆和屯(清)65—66①6
巴尔纳廓(清)65—66①4
巴尔思汗(唐)43—44②3
巴尔唐(清)65—66③3
巴尔斯和坦(明)63—64②7
巴尔喀什湖～(民国)69—70②3
巴尔喀什湖～(民国)71—72②3
巴西郡(三国)21—22③6
巴西郡(西晋)23—24③6
巴西郡(南北朝)29—30③6
巴西郡(隋)37—38③6
巴西梓潼二郡(南北朝)33—34③6
巴达哈伤(金南宋)53—54③3
巴达哈伤(金南宋)55—56③3
巴州(南北朝)33—34③6
巴州(南北朝)35—36③6
巴州(南北朝)35—36④7
巴州(唐)39—40③7
巴州(唐)41—42③6
巴州(唐)43—44③6
巴州(唐)45—46④2
巴州(五代十国)49—50⑬9
巴州(辽北宋)51—52③6
巴州(金南宋)53—54③6
巴州(金南宋)55—56③6
巴州(元)57—58③6
巴江～(战国)13—14③6
巴安(巴塘)(民国)71—72③5
巴连弗邑(东晋十六国)25—26④4
巴连弗邑(南北朝)31—32④4
巴县(民国)69—70④6
巴里坤(清)65—66②5
巴拉弯岛(清)65—66⑧13
巴林右翼旗(清)65—66②7
巴郡(秦)15—16④6
巴郡(西汉)17—18④6
巴郡(东汉)19—20④6
巴郡(三国)21—22④6
巴郡(西晋)23—24④6
巴郡(十六国)27—28③3
巴郡(南北朝)29—30④6
巴郡(南北朝)31—32④6
巴郡(南北朝)33—34④6
巴郡(隋)37—38④6

巴特那(辽北宋)51—52④4
巴陵郡(南北朝)29—30④7
巴陵郡(南北朝)31—32④7
巴陵郡(南北朝)35—36④7
巴陵郡(隋)37—38④7
巴勒提(明)61—62③3
巴勒提(明)63—64③3
巴勒喀什池～(清)65—66②3
巴勒喀什湖～(清)67—68②3
巴萨通拉木山△(清)65—66③4-5
巴渠郡(南北朝)29—30③6
巴渠郡(南北朝)31—32③6
(巴塘)巴安(民国)71—72③5
巴塘司(清)65—66③5
巴楚州(清)67—68③3
巴颜喀拉山△(民国)69—70③5-6
巴颜喀拉山△(民国)71—72③5-6
巴颜喀喇山△(清)65—66③5-6
巴燕戎格厅(清)67—68③6

玉里犍(金南宋)55—56②1
玉河～(唐)39—40③5
玉河～(唐)41—42③4
玉河～(唐)43—44③4
玉树(民国)71—72③5
玉树土司(民国)71—72③5
玉树四司(清)65—66③5
玉树等二十五族(清)67—68③5
玉树等二十五族(民国)69—70③5
玉树等四十族(清)65—66③5
邗沟～(春秋)11—12③7
邗沟～(战国)13—14③7
邗沟～(隋)37—38③7
打牲乌拉(清)65—66②8
打煎炉(元)59—60③6
打箭炉(清)65—66③6
打箭炉厅(清)67—68③6
正定府(清)65—66③7
正定府(清)67—68③7
正蓝旗察哈尔(清)65—66②7
邛(战国)13—14④6
邛州(唐)45—46④1
邛州(清)67—68③6
邛都(秦)15—16④6
邛部州(金南宋)55—56④6
邛部郡(南北朝)35—36④6
甘(夏)5—6③6
甘州(南北朝)35—36③6
甘州(唐)39—40③7
甘州(唐)41—42③6
甘州(唐)43—44③6
甘州(五代十国)47—48③6
甘州回鹘(五代十国)47—48③5-6
甘州府(清)65—66③5
甘州府(清)67—68③6
甘州路(元)57—58③6
甘州路(元)59—60③6
甘孜麻书司(清)65—66③5
甘肃军司(辽北宋)51—52③6
甘肃军司(金南宋)53—54③6
甘肃军司(金南宋)55—56③6
甘泉水～(唐)39—40③6
甘泉水～(唐)41—42③5
甘泉水～(唐)43—44③5
甘凉道(民国)69—70③6
甘微河～(东汉)19—20②5
古尔班阿里玛图(清)65—66②3
古回鹘城(五代十国)47—48②6
古米山(明)63—64④8
古州厅(清)65—66④6
古城(清)65—66②4
古格(五代十国)47—48③3-4
古格(辽北宋)51—52③3-4

古格(金南宋)53—54③3-4
古格(金南宋)55—56③3-4
古格(元)57—58③3-4
古格(元)59—60③3-4
古格(明)61—62③3
古格(明)63—64③3
古斯(五代十国)47—48②1-2
古斯(辽北宋)51—52②2
本州岛(民国)69—70③9-10
本州岛(民国)71—72③9-10
札布嘎河～(清)67—68②5
札萨克图汗部(清)67—68②5
札萨克图汗部(民国)69—70②5
札萨克图汗兼右左旗(清)67—68②5
可不里(金南宋)53—54③2
可不里(金南宋)55—56③2
可不里(元)57—58③2
可不里(元)59—60③2
可不里(明)61—62③2
可可西里(原始社会)3—4③5
可失哈儿(金南宋)53—54③3
可失哈儿(金南宋)55—56③3
可失哈耳(元)57—58③3
可失哈耳(元)59—60③3
可汗浮图城(隋)37—38②4
左中旗(清)67—68②7
左冯翊(东汉)19—20④7
左烂陀罗(五代十国)47—48③3
左辅都尉(西汉)17—18④7
左溪～(唐)45—46⑥2
左溪～(五代十国)47—48④6
左翼中旗(清)65—66②6
厉(西周)9—10③7
厉门(战国)13—14④7
石(隋)37—38②2
石(唐)41—42②2
石龙郡(南北朝)33—34④7
石阡府(清)67—68④6
石州(南北朝)33—34④7
石州(南北朝)35—36④7
石州(唐)43—44④7
石州(唐)45—46②3
石州(元)57—58③7
石城(五代十国)47—48④6
石城郡(辽北宋)51—52④6
石城郡(金南宋)53—54④6
石城郡(金南宋)55—56④6
石城镇(唐)41—42③4

石城镇(五代十国)47—48③4
石星石塘(明)61—62⑤7
石星石塘(明)63—64⑤7
石室(东晋十六国)25—26①8
石室(南北朝)29—30①8
石室(南北朝)31—32①8
石室(南北朝)33—34①8
石家庄(原始社会)3—4③4
石硅厅(清)67—68④6
石塔(五代十国)47—48③3
石塘(清)67—68⑦13
右左末旗(清)67—68②6
右左旗(清)67—68②6
右北平郡(秦)15—16②7
右北平郡(西汉)17—18②7
右北平郡(东汉)19—20③7
右北平郡(三国)21—22③7
右扶风(东汉)19—20③6
右辅都尉(西汉)17—18③6
右溪～(唐)45—46⑥2
右溪～(五代十国)47—48④6
布让(五代十国)47—48③4
布让(辽北宋)51—52③4
布让(金南宋)53—54③4
布让(金南宋)55—56③4
布让(元)57—58③4
布让(元)59—60③4
布让(明)61—62③4
布让(明)63—64③4
布拉马普特拉河～(清)67—68④5
布拉马普特拉河～(民国)69—70④5
布拉马普特拉河～(民国)71—72④5
布雨尔湖～(清)65—66②7
布哈尔(清)65—66③2
布哈拉(明)63—64③2—②3
布皋楚河～(清)65—66③5
布哈哈(清)65—66②8
(布喇郭威什臣斯克)海兰泡(清)67—68①8
布鲁特(清)65—66③2—3
(布路州)勃律(五代十国)47—48③3
布噜克巴(清)65—66④5
布豁(五代十国)47—48③2
戊己校尉(三国)21—22②4
戊己校尉(西晋)23—24②4
龙山镇(原始社会)3—4③7
龙川郡(隋)37—38④7
龙化州(五代十国)47—48②8
龙化州(辽北宋)51—

52②8
龙方(商)7—8③6—7
龙州(南北朝)33—34④6
龙州(南北朝)35—36③6
龙州(南北朝)35—36④6
龙州(唐)45—46③2
龙州(五代十国)49—50⑬9
龙州(元)57—58③6
龙州(民国)69—70④6
龙州厅(清)67—68④6
龙州司(明)61—62③6
龙江(民国)69—70②8
龙江府(清)67—68②8
龙江道(民国)69—70②8
龙兴路(元)59—60④7
龙安府(明)63—64③6
龙安府(清)67—68③6
龙岩(民国)69—70④7
龙岩州(清)65—66④7
龙岩州(清)67—68④7
龙驹河～(金南宋)53—54②7
龙城(东汉)19—20②6
龙城(十六国)27—28⑩25
龙骨河～(金南宋)53—54②4
龙骨河～(金南宋)55—56②4
龙骨河～(元)57—58②4
龙骨河～(元)59—60②4
龙泉府(唐)43—44②8
龙泉郡(隋)37—38③7
龙原府(唐)43—44②9
龙涸(东晋十六国)25—26③6
龙涸(南北朝)31—32③6
龙涸城(南北朝)33—34③6
龙涸郡(南北朝)35—36③6
龙舒(西周)9—10③7
龙编(东汉)19—20④6
平卢节(唐)43—44③7
平卢节度使(唐)41—42②8
平卢节度使(唐)45—46②5
平乐府(元)57—58④7
平乐府(明)61—62④7
平乐府(明)63—64④7
平乐府(清)67—68④7
平地松林(五代十国)47—48②7
平州(西晋)23—24②8
平州(东晋十六国)25—26②8
平州(十六国)27—28①5
平州(十六国)27—28⑤10
平州(十六国)27—28⑦18
平州(十六国)27—28⑩25
平州(南北朝)29—30②7
平州(南北朝)31—32②7
平州(南北朝)33—34②7
平州(南北朝)35—36②7
平州(唐)39—40③8
平州(唐)41—42③7
平州(唐)45—46②5
平州(五代十国)47—48③7
平州(五代十国)49—50②2
平州(金南宋)53—54③7
平江府(金南宋)53—54③8
平江府(金南宋)55—56③8
平江路(元)57—58③8
平兴郡(南北朝)33—34③6
平安京(唐)43—44③9
平安京(五代十国)47—48③9
平安京(辽北宋)51—52③9
平安京(金南宋)53—54③9
平安京(金南宋)55—56③9
平安京(元)57—58③9
平安京(元)59—60③9
平安京(明)61—62③9
平安京(明)63—64③9
平阳(夏)5—6③7
平阳(春秋)11—12③6
平阳(战国)13—14③7
平阳府(金南宋)53—54③7
平阳府(金南宋)55—56③7
平阳府(明)61—62③7
平阳府(明)63—64③7
平阳府(清)65—66③7
平阳府(清)67—68③7
平阳郡(三国)21—22③7
平阳郡(西晋)23—24③7
平阳郡(东晋十六国)25—26③7
平阳郡(南北朝)31—32③7
平阳郡(南北朝)33—34③7
平阳路(元)57—58③7
平武郡(隋)37—38③6
平定州(元)57—58③7
平定州(清)67—68③7
平城(三国)21—22②7
平城(西晋)23—24②7
平城(东晋十六国)25—26②7
平城(十六国)27—28⑩24
平城(南北朝)29—30②7
平城(南北朝)31—32②7
平城京(唐)41—42③9
平秦郡(南北朝)29—30③6
平都(战国)13—14③6
平原(战国)13—14③7
平原郡(隋)37—38③7
平高郡(南北朝)35—36③6
平凉(民国)69—70③6
平凉府(金南宋)53—54③6
平凉府(金南宋)55—56③6
平凉府(元)57—58③6
平凉府(元)59—60③6
平凉府(明)61—62③6
平凉府(明)63—64③6
平凉府(清)67—68③6
平凉郡(隋)37—38③6
平越州(清)67—68④6
平蛮郡(东晋十六国)25—26④6
平蛮郡(南北朝)29—30④6
平蛮郡(南北朝)33—34④6
平缅路(元)57—58④5
平滦路(元)57—58③7
平壤(南北朝)29—30③8
平壤(南北朝)31—32③8
平壤(南北朝)33—34③8
平壤(南北朝)35—36③8
平壤(隋)37—38③8
平壤(清)65—66③8
平壤(清)67—68③8
平壤(民国)69—70③8
平壤(民国)71—72③8
平壤城(唐)39—40③9
平壤城(唐)41—42③8
平壤城(唐)43—44③8
东(西周)9—10③7
东土尔扈特(清)65—66②4
东土尔扈特(清)67—68②4
东大洋～(清)65—66③8
东大洋海～(辽北宋)51—52④9—8
东大洋海～(金南宋)53—54④9—8
东大洋海～(金南宋)55—56④9—8
东川府(清)65—66④6
东川府(清)67—68④6
东川道(民国)69—70③6—④6
东广州(南北朝)35—36③7
东义州(南北朝)33—34③7
东丹(五代十国)47—48②8
东平国(西汉)17—18③7
东平国(东汉)19—20③7
东平府(唐)43—44②9
东平府(金南宋)53—54③7
东平府(金南宋)55—56③7
东平郡(南北朝)29—30③7
东平郡(南北朝)31—32③7
东平郡(南北朝)35—36③7
东平郡(隋)37—38③7
东平路(元)57—58③7
东平路(元)59—60③7
东北路招讨司(金南宋)55—56②8
东宁州(南北朝)35—36④6
东宁路(元)57—58③8
东边道(民国)69—70②8—③8
东扬州(南北朝)33—34④8
东扬州(南北朝)35—36③8
东夷(春秋)11—12④8
东江～(明)61—62④7
东江～(明)63—64④7
东江～(清)67—68④7
东江～(民国)69—70④7
东江～(民国)71—72④7
东江阳郡(南北朝)33—34④6
东兴(原始社会)3—4④6
(东阳城)青州(南北朝)29—30③7
(东阳城)青州(南北朝)33—34③7
东阳郡(西晋)23—24④7
东阳郡(东晋十六国)25—26④7
东阳郡(南北朝)29—30④7
东阳郡(南北朝)31—32④7
东阳郡(南北朝)33—34④7
东阳郡(南北朝)35—36④7
东阳郡(隋)37—38④7
东牟守捉(唐)41—42③8
东牟郡(东晋十六国)25—26③8
东牟郡(十六国)27—28②5
东牟郡(十六国)27—28⑥10
东牟郡(十六国)27—28⑧18
东牟郡(南北朝)33—34③8
东冶(东汉)19—20④7
东沙(清)65—66④7
东沙(清)67—68④7
东沙群岛(民国)69—70④7
东沙群岛 (民国)71—72④7
东瓯(秦)15—16④8
东昌府(明)61—62③7
东昌府(明)63—64③7
东昌府(清)67—68③7
东昌路(元)57—58③7
东受降城(唐)41—42②7
东受降城(唐)45—46①3
东京(唐)43—44②9
东京(五代十国)47—48②8
东京(五代十国)47—48③7
东京(五代十国)49—50⑧6
东京(五代十国)49—50⑪15
东京(辽北宋)51—52②8
东京(辽北宋)51—52③7
东京(金南宋)53—54②8
东京(金南宋)55—56②8
东京(清)67—68③9
东京(民国)69—70③9
东京(民国)71—72③9
东京湾～(清)67—68④6
东京湾～(民国)69—70④6
东京湾～(民国)71—72④6
东京路(元)57—58②8
东府(五代十国)47—48③8
东宕渠僚郡(南北朝)31—32③6
东官郡(东晋十六国)25—26④7
东官郡(南北朝)29—30④7
东官郡(南北朝)31—32④7
东荆州(南北朝)31—32③7
东荆州(南北朝)33—34③7
东胡(春秋)11—12②7
东胡(战国)13—14②7
东胡(秦)15—16②8—7
东临道(民国)69—70③7
东胜厅(清)67—68②7
东胜州(金南宋)53—54②7
东胜州(金南宋)55—56②7
东胜城(明)61—62②7
东突厥(隋)37—38②5—7
东郡(秦)15—16③7
东郡(三国)21—22③7
东郡(十六国)27—28⑥9
东郡(南北朝)31—32③7
东郡(隋)37—38③7
东秦州(十六国)27—28⑧16
东秦州(南北朝)29—30③7
东秦州(南北朝)31—32③6
东都(隋)37—38③7
东都(唐)39—40③8
东都(唐)41—42③7
东都(五代十国)47—48③7
东都(五代十国)49—50②2
东都(五代十国)49—50⑤12
东都畿防(唐)43—44③7
东都畿都防御使(唐)45—46③4
东莱守捉(唐)41—42③7
东莱(春秋)11—12③8
东莱(战国)13—14③8
东莱郡(西汉)17—18③7
东莱郡(东汉)19—20③8
东莱郡(三国)21—22③8
东莱郡(西晋)23—24③7
东莱郡(十六国)27—28⑪24
东莱郡(南北朝)35—36③7
东莱郡(隋)37—38③7
东晋(十六国)27—28①5
东晋(十六国)27—28③3—4
东晋(十六国)27—28⑥9
东晋(十六国)27—28⑧16—17
东晋(十六国)27—28⑪23—24

东莞郡(东晋十六国)25—26③7
东莞郡(十六国)27—28⑪24
东莞郡(南北朝)29—30③7
东莞郡(南北朝)33—34③7
东夏州(南北朝)33—34③6
东徐州(南北朝)35—36③7
东部(元)59—60②3—4
东部高车(南北朝)29—30①7—6
东部鲜卑(三国)21—22②7—8
东部鲜卑(西晋)23—24②7—8
东益州(南北朝)33—34③6
东海～(战国)13—14③8—④8
东海～(秦)15—16③8—④8
东海～(西汉)17—18③8—④8
东海～(东汉)19—20③8—④8
东海～(三国)21—22③8—④8
东海～(西晋)23—24③8—④8
东海～(东晋十六国)25—26③8—④8
东海～(十六国)27—28②5
东海～(十六国)27—28⑥10
东海～(十六国)27—28⑧18
东海～(十六国)27—28⑪25
东海～(南北朝)29—30③8—④8
东海～(南北朝)31—32③8—④8
东海～(南北朝)33—34③8—④8
东海～(南北朝)35—36③8—④8
东海～(隋)37—38③8—④8
东海～(唐)39—40③9—④9
东海～(唐)41—42③8—④8
东海～(唐)43—44③8—④8
东海～(唐)45—46③6—④6
东海～(五代十国)47—48③8—④8
东海～(五代十国)49—50②2
东海～(五代十国)49—50⑤13—⑥13
东海～(五代十国)49—50⑧7—⑨7
东海～(五代十国)49—50⑪16—⑫16
东海～(五代十国)49—50⑮19
东海～(辽北宋)51—52②9
东海～(辽北宋)51—52③8—④8
东海～(金南宋)53—54③8—④8
东海～(金南宋)55—56③8—④8
东海～(元)57—58③8—④8
东海～(元)59—60③8—④8
东海～(明)61—62③8—④8
东海～(明)63—64③8—④8
东海～(清)65—66②10—9
东海～(清)67—68③8—④8
东海～(民国)69—70③8—④8
东海～(民国)71—72③8—④8
东海女直(辽北宋)51—52②9
东海国(三国)21—22③7
东海郡(秦)15—16③7
东海郡(西汉)17—18③7
东海郡(东汉)19—20③7
东海郡(西晋)23—24③7
东海郡(南北朝)35—36③7
东海郡(隋)37—38③7
东莱郡(南北朝)29—30③8
东莱郡(南北朝)31—32③7
东曹(唐)41—42③3
东梁州(南北朝)33—34③6
东越(战国)13—14④8—7
东越(秦)15—16④7
东番(明)63—64④8
东楚州(南北朝)35—36③7
东雍州(南北朝)29—30③7
东雍州(南北朝)33—34③6
东雍州(南北朝)35—36③7
东豫州(东晋十六国)25—26③7
东豫州(南北朝)31—32③7
东豫州(南北朝)35—36③7
东燕州(南北朝)35—36②7
东衡州(南北朝)35—36④7
东魏(南北朝)33—34③7
东爨(隋)37—38④6
卡克里克(清)65—66③4
卡拉库木(元)57—58②2
卡拉库木(元)59—60②2
卡拉胡鲁木(明)61—62③3
卡拉胡鲁木(明)63—64③3
卡若(原始社会)3—4③5
卡契(克什米尔)(明)61—62③3
卡契(克什米尔)(明)63—64③3
卡墙(清)65—66③4
北土尔扈特(清)65—66②4
北土尔扈特(清)67—68②4
北山△(西汉)17—18②3—4
北山△(东汉)19—20②3—4
北山△(元)57—58①8—9
北山△(元)59—60①8—9
北山△(明)61—62①8—9
北山△(明)63—64①8—9
北山兀者(元)57—58①8—9
北山兀者(元)59—60①8—9
北山女真部(明)63—64①8—9
北乡郡(南北朝)29—30③7
北巴西郡(南北朝)29—30③6
北巴西郡(南北朝)31—32③6
北平市(民国)71—72③7
北平郡(西晋)23—24②7
北平郡(隋)37—38③7
北汉(五代十国)49—50⑪15
北汉山(东晋十六国)25—26③8
北汉山(十六国)27—28⑥10
北汉山(十六国)27—28⑧18
北汉山(十六国)27—28⑪25
北戎(西周)9—10③7
北地郡(秦)15—16③6
北地郡(西汉)17—18③6
北地郡(东汉)19—20③6
北地郡(十六国)27—28②3
北地郡(隋)37—38③6
北扬州(南北朝)33—34③7
北廷(辽北宋)51—52②4
北江州(南北朝)35—36③7
北安(民国)71—72②8
北阴平郡(南北朝)29—30③6
北羌(商)7—8③6
北宋(辽北宋)51—52③7—④7
北阻卜部(辽北宋)51—52②5—6
北京(原始社会)3—4③7
北京(五代十国)47—48③7
北京(五代十国)49—50⑧6
北京(辽北宋)51—52③7
北京(金南宋)53—54②7
北京(金南宋)55—56②7
北京(民国)69—70③7
北京路(元)57—58②7
北兖州(南北朝)31—32③7
北兖州(南北朝)33—34③7
北河～(战国)13—14②6—7
北河～(秦)15—16②6
北河～(西晋)23—24②4
北河～(西晋)23—24③3
北河～(十六国)27—28⑦13—14
北河～(十六国)27—28⑩21
北河～(隋)37—38②4
北宕渠郡(南北朝)33—34③6
北屈(战国)13—14③7
北胜州(元)57—58④6
北庭(唐)43—44②4
北庭(五代十国)47—48②4
北庭节度使(唐)41—42②4
北庭都元帅府(别失八里)(元)59—60②4
北庭都护府(唐)41—42②4
北室韦(南北朝)35—36①8
北室韦(隋)37—38②8—①8
北都(唐)41—42③7
北都(五代十国)49—50⑤12
北徐州(南北朝)31—32③7
北徐州(南北朝)33—34③7
北徐州(南北朝)35—36③7
北唐(西周)9—10③7
北凉(十六国)27—28⑪23
北凉(南北朝)29—30②4—5
北部都尉(南北朝)31—32③6
北益州(南北朝)33—34③6
北海～(西汉)17—18①6
北海～(东汉)19—20①6
北海～(三国)21—22①6
北海～(西晋)23—24①6
北海～(隋)37—38①6
北海～(唐)39—40①10—11
北海～(唐)41—42①9—10
北海～(唐)43—44①9—10
北海～(辽北宋)51—52①9—10
北海～(元)57—58⑥14—15
北海～(元)59—60⑥14—15
北海～(清)65—66①10
北海～(清)67—68①10
(北海)于巳尼大水～(东晋十六国)25—26①6
(北海)于巳尼大水～(南北朝)29—30①6
(北海)于巳尼大水～(南北朝)31—32①6
(北海)于巳尼大水～(南北朝)33—34①6
(北海)于巳尼大水～(南北朝)35—36①6
北海国(三国)21—22③7
北海测景所(元)57—58⑦17—18
北海测景所(元)59—60⑦17
北海郡(西汉)17—18③7
北海郡(西晋)23—24③7
北海郡(南北朝)33—34③7
北海郡(隋)37—38③7
北海道岛(民国)69—70②10
北海道岛(民国)71—72②10
北海港(清)67—68④6
北假(战国)13—14②6
北假(秦)15—16②6
北清河～(金南宋)53—54③7
北清河～(金南宋)55—56③7
北婆罗洲(民国)71—72⑧13
北梁州(南北朝)33—34③6
北琴海～(金南宋)53—54②9
北琴海～(金南宋)55—56②9
北豫州(南北朝 33—34③7
北燕(春秋)11—12②7
北燕(春秋)11—12③7
北燕(十六国)27—28⑩24—25
北燕州(南北朝)35—36②7
占城(唐)39—40⑦13
占城(唐)41—42⑦12
占城(唐)43—44⑦12
占城(五代十国)47—48⑦12
占城(辽北宋)51—52⑦12
占城(金南宋)53—54⑦12
占城(金南宋)55—56⑦12
占城(元)57—58⑩22
占城(元)59—60⑩22
占城(明)61—62⑦12
占城(明)63—64⑦12
卢(商)7—8③7
卢(西周)9—10③7
卢氏(战国)13—14③7
卢龙节(唐)43—44③7
卢龙节度使(唐)45—46②5

卢城(西汉)17—18③3
(旧)爱珲(清)65—66①8
归义(五代十国)47—48②5—③5
归化(明)63—64②7
归化厅(清)67—68②7
归化城土默特(清)65—66②7—③7
归州(唐)39—40③8
归州(唐)41—42③7
归州(唐)45—46④3
归州(五代十国)49—50⑬10
归州(元)57—58③7
归顺州(清)67—68④6
归真郡(南北朝)35—36③7
归绥(民国)69—70②7
归绥(民国)71—72②7
归德府(金南宋)53—54③7
归德府(金南宋)55—56③7
归德府(元)57—58③7
归德府(明)63—64③7
归德府(清)65—66③7
归德府(清)67—68③7
旦当(辽北宋)51—52④5
且末(原始社会)3—4③4
且末(西汉)17—18③4
且末(东汉)19—20③4
且末(西晋)23—24③4
且末(南北朝)29—30③4
且末(南北朝)31—32③4
且末(南北朝)33—34③4
且末(南北朝)35—36③4
且末(民国)71—72③4
且末水～(隋)37—38③4
且末河～(南北朝)29—30③4
且末河～(南北朝)31—32③4
且末河～(南北朝)33—34③4
且末河～(南北朝)35—36③4
且末河～(唐)39—40③5
且末河～(唐)41—42③4
且末河～(唐)43—44③4
且末城(唐)39—40③5
且末郡(隋)37—38③4
且兰(牂牁)(战国)13—14④6
且志(三国)21—22③4
申(西周)9—10③7
申(春秋)11—12③7
申扎(原始社会)3—4③4
申州(唐)39—40③8
申州(唐)41—42③7
申州(唐)45—46③4
申河～(辽北宋)51—52③3
申河～(金南宋)53—54③3
申河～(金南宋)55—56③3
申河～(元)57—58③3
申河～(元)59—60③3
叶(春秋)11—12③7
叶尔羌(明)63—64③3
叶尔羌(清)65—66③3
叶尔羌河～(清)67—68③3—②4
叶尔羌河～(民国)69—70③3—②4
叶尔羌河～(民国)71—72③3
叶尼塞河～(民国)69—70①5
叶尼塞河～(民国)71—72①5
叶里干脑儿～(元)57—58②5
叶里干脑儿～(元)59—60②5
叶波(南北朝)33—34④4
叶波(南北朝)35—36④4
叶城(清)67—68③3
号室部(隋)37—38②9
田氏(辽北宋)51—52④6
田州(元)57—58④6
田州路(元)59—60④6
田南道(民国)69—70④6
史(唐)41—42③2
冉駹(秦)15—16③6
叨林(清)67—68②6
四川行都司(明)61—62④6
四川行都司(明)63—64④6
四子部落旗(清)65—66②7
四子部落旗(清)67—68②7
四平府(金南宋)53—54③6
四平城(南北朝)31—32③6

四国岛(民国)69—70③9
四国岛(民国)71—72③9
失韦(南北朝)29—30①8—②8
失韦(南北朝)31—32①8—②8
失韦(南北朝)33—34①8—②8
失必儿(明)61—62①3
失必儿(明)63—64①3
失宝赤万户府(元)59—60②8
代(春秋)11—12③7
代(战国)13—14③7
代(十六国)27—28①4
代(十六国)27—28⑤9
代州(唐)39—40③8
代州(唐)41—42③7
代州(唐)43—44③6
代州(唐)45—46②4
代州(五代十国)49—50⑧6
代州(五代十国)49—50⑪15
代州(元)57—58③7
代州(清)65—66③7
代州(清)67—68③7
代郡(秦)15—16③7
代郡(西汉)17—18③7
代郡(东汉)19—20②7
代郡(三国)21—22③7
代郡(东晋十六国)25—26③7
代郡(南北朝)29—30②7

仪州(唐)43—44③7
仪州(唐)45—46②4
仪坤州(五代十国)47—48②7
仪坤州(辽北宋)51—52②7
白干山△(战国)13—14③6
白土(西晋)23—24③6
白山△(三国)21—22②7
白山△(西晋)23—24②5
白山△(南北朝)29—30②3—4
白山△(南北朝)31—32②3—4
白山△(南北朝)33—34②3
白山△(隋)37—38②3
白山△(隋)37—38②4
白山部(隋)37—38②8—9
白子(隋)37—38④6
白马(秦)15—16③6
白马羌(东汉)19—20③6
白马强镇军司(辽北宋)51—52③6
白马强镇军司(金南宋)53—54③6
白马强镇军司(金南宋)55—56③6
白水～(秦)15—16③6
白水～(三国)21—22③6
白水城(辽北宋)51—52②2
白水郡(南北朝)31—32③6
白玉(清)67—68③5
白玉河～(明)61—62③4
白玉河～(明)63—64③4
白古(元)59—60⑤5
白古(明)63—64⑤5
(白古)大古剌司(明)61—62⑤5
白龙堆(南北朝)31—32②5
白兰(东晋十六国)25—26③5
白兰(十六国)27—28②2
白兰(南北朝)29—30③5
白兰(南北朝)31—32③5
白兰(南北朝)33—34③5
白兰(南北朝)35—36③5
白达旦部(辽北宋)51—52②6—7
白州(唐)45—46⑥3
白杨河～(唐)39—40②5
白杨河～(唐)41—42②4
白杨河～(唐)43—44②4
白沙瓦(清)65—66③3
白皋△(南北朝)29—30②5
白皋△(南北朝)31—32②5
白皋△(南北朝)33—34②5
白城(原始社会)3—4②8
白亭河～(五代十国)47—48③6
白都讷(清)65—66②8
白狼水～(隋)37—38②7—8
白狼水～(唐)39—40②8—9
白狼水～(唐)41—42②7—8
白狼水～(唐)43—44②7—8
(白狼城)建德郡(南北朝)29—30②7
(白狼城)建德郡(南北朝)35—36②7
白蒲延(金南宋)53—54⑤8
白蒲延(金南宋)55—56⑤8
白翟(春秋)11—12③7
白鞑靼部(汪古部)(金南宋)53—54②6—7
他鲁河～(辽北宋)51—52②8
瓜州(南北朝)33—34②5
瓜州(南北朝)35—36②5
瓜州(唐)43—44②5
瓜州(五代十国)47—48②5
瓜州(辽北宋)51—52②5
瓜州(金南宋)53—54②5
瓜州(金南宋)55—56②5
令支(春秋)11—12②7
印度(元)57—58③2—3
印度(元)57—58④4—5
印度(元)59—60③2
印度(元)59—60④4—5
印度(明)61—62④2—4
印度(清)65—66④3—4
印度(清)67—68③3—④4
印度(民国)69—70③3—④4
印度(民国)71—72③3—④4
印度支那联邦(清)67—68④6—⑤6
印度支那联邦(民国)69—70④6—⑤6
印度河～(清)67—68③3—④2
印度河～(民国)69—70③3
印度河～(民国)71—72③3
氐(商)7—8③6
氐(秦)15—16③6
氐置水～(西汉)17—18③5
乐安江～(唐)45—46④5
乐安郡(南北朝)33—34③7
乐安郡(南北朝)35—36③7
乐都郡(南北朝)35—36③6
乐浪郡(西汉)17—18③8
乐浪郡(东汉)19—20③8
乐浪郡(三国)21—22③8
乐浪郡(西晋)23—24③8
乐陵郡(东晋十六国)25—26③7
乐陵郡(南北朝)31—32③7
句町(秦)15—16④6
犯引(唐)41—42③2
外兴安岭△(清)65—66①8—9
外剌王府(元)57—58②5
外剌王府(元)59—60②5
外剌部(元)59—60①5
外蒙古(清)65—66②5—7
外蒙古(清)67—68②5—6
处州(唐)43—44④7
处州(唐)45—46④5
处州(五代十国)49—50⑯18
处州府(清)67—68④7
处州路(元)57—58④7
鸟飞谷(西汉)17—18③3

包头(原始社会)3—4②6
包头村(清)65—66②7
包头镇(清)67—68②6
主域(元)57—58④4—5
主域(元)59—60④4—5
主域(明)61—62④5
主域(明)63—64④5
冯翊郡(三国)21—22③6
冯翊郡(西晋)23—24③6
冯翊郡(隋)37—38③6
玄池～(唐)39—40②5
玄池～(唐)41—42②4
玄池～(唐)43—44②4
玄菟城(南北朝)29—30②8
玄菟城(南北朝)33—34②8
玄菟城(南北朝)35—36②8
玄菟郡(西汉)17—18②8
玄菟郡(东汉)19—20②8
玄菟郡(三国)21—22②8
玄菟郡(西晋)23—24②8
兰山道(民国)69—70③6
兰仓水～(西晋)23—24④5—6
兰仓水～(东晋十六国)25—26④5—6
兰仓水～(十六国)27—28②2—③2
兰仓水～(南北朝)29—30④5—6
兰仓水～(南北朝)31—32④5—6
兰仓水～(南北朝)33—34④5—6
兰仓水～(南北朝)35—36④5—6
兰州(原始社会)3—4③6
兰州(唐)39—40③7
兰州(唐)41—42③6
兰州(唐)43—44③6
兰州(唐)45—46②1
兰州(辽北宋)51—52③6
兰州(金南宋)53—54③6
兰州(元)57—58③6
兰州(元)59—60③6
兰州(明)63—64③6
兰州(民国)71—72③6
兰州府(清)65—66③6
兰州府(清)67—68③6
兰那(金南宋)55—56④6
兰苍水～(西汉)17—18④5—6

兰苍水～(东汉)19—20④5—6
兰沧水～(三国)21—22④5—6
兰沧江～(元)57—58④6
兰沧江～(元)59—60(④5—6
兰溪郡(辽北宋)51—52④5
兰溪郡(金南宋)53—54④5
半坡(原始社会)3—4③6
汀州(唐)41—42④7
汀州(唐)43—44④7
汀州(唐)45—46⑤5
汀州(五代十国)47—48④7
汀州(五代十国)49—50⑯18
汀州府(明)61—62④7
汀州府(明)63—64④7
汀州府(清)65—66④7
汀州府(清)67—68④7
汀州路(元)57—58④7
汀漳道(民国)69—70④7
汉口市(民国)69—70③7
汉川郡(隋)37—38③6
汉中(原始社会)3—4③6
(汉中)南郑(民国)71—72③6
汉中府(明)61—62③6
汉中府(明)63—64③6
汉中府(清)65—66③6
汉中府(清)67—68③6
汉中郡(秦)15—16③6
汉中郡(西汉)17—18③6
汉中郡(东汉)19—20③6
汉中郡(三国)21—22③6
汉中郡(西晋)23—24③6
汉中郡(十六国)27—28②3
汉中郡(十六国)27—28⑥8
汉中郡(十六国)27—28⑧16
汉中郡(南北朝)29—30③6
汉中郡(南北朝)35—36③6
汉中道(民国)69—70③6
汉水～(西周)9—10③7
汉水～(春秋)11—12③7
汉水～(战国)13—14③7
汉水～(三国)21—22③7
汉水～(隋)37—38③6—7
汉水～(唐)39—40③8
汉水～(唐)41—42③7
汉水～(唐)43—44③6—③7
汉水～(唐)45—46④4
汉水～(五代十国)47—48③7
汉水～(五代十国)49—50②2
汉水～(五代十国)49—50⑤12
汉水～(五代十国)49—50⑧6
汉水～(五代十国)49—50⑪15
汉水～(五代十国)49—50⑬10
汉水～(五代十国)49—50⑮18
汉水～(辽北宋)51—52③7
汉水～(金南宋)53—54③7
汉水～(金南宋)55—56③7
汉水～(元)57—58③7
汉水～(元)59—60③7
汉水～(明)61—62③7
汉水～(明)63—64③7
汉水～(清)65—66③7
汉水～(清)67—68③7
汉水～(民国)69—70③7
汉水～(民国)71—72③7
汉州(唐)41—42③6
汉州(唐)41—42③8
汉州(唐)43—44③6
汉州(唐)45—46④2
汉阳军(五代十国)49—50⑪15
汉阳府(元)57—58③7
汉阳府(清)67—68③7
汉阳郡(东汉)19—20③6
汉阳郡(南北朝)29—30③6
汉阳郡(隋)37—38③6
汉寿(东汉)19—20④7
汉城(南北朝)29—30③8
汉城(明)61—62③8
汉城(明)63—64③8
汉城(清)67—68③8
汉城(民国)69—70③8
汉城(民国)71—72③8
汉嘉郡(三国)21—22③6
汉嘉郡(西晋)23—24③6
宁古塔(清)65—66②8
宁古塔厅(清)67—68②8
宁州(西晋)23—24④6
宁州(东晋十六国)25—26③6
宁州(东晋十六国)25—26④6
宁州(十六国)27—28③3
宁州(南北朝)29—30④6
宁州(南北朝)31—32④6
宁州(南北朝)33—34④6
宁州(南北朝)35—36③6
宁州(唐)41—42③6
宁州(唐)45—46③2
宁州(元)57—58③6
宁安(原始社会)3—4②8
宁远(清)67—68②4
宁远厅(清)67—68②7
宁远府(清)65—66④6
宁远府(清)67—68④6
宁灵厅(清)67—68③6
宁武府(清)67—68③7
宁国府(明)61—62③7
宁国府(明)63—64③7
宁国府(清)67—68③7
宁国路(元)57—58③7
宁昌路(元)59—60②8
宁波(民国)71—72④8
宁波府(明)61—62④8
宁波府(明)63—64④8
宁波府(清)65—66④8
宁波府(清)67—68④8
宁弥(东汉)19—20③4
宁都(民国)71—72④7
宁都州(清)65—66④7
宁都州(清)67—68④7
宁夏(民国)69—70③6
宁夏卫(明)61—62③6
宁夏卫(明)63—64③6
宁夏中卫(明)61—62③6
宁夏府(清)65—66③6
宁夏府(清)67—68③6
宁夏府路(元)59—60③6
宁夏道(民国)69—70③6
宁浦郡(南北朝)29—30④6
宁浦郡(南北朝)35—36④6
宁海州(元)57—58③8
宁海州(元)59—60③8
宁海郡(南北朝)33—34④6
宁海郡(南北朝)35—36④6
宁越郡(隋)37—38④6
写凤都督府(唐)39—40③3
礼店(元)57—58③6
必力公(明)63—64③5
必力公(明)61—62③5
永丰镇(南北朝)35—36②6
永平府(明)61—62③7
永平府(明)63—64③7
永平府(清)65—66③7
永平府(清)67—68③7
永平郡(南北朝)29—30④7
永平郡(隋)37—38④7
永平路(元)59—60③7
永北厅(清)67—68④6
永宁州(清)67—68④6
永宁府(明)61—62④6
永宁府(明)63—64④6
永宁道(民国)69—70③6—④6
永州(唐)39—40④8
永州(唐)41—42④7
永州(唐)43—44④7
永州(唐)45—46⑤3
永州(辽北宋)51—52④7
永州(金南宋)53—54②8
永州(金南宋)53—54④7
永州(金南宋)55—56④7
永州府(明)61—62④7
永州府(明)63—64④7
永州府(清)65—66④7
永州府(清)67—68④7
永州路(元)57—58④7
永州路(元)59—60④7
永兴节度使(五代十国)49—50⑧5
永兴节度使(五代十国)49—50⑪14
永安节度使(五代十国)49—50⑧6
永安郡(隋)37—38③7
永阳郡(南北朝)35—36④7
永昌(唐)39—40④6
永昌(唐)41—42④5
永昌府(唐)43—44④5
永昌府(元)57—58④5
永昌府(元)59—60④5
永昌府(明)63—64④5
永昌府(清)65—66④5
永昌府(清)67—68④5
永昌郡(东汉)19—20④5
永昌郡(三国)21—22④5
永昌郡(西晋)23—24④5
永昌郡(东晋十六国)25—26④5
永昌郡(南北朝)31—32④5
永昌路(元)57—58③6
永昌路(元)59—60③6
永明城(元)59—60②9
永绍不(明)63—64②7
永春州(清)67—68④7
永城(原始社会)3—4③7
永顺司(明)61—62④6
永顺司(明)63—64④6
永顺安抚司(元)57—58④6
永顺府(清)65—66④6
永顺府(清)67—68④6
永济渠～(隋)37—38③7
永济渠～(唐)45—46②5—4
永济渠(御河)～(五代十国)49—50②2
永济渠(御河)～(五代十国)49—50⑤12
永济渠(御河)～(五代十国)49—50⑧6
永济渠(御河)～(五代十国)49—50⑪15
永绥厅(清)67—68④6
永嘉(民国)69—70④8
永嘉郡(东晋十六国)25—26④8
永嘉郡(南北朝)29—30④8
永嘉郡(南北朝)31—32④7
永嘉郡(南北朝)33—34④8
永嘉郡(南北朝)35—36④8
永嘉郡(隋)37—38④7
永熙郡(隋)37—38④7
司州(三国)21—22③7
司州(西晋)23—24③7
司州(十六国)27—28②4
司州(十六国)27—28⑩24
司州(南北朝)29—30②7
司州(南北朝)31—32③7
司州(南北朝)33—34③7
司州(南北朝)35—36③7
司隶校尉(东晋十六国)25—26③6
司隶校尉(十六国)27—28⑥8
司隶校尉(十六国)27—28⑧16
司隶校尉(十六国)27—28⑪23
尼八剌(明)61—62④4
尼八剌(明)63—64④4
尼布楚(清)65—66①7
尼布楚(清)67—68①7
尼泊尔(清)67—68④4
尼泊尔(民国)69—70④4
尼泊尔(民国)71—72④4
尼波罗(元)57—58④4
尼波罗(元)59—60④4
尼雅(清)65—66③4
尼满(清)65—66②9
民丰(原始社会)3—4③4
民勤(原始社会)3—4③6
弗思木卫(明)63—64②9
弗提卫(明)61—62②9
弗提卫(明)63—64②9
弗楼沙(东汉)19—20③3
弗楼沙(三国)21—22③3
弗楼沙(西晋)23—24③3
弗楼沙(东晋十六国)25—26③3
弘化郡(隋)37—38③6
弘吉剌部(金南宋)55—56②8—7
弘农郡(西汉)17—18③7
弘农郡(东汉)19—20③7
弘农郡(三国)21—22③7
弘农郡(西晋)23—24③7
弘农郡(十六国)27—28⑥9
弘农郡(隋)37—38③7
辽(五代十国)47—48②8
辽(五代十国)49—50⑦7
辽(五代十国)49—50⑩15
辽(辽北宋)51—52②7
辽王部(元)59—60②8
辽水～(战国)13—14②8
辽水～(秦)15—16②8
辽水～(西汉)17—18②8
辽水～(南北朝)29—30②8
辽水～(南北朝)31—32②8
辽水～(南北朝)33—34②8
辽水～(南北朝)35—36②8
辽水～(隋)37—38②8
辽水～(唐)39—40②9
辽水～(唐)41—42②8
辽水～(唐)43—44②8
辽水～(唐)45—46①6
辽东国(西晋)23—24②8
辽东城(南北朝)29—30②8
辽东城(南北朝)31—32②8
辽东城(南北朝)33—34②8
辽东城(南北朝)35—36②8
辽东城(隋)37—38②8
辽东郡(秦)15—16②8
辽东郡(西汉)17—18②8
辽东郡(东汉)19—20②8
辽东郡(三国)21—22②8
辽东郡(东晋十六国)25—26②8
辽东郡(十六国)27—28⑤10
辽东郡(隋)37—38②8
辽东都司(明)61—62②8
辽东都司(明)63—64②8
辽东属国(东汉)19—20②8
辽东路(元)57—58②8
辽东鲜卑(东汉)19—20②8
辽西郡(秦)15—16②8
辽西郡(西汉)17—18②8

辽西郡(东汉)19—20②8
辽西郡(三国)21—22③7
辽西郡(西晋)23—24③7
辽西郡(东晋十六国)25—26③7
辽西郡(南北朝)29—30②7
辽西郡(南北朝)33—34②7
辽西鲜卑(东汉)19—20②7
辽州(五代十国)47—48②8
辽州(清)67—68③7
辽阳州(清)65—66②8
辽阳州(清)67—68②8
辽阳府(五代十国)47—48②8
辽阳府(辽北宋)51—52②8
辽阳府(金南宋)53—54②8
辽阳府(金南宋)55—56②8
辽阳路(元)59—60②8
辽沈道(民国)69—70②8
辽河～(五代十国)47—48②8
辽河～(辽北宋)51—52②8
辽河～(金南宋)53—54②8
辽河～(金南宋)55—56②8
辽河～(元)57—58②8
辽河～(元)59—60②8
辽河～(明)61—62②8
辽河～(明)63—64②8
辽河～(清)65—66②8
辽河～(清)67—68②8
辽河～(民国)69—70②8
辽河～(民国)71—72②8
辽城州都督府(唐)39—40②9
辽城州都督府(唐)41—42②8
辽源(民国)69—70②8
辽源(民国)71—72②8
奴儿干(明)63—64①9
奴儿干都司(明)61—62①9
加尔各答(清)67—68④4
加罗(东晋十六国)25—26③8
加罗(十六国)27—28⑥10
加罗(南北朝)31—32③8
加湿弥罗(辽北宋)51—52③3
加德满都(清)67—68④4
加德满都(民国)69—70④4
加德满都(民国)71—72④4
皮山(西汉)17—18③3
皮山(东汉)19—20③3
皮山(清)67—68③3
发(战国)13—14②8
发羌(西汉)17—18④5—③5
发羌(东汉)19—20④5—③5
发羌(三国)21—22④5—③5
发羌(西晋)23—24④5—③5
弁韩(西汉)17—18③8
弁韩(东汉)19—20③8
弁韩(三国)21—22③8
弁韩(西晋)23—24③8
台中(原始社会)3—4④8
台北(原始社会)3—4④8
台北(民国)71—72④8
台伦(清)65—66①9
台州(唐)39—40④9
台州(唐)41—42④8
台州(唐)43—44④8
台州(唐)45—46④6
台州(五代十国)49—50⑯19
台州(辽北宋)51—52④7
台州(金南宋)53—53④8
台州(金南宋)55—56④8
台州府(明)61—62④8
台州府(明)63—64④8
台州府(清)65—66④8
台州府(清)67—68④8
台州路(元)57—58④7
台罕脑儿～(元)57—58②4
台罕脑儿～(元)59—60②4
台南(原始社会)3—4④8
台湾(清)67—68④8
台湾府(清)65—66④8
台湾海峡～(民国)69—70④7—8
母(商)7—8③6

六　画

邦牙宣慰司(元)59—60④5
邢(西周)9—10③7
邢(春秋)11—12③7
邢方(商)7—8③6
邢州(唐)39—40③8
邢州(唐)41—42③7
邢州(唐)45—46②4
邢州(五代十国)47—48③7
邢州(辽北宋)51—52③7
邢州(金南宋)53—54③7
邢州(金南宋)55—56③7
戎卢(西汉)17—18③4
戎卢(东汉)19—20③4
戎州(南北朝)33—34④6
戎州(南北朝)35—36③7
戎州(南北朝)35—36④6
戎州(唐)39—40④7
戎州(唐)41—42④6
戎州(唐)43—44④6
戎州(唐)45—46④2
戎州(五代十国)49—50⑭9
吉长道(民国)69—70②8
吉兰泰盐池～(清)67—68③6
吉兰泰盐池～(民国)69—70③6
吉兰泰盐池～(民国)71—72③6
吉州(唐)39—40④8
吉州(唐)41—42④7
吉州(唐)43—44④7
吉州(唐)45—46⑤4
吉州(五代十国)49—50⑯18
吉州(辽北宋)51—52④7
吉州(金南宋)53—54④7
吉州(金南宋)55—56④7
吉州(元)57—58③7
吉州路(元)57—58④7
吉安府(明)61—62④7
吉安府(明)63—64④7
吉安府(清)65—66④7
吉安府(清)67—68④7
吉安路(元)59—60④7
吉阳军(元)57—58⑤6
吉阳军(元)59—60⑤6
吉里迷(金南宋)53—54①9—②9
吉里迷(金南宋)55—56①9—②9
吉利吉思(元)59—60①5
吉利吉思(明)63—64②3—4
吉利吉思部(金南宋)55—56①5
吉安(民国)69—70④7
吉拉林(清)67—68①7
吉林(原始社会)3—4②8
吉林(清)65—66②8
吉林(民国)69—70②8
吉林(民国)71—72②8
吉林府(清)67—68②8
吉首(原始社会)3—4④6
吉慈尼(辽北宋)51—52③2
吉慈尼(金南宋)53—54③2
吉慈尼(金南宋)55—56③2
托克托厅(清)67—68②7
托罗斯达巴汉(清)65—66①5
托罗斯达巴汉(清)67—68①5—6
托波儿河～(清)65—66①2
托波儿河～(清)67—68①2
托波儿河～(民国)69—70①2
托波儿河～(民国)71—72①2
托锦乌梁海旗(清)65—66①5
托穆斯科(清)65—66①4
考郎兀卫(明)61—62②9
考郎兀卫(明)63—64②9
老丘(夏)5—6③7
老告总管府(元)59—60⑤6
老挝(明)61—62④6
老挝(明)63—64④6—⑤6
老挝(清)67—68④6—⑤6
老挝(民国)69—70④6—⑤6
老挝　(民国)71—72④6—⑤6
老挝司(明)61—62⑤6
巩昌府(明)61—62③6
巩昌府(清)67—68③6
巩昌路(元)57—58③6
巩昌路(元)59—60③6
地弗池～(南北朝)29—30②5
地弗池～(南北朝)31—32②5
地弗池～(南北朝)33—34②5
地弗池～(南北朝)35—36②5
地豆于(东晋十六国)25—26②7—8
地豆于(南北朝)29—30②7—8
地豆于(南北朝)31—32②7
地豆于(南北朝)33—34②7
地豆于(南北朝)35—36②7—8
扬州(三国)21—22③7
扬州(西晋)23—24③7
扬州(东晋十六国)25—26③7
扬州(十六国)27—28②4
扬州(十六国)27—28⑥9
扬州(十六国)27—28⑧17
扬州(十六国)27—28⑪24
扬州(南北朝)29—30③7
扬州(南北朝)31—32③7
扬州(南北朝)33—34③7
扬州(南北朝)35—36③7
扬州(唐)39—40③8
扬州(唐)41—42③7
扬州(唐)43—44③7
扬州(唐)45—46③5
扬州(五代十国)49—50②2
扬州(五代十国)49—50⑪15
扬州(辽北宋)51—52③7
扬州(金南宋)53—54③7
扬州(金南宋)55—56③7
扬州府(明)61—62③7
扬州府(明)63—64③7
扬州府(清)67—68③7
扬州路(元)57—58③7
扬州路(元)59—60③7
扬越(春秋)11—12④7
扬越(战国)13—14④7
扬越(扬粤)(西周)9—10④7
(扬粤)扬越(西周)9—10④7
扜泥(西汉)17—18③4
扜泥(南北朝)29—30③4
(扜泥)鄯善(南北朝)31—32③4
扜弥(西汉)17—18③4
共(商)7—8③6
共(战国)13—14③6
共和(原始社会)3—4③6
芒市司(明)63—64④5
亚东(清)67—68④4
亚东(民国)69—70④4
亚东(民国)71—72④4
亚泽(五代十国)47—48④4
亚泽(辽北宋)51—52④4
亚泽(金南宋)53—54④4
亚泽(金南宋)55—56④4
机(东晋十六国)25—26③5
权(西周)9—10③7
权于摩(南北朝)31—32③3
过(夏)5—6③7
协州(隋)37—38④6
协州(唐)43—44④7
协噶尔宗(清)65—66④4
西二河～(隋)37—38④6
西土尔扈特(清)65—66②4
西土尔扈特(清)67—68②4
西川道(民国)69—70③6
西犬丘(西垂)(西周)9—10③6
西犬丘(春秋)11—12③6
西平军司(辽北宋)51—52②5
西平军司(金南宋)53—54②5
西平军司(金南宋)55—56②5
西平府(辽北宋)51—52③6
西平府(金南宋)55—56③6
西平郡(三国)21—22③6
西平郡(西晋)23—24③6
西平郡(东晋十六国)25—26③6
西平郡(十六国)27—28②3
西平郡(十六国)27—28⑥8
西平郡(十六国)27—28⑧16
西平郡(十六国)27—28⑪23
西平郡(南北朝)29—30④6
西平郡(南北朝)31—32④6
西平郡(南北朝)33—34④6
西平郡(隋)37—38③6
西北路招讨司(辽北宋)51—52②6
西汉(西汉)17—18②5—③7
西汉水～(西汉)17—18③6
西汉水～(东汉)19—20③6
西汉水～(三国)21—22③6
西汉水～(西晋)23—24③6
西汉水～(东晋十六国)25—26③6
西汉水～(十六国)27—28②3
西汉水～(十六国)27—28⑥8
西汉水～(南北朝)29—30③6
西汉水～(南北朝)31—32③6
西汉水～(南北朝)33—34③6

西汉水～(南北朝)35—36③6
西汉水～(隋)37—38③6
西宁(原始社会)3—4③6
西宁(民国)69—70③6
西宁(民国)71—72③6
西宁卫(明)61—62③6
西宁卫(明)63—64③6
西宁州(南北朝)35—36④6
西宁州(辽北宋)51—52③6
西宁州(金南宋)55—56③6
西宁州(元)57—58③6
西宁州(元)59—60③6
西宁府(清)65—66③6
西宁府(清)67—68③6
西宁道(民国)69—70③6
西辽(金南宋)53—54②3—4
西辽(金南宋)55—56②3—4
西戎校尉府(南北朝)29—30③4
西州(唐)39—40②5
西州(唐)41—42②4
西州(唐)43—44②4
西州(五代十国)47—48②4
西州回鹘(五代十国)47—48②4—5
西州回鹘(辽北宋)51—52②3—4
西江～(辽北宋)51—52④7
西江～(明)61—62④7
西江～(明)63—64④7
西江～(清)65—66④7
西江～(清)67—68④7
西江～(民国)69—70④7
西江～(民国)71—72④7
西安(原始社会)3—4③6
西安市(民国)71—72③6
西安州(南北朝)31—32③6
西安州(南北朝)33—34③6
西安阳(三国)21—22②6
西安府(明)61—62③6
西安府(明)63—64③6
西安府(清)65—66③6
西安府(清)67—68③6
西阳(战国)13—14③7
西贡(清)67—68⑦12
西贡(民国)69—70⑦12
西沙(清)67—68⑤7
西沙群岛 (民国)69—70⑤7
西沙群岛 (民国)71—72⑤7
西汾州(南北朝)35—36③7
西瓯(秦)15—16④6
(西垂)西犬丘(西周)9—10③6
西和州(金南宋)53—54③6
西和州(元)57—58③6
西受降城(唐)41—42②6
西受降城(唐)43—44②6
西受降城(唐)45—46①3
西京(唐)41—42③6
西京(唐)43—44②8
西京(五代十国)47—48③7
西京(辽北宋)51—52②7
西京(辽北宋)51—52③7
西京(辽北宋)51—52③8
西京(金南宋)53—54②7
西京(金南宋)55—56②7
西京(元)59—60③8
西京路(元)57—58②7
西府(五代十国)47—48③8
西府(五代十国)49—50⑤13
西府(五代十国)49—50⑧7
西府(五代十国)49—50⑪15
西府(五代十国)49—50⑮18
西兖州(南北朝)35—36③7
西河(夏)5—6③7
西河～(战国)13—14③7
西河阳郡(东晋十六国)25—26④5
西河阳郡(南北朝)29—30④5
西河阳郡(南北朝)31—32④6
西河阳郡(南北朝)33—34④6
西河国(西晋)23—24③7
西河郡(西汉)17—18③7
西河郡(东汉)19—20③7
西河郡(三国)21—22③7
西河郡(南北朝)33—34③7
西城(西汉)17—18③3
西城(东汉)19—20③3
西城郡(隋)37—38③6
西南番总管府(元)57—58④6
西洪河～(辽北宋)51—52②2
西室韦部(唐)39—40①8
西室韦部(唐)41—42①7
西室韦部(唐)43—44①7
西突厥(隋)37—38②2—4
西突厥王庭(隋)37—38②4
西郡(西晋)23—24③6
西郡(南北朝)33—34③6
西秦(十六国)27—28⑧16
西都(五代十国)47—48③7
西都(五代十国)49—50⑤11
西都(五代十国)49—50⑧6
西都(五代十国)49—50⑪15
西夏(辽北宋)51—52②5—③6
西夏(金南宋)53—54②5—6
西夏(金南宋)55—56②5—③6
西倾山△(南北朝)29—30③6
西倾山△(南北朝)31—32③6
西倾山△(南北朝)33—34③6
西凉(十六国)27—28⑩21—22
西凉州(南北朝)33—34③6
西凉府(辽北宋)51—52③6
西凉府(金南宋)53—54③6
西凉府(金南宋)55—56③6
(西凉府)凉州(五代十国)47—48③6
西部都尉(东汉)19—20③6
西部鲜卑(西晋)23—24③6
西海～(战国)13—14③5—6
西海～(西汉)17—18③6
西海～(东汉)19—20②5
西海～(东汉)19—20③6
西海～(三国)21—22③6
西海～(西晋)23—24③6
西海郡(西汉)17—18③6
西海郡(三国)21—22②6
西海郡(西晋)23—24②6
西海郡(东晋十六国)25—26②6
西海郡(十六国)27—28①3
西海郡(十六国)27—28⑦16
西海郡(十六国)27—28⑩23
西海郡(隋)37—38③5
西域大都护(十六国)27—28⑦14
西域长史府(东汉)19—20②4
西域长史府(三国)21—22②4
西域长史府(西晋)23—24②4
西域都护府(西汉)17—18②4
西域校尉(东晋十六国)25—26②4
西曹(唐)41—42③2
西随水～(东汉)19—20④6
西随水～(东晋十六国)25—26④6
西随水～(十六国)27—28③3
西随水～(南北朝)29—30④6
西随水～(南北朝)31—32④6
西随水～(南北朝)33—34④6
西随水～(南北朝)35—36④6
西落鬼戎(商)7—8③7
西道江～(唐)39—40④7
西道江～(唐)41—42④6
西道江～(唐)43—44④6
西道江～(唐)45—46⑥2
西强山△(东晋十六国)25—26③6
西楚州(南北朝)35—36③7
西零(东晋十六国)25—26③6
西嗕(西汉)17—18②7
西塞矶(东晋十六国)25—26③7
西虢(西周)9—10③6
西衡州(南北朝)35—36④7
西魏(南北朝)33—34②6—③6
西爨(隋)37—38④6
百色(民国)69—70④6
百色厅(清)67—68④6
百胜节度使(五代十国)49—50⑯18
百济(东晋十六国)25—26③8
百济(十六国)27—28⑥10
百济(十六国)27—28⑧18
百济(十六国)27—28⑪25
百济(南北朝)29—30③8
百济(南北朝)31—32③8
百济(南北朝)33—34③8
百济(南北朝)35—36③8
百济(隋)37—38③8
百濮(春秋)11—12④7
百濮(战国)13—14③6
有仍氏(夏)5—6③7
有穷氏(夏)5—6③7
有易氏(夏)5—6③7
有莘氏(夏)5—6③7
有鬲氏(夏)5—6③7
有扈氏(夏)5—6③6
有缗氏(夏)5—6③7
有虞氏(夏)5—6③7
而(商)7—8②7
达卢古(五代十国)47—48②8
达旦(阻卜)(五代十国)47—48②6
达失干(明)61—62②2
达失干(明)63—64②2
达州(辽北宋)51—52③6
达州(金南宋)53—54③6
达州(金南宋)55—56③6
达州(元)57—58③6
达里冈阿鄂漠～(清)65—66②1—2
达里冈阿鄂漠～(清)67—68②1—2
达里冈爱(清)67—68②7
达利水～(南北朝)29—30③3
达利水～(南北朝)31—32③3
达利水～(南北朝)33—34③3
达利水～(南北朝)35—36③3
达林库儿～(五代十国)47—48②3
达林库儿～(辽北宋)51—52②3
达林库儿～(金南宋)53—54②3
达林库儿～(金南宋)55—56②3
达奇鄂尔(明)63—64②8
达波(隋)37—38④5
达靼(五代十国)47—48②6—7
达靼(五代十国)49—50④11—12
列纳河～(清)65—66①7—6
列纳河～(清)67—68①7—6
列城(明)61—62③3
列城(明)63—64③3
成(蜀)(十六国)27—28③3
成山△(南北朝)31—32③8
成山△(南北朝)33—34③8
成州(南北朝)35—36④7
成州(唐)43—44③6
成州(元)57—58③6
成周(西周)9—10③7
成周(春秋)11—12③7
成都(原始社会)3—4③6
成都(战国)13—14③6
成都(三国)21—22③6
成都(十六国)27—28②3
成都(民国)69—70③6
成都(民国)71—72③6
成都府(唐)43—44③6
成都府(唐)45—46④2
成都府(五代十国)47—48③6
成都府(五代十国)49—50②1
成都府(五代十国)49—50⑤11
成都府(五代十国)49—50⑧5
成都府(五代十国)49—50⑪14
成都府(五代十国)49—50⑬9
成都府(辽北宋)51—52③6
成都府(金南宋)53—54③6
成都府(金南宋)55—56③6
成都府(明)61—62③6
成都府(明)63—64③6
成都府(清)65—66③6
成都府(清)67—68③6
成都路(元)57—58③6
成都路(元)59—60③6
成德节(唐)43—44③7
成德节度使(唐)45—46②4
夷(西周)9—10③8
夷(春秋)11—12③7
夷(春秋)11—12③8
夷水～(唐)45—46④3
夷且(清)65—66③5
夷仪(春秋)11—12③7
夷州(唐)43—44④6
夷州(唐)45—46⑤2
夷洲(东汉)19—20④8
夷洲(三国)21—22④7

夷洲(西晋)23—24④8
夷洲(东晋十六国)25—26④8
夷洲(南北朝)29—30④8
夷洲(南北朝)31—32④8
夷洲(南北朝)33—34④8
夷洲(南北朝)35—36④8
夷陵(战国)13—14③7
夷陵郡(隋)37—38③7
夷播海～(唐)39—40②4
夷播海～(唐)41—42②3
夷播海～(唐)43—44②3
毕节(民国)69—70④6
毕节卫(明)61—62④6
毕节卫(明)63—64④6
毕底(五代十国)47—48③3
毕底(辽北宋)51—52③3
毕底(金南宋)53—54③2
毕底(金南宋)55—56③3
毕底(元)57—58③3
毕底(元)59—60③3
毕底(明)61—62③3
毕底(明)63—64③3
毕底(清)65—66③3
毕歆(清)65—66②9
师壁洞安抚司(元)57—58④6
光州(南北朝)31—32③7
光州(南北朝)33—34③7
光州(南北朝)35—36③7
光州(唐)39—40③8
光州(唐)41—42③7
光州(唐)45—46③4
光州(五代十国)49—50⑪15
光州(五代十国)49—50⑮18
光州(辽北宋)51—52③7
光州(元)57—58③7
光州(清)67—68③7
吐火罗(隋)37—38③2—3
吐火罗(唐)39—40③3
吐火罗(唐)41—42③2—3
吐谷浑(东晋十六国)25—26③5—6
吐谷浑(十六国)27—28②2—3
吐谷浑(十六国)27—28⑥7—8
吐谷浑(十六国)27—28⑧15—16
吐谷浑(十六国)27—28⑪22—23
吐谷浑(唐)39—40③6—7
吐谷浑(唐)41—42③5—6
吐谷浑(唐)43—44③5—6
吐谷浑城(南北朝)29—30③5
吐谷浑城(南北朝)31—32③5
吐谷浑城(南北朝)33—34③5
吐谷浑城(南北朝)35—36③5
吐京郡(南北朝)29—30③7
吐蕃(唐)39—40③5—6
吐蕃(唐)41—42③4—5
吐蕃(唐)43—44③4—5
吐蕃(唐)45—46②1—③1
吐蕃(五代十国)47—48③4—5
吐蕃(五代十国)49—50②1
吐蕃(五代十国)49—50⑤11
吐蕃(五代十国)49—50⑧5
吐蕃(五代十国)49—50⑪14
吐蕃(五代十国)49—50⑬9
吐蕃诸部(辽北宋)51—52③4—5
吐鲁番(原始社会)3—4②4
吐鲁番(清)65—66②4
吐鲁番厅(清)67—68②4
吐蕃等处宣慰司(元)59—60③5—6
吐蕃等部(金南宋)53—54③4—5
吐蕃等部(金南宋)55—56③4—5
吐蕃等路宣慰司(元)59—60③5—④6
曳咥河～(唐)41—42②4
曳咥河～(五代十国)47—48②4
曲女城(隋)37—38④3
曲女城(唐)39—40④4
曲女城(辽北宋)51—52④3
曲先(金南宋)53—54②4
曲先(金南宋)55—56②4
曲先卫(明)61—62③5
曲州(唐)39—40④7
曲州(唐)41—42④6
曲江(民国)69—70④7
曲阳(原始社会)3—4③7
曲沃(西周)9—10③7
曲阜(西周)9—10③7
曲阜(春秋)11—12③7
曲阜(战国)13—14③7
曲靖府(明)61—62④6
曲靖府(明)63—64④6
曲靖府(清)65—66④6
曲靖府(清)67—68④6
曲靖路(元)57—58④6
曲靖路(元)59—60④6
曲雕阿兰(元)59—60②6
吕宋(明)61—62⑤8
吕宋(明)63—64⑤8
吕宋(清)65—66⑤8
吕宋岛(清)67—68⑤7—8
吕宋岛(民国)69—70⑤8
吕宋岛(民国)71—72⑤8
吕宋港(明)61—62⑦14
吕宋港(明)63—64⑦14
同州(南北朝)35—36③6
同州(唐)45—46③3
同州(五代十国)47—48③6
同州(元)57—58③6
同州防御使(唐)45—46③3
同州府(清)67—68③6
同安郡(隋)37—38③7
同谷(唐)45—46③2
同昌郡(隋)37—38③6
同罗(唐)41—42②6
因都库什山△(清)65—66③2—3
回纥(唐)39—40②7
回纥(唐)41—42②6
回跋部(辽北宋)51—52②8
回鹘(唐)43—44②5—6
回鹘牙帐(唐)43—44②6
回鹘行宫(唐)43—44①5
则拉岗(明)61—62④5
则拉岗(明)63—64④5
刚水～(东汉)19—20④6
年卡宁巴(南北朝)29—30④5
年卡宁巴(南北朝)31—32④5
年卡宁巴(南北朝)33—34④5
年卡宁巴(南北朝)35—36④5
朱俱波(隋)37—38③3
朱梧戍(南北朝)29—30⑤6
朱崖洲(东汉)19—20⑤6—7
朱崖洲(三国)21—22⑤6—7
朱崖洲(西晋)23—24⑤6—7
朱崖洲(东晋十六国)25—26⑤6—7
朱崖洲(十六国)27—28④3
朱崖洲(南北朝)29—30⑤6—7
朱崖洲(南北朝)31—32⑤6—7
朱崖郡(三国)21—22④7
朱提郡(三国)21—22④6
朱提郡(西晋)23—24④6
朱提郡(东晋十六国)25—26④6
朱提郡(南北朝)29—30④6
朱提郡(南北朝)33—34④6
先零羌(西汉)17—18③6
休屠泽～(西汉)17—18③6
休循(西汉)17—18③3
休循州(唐)39—40②4
伏罗川(南北朝)29—30③5
伏俟城(南北朝)33—34③5
伏俟城(南北朝)35—36③5
延平府(明)61—62④7
延平府(明)63—64④7
延平府(清)65—66④7
延平府(清)67—68④7
延平路(元)59—60④7
延吉(原始社会)3—4②8
延吉(民国)69—70②8
延吉厅(清)67—68②8
延吉冈(清)65—66②8
延吉道(民国)69—70②8—9
延州(南北朝)35—36③6
延州(唐)39—40③7
延州(唐)45—46②3
延州(五代十国)47—48③6
延州(五代十国)49—50⑧5
延江水～(西汉)17—18④6
延江水～(东汉)19—20④6
延江水～(三国)21—22④6
延江水～(西晋)23—24④6
延江水～(东晋十六国)25—26④6
延江水～(十六国)27—28③3
延江水～(南北朝)29—30④6
延江水～(南北朝)31—32④6
延江水～(南北朝)33—34④6
延江水～(南北朝)35—36④6
延江水～(隋)37—38④6
延安府(辽北宋)51—52③6
延安府(金南宋)53—54③6
延安府(金南宋)55—56③6
延安府(明)61—62③6
延安府(明)63—64③6
延安府(清)65—66③6
延安府(清)67—68③6
延安郡(隋)37—38③6
延安路(元)57—58③6
延安路(元)59—60③6
延城(西汉)17—18②4
延城(东汉)19—20②4
延城(南北朝)29—30②4
延城(南北朝)31—32②4
延城(南北朝)33—34②4
延城(南北朝)35—36②4
延姪伽水～(唐)39—40①7
延姪伽水～(唐)43—44①6
仲云(五代十国)47—48③4—5
任(商)7—8③7
任那(东晋十六国)25—26③8
任那(南北朝)31—32③8
任郡(十六国)27—28⑥10
华山△(战国)13—14③7
华山△(秦)15—16③7
(华氏国)波吒厘子城(隋)37—38④4
华州(南北朝)29—30③6
华州(南北朝)31—32③6
华州(南北朝)35—36③6
华州(唐)45—46③3
华州(五代十国)47—48③6
华州(金南宋)53—54③6
仰韶村(原始社会)3—4③7
自杞(辽北宋)51—52④6
自杞(金南宋)53—54④6
自杞(金南宋)55—56④6
伊卢(战国)13—14②8
伊尔库次克(清)67—68①6
伊尔该图山△(清)65—66②3
伊宁(原始社会)3—4②4
伊宁(民国)69—70②4
伊宁(民国)71—72②4
伊对(清)65—66①10
伊列(西汉)17—18②3—①3
伊列(东汉)19—20②3—①3
伊列(三国)21—22②3—①3
伊列(西晋)23—24②3—①3
伊列河～(隋)37—38②3
伊州(唐)39—40②6
伊州(唐)41—42②5
伊州(唐)43—44②5
伊州(五代十国)47—48②5
伊州(辽北宋)51—52②5
伊克昭盟(清)65—66③6
伊克昭盟(清)67—68③6
伊克昭盟(民国)69—70③6—7
伊克昭盟(民国)71—72③6—7
伊吾戍(南北朝)31—32②5
伊吾郡(隋)37—38②5
伊吾(南北朝)29—30②5
伊吾(南北朝)33—34②5
伊吾(南北朝)35—36②5
伊丽河～(唐)39—40②4
伊丽河～(唐)41—42②3
伊丽河～(唐)43—44②3
伊丽河～(五代十国)47—48②3
伊丽河～(辽北宋)51—52②3
伊利汗国(元)57—58③2
伊利汗国(元)59—60③2
伊洛瓦底江～(清)67—68④5—⑤5
伊洛瓦底江～(民国)69—70④5—⑤5
伊洛瓦底江～(民国)71—72④5—⑤5
伊聂谢河～(清)65—66①5
伊聂谢河～(清)67—68①5
伊聂谢柏兴(清)65—66①5
伊犁(惠远城)(清)65—66②4
伊犁府(清)67—68②4
伊犁河～(清)65—66②3—4
伊犁河～(清)67—68②3—4
伊犁河～(民国)69—70②3—4
伊犁河～(民国)71—72②3—4

伊犁道(民国)69—70②4
伊阙(夏)5—6⑦13
伊塞克湖～(民国)69—70②3
伊塞克湖～(民国)71—72②3
向(西周)9—10③7
向(春秋)11—12③7
后赵(十六国)27—28②4
后秦(十六国)27—28⑧16
后秦(十六国)27—28⑪23
后凉(十六国)27—28⑦14—15
后梁(南北朝)35—36③7
后蜀(五代十国)47—48③6
后蜀(五代十国)49—50⑤11
后蜀(五代十国)49—50⑧5
后蜀(五代十国)49—50⑪14
后燕(十六国)27—28⑧17
后藏(民国)69—70③4
后藏(民国)71—72③4—④4
全宁路(元)59—60②7
全州路(元)57—58④7
会川(唐)39—40④7
会川(唐)41—42④6
会川卫(明)61—62④6
会川卫(明)63—64④6
会川府(五代十国)47—48④6
会川府(辽北宋)51—52④6
会川府(金南宋)53—54④6
会川府(金南宋)55—56④6
会川都督府(唐)43—44④6
会川路(元)57—58④6
会宁府(金南宋)53—54②8
会宁府(金南宋)55—56②8
会宁郡(隋)37—38③6
会州(南北朝)33—34③6
会州(南北朝)35—36③6
会州(唐)43—44③6
会州(唐)45—46②2
会州(元)57—58③6
会通河～(明)63—64③7
会稽(春秋)11—12③8
会稽(战国)13—14③8
会稽山△(秦)15—16④8
会稽山△(唐)45—46④6
会稽郡(秦)15—16③8
会稽郡(西汉)17—18③8
会稽郡(东汉)19—20④8
会稽郡(三国)21—22④8
会稽郡(西晋)23—24④8
会稽郡(东晋十六国)25—26④8
会稽郡(南北朝)29—30④8
会稽郡(南北朝)31—32④8
会稽郡(南北朝)33—34④8
会稽郡(南北朝)35—36④8
会稽郡(隋)37—38④8
会稽道(民国)69—70④8
合兰府(元)57—58③8
合兰府(元)59—60③8
合州(南北朝)33—34④7
合州(南北朝)35—36③6
合州(南北朝)35—36③7
合州(唐)39—40③7
合州(唐)41—42③6
合州(唐)45—46④2
合肥(西汉)17—18③7
合肥(东汉)19—20③7
合肥(西晋)23—24③7
合肥(东晋十六国)25—26③7
合肥(民国)71—72③7
合肥旧城(三国)21—22③7
合浦郡(西汉)17—18④6
合浦郡(东汉)19—20④6
合浦郡(三国)21—22④6
合浦郡(西晋)23—24④6
合浦郡(东晋十六国)25—26④6
合浦郡(南北朝)29—30④6
合浦郡(南北朝)33—34④6
合浦郡(隋)37—38④6
合浦属国(西晋)23—24④6
合勒河～(金南宋)53—54②7—8
合勒河～(金南宋)55—56②7—8
合黎山△(战国)13—14③5—6
邠宁节(唐)43—44③6
邠宁节度使(唐)45—46③3
邠州(唐)41—42③6
邠州(唐)43—44③6
邠州(唐)45—46③3
邠州(五代十国)47—48③6
邠州(五代十国)49—50⑪14
邠州(元)57—58③6
邠州(清)67—68③6
朵颜(哈剌慎)(明)63—64②7
朵颜卫(明)61—62②8
朵豁剌惕部(明)61—62③3—4
杂仁宗(清)65—66③3
杂谷厅(清)65—66③6
杂渠卡(清)67—68③5
危方(商)7—8②7
匈奴(战国)13—14②6
匈奴(战国)13—14②6—7
匈奴(秦)15—16②6
匈奴(秦)15—16②6—7
匈奴(西汉)17—18②5—7
匈奴(东汉)19—20②4
匈奴(三国)21—22②4
匈奴(西晋)23—24②4
匈奴(东晋十六国)25—26②4
匈奴单于庭(三国)21—22②6
匈奴单于庭(西晋)23—24②6
匈奴河～(西汉)17—18②5
匈奴河～(东汉)19—20②5
多伦都尔(清)65—66③5
多伦诺尔厅(清)65—66②7
多伦诺尔厅(清)67—68②7
多玛(唐)39—40③6
多玛(唐)41—42③5
多坦岭△(唐)39—40②5
多坦岭△(唐)41—42②4
多坦岭△(唐)43—44②4
多弥(唐)39—40③6
多弥(唐)41—42③5
多弥(唐)43—44③5
多逻斯水～(唐)39—40②5
多逻斯水～(唐)43—44②4
多摩梨帝(东晋十六国)25—26④4
多摩梨帝(南北朝)31—32④4
色楞格河～(清)65—66②6
色楞格河～(清)67—68②6
色楞格河～(民国)69—70②6
色楞格河～(民国)71—72②6
庄河厅(清)67—68③8
庄浪路(元)57—58③6
庆元路(元)57—58④8
庆元路(元)59—60④8
庆元府(金南宋)55—56④8
庆州(唐)39—40③7
庆州(唐)41—42③6
庆州(唐)43—44③6
庆州(唐)45—46②2
庆州(五代十国)49—50⑤11
庆州(辽北宋)51—52③6
庆州(金南宋)53—54②7
庆阳(原始社会)3—4③6
庆阳府(金南宋)53—54③6
庆阳府(金南宋)55—56③6
庆阳府(元)57—58③6
庆阳府(明)61—62③6
庆阳府(明)63—64③6
庆阳府(清)65—66③6
庆阳府(清)67—68③6
庆阳路(元)59—60③6
庆远府(明)61—62④6
庆远府(清)67—68④6
庆远南丹安抚司(元)59—60④6
庆远路(元)57—58④6
亦力把里(明)61—62②4
亦力把里(明)63—64②3
亦马儿河～(金南宋)53—54①4
亦马儿河～(金南宋)55—56①4
亦马儿河～(元)57—58①4
亦马儿河～(元)59—60①4
亦不剌山△(明)61—62③6—②6
亦不剌山△(明)63—64③6—②6
亦列河～(金南宋)53—54②3
亦列河～(金南宋)55—56②3
亦列河～(元)57—58②3
亦列河～(元)59—60②3
亦剌八里(元)57—58②4
亦剌八里(元)59—60②4
亦思宽～(金南宋)53—54②3
亦思宽～(金南宋)55—56②3
亦思宽～(元)57—58②3
亦思宽～(元)59—60②3
亦息渴儿～(辽北宋)51—52②3
亦麻河卫(明)61—62②9
亦黑拉山△(五代十国)47—48②3—4
亦集乃(明)61—62②6
亦集乃(明)63—64②6
亦集乃城(元)57—58②6
亦集乃路(元)59—60②6
齐(西周)9—10③7
齐(春秋)11—12③7
齐(战国)13—14③7
齐(南北朝)35—36③7
齐王府(元)59—60①7
齐王部(元)59—60①7
齐乐郡(南北朝)31—32④7
齐齐哈尔(原始社会)3—4②8
齐齐哈尔(清)65—66②8
齐齐哈尔(民国)71—72②8
齐州(南北朝)31—32③7
齐州(南北朝)33—34③7
齐州(南北朝)35—36③7
齐州(唐)39—40③8
齐州(唐)41—42③7
齐州(唐)43—44③7
齐州(唐)45—46②5
齐州(五代十国)47—48③7
齐州(五代十国)49—50②2
齐州(五代十国)49—50⑤12
齐州(五代十国)49—50⑧6
齐州(五代十国)49—50⑪15
齐州(辽北宋)51—52③7
齐兴郡(南北朝)31—32③7
齐国(东汉)19—20③7
齐国(三国)21—22③7
齐国(西晋)23—24③7
齐昌府(五代十国)47—48④7
齐郡(隋)37—38③7
齐家坪(原始社会)3—4③6
齐通左郡(南北朝)31—32③6
齐康郡(南北朝)31—32④7
齐康郡(南北朝)33—34④7
齐康郡(南北朝)35—36④7
齐熙郡(南北朝)31—32④6
齐熙郡(南北朝)35—36④6
交州(三国)21—22④7
交州(西晋)23—24④6
交州(东晋十六国)25—26④6
交州(十六国)27—28③3
交州(南北朝)29—30④6
交州(南北朝)31—32④6
交州(南北朝)33—34④6
交州(南北朝)35—36③6
交州(南北朝)35—36④6
交州(唐)39—40④7
交州(唐)41—42④6
交州(唐)43—44④6
交州(唐)45—46⑥2
交阯郡(西汉)17—18④6
交河城(南北朝)31—32②4
交趾郡(东汉)19—20④6
交趾郡(三国)21—22④6
交趾郡(西晋)23—24④6
交趾郡(南北朝)29—30④6
交趾郡(南北朝)33—34④6
交趾郡(隋)37—38④6
衣烈河～(明)61—62②3
衣烈河～(明)63—64②3
羊同(唐)39—40③5
羊同(唐)41—42③4
羊同(唐)43—44③4
羊壕厂(清)67—68③6
并州(三国)21—22③7
并州(西晋)23—24③7
并州(东晋十六国)25—26③7
并州(十六国)27—28②4
并州(十六国)27—28⑥9
并州(十六国)27—28⑧17
并州(十六国)27—28⑩24
并州(十六国)27—28⑪24
并州(南北朝)29—30③7
并州(南北朝)31—32③7
并州(南北朝)33—34③6
并州(南北朝)33—34③7
并州(南北朝)35—36③7
并州(唐)39—40③8
关中道(民国)69—70③6
州(西周)9—10③7
州(战国)13—14③7
(州靡、余靡)寿靡(战国)13—14④6
汗达垓图(清)65—66①5

汗江汕汲池汝兴宇安

汗腾格里山△(清)65—66②4
汗腾格里山△(清)67—68②4
汗腾格里峰△(民国)69—70②4
汗腾格里峰△(民国)71—72②4
江水~(夏)5—6③7—④7
江水~(西周)9—10③7
江水~(春秋)11—12③6
江水~(春秋)11—12③7
江水~(战国)13—14③6—④6
江水~(战国)13—14③7
江水~(秦)15—16③6—④6
江水~(秦)15—16③7—④7
江水~(西汉)17—18③7
江水~(东汉)19—20③6—④6
江水~(东汉)19—20③7
江水~(三国)21—22③6—④6
江水~(西晋)23—24③6
江水~(西晋)23—24③7
江户(清)65—66③9
江卡(清)67—68④5
江头城(清)57—58④5
江头城(明)61—62④5
江头城(明)63—64④5
江汉道(民国)69—70③7—④7
江宁(唐)39—40③8
江宁(唐)41—42③7
江宁(民国)69—70③7
江宁府(五代十国)47—48③7
江宁府(五代十国)49—50③6
江宁府(五代十国)49—50①15
江宁府(辽北宋)51—52③7
江宁府(清)65—66③7
江宁府(清)67—68③7
江西观(唐)43—44④7
江西观察使(唐)45—46④4
江达(清)67—68③5
江达宗(清)65—66③5
江州(东晋十六国)25—26④7
江州(十六国)27—28②4
江州(南北朝)29—30④7
江州(南北朝)31—32④7
江州(南北朝)33—34④7
江州(南北朝)35—36③7
江州(南北朝)35—36④7
江州(唐)39—40④8
江州(唐)41—42④7
江州(唐)43—44④7
江州(唐)45—46④5
江州(五代十国)47—48④7
江州(五代十国)49—50①⑩18
江州(金南宋)53—54④7
江州(金南宋)55—56④7
江州(清)67—68②8

江州路(元)57—58④7
江州路(元)59—60④7
江阳郡(三国)21—22④6
江阳郡(西晋)23—24④6
江阳郡(东晋十六国)25—26④6
江阴郡(南北朝)35—36③8
江阴路(元)57—58③8
江孜(清)67—68④4
江孜宗(清)65—66④4
江南(战国)13—14③6—7
江南(战国)13—14④6
江都府(五代十国)47—48③7
江都府(五代十国)49—50⑤12
江都府(五代十国)49—50⑤18
江都府(隋)37—38③7
江夏郡(西汉)17—18③7
江夏郡(东汉)19—20③7
江夏郡(三国)21—22③7
江夏郡(西晋)23—24③7
江夏郡(东晋十六国)25—26③7
江夏郡(南北朝)29—30③7
江夏郡(南北朝)33—34③7
江夏郡(隋)37—38③7
江陵(原始社会)3—4③7
江陵(南北朝)35—36③7
江陵府(唐)43—44③7
江陵府(唐)45—46④4
江陵府(五代十国)47—48③7
江陵府(五代十国)49—50②2
江陵府(五代十国)49—50⑤12
江陵府(五代十国)49—50⑧6
江陵府(五代十国)49—50①15
江陵府(辽北宋)51—52③7
江陵府(金南宋)53—54③7
江陵府(金南宋)55—56③7
江温(东晋十六国)25—26④5
汕头(清)67—68④7
汕头(民国)69—70④7
汲县(民国)69—70③7
汲郡(西晋)23—24③7
池州(唐)43—44④5
池州(唐)45—46④5
池州(五代十国)47—48③7
池州(五代十国)49—50①518
池州(金南宋)53—54③7
池州府(清)67—68③7
池州路(元)57—58③7
汝水~(西周)9—10③7
汝水~(春秋)11—12③7
汝水~(战国)13—14③7
汝水~(秦)15—16③7
汝水~(三国)21—22③7

汝水~(西晋)23—24③7
汝水~(唐)45—46③4
汝宁府(明)63—64③7
汝宁府(清)65—66③7
汝宁府(清)67—68③7
汝宁路(元)59—60③7
汝州(唐)45—46③4
汝州(五代十国)49—50⑧6
汝州(元)57—58③7
汝州(清)67—68③7
汝阳郡(南北朝)29—30③7
汝阳道(民国)69—70③7
汝阴郡(西晋)23—24③7
汝阴郡(南北朝)29—30③7
汝阴郡(隋)37—38③7
汝南国(西晋)23—24③7
汝南郡(西汉)17—18③7
汝南郡(东汉)19—20③7
汝南郡(三国)21—22③7
汝南郡(东晋十六国)25—26③7
汝南郡(十六国)27—28②4
汝南郡(隋)37—38③7
汝南郡(悬瓠城)(南北朝)33—34③7
兴义府(清)65—66④6
兴义府(清)67—68④6
兴王府(五代十国)47—48④7
兴王府(五代十国)49—50①618
兴元府(唐)43—44③6
兴元府(唐)45—46③2
兴元府(五代十国)47—48③6
兴元府(五代十国)49—50③9
兴元府(辽北宋)51—52③6
兴元府(金南宋)53—54③6
兴元府(金南宋)55—56③6
兴元路(元)57—58③6
兴元路(元)59—60③6
兴中府(金南宋)53—54②8
兴中府(金南宋)55—56②8
兴化府(清)67—68④7
兴化路(元)57—58④7
兴古(三国)21—22④6
兴古(西晋)23—24④6
兴古(东晋十六国)25—26④6
兴东道(清)67—68②9
兴宁郡(东晋十六国)25—26④6
兴宁郡(南北朝)29—30④6
兴宁郡(南北朝)31—32④6
兴宁郡(南北朝)33—34④6
兴庆府(辽北宋)51—52③6
兴庆府(金南宋)53—54

③6
兴州(南北朝)35—36④6
兴州(唐)39—40③7
兴州(唐)41—42③6
兴州(唐)45—46③2
兴州(金南宋)53—54④6
兴州(元)57—58③7
兴安府(清)67—68③6
兴国路(元)57—58④7
兴凯湖~(明)61—62②9
兴凯湖~(明)63—64②9
兴凯湖~(清)65—66②9
兴凯湖~(清)67—68②9
兴凯湖~(民国)69—70②9
兴凯湖~(民国)71—72②9
兴和厅(清)67—68②7
兴和道(民国)69—70②7
兴和路(元)59—60②7
兴京厅(清)65—66②8
兴京厅(清)67—68②8
宇文部(十六国)27—28①④4—5
安(隋)37—38③2
安(唐)41—42③2
安广(清)67—68②8
安习水~(三国)21—22②6
安习水~(西晋)23—24②6
安丰军(金南宋)53—54③7
安丰军(金南宋)55—56③7
安丰府(元)57—58③7
安丰路(元)59—60③7
安车骨部(隋)37—38②8
安平国(东汉)19—20③7
安平国(西晋)23—24③7
安平国(三国)21—22③7
安东(清)67—68②8
安东(民国)69—70②8
安东(民国)71—72②8
安东卫(明)61—62③7
安东卫(明)63—64③7
安东都护府(唐)39—40③9
安东都护府(唐)41—42③7
安东都护府(唐)43—44②8
安东都护府(唐)45—46①6
安北都护府(唐)39—40②7
安北都护府(唐)41—42②6
安乐郡(南北朝)31—32②7
安乐郡(南北朝)35—36②7
安乐郡(南北朝)35—36②7
安乐郡(隋)37—38②7
安乐溪~(唐)45—46④2—⑤2
安加拉河~(民国)69—70①5—6
安加拉河~(民国)71—72①5—6
安边府(唐)43—44②9

安边府(五代十国)47—48②8
安西(清)43—44②4
安西节度使(唐)41—42②4
安西州(清)65—66②5
安西州(清)67—68②5
安西都护府(唐)39—40②5
安西都护府(唐)41—42②4
安西路(元)57—58③6
安达厅(清)67—68②8
安成郡(西晋)23—24④7
安成郡(南北朝)29—30④7
安庆(民国)71—72③7
安庆府(金南宋)55—56③7
安庆府(明)61—62③7
安庆府(明)63—64③7
安庆府(清)65—66③7
安庆府(清)67—68③7
安庆道(民国)69—70③7
安庆路(元)57—58③7
安庆路(元)59—60③7
安州(南北朝)31—32②7
安州(南北朝)35—36③7
安州(南北朝)35—36④6
安州(唐)39—40③8
安州(唐)41—42③7
安州(唐)45—46④4
安远府(唐)43—44②9
安远郡(南北朝)33—34④7
安远郡(南北朝)35—36④7
安邑(夏)5—6③7
安邑(战国)13—14③7
安邑(民国)69—70③7
安狄枯(金南宋)55—56③2
安陆府(元)57—58③7
安陆府(清)67—68③7
安陆郡(南北朝)29—30③7
安陆郡(南北朝)31—32③7
安陆郡(隋)37—38③7
安定卫(明)61—62③5
安定郡(西汉)17—18③6
安定郡(东汉)19—20③6
安定郡(三国)21—22③6
安定郡(西晋)23—24③6
安定郡(东晋十六国)25—26③6
安定郡(十六国)27—28⑥8
安定郡(十六国)27—28⑧16
安定郡(隋)37—38③6
安肃道(民国)69—70②5
安南经(唐)43—44④6
安南经略使(唐)45—46④2
安南都护府(唐)41—42④6
安顺府(明)63—64④6
安顺府(清)65—66④6
安顺府(清)67—68④6
安侯河~(东汉)19—20②6

安息州(唐)39—40③3
安陵(战国)13—14③7
(安蜀城)信州(南北朝)35—36③7
祁连山△(隋)37—38③5—6
祁连山△(唐)39—40③6—7
祁连山△(唐)41—42③5—6
祁连山△(唐)43—44③5—6
祁连山△(明)61—62③5—6
祁连山△(明)63—64③5—6
祁连山△(清)65—66③5—6
祁连山△(清)67—68③5—6
祁连山△(民国)69—70③5—6
祁连山△(民国)71—72③5—6
讷北支部(唐)39—40①9
讷北支部(唐)41—42①8
讷北支部(唐)43—44①8
许(西周)9—10③7
许(春秋)11—12③7
许州(唐)39—40③8
许州(唐)41—42③7
许州(唐)43—44③7
许州(唐)45—46③4
许州(五代十国)47—48③7
许州(金南宋)53—54③7
许州(金南宋)55—56③7
许州(元)57—58③7
许州(清)65—66③7
许州(清)67—68③7
讹打刺(辽北宋)51—52②2
讹打刺(金南宋)53—54②2
讹打刺(金南宋)55—56②2
聿赍城(唐)39—40④6
聿赍城(唐)41—42④5
聿赍城(唐)43—44④5
寻阳郡(南北朝)29—30④7
那兀江(元)57—58①8—②8
那兀江～(元)59—60①8—②8
那曲(原始社会)3—4③5
那曲(喀喇乌苏)(清)65—66③5
那曲～(元)57—58③5
那曲～(元)59—60③5
那曲卡(明)61—62③5
那曲卡(明)63—64③5
那坡(原始社会)3—4④6
那河～(唐)39—40②9
那河～(唐)41—42②8
那河～(唐)43—44②8
那密水～(隋)37—38②2—③2
那密水～(唐)39—40②3—③3
那密水～(唐)41—42②2—③2
那密水～(唐)43—44②2—③2
那揭(唐)41—42③2—3
那黑沙不(元)57—58③2
那黑沙不(元)59—60③2
那竭(东晋十六国)25—26③3
孙波(东晋十六国)25—26③5
孙波(唐)39—40③6
孙波(唐)41—42③5
孙波(苏毗)(隋)37—38③5
阳山△(秦)15—16②6
阳山郡(南北朝)33—34④7
阳山郡(南北朝)35—36④7
阳布(清)65—66④4
阳曲(民国)69—70③7
阳曲(民国)71—72③7
阳关(西汉)17—18③5
阳关(东汉)19—20③5
阳关(唐)39—40③6
阳关(唐)41—42③5
阳州(南北朝)33—34③7
阳江州(清)67—68④7
阳苴咩城(唐)43—44④6
阳城(夏)5—6③7
阳禺(战国)13—14④7
阳翟(战国)13—14③7
阳翟王部(元)57—58②4
阳翟王部(元)59—60②4
阶州(五代十国)49—50⑪14
阶州(元)57—58③6
阶州(清)65—66③6
阶州(清)67—68③6
阴山△(战国)13—14②7
阴山△(秦)15—16②6—7
阴山△(西晋)23—24②6—7
阴山△(南北朝)31—32②6—7
阴山△(南北朝)33—34②6—7
阴山△(唐)39—40②7—8
阴山△(唐)41—42②6—7
阴山△(唐)43—44②6—7
阴山△(五代十国)47—48②7
阴山△(金南宋)53—54②4—5
阴山△(金南宋)55—56②4—5
阴山△(元)57—58②4
阴山△(元)59—60②4
阴山△(明)61—62②6—7
阴山△(明)63—64②6—7
阴山△(清)65—66②6—7
阴平郡(三国)21—22③6
阴平郡(西晋)23—24③6
防风氏(夏)5—6③7
如者部(唐)43—44①8—②8
(好儿趁)福余(明)63—64②8
好陈察哈尔(明)63—64②7
羽山△(夏)5—6③7
牟(春秋)11—12③7
牟山△(唐)45—46②5
买沟(三国)21—22②8
红水河～(明)61—62④6
红水河～(明)63—64④6
红水河～(清)65—66④6
红水河～(清)67—68④6
红水河～(民国)69—70④6
红水河～(民国)71—72④6
红头屿(清)65—66④8
红河～(清)67—68④6
红河～(民国)69—70④6
红河～(民国)71—72④6
约昌城(辽北宋)51—52③4
纪浑河～(辽北宋)51—52②2—③2
巡逻鄂博(清)65—66①7

七　画

寿州(唐)39—40③8
寿州(唐)41—42③7
寿州(唐)43—44③7
寿州(唐)45—46③5
寿州(五代十国)47—48③7
寿州(辽北宋)51—52③7
寿县(原始社会)3—4③7
寿春(战国)13—14③7
寿靡(州靡、余靡)(战国)13—14④6
弄栋府(辽北宋)51—52④6
弄栋府(金南宋)53—54④6
弄栋府(金南宋)55—56④6
弄栋城(唐)43—44④6
玛庞～(唐)39—40③5
玛庞～(唐)41—42③4
玛庞～(唐)43—44③4
运河～(清)65—66③7
运河～(清)67—68③7
运河～(民国)69—70③7
运河～(民国)71—72③7
运城(清)65—66③7
扶风郡(三国)21—22③6
扶州(南北朝)35—36③6
扶州(唐)43—44③6
扶余府(唐)43—44②8
扶南(东汉)19—20⑦12
扶南(三国)21—22⑦12
扶南(西晋)23—24⑦12
扶南(东晋十六国)25—26⑦12
扶南(南北朝)29—30⑦12
扶南(南北朝)31—32⑦12
扶南(南北朝)33—34⑦12
扶南(南北朝)35—36⑦12
扶南(隋)37—38⑦12
抚州(唐)45—46④5
抚州(五代十国)47—48④7
抚州(五代十国)49—50⑯18
抚州府(明)61—62④7
抚州府(明)63—64④7
抚州府(清)65—66④7
抚州府(清)67—68④7
抚州路(元)57—58④7
抚远(原始社会)3—4②9
抚冥镇(南北朝)31—32②7
抚彝厅(清)67—68③6
扯力昌(明)61—62③4
扯力昌(明)63—64③4
扯力昌河～(明)61—62③4
扯力昌河～(明)63—64③4
贡塘(唐)39—40③5
贡塘(唐)41—42④4
贡塘(唐)43—44④4
贡塘(五代十国)47—48④4
贡塘(辽北宋)51—52④4
贡塘(金南宋)53—54④4
贡塘(金南宋)55—56④4
贡噶尔(清)67—68④5
贡噶尔宗(清)65—66④5
赤水(东晋十六国)25—26③6
赤斤蒙古(明)63—64②5
赤斤蒙古卫(明)61—62②5
赤坎(清)67—68④7
赤谷(三国)21—22②3
赤谷(西晋)23—24②3
赤谷城(西汉)17—18②3
赤谷城(东汉)19—20②3
赤谷城(东晋十六国)25—26②3
赤谷城(南北朝)29—30②3
赤谷城(南北朝)31—32②3
赤尾屿(明)63—64④8
赤尾屿(清)65—66④8
赤尾屿(清)67—68④8
赤尾屿　(民国)69—70④8
赤尾屿(民国)71—72④8
赤河～(唐)39—40②5
赤河～(唐)41—42②4
赤河～(唐)43—44②4
赤河～(五代十国)47—48③3
赤城郡(南北朝)33—34④8
赤峰(原始社会)3—4②7
赤峰州(清)67—68②7
赤塔(清)67—68①7
赤溪厅(清)67—68④7
折曲～(五代十国)47—48③5
折曲～(五代十国)49—50⑬8
折曲～(辽北宋)51—52③5
折曲～(金南宋)53—54③5
折曲～(金南宋)55—56③5
折曲～(元)57—58③5
折曲～(元)59—60③5
折曲～(明)61—62③5—④5
折曲～(明)63—64③5—④5
坎达哈尔(清)65—66③2
均水～(三国)21—22③7
均水～(西晋)23—24③7
均州(唐)45—46③3
均州(五代十国)49—50②2
均州(五代十国)49—50⑧6
均州(辽北宋)51—52③7
均州(金南宋)53—54③7
均州(金南宋)55—56③7
均州(元)57—58③7
坊州(唐)45—46③3
护时健(金南宋)53—54③2
护教王驻地(明)61—62③5
护教王驻地(明)63—64③5
护密(隋)37—38③3
护密(唐)41—42③3
把刺湾岛(清)67—68⑦13—⑧13
芙蓉山△(唐)45—46⑤2
芜湖(清)65—66③7
芜湖(民国)69—70③7
芜湖道(民国)69—70③7—④7
邯郸(战国)13—14③7
邯郸郡(秦)15—16③7
芷江(民国)69—70④6
芮(商)7—8③7
花氏城(五代十国)47—48④4
花刺子模(辽北宋)51—52②1—2
花刺子模(金南宋)53—54②1—2
花刺子模(金南宋)55—56②1—③2
花刺子模(元)57—58②1—2
花刺子模(元)59—60②1—2
花刺子模海～(辽北宋)51—52②1—2
花刺子模海～(金南宋)53—54②1—2
花刺子模海～(金南宋)55—56②1—2
花刺子模海～(明)61—62②1—2
花刺子模海～(明)63—64②1—2
苍梧(民国)69—70④7
苍梧(仓吾)(战国)13—14④7
苍梧郡(西汉)17—18④7
苍梧郡(东汉)19—20④7
苍梧郡(三国)21—22④7
苍梧郡(西晋)23—24④7
苍梧郡(东晋十六国)25—26④7
苍梧郡(南北朝)29—30④7

苍严劳克芭苏杜巫极杞孛甫更豆酉丽辰邳来忒连邶邺坚时吴里吠围员吹邑别舌岐岗岚牡利秃秀佑攸作伯你身佛伽佉彻余谷孚龟免狄鸠条库

苍梧郡(南北朝)31—32④7
苍梧郡(隋)37—38④7
苍梧道(民国)69—70④7
严允(犬戎)(西周)9—10③6
严州(唐)45—46⑥3
严州府(清)67—68④7
劳山△(南北朝)31—32③8
劳水～(南北朝)29—30④6
劳水～(南北朝)31—32④6
劳水～(南北朝)33—34④6
劳水～(南北朝)35—36④6
克什旦(明)63—64②7
克什米尔(清)65—66③3
(克什米尔)卡契(明)61—62③3
(克什米尔)卡契(明)63—64③3
克烈部(金南宋)53—54②5—6
克特湾(元)57—58②2
克鲁伦河～(清)67—68②7
克鲁伦河～(民国)69—70②7
克鲁伦河～(民国)71—72②7
克穆齐克乌梁海旗(清)65—66①5
芭茏员(明)61—62⑧13
芭茏员(明)63—64⑧13
芭榄(金南宋)53—54②3
芭榄(金南宋)55—56②3
苏(商)7—8③7
苏对沙那(唐)43—44②3
苏州(唐)39—40③9
苏州(唐)41—42③8
苏州(唐)43—44③8
苏州(唐)45—46④6
苏州(五代十国)47—48③8
苏州(辽北宋)51—52③8
苏州(金南宋)53—54③8
苏州府(明)61—62③8
苏州府(明)63—64③8
苏州府(清)65—66③8
苏州府(清)67—68③8
(苏毗)孙波(隋)37—38③5
苏常道(民国)69—70③8
苏禄(清)65—66⑧13
苏禄(清)67—68⑧14
苏楚那(清)65—66①8
苏满(清)65—66③3
杜尔伯特汗旗(乌兰固木)(清)67—68②5
巫(战国)13—14③6
巫山(原始社会)3—4③6
巫州(唐)39—40④7
巫州(唐)41—42④6
极(西周)9—10③7
杞(商)7—8③7
杞(西周)9—10③7
杞(战国)13—14③7
孛苦江万户府(元)57—58②9
孛苦江万户府(元)59—60②9
甫(商)7—8③7
更庆(清)67—68③5
豆莫娄(南北朝)29—30②8—①9
豆莫娄(南北朝)31—32②8—9
豆莫娄(南北朝)33—34②8—9
豆莫娄(南北朝)35—36②8
酉水～(唐)45—46④3
酉阳州(清)65—66④6
酉阳州(清)67—68④6
丽水～(战国)13—14④7
丽水～(唐)39—40④6
丽水～(唐)41—42④5
丽水～(唐)43—44④5
丽水城(唐)43—44④5
丽江府(清)65—66④6
丽江府(清)67—68④6
丽江路(元)57—58④6
丽江路(元)59—60④6
辰州(唐)39—40④8
辰州(唐)41—42④7
辰州(唐)43—44④7
辰州(唐)45—46④3
辰州(辽北宋)51—52②8
辰州(辽北宋)51—52④7
辰州(金南宋)53—54④7
辰州(金南宋)55—56④7
辰州府(明)61—62④7
辰州府(明)63—64④7
辰州府(清)67—68④7
辰州路(元)57—58④7
辰阳(战国)13—14④7
辰沅道(民国)69—70④7
辰韩(西汉)17—18③8
辰韩(东汉)19—20③8
辰韩(三国)21—22③8
辰韩(西晋)23—24③8
邳(西周)9—10③7
来州(辽北宋)51—52②8
来州(金南宋)53—54②8
忒耳迷(辽北宋)51—52③2
连山厅(清)67—68④7
连州(唐)45—46⑤4
连州(五代十国)47—48④7
连州(清)65—66④7
连州(清)67—68④7
连州路(元)57—58④7
邶(西周)9—10③7
邺(十六国)27—28⑥9
邺(南北朝)33—34③7
邺(南北朝)35—36③7
邺都(五代十国)47—48③7
坚昆(西汉)17—18①4—5
坚昆(东汉)19—20①4—5
坚昆(三国)21—22①4—5
坚昆(西晋)23—24①4—5
坚昆都督府(唐)39—40①6
时罗漫山△(隋)37—38②4—5
吴(西周)9—10③8
吴(春秋)11—12③8
吴(战国)13—14③8
吴(五代十国)49—50②2
吴(五代十国)49—50⑤12
吴(五代十国)49—50⑯18
吴兴郡(西晋)23—24③8
吴兴郡(南北朝)29—30③8
吴兴郡(南北朝)31—32③8
吴兴郡(南北朝)33—34③8
吴兴郡(南北朝)35—36③8
吴县(民国)69—70③8
吴郡(东汉)19—20③8
吴郡(三国)21—22③8
吴郡(西晋)23—24③8
吴郡(东晋十六国)25—26③8
吴郡(南北朝)29—30③8
吴郡(南北朝)31—32③8
吴郡(南北朝)33—34③8
吴郡(南北朝)35—36③8
吴郡(隋)37—38③8
吴越(五代十国)47—48④7—8
吴越(五代十国)49—50②3—③3
吴越(五代十国)49—50⑤13—⑥13
吴越(五代十国)49—50⑧7—⑨7
吴越(五代十国)49—50⑪16—⑫16
吴越(五代十国)49—50⑯19
里化厅(清)67—68③6
吠舍厘(唐)39—40④5
围场厅(清)67—68②7
员渠(南北朝)31—32②4
吹(明)63—64②3
吹没辇～(元)57—58②3
吹没辇～(元)59—60②3
吹河～(辽北宋)51—52②3
吹河～(明)61—62②3
邑卢没(西汉)17—18⑤5
别石把(金南宋)53—54②4
别石把(金南宋)55—56②4
别失八里(元)57—58②4
别失八里(明)61—62②4
别失八里(明)63—64②4
(别失八里)北庭都元帅府(元)59—60②4
别吉大营盘辖地(元)59—60①5
别里古台后王封地(元)57—58②7
舌方(商)7—8③6—7
岐(五代十国)49—50②1
岐(五代十国)49—50⑬9
岐州(南北朝)31—32③6
岐州(南北朝)33—34③6
岐州(南北朝)33—34③7
岐州(南北朝)35—36③6
岐州(唐)39—40③7
岐州(唐)41—42③6
岗噶玛△(辽北宋)51—52④4
岗噶玛△(金南宋)53—54④4
岗噶玛△(金南宋)55—56④4
岗噶波△(元)57—58④4
岗噶波△(元)59—60④4
岚州(唐)45—46②3
岚州(五代十国)49—50②2
岚州(五代十国)49—50⑪15
岚婆(五代十国)47—48③3
牡丹江(民国)71—72②8
利州(唐)39—40③7
利州(唐)41—42③6
利州(唐)43—44③6
利州(唐)45—46③2
利州(五代十国)47—48③6
利州(辽北宋)51—52③6
利州(金南宋)53—54③6
利州(金南宋)55—56③6
秃麻(元)57—58①6
秀山郡(五代十国)47—48④6
秀山郡(辽北宋)51—52④6
秀山郡(金南宋)53—54④6
秀山郡(金南宋)55—56④6
秀州(金南宋)53—54③8
佑国节度使(五代十国)49—50②1
攸(商)7—8③7
作乐水～(三国)21—22②7—8
作乐水～(西晋)23—24②7—8
伯力(清)65—66②9
伯力(清)67—68②9
(伯力)哈巴罗夫斯克(民国)69—70②9
(伯力)哈巴罗夫斯克(民国)71—72②9
伯木古鲁万户(元)59—60④5
伯咄部(隋)37—38②8
你蛮河～(明)61—62①9
你蛮河～(明)63—64①9
身毒(西汉)17—18③3—④4
(身毒)天竺(东汉)19—20④3
佛冈厅(清)67—68④7
佛逝(辽北宋)51—52⑦12—13
伽师(清)67—68③3
伽耶(东晋十六国)25—26④4
伽耶(唐)39—40④5
伽耶城(五代十国)47—48④4
伽舍罗逝(西晋)23—24③3
伽舍罗逝(东晋十六国)25—26③3
佉沙州(唐)39—40③3
彻里(元)57—58④6
余干(战国)13—14④7
余干水～(战国)13—14④7
余水～(秦)15—16④7
余水～(西汉)17—18④7
余水～(三国)21—22④7
余水～(西晋)23—24④7
余水～(唐)45—46④5
余吾水～(西汉)17—18②6
余吾州(唐)39—40①7—8
余杭郡(隋)37—38③8
谷水～(西晋)23—24③6
孚远(清)67—68②4
龟兹(西汉)17—18②4
龟兹(东汉)19—20②4
龟兹(三国)21—22②4
龟兹(西晋)23—24②4
龟兹(西晋)23—24③6
龟兹(东晋十六国)25—26②4
龟兹(十六国)27—28⑦13—14
龟兹(十六国)27—28⑩21
龟兹(南北朝)29—30②3—4
龟兹(南北朝)31—32②3—4
龟兹(南北朝)33—34②3—4
龟兹(南北朝)35—36②3—4
龟兹(隋)37—38②4
龟兹(唐)43—44②4
龟兹(五代十国)47—48②4
龟兹(辽北宋)51—52②4
龟兹河～(五代十国)47—48②4
龟兹镇(唐)39—40②5
龟兹镇(唐)41—42②4
免渡河(清)67—68②8
狄道(战国)13—14③6
鸠兹(春秋)11—12③7
条支都督府(唐)39—40③3
库车(原始社会)3—4②4
库车(清)65—66②4
库车州(清)67—68②4
库布勒哲库(清)65—66②7
库尔勒(民国)71—72②4
库尔喀喇乌苏(清)65—66②4
库尔喀喇乌苏厅(清)67—68②4
库页岛(清)65—66①10
库页岛(清)67—68①10—②10
(库页岛)萨哈林岛(民国)71—72②10
库伦(清)65—66②6
库伦(清)67—68②6
库伦(民国)69—70②6
库伦(民国)71—72②6
库克多博(清)67—68①7
库克恰腾吉斯～(元)

57—58②3
库克恰腾吉斯～(元)59—60②3
库克恰腾吉斯～(明)61—62②3
库克恰腾吉斯～(明)63—64②3
库苏古尔泊～(清)65—66①5
库苏古尔泊～(清)67—68①5
库苏古尔泊～(民国)69—70①6
库苏古尔泊～(民国)71—72①6
库耶私(元)57—58②3
库耶私(元)59—60②3
库莫奚(东晋十六国)25—26②7—8
库莫奚(十六国)27—28⑤9—10
库莫奚(十六国)27—28⑦17—18
库莫奚(十六国)27—28⑩24
库莫奚(南北朝)29—30②7
库莫奚(南北朝)31—32②7
库莫奚(南北朝)33—34②7
库莫奚(南北朝)35—36②7
库楞湖～(清)65—66②7
库穆什山△(清)65—66②3
应(西周)9—10③7
应天军(五代十国)47—48②6
应天府(辽北宋)51—52③7
应天府(明)61—62③7
应天府(明)63—64③7
应昌府(元)57—58②7
应昌路(元)59—60②7
庐山△(唐)45—46④4—5
庐州(唐)39—40③8
庐州(唐)41—42③7
庐州(唐)43—44③7
庐州(唐)45—46④5
庐州(五代十国)47—48③7
庐州(五代十国)49—50⑪15
庐州(五代十国)49—50⑮18
庐州(辽北宋)51—52③7
庐州(金南宋)53—54③7
庐州(金南宋)55—56③7
庐州府(明)61—62③7
庐州府(明)63—64③7
庐州府(清)65—66③7
庐州府(清)67—68③7
庐州路(元)57—58③7
庐州路(元)59—60③7
庐江郡(秦)15—16④7
庐江郡(西汉)17—18③7
庐江郡(东汉)19—20③7
庐江郡(三国)21—22③7
庐江郡(西晋)23—24③7
庐江郡(东晋十六国)25—26③7
庐江郡(南北朝)31—32③7
庐江郡(隋)37—38③7
庐阳郡(南北朝)35—36④7
庐陵郡(三国)21—22④7
庐陵郡(西晋)23—24④7
庐陵郡(东晋十六国)25—26④7
庐陵郡(南北朝)29—30④7
庐陵郡(南北朝)31—32④7
庐陵郡(南北朝)33—34④7
庐陵郡(南北朝)35—36④7
庐陵郡(隋)37—38④7
庐陵道(民国)69—70④7
辛头河～(东晋十六国)25—26③3
辛头河～(十六国)27—28⑧13
辛头河～(十六国)27—28⑪20
辛头河～(唐)41—42③3
冶县(西汉)17—18④7
闰盐州(元)57—58④6
闲田(唐)43—44③6
闲田(唐)45—46①2—②2
羌(商)7—8③6
羌(西周)9—10③6
羌(春秋)11—12③6
羌(战国)13—14③5
羌(秦)15—16③4
羌(秦)15—16③5
羌(秦)15—16③6
羌水～(唐)39—40③7
羌水～(唐)41—42③6
羌水～(唐)43—44③6
羌水～(唐)45—46③2
羌方(鬾方)(商)7—8③6
羌谷水～(西汉)17—18②5—③5
羌胡(三国)21—22③6
羌胡(西晋)23—24③6
羌塘(唐)39—40③5—6
羌塘(唐)41—42③4—5
羌塘(唐)43—44③4—5
羌塘(五代十国)47—48③4—5
羌塘(辽北宋)51—52③4—5
羌塘(金南宋)53—54③4—5
羌塘(金南宋)55—56③4—5
羌塘(元)57—58③4—5
羌塘(元)59—60③4
羌塘(明)61—62③4
羌塘(明)63—64③4
汪古部(金南宋)55—56②6—7
(汪古部)白鞑靼部(金南宋)53—54②6—7
汪吉河～(金南宋)53—54②6
汪吉河～(金南宋)55—56②6
沅水～(战国)13—14④7—6
沅水～(秦)15—16④7—6
沅水～(西汉)17—18④7—6
沅水～(东汉)19—20④7
沅水～(三国)21—22④7—6
沅水～(西晋)23—24④7—6
沅水～(东晋十六国)25—26④7—6
沅水～(十六国)27—28③4
沅水～(南北朝)29—30④7—6
沅水～(南北朝)31—32④7—6
沅水～(南北朝)33—34④7—6
沅水～(南北朝)35—36④7—6
沅水～(隋)37—38④7
沅水～(唐)39—40④8
沅水～(唐)41—42④7
沅水～(唐)43—44④7
沅水～(唐)45—46④3—⑤3
沅水～(五代十国)47—48④7
沅水～(辽北宋)51—52④7
沅水～(金南宋)53—54④7
沅水～(金南宋)55—56④7
沅水～(明)61—62④7
沅水～(明)63—64④7
沅州(南北朝)35—36④7
沅州(辽北宋)51—52④6
沅州(金南宋)53—54④6
沅州(金南宋)55—56④6
沅州府(清)67—68④6
沅州路(元)57—58④6
沅州路(元)59—60④6
沅江～(元)57—58④7
沅江～(元)59—60④7
沅江～(民国)69—70④7
沅江～(民国)71—72④7
沅陵郡(隋)37—38④7
沅溪水～(唐)45—46⑤3
沛国(东汉)19—20③7
沛郡(西汉)17—18③7
沔水～(秦)15—16③6—7
沔水～(西汉)17—18③7
沔水～(东汉)19—20③6—7
沔水～(三国)21—22③6
沔水～(西晋)23—24③6—7
沔水～(东晋十六国)25—26③6—7
沔水～(十六国)27—28②4
沔水～(十六国)27—28⑥9
沔水～(十六国)27—28⑧16
沔水～(南北朝)29—30③6—7
沔水～(南北朝)31—32③6—7
沔水～(南北朝)33—34③6—7
沔水～(南北朝)35—36③6—7
沔州(南北朝)35—36③7
沔州(唐)39—40③8
沔州(唐)41—42③7
沔州(唐)45—46④4
沔州(金南宋)55—56③6
沔州(元)57—58③6
沔阳府(元)57—58③7
沔阳郡(隋)37—38③7
沙马矶头(清)65—66④8
沙井(明)61—62②7
沙井(明)63—64②7
沙丘(商)7—8③7
沙市(清)67—68③7
沙兰秃站(元)59—60②6
沙必乃达巴汉(清)65—66①5
沙必乃达巴汉(清)67—68①5
沙州(唐)39—40②6
沙州(唐)41—42②5
沙州(唐)43—44②5
沙州(五代十国)47—48②5
沙州(辽北宋)51—52②5
沙州(金南宋)53—54②5
沙州(金南宋)55—56②5
沙州(明)63—64②5
沙州卫(明)61—62②5
沙州路(元)57—58②5
沙州路(元)59—60②5
沙南(西晋)23—24②7
沙捞越 (民国)71—72⑧13
沙鹿海牙(明)61—62②2
沙雅(清)67—68②4
汩水～(唐)45—46④4
沚(商)7—8③7
浿水～(秦)15—16②8—③8
浿水～(西汉)17—18③8
浿水～(东汉)19—20②8—③8
浿丘(战国)13—14③7
沃沮(秦)15—16②9—8
沃沮(西汉)17—18②9—8
沃沮(东汉)19—20②9—8
沃沮(三国)21—22②9—8
沃沮(西晋)23—24②9—8
沃野镇(南北朝)29—30②6
沃野镇(南北朝)31—32②6
沃野镇(南北朝)33—34②6
沂水～(春秋)11—12③7
沂水～(战国)13—14③7
沂水～(秦)15—16③7
沂水～(西汉)17—18③7
沂水～(东汉)19—20③7
沂水～(三国)21—22③7
沂水～(西晋)23—24③7
沂水～(隋)37—38③7
沂水～(唐)39—40③8
沂水～(唐)41—42③7
沂水～(唐)43—44③7
沂水～(辽北宋)51—52③7
沂州(唐)39—40③8
沂州(唐)41—42③7
沂州(唐)45—46③5
沂州(五代十国)49—50②2
沂州(五代十国)49—50⑧6
沂州(五代十国)49—50⑪15
沂州(金南宋)53—54③7
沂州(元)57—58③7
沂州府(清)65—66③7
沂州府(清)67—68③7
汾水～(西周)9—10③7
汾水～(春秋)11—12③7
汾水～(战国)13—14③7
汾水～(秦)15—16③7
汾水～(西汉)17—18③7
汾水～(东汉)19—20③7
汾水～(三国)21—22③7
汾水～(西晋)23—24③7
汾水～(东晋十六国)25—26③7
汾水～(十六国)27—28②4
汾水～(十六国)27—28⑥9
汾水～(十六国)27—28⑧17
汾水～(南北朝)29—30③7
汾水～(南北朝)31—32③7
汾水～(南北朝)33—34③7
汾水～(南北朝)35—36③7
汾水～(隋)37—38③7
汾水～(唐)39—40③8
汾水～(唐)41—42③7
汾水～(唐)43—44③7
汾水～(唐)45—46②3
汾水～(五代十国)47—48③7
汾水～(五代十国)49—50②2
汾水～(五代十国)49—50⑤12
汾水～(五代十国)49—50⑧6
汾水～(五代十国)49—50⑪15
汾水～(五代十国)49—50⑬10
汾水～(辽北宋)51—52③7
汾水～(金南宋)53—54③7
汾水～(金南宋)55—56③7
汾水～(元)57—58③7
汾水～(元)59—60③7
汾水～(明)61—62③7
汾水～(明)63—64③7
汾水～(清)65—66③7
汾水～(清)67—68③7
汾州(南北朝)31—32③7
汾州(南北朝)33—34③7

汾州(唐)39—40③8
汾州(唐)41—42③7
汾州(唐)43—44③7
汾州(唐)45—46②3
汾州(辽北宋)51—52③7
汾州(金南宋)53—54③7
汾州(金南宋)55—56③7
汾州(元)57—58③7
汾州府(清)65—66③7
汾州府(清)67—68③7
汾河～(民国)69—70③7
汾河～(民国)71—72③7
沧州(唐)39—40③8
沧州(唐)41—42③7
沧州(唐)43—44③7
沧州(唐)45—46②5
沧州(五代十国)47—48③7
沧州(五代十国)49—50②2
沧州(五代十国)49—50⑤12
沧州(五代十国)49—50⑧6
沧州(五代十国)49—50⑪15
沧州(饶安城)(南北朝)33—34③7
沧州(饶安城)(南北朝)35—36③7
沩水～(西汉)17—18③7
汴水～(南北朝)29—30③7
汴水～(南北朝)31—32③7
汴水～(南北朝)33—34③7
汴水～(南北朝)35—36③7
汴水～(唐)39—40③8
汴水～(唐)41—42③7
汴水～(唐)43—44③7
汴水～(五代十国)47—48③7
汴州(唐)39—40③8
汴州(唐)41—42③7
汴州(唐)43—44③7
汴州(唐)45—46③4
汴京(金南宋)53—54③7
汴河～(辽北宋)51—52③7
汴梁路(元)59—60③7
汶山△(战国)13—14③6
汶山郡(三国)21—22③6
汶山郡(西晋)23—24③6
汶山郡(隋)37—38③6
汶州(南北朝)35—36③6
汶江～(唐)39—40④7
汶江～(唐)41—42④6
汶江～(唐)43—44④6
汶阳郡(南北朝)31—32③7
汶莱(清)65—66⑧13
沪海道(民国)69—70③8
沈州(辽北宋)51—52②8
沈州(金南宋)53—54②8
沈州(金南宋)55—56②8
沈州(元)57—58②8
沈阳(原始社会)3—4②8
沈阳(民国)69—70②8
沈阳中卫(明)61—62②8
沈阳中卫(明)63—64②8
沈阳市(民国)71—72②8
沈阳路(元)59—60②8
沈黎郡(东晋十六国)25—26④6
沈黎郡(南北朝)29—30④6
沈黎僚郡(南北朝)31—32④6
沁水～(西汉)17—18③7
沁水～(东汉)19—20③7
沁州(唐)43—44③7
沁州(唐)45—46②4
沁州(五代十国)49—50②2
沁州(五代十国)49—50⑤12
沁州(五代十国)49—50⑧6
沁州(五代十国)49—50⑪15
沁州(元)57—58③7
沁州(清)67—68③7
怀宁(民国)69—70③7
怀庆府(明)61—62③7
怀庆府(明)63—64③7
怀庆府(清)67—68③7
怀州(南北朝)33—34③7
怀州(南北朝)35—36③7
怀州(唐)45—46③4
怀远(唐)39—40③7
怀远(唐)41—42③6
怀远府(唐)43—44②9
怀孟路(元)57—58③7
怀荒镇(南北朝)29—30②7
怀荒镇(南北朝)31—32②7
怀朔镇(南北朝)29—30②7
怀朔镇(南北朝)31—32②7
忻州(唐)45—46②4
忻州(元)57—58③7
忻州(清)67—68③7
完水～(东晋十六国)25—26①8—7
完水～(南北朝)29—30①8—②8
完水～(南北朝)31—32①8—②8
完水～(南北朝)33—34①8—②8
完水～(南北朝)35—36①8—②8
完水～(隋)37—38①8—②8
完颜部(辽北宋)51—52②8
宋(西周)9—10③7
宋(春秋)11—12③7
宋(战国)13—14③7
宋瓦江～(金南宋)53—54②8
宋瓦江～(金南宋)55—56②8
宋瓦江～(元)57—58②8
宋瓦江～(元)59—60②8
宋平郡(南北朝)31—32④6
宋州(唐)39—40③8
宋州(唐)41—42③7
宋州(唐)45—46③4
宋州(五代十国)47—48③7
宋寿郡(南北朝)29—30④6
宋寿郡(南北朝)31—32④6
宋熙郡(南北朝)31—32③6
宏科(清)65—66①9
牢兰海～(西晋)23—24②5
牢兰海～(东晋十六国)25—26③5
牢兰海～(十六国)27—28①2
牢兰海～(十六国)27—28⑦15
牢兰海～(十六国)27—28⑩22
牢州(唐)45—46⑥3
穷(夏)5—6⑥14
良渚(原始社会)3—4③8
诃咄(隋)37—38③2
补人宗(清)65—66③4
识匿(唐)41—42③3
罕东卫(明)61—62③5
(罕哈)泰宁(明)63—64②7—8
罕答哈儿(明)61—62③2
罕答哈儿(明)63—64③2
灵山(原始社会)3—4④6
灵山卫(明)61—62③8
灵山卫(明)63—64③8
灵丘郡(南北朝)31—32③7
灵吉塘(清)65—66③3
灵州(南北朝)33—34③6
灵州(南北朝)35—36③6
灵州(唐)39—40③7
灵州(唐)41—42③6
灵州(唐)43—44③6
灵州(唐)45—46②2
灵州(五代十国)47—48③6
灵州(五代十国)49—50②1
灵州(五代十国)49—50⑤11
灵寿(战国)13—14③7
灵武郡(南北朝)35—36③6
灵武郡(隋)37—38③6
灵藏(明)61—62③5
灵藏(明)63—64③5
即墨(战国)13—14③8
张北(民国)69—70②7
张家口(民国)71—72②7
张家口厅(清)65—66②7
张家口厅(清)67—68②7
张掖(十六国)27—28⑪23
张掖河～(唐)39—40②6—③6
张掖河～(唐)41—42②5—③5
张掖河～(唐)43—44②5—③5
张掖河～(元)57—58②6—③6
张掖河～(元)59—60②6—③6
张掖居延属国(东汉)19—20②6
张掖郡(西汉)17—18③6
张掖郡(东汉)19—20③6
张掖郡(三国)21—22③6
张掖郡(西晋)23—24③6
张掖郡(东晋十六国)25—26③6
张掖郡(十六国)27—28⑪23
张掖郡(南北朝)31—32③6
张掖郡(南北朝)33—34③6
张掖郡(南北朝)35—36③6
张掖郡(隋)37—38③6
张掖属国(东汉)19—20②6—③6
陆州(唐)41—42④6
陆州(唐)45—46⑥3
陆真腊(唐)41—42⑤6
陆真腊(唐)43—44⑤6
陆真腊(唐)45—46⑦2
阿(战国)13—14③7
阿山道(民国)69—70②4
阿木河～(明)61—62③2
阿瓦(明)63—64④5
(阿瓦)缅甸司(明)61—62④5
阿巴哈纳尔左旗(清)67—68②7
阿巴噶左旗(清)67—68②7
阿只里海子～(明)61—62①5
阿只里海子～(明)63—64①5
阿尔金山△(民国)69—70③4—5
阿尔金山△(民国)71—72③4—5
阿尔泰(清)67—68②4—5
阿尔泰山△(清)67—68②4—5
阿尔泰山△(民国)69—70②4—5
阿尔泰山△(民国)71—72②4—5
阿母河～(金南宋)53—54②2—③2
阿母河～(金南宋)55—56②2—③2
阿母河～(元)57—58②2—③2
阿母河～(元)59—60②2—③2
阿母河～(清)65—66②2—③2
阿母河～(清)67—68②2—③2
阿克苏(原始社会)3—4②4
阿克苏(清)65—66②4
阿克苏(民国)69—70②4
阿克苏道(民国)69—70②3—4
阿忒八失(明)61—62②3
阿里(清)65—66③3—4
阿里(清)67—68③3—4
阿里(民国)69—70③4
阿里(民国)71—72③3—4
阿里门河～(金南宋)53—54②9
阿里门河～(金南宋)55—56②9
阿里马(金南宋)53—54②3—4
阿里马(金南宋)55—56②4
阿里玛图(元)57—58②3
阿里玛图(元)59—60②3
阿里玛图(明)61—62②3
阿里玛图(明)63—64②3
阿里麻里(元)57—58②4
阿里麻里(元)59—60②4
阿拉克泊～(清)67—68②5
阿拉善厄鲁特旗(清)65—66③6
阿拉善额鲁特旗(清)67—68③6
阿拉善额鲁特旗(民国)69—70②6
阿拉善额鲁特旗(民国)71—72②6
阿图什(明)63—64③3
阿姆河～(民国)69—70②2—③2
阿姆河～(民国)71—72②2—③2
阿剌脑儿～(元)57—58③5
阿剌脑儿～(元)59—60③5
阿剌脑儿～(明)61—62③5
阿剌脑儿～(明)63—64③5
阿速(元)57—58②4
阿速(元)59—60②4
阿速(明)61—62②4
阿速(明)63—64②4
阿速江～(明)61—62②9
阿速江～(明)63—64②9
阿柴(五代十国)47—48③5
阿柴(辽北宋)51—52③5
阿柴(金南宋)53—54③5
阿柴(金南宋)55—56③5
阿勒坦山△(金南宋)55—56②4—5
阿勒坦山△(清)65—66②4—5
阿勒坦山(金山)△(金南宋)53—54②4—5
阿勒坦乌梁海七旗(清)65—66②4
阿勒坦淖尔乌梁海二旗(清)65—66①4
阿勒泰(原始社会)3—4②4
阿勒楚喀(清)65—66②8
阿辅水～(南北朝)29—30①5—4
阿辅水～(南北朝)31—32①5—4
阿辅水～(南北朝)33—34①5—4
阿辅水～(南北朝)35—36①5—4
阿辅水～(隋)37—38①4—5

阿辅水～(唐)39－40①6－5
阿辅水～(唐)41－42①5
阿辅水～(唐)43－44①5－4
阿鲁兀纳么连～(明)61－62①7
阿鲁兀纳么连～(明)63－64①7
阿鲁浑河～(明)61－62②6
阿鲁浑河～(明)63－64②6
阿富汗(清)67－68③2－3
阿富汗(民国)69－70③2－3
阿富汗(民国)71－72③2－3
阿端卫(明)61－62③5
阿摩罗补罗(清)65－66④5
阿耨达大水～(西晋)23－24③4
阿耨达大水～(东晋十六国)25－26③4
阿耨达大水～(十六国)27－28⑧14
阿耨达大水～(十六国)27－28⑪21
阿耨达山(昆仑山)△(西晋)23－24③3－4
阿耨达山(昆仑山)△(东晋十六国)25－26③3－4
阿耨达山(昆仑山)△(十六国)27－28⑧13－14
阿耨达山(昆仑山)△(十六国)27－28⑪20－21
阿穆哈拜商(清)65－66①5
陇山△(战国)13－14③6
陇右节度使(唐)41－42③6
陇东郡(十六国)27－28⑪23
陇东郡(南北朝)29－30③6
陇西国(西晋)23－24③6
陇西郡(秦)15－16③6
陇西郡(西汉)17－18③6
陇西郡(东汉)19－20③6
陇西郡(三国)21－22③6
陇西郡(南北朝)29－30③6
陇西郡(南北朝)31－32③6
陇西郡(隋)37－38③6
陇州(唐)39－40③7
陇州(唐)41－42③6
陇州(唐)45－46③2
陇州(五代十国)49－50⑤11
陇州(元)57－58③6
陇县(东汉)19－20③6
陈(西周)9－10③7
陈(春秋)11－12③7
陈(战国)13－14③7
陈(南北朝)35－36④7
陈州(唐)39－40③8
陈州(唐)41－42③7
陈州(唐)45－46③4
陈州府(清)67－68③7
陈国(东汉)19－20③7
陈郡(秦)15－16③7
陈郡(三国)21－22③7
陈郡(南北朝)29－30③7
陈郡(南北朝)31－32③7
陈留(辽北宋)51－52③7
陈留国(三国)21－22③7
陈留郡(西汉)17－18③7
陈留郡(东晋十六国)25－26③7
阻卜(辽北宋)51－52②6－7
阻卜大王府(辽北宋)51－52②6
(阻卜)达旦(五代十国)47－48②6
(阻韈部)塔塔儿部(金南宋)53－54②7
附国(隋)37－38③5
陀历(东晋十六国)25－26③3
陀历(十六国)27－28⑧13
陀历(十六国)27－28⑪20
妫水～(西汉)17－18③2
妫州(唐)45－46①4
邵州(唐)39－40④8
邵州(唐)41－42④7
邵州(唐)45－46⑤3
邵州(辽北宋)51－52④7
邵州(金南宋)53－54④7
邵州(金南宋)55－56④7
邵武府(清)65－66④7
邵武府(清)67－68④7
邵武路(元)57－58④7
邵陵郡(西晋)23－24④7
邵陵郡(东晋十六国)25－26④7
邵陵郡(南北朝)29－30④7
邵陵郡(南北朝)31－32④7
邵陵郡(南北朝)33－34④7
甬东(甬句东)(春秋)11－12③8
甬句东(战国)13－14③8
(甬句东)甬东(春秋)11－12③8
部(商)7－8③6
鸡林州都督府(唐)39－40③9
鸡笼(清)65－66④8
纳木湖～(唐)39－40③6
纳木湖～(唐)41－42③5
纳木湖～(唐)43－44③5
纳木湖～(五代十国)47－48③5
纳木湖～(辽北宋)51－52③4－5
纳木湖～(金南宋)53－54③5
纳木湖～(金南宋)55－56③5
纳木湖～(明)63－64③5
纳木错～(元)57－58③5
纳木错～(元)59－60③5
纳木错～(明)61－62③5
纳木错(腾格里池)～(清)65－66③5
纳水～(辽北宋)51－52②8
纳仓(辽北宋)51－52③4
纳仓(金南宋)53－54③4
纳仓(金南宋)55－56③4
纳仓(清)65－66③4
纳里(五代十国)47－48③3－4
纳里(辽北宋)51－52③3－4
纳里(金南宋)53－54③3－4
纳里(金南宋)55－56③3－4
纳里速古鲁孙(元)59－60③4
纳里速古鲁孙元帅驻地(元)57－58③3
纳林河～(清)65－66②3
纳林河～(清)67－68②3
纳林河～(民国)69－70②3
纳林河～(民国)71－72②3
纳城(清)65－66④5
纶(夏)5－6⑦14

八　画

奉天府(清)65－66②8
奉天府(清)67－68②8
奉元路(元)59－60③6
奉化节度使(五代十国)49－50⑯18
奉圣州(辽北宋)51－52②7
奉圣州(金南宋)53－54②7
奉圣州(金南宋)55－56②7
奉州(南北朝)35－36④6
环王(唐)43－44⑤6
环王(唐)45－46⑦2
环州(元)57－58③6
武川厅(清)67－68②7
武川镇(南北朝)31－32②7
武冈路(元)57－58④7
武平郡(西晋)23－24④6
武平郡(南北朝)29－30④6
武宁节(唐)43－44③7
武宁节度使(唐)45－46③5
武夷山△(唐)45－46⑤5
武关(战国)13－14③7
武州(南北朝)33－34③7
武州(南北朝)35－36③6
武州(南北朝)35－36④7
武州(唐)43－44③6
武州(五代十国)49－50④12
武兴节度使(五代十国)49－50⑬9
武兴郡(南北朝)29－30③6
武安郡(南北朝)29－30③6
武安郡(隋)37－38③7
武阳(战国)13－14③6
武阳郡(隋)37－38③7
武阶郡(南北朝)29－30③6
武阶郡(南北朝)31－32③6
武昌(民国)69－70③7
武昌(民国)71－72③7
武昌府(明)61－62③7
武昌府(明)63－64③7
武昌府(清)65－66③7
武昌府(清)67－68③7
武昌郡(西晋)23－24③7
武昌郡(东晋十六国)25－26③7
武昌郡(南北朝)29－30③7
武昌郡(南北朝)35－36③7
武昌路(元)59－60③7
武定州(清)65－66④6
武定州(清)67－68④6
武定江～(唐)45－46⑥2
武定府(清)67－68③7
武定路(元)57－58④6
武城(战国)13－14③7
武威(原始社会)3－4③6
武威(民国)69－70③6
武威郡(西汉)17－18③6
武威郡(东汉)19－20③6
武威郡(三国)21－22③6
武威郡(西晋)23－24③6
武威郡(十六国)27－28②3
武威郡(十六国)27－28⑥8
武威郡(十六国)27－28⑧16
武威郡(十六国)27－28⑪23
武威郡(南北朝)33－34③6
武威郡(南北朝)35－36③6
武威郡(隋)37－38③6
武胜节度使(五代十国)49－50⑪15
武陟(清)65－66③7
武泰节度使(五代十国)49－50⑭9
武都(战国)13－14③6
武都郡(西汉)17－18③6
武都郡(东汉)19－20③6
武都郡(三国)21－22③6
武都郡(西晋)23－24③6
武都镇(南北朝)29－30③6
武都郡(隋)37－38③6
武陵郡(西汉)17－18④7
武陵郡(东汉)19－20④7
武陵郡(三国)21－22④7
武陵郡(西晋)23－24④7
武陵郡(东晋十六国)25－26④7
武陵郡(南北朝)29－30④7
武陵郡(南北朝)31－32④7
武陵郡(南北朝)35－36④7
武陵郡(隋)37－38④7
青山△(唐)39－40①5
青山△(唐)41－42①4
青山△(唐)43－44①4
青山△(五代十国)47－48②8
青水洋～(元)57－58③8
青水洋～(元)59－60③8
青州(三国)21－22③7
青州(西晋)23－24③7
青州(东晋十六国)25－26③7
青州(十六国)27－28②4
青州(十六国)27－28⑥9
青州(十六国)27－28⑧17
青州(十六国)27－28⑪24
青州(南北朝)31－32③7
青州(南北朝)35－36③7
青州(南北朝)35－36④6
青州(唐)39－40③8
青州(唐)41－42③7
青州(唐)43－44③7
青州(唐)45－46②5
青州(五代十国)47－48③7
青州(辽北宋)51－52③7
青州(东阳城)(南北朝)29－30③7
青州(东阳城)(南北朝)33－34③7
青州府(明)61－62③7
青州府(明)63－64③7
青州府(清)65－66③7
青州府(清)67－68③7
青州冀州(南北朝)31－32③7
青岛(清)67－68③8
青岛市(民国)71－72③8
青莲岗(原始社会)3－4③7
青海～(南北朝)29－30③5－6
青海～(南北朝)31－32③5－6
青海～(南北朝)33－34③5－6
青海～(南北朝)35－36③5－6
青海～(隋)37－38③6
青海～(唐)39－40③7
青海～(唐)41－42③6
青海～(唐)43－44③6
青海～(五代十国)47－48③6
青海～(五代十国)49－50⑬8
青海～(辽北宋)51－52③5－6
青海～(金南宋)53－54③5－6
青海～(金南宋)55－56③5－6
青海～(元)57－58③5－6
青海～(元)59－60③5－6
青海～(明)61－62③5
青海～(明)63－64③5
青海～(清)65－66③5
青海～(清)67－68③5
青海～(民国)69－70③5
青海～(民国)71－72③6
青海厄鲁特(清)65－66③5－6
青海额鲁特(清)67－

68③5－6
青海额鲁特(民国)69－70③5－6
青森(清)67－68②10
青冀二州(南北朝)33－34③7
抹必力赤巴山△(明)61－62③5
抹必力赤巴山△(明)63－64③5
拓跋鲜卑(三国)21－22②6－7
拓跋鲜卑(西晋)23－24②6－7
拔汗那(唐)41－42②3
拔汗那(唐)43－44②3
拔底延(王舍城)(南北朝)31－32③2
拔野古(唐)43－44①7－②7
担袂(三国)21－22④4
押儿牵(金南宋)53－54③3
押儿牵(金南宋)55－56③3
者舌(南北朝)31－32②2
拘弥(东汉)19－20③4
拉达克(明)61－62③3
拉达克(明)63－64③3
拉达克(清)65－66③3
拉克沙(清)65－66③3
拉里(清)67－68③5
拉孜(清)67－68④4
拉虎尔(清)65－66③3
拉萨(原始社会)3－4④5
拉萨(清)67－68④5
拉萨(民国)69－70④5
拉萨(民国)71－72④5
拉楚河～(清)65－66③3
拉楚河～(清)67－68③3
拉楚河～(清)67－68③5
拂涅部(隋)37－38②8－9
刼比罗伐窣堵(唐)39－40④5
其(商)7－8③7
其(西周)9－10③7
其(春秋)11－12③7
苦兀(明)61－62①10－②10
苦兀(明)63－64①10－②10
苦叉(元)59－60②4
苦先(明)61－62②4
苦先(明)63－64②4
昔令哥河～(明)61－62②6
若叉(元)57－58②4
若水～(西汉)17－18③6－④6
若水～(东汉)19－20③6－④6
若水～(西晋)23－24④6
若水～(南北朝)35－36④6
茂名(民国)69－70④7
茂州(唐)39－40③7
茂州(唐)41－42③6
茂州(唐)45－46④1
茂州(辽北宋)51－52③6
茂州(元)57－58③6
茂州(元)59－60③6
茂州(清)67－68③6
苴(战国)13－14③6
(苴)部(春秋)11－12③6
英(夏)5－6③7
英(商)7－8③7
英(西周)9－10③7
英吉沙厅(清)67－68③3
英德路(元)57－58④7
苑川(十六国)27－28⑧16
范夫人城(西汉)17－18②6
范阳节度使(唐)41－42③7
范阳国(西晋)23－24③7
范阳郡(三国)21－22③7
范阳郡(南北朝)29－30③7
范阳郡(南北朝)31－32③7
(林人)林胡(春秋)11－12③6－7
(林人)林胡(战国)13－14②6－③6
林中百姓(明)61－62①7
林芝(原始社会)3－4④5
林西(原始社会)3－4②7
林西(清)67－68②7
林邑(东汉)19－20⑦12
林邑(三国)21－22⑦12
林邑(西晋)23－24⑦12
林邑(东晋十六国)25－26⑤6
林邑(南北朝)29－30⑤6
林邑(南北朝)31－32⑤6
林邑(南北朝)33－34⑤6
林邑(南北朝)35－36⑤6
林邑(隋)37－38⑤6
林邑(唐)39－40⑤7
林邑(唐)41－42⑤6
林胡(林人)(春秋)11－12③6－7
林胡(林人)(战国)13－14②6－③6
析(春秋)11－12③7
析支(赐支)(战国)13－14③6
析津府(辽北宋)51－52③7
析津府(金南宋)53－54③7
松州(唐)39－40③7
松州(唐)43－44③6
松江府(元)57－58③8
松江府(明)61－62③8
松江府(明)63－64③8
松江府(清)67－68③8
松阳(战国)13－14③7
松花江～(明)61－62②8
松花江～(明)63－64②8
松花江～(清)65－66②9－8
松花江～(清)67－68②9－8
松花江～(民国)71－72②9－8
松桃厅(清)67－68④6
松漠都督府(唐)39－40②8
松漠都督府(唐)41－42②7
松潘卫(明)61－62③6
松潘卫(明)63－64③6
松潘厅(清)65－66③6
松潘厅(清)67－68③6
杭州(原始社会)3－4③8
杭州(唐)39－40③9
杭州(唐)41－42③7
杭州(唐)43－44③8
杭州(唐)45－46④6
杭州(五代十国)47－48③8
杭州(五代十国)49－50⑤13
杭州(五代十国)49－50⑧7
杭州(五代十国)49－50⑪15
杭州(五代十国)49－50⑮18
杭州(辽北宋)51－52③8
杭州(民国)71－72③8
杭州府(明)61－62③8
杭州府(明)63－64③8
杭州府(清)65－66③8
杭州府(清)67－68③8
杭州路(元)57－58③8
杭州路(元)59－60③8
杭县(民国)69－70③8
杭爱山△(明)61－62②5－6
杭爱山△(明)63－64②5－6
杭爱山△(清)67－68②5－6
杭爱山△(民国)69－70②5－6
杭爱山△(民国)71－72②5－6
杭海岭△(元)57－58②5
杭海岭△(元)59－60②5－6
郁水～(西汉)17－18④6
郁水～(东汉)19－20④6
郁水～(三国)21－22④6
郁水～(三国)21－22④7
郁水～(西晋)23－24④6
郁水～(西晋)23－24④7
郁水～(东晋十六国)25－26④6
郁水～(南北朝)29－30④6
郁水～(南北朝)31－32④7
郁水～(南北朝)33－34④7
郁水～(南北朝)35－36④7
郁水～(隋)37－38④6－7
郁水～(唐)39－40④7
郁水～(唐)41－42④6
郁水～(唐)43－44④6
郁水～(唐)45－46⑥3－4
郁水～(辽北宋)51－52④6
郁水～(金南宋)53－54④7
郁水～(金南宋)55－56④7
郁成(西汉)17－18②3
郁江～(五代十国)47－48④6－7
郁江～(五代十国)49－50⑯18
郁江～(金南宋)53－54④6
郁江～(金南宋)55－56④6
郁江～(元)57－58④6
郁江～(元)59－60④6
郁江～(明)61－62④6
郁江～(明)63－64④6
郁江～(清)67－68④6
郁江～(民国)69－70④6
郁江～(民国)71－72④6
郁林(唐)45－46⑥3
郁林州(元)57－58④7
郁林州(清)67－68④7
郁林郡(西汉)17－18④6
郁林郡(东汉)19－20④6
郁林郡(三国)21－22④6
郁林郡(西晋)23－24④6
郁林郡(东晋十六国)25－26④6
郁林郡(南北朝)29－30④6
郁林郡(南北朝)31－32④6
郁林郡(南北朝)33－34④6
郁林郡(隋)37－38④6
郁郅(战国)13－14③6
郁洲(东晋十六国)25－26③7－8
郁督军山△(唐)39－40②6－7
砀郡(秦)15－16③7
奇尔吉兹泊～(民国)69－70②5
奇尔吉兹泊～(民国)71－72②5
奇台(清)67－68②4
奇克勒(清)67－68②8
奇勒稽思泊～(清)65－66②5
奇勒稽思泊～(清)67－68②5
瓯海道(民国)69－70④7－8
瓯越(战国)13－14④8
轮台(清)67－68②4
郅支城(西汉)17－18②3
郅居水～(西汉)17－18②6
郕(夏)5－6⑦14
非洛斯固(金南宋)53－54③2
非洛斯固(金南宋)55－56③2
肯特汗山△(明)61－62②6
肯特汗山△(明)63－64②6
卓书特(辽北宋)51－52③4
卓书特(金南宋)53－54③4
卓书特(金南宋)55－56③4
卓索图盟(清)65－66②7－8
卓索图盟(清)67－68②8－7
卓索图盟(民国)69－70②7－8
卓索图盟(民国)71－72②7－8
卓啰和南军司(辽北宋)51－52③6
卓啰和南军司(金南宋)53－54③6
卓啰和南军司(金南宋)55－56③6
卓摩(辽北宋)51－52④4
卓摩(金南宋)53－54④4
卓摩(金南宋)55－56④4
卓摩(元)57－58④4
卓摩(元)59－60④4
(虎牢城)豫州(南北朝)29－30③7
虎思斡耳朵(金南宋)53－54②3
虎思斡耳朵(金南宋)55－56②3
盱水～(三国)21－22④7
盱水～(西晋)23－24④7
盱水～(隋)37－38④7
盱水～(唐)45－46⑤5
盱眙郡(南北朝)29－30③7
具区～(西晋)23－24③7
具区泽～(战国)13－14③7－8
具区泽～(秦)15－16③7
具区泽～(西汉)17－18③7
果州(唐)45－46④2
昆山△(战国)13－14③3－4
昆冈山△(五代十国)47－48③3－4
昆冈山△(辽北宋)51－52③3－4
昆仑(战国)13－14③5
昆仑山△(西汉)17－18③3－4
昆仑山△(东汉)19－20③3－4
昆仑山△(南北朝)29－30③3－4
昆仑山△(南北朝)31－32③3－4
昆仑山△(南北朝)33－34③3－4
昆仑山△(南北朝)35－36③3－4
昆仑山△(金南宋)53－54③3－4
昆仑山△(金南宋)55－56③3－4
昆仑山△(元)57－58③4
昆仑山△(元)59－60③4
昆仑山△(明)61－62③4－5
昆仑山△(明)63－64③4－5
昆仑山△(民国)69－70③4
昆仑山△(民国)71－72③3－5
(昆仑山)南山△(三国)21－22③4
(昆仑山)阿耨达山△(西晋)23－24③4
(昆仑山)阿耨达山△(东晋十六国)25－26③4

(昆仑山)阿耨达山△(十六国)27—28⑧13—14
(昆仑山)阿耨达山△(十六国)27—28⑪20—21
昆仑镇(唐)39—40④7
昆仑镇(唐)41—42④6
昆州(唐)39—40④7
昆州(唐)41—42④6
昆吾(夏)5—6③7
昆吾(商)7—8③7
昆明(原始社会)3—4④6
昆明(秦)15—16④5—6
昆明(隋)37—38④6
昆明(五代十国)47—48④6
昆明(民国)69—70④6
昆明(民国)71—72④6
昆陵都护府(唐)39—40②4—5
昆墟州都督府(唐)39—40③3
国内城(东汉)19—20②8
国内城(南北朝)29—30②8
国内城(南北朝)31—32②8
国内城(南北朝)33—34②8
国内城(南北朝)35—36②8
国内城(唐)39—40②9
国内城(唐)41—42②8
国后岛(民国)69—70②10
国后岛 (民国)71—72②10
昌八剌(金南宋)53—54②4
昌八剌(金南宋)55—56②4
昌平州(清)65—66②7
昌吉(清)67—68②4
昌吉斯台(清)65—66②4
昌州(唐)45—46④2
昌邑(东汉)19—20③7
昌松郡(南北朝)29—30③6
昌图府(清)67—68②8
昌都(明)61—62③5
昌都(明)63—64③5
昌黎尹(十六国)27—28⑩25
(昌黎城)营州(南北朝)35—36②8
昌黎郡(三国)21—22②8
昌黎郡(西晋)23—24②8
昌黎郡(十六国)27—28⑤10
昌黎郡(南北朝)29—30②8
昌黎郡(南北朝)35—36③7
昌黎郡(和龙城)(南北朝)33—34②8
明(明)61—62③7
明(明)63—64③7
明牙喇海～(清)65—66⑤4—5
明牙喇海～(清)67—68⑤4—5
明多罗岛(清)65—66⑦13
明多罗岛(清)67—68⑦13—14
明州(唐)45—46④6
明州(辽北宋)51—52④8
明州(金南宋)53—54④8
(明安)滂江(清)67—68②7
明阳郡(隋)37—38④6
易州(唐)39—40③8
易州(唐)41—42③7
易州(唐)45—46②4
易州(五代十国)49—50⑪15
易州(清)67—68③7
昂可剌(元)57—58⑦16
昂可剌(元)59—60⑦16
昂可剌河～(金南宋)53—54①5—6
昂可剌河～(金南宋)55—56①5—6
昂可剌河～(元)57—58①5—6
昂可剌河～(元)59—60①5—6
昂可剌河～(明)61—62①5—6
昂可剌河～(明)63—64①5—6
昂昂溪(原始社会)3—4②8
昂噶拉河～(清)65—66①5—6
昂噶拉河～(清)67—68①5—6
迪化(民国)69—70②4
迪化(民国)71—72②4
迪化府(清)67—68②4
迪化道(民国)69—70②4—5
典合城(唐)39—40③5
典冲(隋)37—38⑦12
固尔班盐池(清)67—68②7
固原州(清)65—66③6
固原州(清)67—68③6
忠州(唐)43—44③6
忠州(唐)45—46④2
忠州(五代十国)49—50⑬9
忠州(清)65—66③6
忠州(清)67—68③6
忠县(原始社会)3—4③6
忠武节度使(唐)45—46③4
黾塞(战国)13—14③7
呼巴海山△(清)65—66②3
呼兰府(清)67—68②8
呼伦(民国)69—70②7
呼伦厅(清)67—68②7
呼伦布雨尔(清)65—66②7
呼伦池～(清)67—68②7
呼伦池～(民国)69—70②7
呼伦池～(民国)71—72②7
呼似密(南北朝)31—32②1—2
呼玛(原始社会)3—4①8
呼玛尔(清)67—68①8
呼罗珊(元)57—58③2
呼罗珊(明)61—62③2
呼罗珊(明)63—64③2
呼和浩特(原始社会)3—4②7
呼沱河～(三国)21—22③7
呼得(三国)21—22②4
呼得(西晋)23—24②4
呼揭(秦)15—16②4
呼揭(西汉)17—18②4
呼揭(东汉)19—20②4
鸣条(夏)5—6⑦13
帖儿速河～(元)57—58①5—②5
帖儿速河～(元)59—60①5—②5
帖木儿帝国(明)61—62②3—③2
帖良古惕(元)59—60①3—4
帖良古惕(明)61—62①3—4
帖良古惕(明)63—64①3—4
罗(春秋)11—12③7
罗(春秋)11—12④7
罗～(金南宋)53—54②4
罗卜(金南宋)53—54③4
罗卜(金南宋)55—56②5
罗卜(金南宋)55—56③4
罗卜(元)57—58③4
罗卜(元)59—60③4
罗卜(明)61—62③4
罗卜(明)63—64③4
罗卜～(元)57—58②4
罗卜～(元)59—60②5
罗氏(辽北宋)51—52④6
罗氏(金南宋)53—54④6
罗氏(金南宋)55—56④6
罗布泊～(民国)69—70②5
罗布泊～(民国)71—72②5
罗布淖尔～(清)65—66②5
罗布淖尔～(清)67—68②5
罗伏州(唐)41—42⑤6
罗州(南北朝)33—34④7
罗州(南北朝)35—36④7
罗州(唐)43—44④7
罗州(唐)45—46⑥3
罗定州(清)65—66④7
罗定州(清)67—68④7
罗浮山△(唐)45—46⑥4
罗殿(辽北宋)51—52④6
罗殿(金南宋)53—54④6
罗殿(金南宋)55—56④6
罗槃部(辽北宋)51—52④6
帕米尔(清)67—68③3
帕米尔(民国)69—70③3
帕米尔(民国)71—72③3
帕克哩宗(清)65—66④4
帕罗(唐)39—40④5
帕罗(唐)41—42④4
帕罗(唐)43—44④4
岭西部(唐)39—40②9
岭西部(唐)41—42②8
岭西部(唐)43—44②8
岭南五府经略使(唐)41—42④7
岭南节(唐)43—44④7
岭南节度使(唐)45—46⑥4
岭南道(民国)69—70④7
岷州(南北朝)33—34③6
岷州(南北朝)35—36③6
岷州(唐)39—40③7
岷州(唐)41—42③6
岷州(唐)43—44③6
岷州(辽北宋)51—52③6
岷州(元)57—58③6
岷州(清)65—66③6
岷州卫(明)61—62③6
岷州卫(明)63—64③6
岷江～(辽北宋)51—52④6
岷江～(金南宋)53—54③6—④6
岷江～(金南宋)55—56③6—④6
岷江～(明)61—62③6
岷江～(明)63—64③6
岷江～(民国)69—70③6—④6
岷江～(民国)71—72③6—④6
图古勒池～(清)65—66②3—4
图们江～(清)67—68②8
图们江～(民国)69—70②8—9
图们江～(民国)71—72②8
图伦碛(隋)37—38③3—4
图伦碛(唐)39—40③5
图伦碛(唐)41—42③4
图伦碛(唐)43—44③4
图斯池～(清)65—66②3
吕方(商)7—8②6—7
钓鱼台(清)65—66④8
钓鱼台(清)67—68④8
钓鱼屿(明)63—64④8
钓鱼岛(民国)71—72④8
钓鱼岛 (民国)69—70④8
迭儿密(金南宋)53—54③2
迭儿密(金南宋)55—56③2
迭里迷(明)61—62③2
垂河～(金南宋)53—54②3
垂河～(金南宋)55—56②3
牦牛河～(唐)39—40③6
牦牛河～(唐)41—42③5
牦牛河～(唐)43—44③5
和介部(唐)43—44②7
(和龙城)昌黎郡(南北朝)33—34②8
和田(原始社会)3—4③3
和尔衮(清)65—66②3
和夷(战国)13—14③6
和州(南北朝)35—36③7
和州(唐)39—40③8
和州(唐)41—42③7
和州(唐)43—44③7
和州(唐)45—46④5
和州(金南宋)53—54②4
和州(金南宋)55—56②4
和州(清)67—68③7
和州路(元)57—58③7
和林(明)61—62②6
和林(明)63—64②6
(和林)和林路(元)59—60②6
和林宣慰司(元)57—58②6
和林格尔厅(清)67—68②7
和林路(和林)(元)59—60②6
和通(清)65—66②4
和蛮部(唐)39—40④7
和蛮部(唐)41—42④6
和阗(清)65—66③3
和阗(民国)69—70③3
和阗(民国)71—72③3
和阗州(清)67—68③3
和阗河～(清)67—68③4
和阗河～(民国)69—70③4
和阗河～(民国)71—72③4
和阗道(民国)69—70③3—4
竺刹尸罗(东晋十六国)25—26③3
竺刹尸罗(南北朝)31—32③3
迤都(明)61—62②7
迤都(明)63—64②7
佳木斯(民国)71—72②9
岳州(唐)39—40④8
岳州(唐)41—42④7
岳州(唐)43—44④7
岳州(唐)45—46④4
岳州(辽北宋)51—52④7
岳州府(明)61—62④7
岳州府(明)63—64④7
岳州府(清)65—66④7
岳州府(清)67—68④7
岳州路(元)57—58④7
岳州路(元)59—60④7
岳安郡(南北朝)33—34③7
岳阳郡(南北朝)35—36④7
凭祥州(明)63—64④6
货利习弥(隋)37—38②1—2
依木河卫(明)63—64①9
依兰(原始社会)3—4②8
依兰(民国)69—70②8
依兰府(清)67—68②8
依兰道(民国)69—70②9
依西肯(清)67—68①8
卑沙城(唐)39—40③9
卑沙城(唐)41—42③8
阜康(清)67—68②4
阜新(原始社会)3—4②8
征东元帅府(元)59—60①9
征东行省(元)59—60③8
舍卫(唐)41—42④4
金(金南宋)53—54②8
金(金南宋)55—56②8
金山△(东晋十六国)25—26②4—5
金山△(南北朝)29—30②4—5
金山△(南北朝)31—32②4—5

金山△(南北朝)33－34②4－5
金山△(南北朝)35－36②4－5
金山△(隋)37－38②4－5
金山△(唐)39－40②5－6
金山△(唐)41－42②4－5
金山△(唐)43－44②4－5
金山△(五代十国)47－48②4－5
金山△(辽北宋)51－52②4－5
金山△(金南宋)53－54②8
金山△(金南宋)55－56②8
金山△(元)57－58②4－5
金山△(元)59－60②4－5
金山△(明)61－62②4－5
金山△(明)63－64②4－5
(金山)阿勒坦山△(金南宋)53－54②5
金山郡(隋)37－38③6
金川～(唐)39－40③7
金川～(唐)41－42③6
金川～(唐)43－44③6
金华(原始社会)3－4④7
金华府(明)61－62④7
金华府(明)63－64④7
金华府(清)65－66④7
金华府(清)67－68④7
金华道(民国)69－70④7
金州(南北朝)35－36③6
金州(唐)39－40③7
金州(唐)41－42③6
金州(唐)43－44③6
金州(唐)45－46③3
金州(五代十国)47－48③6
金州(五代十国)49－50⑤11
金州(五代十国)49－50⑧5
金州(五代十国)49－50⑪14
金州(五代十国)49－50⑬9
金州(辽北宋)51－52③6
金州(金南宋)53－54③6
金州(元)57－58③6
金州卫(明)61－62③8
金州卫(明)63－64③8
金沙江～(元)57－58④5－6
金沙江～(元)59－60④5－6
金沙江～(明)61－62④5－⑤5
金沙江～(明)61－62④6
金沙江～(明)63－64④6
金沙江～(清)67－68③5－④5
金沙江～(民国)69－70③5－④5
金沙江～(民国)71－72③5－④5
金齿卫(明)61－62④5
金齿部(唐)39－40④6
金齿部(唐)41－42④5
金明郡(南北朝)31－32③6
金城(东晋十六国)25－26③8
金城(十六国)27－28⑥10
金城(南北朝)29－30③8
金城(南北朝)31－32③8
金城(南北朝)33－34③8
金城(南北朝)35－36③8
金城(隋)37－38③8
金城(唐)39－40③9
金城(唐)41－42③8
金城(唐)43－44③8
金城郡(西汉)17－18③6
金城郡(东汉)19－20③6
金城郡(三国)21－22③6
金城郡(西晋)23－24③6
金城郡(南北朝)29－30③6
金城郡(隋)37－38③6
金陵府(五代十国)49－50⑮18
金陵道(民国)69－70③7
金商都防(唐)43－44③6
金商都防御使(唐)45－46③3
金微山△(东汉)19－20①4－②5
金微山△(三国)21－22②4－5
金微山△(西晋)23－24②4－5
金微都督府(唐)39－40①8－②8
受降城(西汉)17－18②6
受降城(东汉)19－20②6
肤施(民国)69－70③6
周(商)7－8③6
周(春秋)11－12③7
周(战国)13－14③7
周(南北朝)35－36③6
周(五代十国)49－50⑪15
周口店(原始社会)3－4③7
周水～(西汉)17－18④5
周水～(东汉)19－20④5
周水～(东汉)19－20④6
周水～(三国)21－22④5
周水～(三国)21－22④6
周水～(西晋)23－24④5
周水～(西晋)23－24④6
周水～(东晋十六国)25－26④5
周水～(十六国)27－28②2－③2
周水～(南北朝)29－30④5
周水～(南北朝)31－32④5
周水～(南北朝)33－34④5
周水～(南北朝)35－36④5
郇阳(战国)13－14③6
鱼(春秋)11－12③6
鱼失所(明)61－62②9
兔园水～(南北朝)29－30②6
兔园水～(南北朝)31－32②6
兔园水～(南北朝)33－34②6
兔园水～(南北朝)35－36②6
狐氏(春秋)11－12③7
忽儿珊(金南宋)53－54③2
忽儿珊(金南宋)55－56③2
忽儿海卫(明)63－64②8
忽汗河～(唐)39－40②9
忽汗河～(唐)41－42②8
忽汗河～(唐)43－44②8
忽汗城(五代十国)47－48②8
忽毡(元)57－58②2
忽毡(元)59－60②2
忽章河～(金南宋)53－54②2
忽章河～(金南宋)55－56②2
忽章河～(元)57－58②3
忽章河～(元)59－60②3
兆阝阳(战国)13－14④7
京师(隋)37－38③6
京师(明)61－62③7
京师(明)63－64③7
京师(清)65－66③7
京师(清)67－68③7
京兆尹(东汉)19－20③6
京兆府(唐)41－42③6
京兆府(唐)43－44③6
京兆府(唐)45－46③3
京兆府(五代十国)47－48③6
京兆府(五代十国)49－50⑤11
京兆府(五代十国)49－50⑧5
京兆府(五代十国)49－50⑪14
京兆府(辽北宋)51－52③6
京兆府(金南宋)53－54③6
京兆府(金南宋)55－56③6
京兆郡(三国)21－22③6
京兆郡(西晋)23－24③6
京兆郡(十六国)27－28②3
京兆郡(十六国)27－28⑥8
京兆郡(十六国)27－28⑧16
京兆郡(十六国)27－28⑪23
京兆郡(隋)37－38③6
京城(唐)39－40③7
京城(清)65－66③8
京都(清)65－66③9
京都(清)67－68③9
京辅都尉(西汉)17－18③7
庞(战国)13－14④7
夜邑(战国)13－14③7
夜郎(战国)13－14④6
夜郎(秦)15－16④6
夜郎郡(南北朝)29－30④6
夜郎郡(南北朝)33－34④6
庙屯(清)65－66①10
府州(五代十国)49－50⑤12
府州(五代十国)49－50⑧6
底兀剌司(洞吾)(明)61－62⑤5
底马撒司(明)61－62⑤5
底里(辽北宋)51－52④3
底里(金南宋)53－54④3
底里(金南宋)55－56④3
底里(明)61－62④3
底里(明)63－64④3
兖州(三国)21－22③7
兖州(西晋)23－24③7
兖州(东晋十六国)25－26③7
兖州(十六国)27－28②4
兖州(十六国)27－28⑥9
兖州(十六国)27－28⑧17
兖州(十六国)27－28⑪24
兖州(南北朝)29－30③7
兖州(南北朝)31－32③7
兖州(南北朝)35－36③7
兖州(唐)39－40③8
兖州(唐)41－42③7
兖州(唐)43－44③7
兖州(唐)45－46③5
兖州(五代十国)47－48③7
兖州(五代十国)49－50②2
兖州(五代十国)49－50⑤12
兖州(五代十国)49－50⑧6
兖州(五代十国)49－50⑪15
兖州(辽北宋)51－52③7
兖州府(明)61－62③7
兖州府(明)63－64③7
兖州府(清)65－66③7
兖州府(清)67－68③7
兖州(滑台城)(南北朝)29－30③7
兖州(瑕丘)(南北朝)33－34③7
兖海观(唐)43－44③7
兖海观察使(唐)45－46③5
净州路(元)59－60②7
郑(西周)9－10③6
郑(春秋)11－12③7
郑(战国)13－14③7
郑州(原始社会)3－4③7
郑州(唐)39－40③8
郑州(唐)41－42③7
郑州(唐)43－44③7
郑州(唐)45－46③4
郑州(五代十国)47－48③7
郑州(五代十国)49－50②2
郑州(五代十国)49－50⑤12
郑州(五代十国)49－50⑧6
郑州(五代十国)49－50⑪15
郑州(辽北宋)51－52③7
郑州(金南宋)53－54③7
郑州(金南宋)55－56③7
郑州(元)59－60③7
郑州(清)65－66③7
郑州(清)67－68③7
单于府(唐)43－44②7
单于庭(西汉)17－18②6
单于都护府(唐)39－40②8
单于都护府(唐)41－42②7
单于都护府(唐)45－46①3
单单大岭△(东汉)19－20③8
单单大岭△(三国)21－22②8－③8
沬(西周)9－10③7
沬(春秋)11－12③7
沫水～(秦)15－16④6
沫水～(战国)13－14③6－④6
沫水～(三国)21－22③6－④6
沫水～(西晋)23－24③6－④6
沫水～(东晋十六国)25－26③6
沫水～(十六国)27－28②3－③3
法库厅(清)67－68②8
沽水～(西汉)17－18②7
沽水～(唐)45－46②6
沭水～(唐)45－46③5
河～(西汉)17－18②4
河～(东汉)19－20②4
河～(三国)21－22②4
河口(清)65－66④6
河口(清)67－68③6
河口(清)67－68④6
河口(民国)69－70④6
河中节(唐)43－44③7
河中节度使(唐)45－46③3
河中府(唐)43－44③7
河中府(唐)45－46③3
河中府(五代十国)47－48③7
河中府(辽北宋)51－52③7
河中府(金南宋)55－56③2
河中府(金南宋)55－56③7
河中府(元)57－58③7
河水～(夏)5－6③7
河水～(商)7－8③7
河水～(西周)9－10③7
河水～(春秋)11－12③7
河水～(战国)13－14③7
河水～(秦)15－16③7
河水～(西汉)17－18③7
河水～(东汉)19－20③7
河水～(三国)21－22③
河水～(西晋)23－24③6
河水～(东晋十六国)25－26③7

河水～(十六国)27—28①3—②3
河水～(十六国)27—28②2—3
河水～(十六国)27—28⑤8—⑥8
河水～(十六国)27—28⑥9
河水～(十六国)27—28⑧15—16
河水～(十六国)27—28⑧17
河水～(十六国)27—28⑪24
(河水)黄河～(唐)45—46②3
(河水)黄河～(五代十国)47—48③7
(河水)黄河～(五代十国)49—50②2
(河水)黄河～(五代十国)49—50⑤12
(河水)黄河～(五代十国)49—50⑧6
(河水)黄河～(五代十国)49—50⑪15
河内(清)65—66④6
河内(清)67—68④6
河内(民国)69—70④6
河内(民国)71—72④6
河内郡(秦)15—16③7
河内郡(西汉)17—18③7
河内郡(东汉)19—20③7
河内郡(三国)21—22③7
河内郡(南北朝)31—32③7
河东节(唐)43—44③7
河东节度使(唐)41—42③7
河东节度使(唐)45—46②4
河东节度使(五代十国)49—50②2
河东节度使(五代十国)49—50⑧6
河东州(唐)41—42④6
河东郡(秦)15—16③7
河东郡(西汉)17—18③7
河东郡(东汉)19—20③7
河东郡(三国)21—22③7
河东郡(西晋)23—24③7
河东郡(隋)37—38③7
河东道(民国)69—70③7
河北～(东晋十六国)25—26②4
河北郡(南北朝)31—32③7
河北道(民国)69—70③7
河西(五代十国)47—48③6
河西节度使(唐)41—42③6
河西鲜卑(三国)21—22②6
河曲(民国)71—72③7
河州(东晋十六国)25—26③6
河州(南北朝)31—32③6
河州(南北朝)33—34③6
河州(南北朝)35—36③6
河州(唐)39—40③7
河州(唐)41—42③6
河州(唐)43—44③6
河州路(元)57—58③6
河州路(元)59—60③6
河池郡(隋)37—38③6
河阳(唐)43—44③7
河阳(唐)45—46③4
河阳三城节度使(唐)45—46③4
河阳节(唐)43—44③7
河间国(东汉)19—20③7
河间府(辽北宋)51—52③7
河间府(金南宋)53—54③7
河间府(金南宋)55—56③7
河间府(明)61—62③7
河间府(明)63—64③7
河间府(清)67—68③7
河间郡(南北朝)29—30③7
河间郡(隋)37—38③7
河间路(元)57—58③7
河姆渡(原始社会)3—4④8
河南尹(东汉)19—20③7
河南尹(三国)21—22③7
河南地(秦)15—16②6—③6
河南府(唐)41—42③7
河南府(唐)43—44③7
河南府(唐)45—46③4
河南府(五代十国)47—48③7
河南府(五代十国)49—50⑤12
河南府(辽北宋)51—52③7
河南府(金南宋)53—54③7
河南府(金南宋)55—56③7
河南府(明)61—62③7
河南府(明)63—64③7
河南府(清)65—66③7
河南府(清)67—68③7
河南府路(元)57—58③7
河南府路(元)59—60③7
河南郡(西汉)17—18③7
河南郡(西晋)23—24③7
河南郡(十六国)27—28②4
河南郡(十六国)27—28⑥9
河南郡(十六国)27—28⑧17
河南郡(隋)37—38③7
河洛道(民国)69—70③7
河套(明)61—62②6
河套(明)63—64②6
河源郡(隋)37—38③5
泷州(唐)45—46⑥3
泸川郡(隋)37—38④6
泸水～(三国)21—22④6
泸水～(西晋)23—24④6
泸水～(东晋十六国)25—26④6
泸水～(南北朝)29—30④6
泸水～(南北朝)31—32④6
泸水～(南北朝)33—34④6
泸水～(南北朝)35—36④6
泸水～(隋)37—38③6—④6
泸水～(隋)37—38④6
泸水～(唐)39—40④7
泸水～(唐)41—42④6
泸水～(唐)43—44④6
泸州(南北朝)33—34④6
泸州(南北朝)35—36④6
泸州(唐)39—40④7
泸州(唐)41—42④6
泸州(唐)43—44④6
泸州(唐)45—46④2
泸州(辽北宋)51—52④6
泸州(金南宋)53—54④6
泸州(金南宋)55—56④6
泸州(明)61—62④6
泸州(明)63—64④6
泸州(清)65—66④6
泸州(清)67—68④6
泸江水～(三国)21—22④6
泸县(民国)69—70④6
沮末河～(五代十国)47—48③4
泗水～(春秋)11—12③7
泗水～(战国)13—14③7
泗水～(秦)15—16③7
泗水～(西汉)17—18③7
泗水～(东汉)19—20③7
泗水～(三国)21—22③7
泗水～(西晋)23—24③7
泗水～(南北朝)29—30③7
泗水～(南北朝)31—32③7
泗水～(南北朝)33—34③7
泗水～(南北朝)35—36③7
泗水～(唐)39—40③8
泗水～(唐)41—42③7
泗水～(唐)43—44③7
泗水～(唐)45—46③5
泗水～(辽北宋)51—52③7
泗水郡(秦)15—16③7
泗州(唐)39—40③8
泗州(唐)43—44③7
泗州(唐)45—46③5
泗州(金南宋)53—54③7
泗州(金南宋)55—56③7
泗州(清)67—68③7
泗沘(南北朝)33—34③8
泗沘(南北朝)35—36③8
泗沘(隋)37—38③8
泗城州(明)61—62④6
泗城州(明)63—64④6
泗城府(清)65—66④6
泗城府(清)67—68④6
泊汋城(唐)43—44②8
泌州(五代十国)49—50②2
泥婆罗(隋)37—38④5
泥婆罗(唐)39—40④5
泥婆罗(唐)41—42④4
泥婆罗(唐)43—44④4
泥婆罗(五代十国)47—48④4
泥婆罗(辽北宋)51—52④4
泥婆罗(金南宋)53—54④4
泥婆罗(金南宋)55—56④4
波吒厘子城(唐)39—40④5
波吒厘子城(唐)41—42④4
波吒厘子城(唐)43—44④4
波吒厘子城(华氏国)(隋)37—38④4
波多叉拏(隋)37—38③3
波罗河卫(明)63—64①10—②10
波斯(唐)39—40③2
波斯都督府(唐)39—40③3
波窝(三国)21—22③5
波窝(西晋)23—24③5
波窝(东晋十六国)25—26③5
波窝(十六国)27—28②2
波窝(唐)39—40③6
波窝(唐)41—42③5
波窝(唐)43—44③5
波窝(唐)43—44④5
波窝(五代十国)47—48③5
波窝(辽北宋)51—52③5
波窝(金南宋)53—54③5
波窝(金南宋)55—56③5
波路(南北朝)31—32③3
泽州(唐)45—46③4
泽州(五代十国)49—50⑪15
泽州府(清)67—68③7
泾水～(西周)9—10③6
泾水～(春秋)11—12③6
泾水～(战国)13—14③6
泾水～(秦)15—16③6
泾水～(西汉)17—18③6
泾水～(东汉)19—20③6
泾水～(三国)21—22③6
泾水～(西晋)23—24③6
泾水～(东晋十六国)25—26③6
泾水～(南北朝)29—30③6
泾水～(南北朝)31—32③6
泾水～(南北朝)33—34③6
泾水～(南北朝)35—36③6
泾水～(隋)37—38③6
泾水～(唐)45—46③2—3
泾水～(元)57—58③6
泾水～(元)59—60③6
泾州(南北朝)29—30③6
泾州(南北朝)31—32③6
泾州(南北朝)35—36③6
泾州(唐)39—40③7
泾州(唐)43—44③6
泾州(唐)45—46③2
泾州(五代十国)47—48③6
泾州(五代十国)49—50⑧5
泾州(元)57—58③6
泾州(清)67—68③6
泾阳(战国)13—14③6
泾原节(唐)43—44③6
泾原节度使(唐)45—46③2
泾原道(民国)69—70③6
治水～(战国)13—14③7—②7
治水～(西汉)17—18②7—③7
治水～(东汉)19—20③7—②7
泑泽～(战国)13—14②5
泑泽～(南北朝)29—30②4
泑泽～(南北朝)31—32②4
泑泽～(南北朝)33—34②4
泑泽～(南北朝)35—36②4
怯失迷儿(金南宋)53—54③3
怯失迷儿(金南宋)55—56③3
怯失迷儿(元)57—58③3
怯失迷儿(元)59—60③3
怯绿连河～(金南宋)55—56②7
怯绿连河～(元)57—58②7
怯绿连河～(元)59—60②7
怛逻斯(唐)41—42②3
怛逻斯(五代十国)47—48②3
怛逻斯(辽北宋)51—52②3
怕剌(明)61—62②4
怕剌(明)63—64②4
宝山△(唐)45—46⑥4
宝庆府(明)61—62④7
宝庆府(明)63—64④7
宝庆府(清)65—66④7
宝庆府(清)67—68④7
宝庆路(元)57—58④7
宝庆路(元)59—60④7
宝鸡(原始社会)3—4③6
宝髻(东晋十六国)25—26④5
宝髻(南北朝)29—30④5
宝髻(南北朝)31—32④5
宝髻(南北朝)33—34④5
宝髻(南北朝)35—36④5
宝髻(隋)37—38④5
宗周(西周)9—10③6
宗喀(清)67—68④4
定川郡(南北朝)31—32④7
定乡(清)67—68④5
定西州(元)57—58③6
定州(十六国)27—28⑪24
定州(南北朝)29—30③7
定州(南北朝)31—32③7
定州(南北朝)35—36③7
定州(唐)43—44③7
定州(唐)45—46②4
定州(五代十国)47—48③7
定州(五代十国)49—

50②2
定州(五代十国)49－50⑧6
定州(五代十国)49－50⑪15
定州(清)67－68③7
定阳(战国)13－14③6
定阳郡(南北朝)31－32③7
定昌路(元)57－58④6
定结(清)67－68④4
定海厅(清)67－68③8
定陶国(西汉)17－18③7
定难(五代十国)47－48③6
定难(五代十国)49－50②1－2
定难(五代十国)49－50⑤11－12
定难(五代十国)49－50⑧6
定难(五代十国)49－50⑪14
定难节度使(五代十国)49－50②1
定难节度使(五代十国)49－50⑤11
定难节度使(五代十国)49－50⑧5
定难节度使(五代十国)49－50⑪14
定理府(唐)43－44②9
定襄(三国)21－22②7
定襄郡(西汉)17－18②7
定襄郡(东汉)19－20③7
定襄郡(隋)37－38②7
宕州(南北朝)35－36③6
宕州(唐)43－44③6
宕昌(南北朝)31－32③6
宕昌郡(隋)37－38③6
宕渠(战国)13－14③6
宕渠水～(三国)21－22③6
宕渠水～(西晋)23－24③6
宕渠水～(隋)37－38③6
宕渠郡(东晋十六国)25－26③6
宕渠郡(南北朝)29－30③6
宕渠郡(隋)37－38③6
宜禾都尉城(东汉)19－20②5
宜州(唐)39－40④7
宜州(唐)41－42④6
宜州(辽北宋)51－52④6
宜州(金南宋)53－54④6
宜州(金南宋)55－56④6
宜阳(战国)13－14③7
宜昌(民国)69－70③7
宜昌府(清)65－66③7
宜昌府(清)67－68③7
宜春郡(隋)37－38④7
宜都郡(三国)21－22③7
宜都郡(西晋)23－24③7
宜都郡(南北朝)31－32③7
宜都郡(南北朝)33－34③7
宜宾(民国)71－72④6
空同氏(战国)13－14③6
宛(战国)13－14③7
诚州(五代十国)47－48④6
郎州(唐)39－40④7
房州(唐)45－46③3
房州(五代十国)49－50⑤12
房州(五代十国)49－50⑪15
房州(元)57－58③7
房陵郡(隋)37－38③7
郓州(唐)39－40③8
郓州(唐)41－42③7
郓州(唐)43－44③7
郓州(唐)45－46③5
祆儿都司(明)63－64③6
建水州(元)59－60④6
建平郡(三国)21－22③7
建平郡(南北朝)29－30③6
建业(三国)21－22③7
建宁府(金南宋)55－56④7
建宁府(明)61－62④7
建宁府(明)63－64④7
建宁府(清)67－68④7
建宁郡(三国)21－22④6
建宁郡(西晋)23－24④6
建宁郡(东晋十六国)25－26④6
建宁郡(南北朝)29－30④6
建宁郡(南北朝)33－34④6
建宁路(元)57－58④7
建州(南北朝)33－34③7
建州(南北朝)35－36③7
建州(唐)39－40④8
建州(唐)41－42④7
建州(唐)43－44④7
建州(唐)45－46⑤5
建州(五代十国)47－48④7
建州(五代十国)49－50⑯18
建州(辽北宋)51－52④7
建州(金南宋)53－54④7
建州卫(明)61－62②8
建州卫(明)63－64②8
建州女真部(明)63－64②8
建州左卫(明)61－62②8
建江～(明)61－62④7
建江～(明)63－64④7
建兴郡(十六国)27－28⑧17
建安州都督府(唐)39－40②9
建安州都督府(唐)41－42②8
建安城(唐)43－44②8
建安城(唐)45－46①6
建安郡(三国)21－22④7
建安郡(西晋)23－24④7
建安郡(东晋十六国)25－26④7
建安郡(南北朝)29－30④7
建安郡(南北朝)31－32④7
建安郡(南北朝)33－34④7
建安郡(南北朝)35－36④7
建安郡(隋)37－38④7
建安道(民国)69－70④7
建阳溪～(唐)39－40④8
建阳溪～(唐)41－42④7
建阳溪～(唐)43－44④7
建阳溪～(唐)45－46⑤5
建驮罗(唐)41－42③3
建昌军(金南宋)53－54④7
建昌府(五代十国)47－48④6
建昌府(辽北宋)51－52④6
建昌府(金南宋)53－54④6
建昌府(金南宋)55－56④6
建昌府(清)67－68④7
建昌道(民国)69－70④6
建昌路(元)57－58④6
建昌路(元)57－58④7
建昌路(元)59－60④6
建都郡(南北朝)29－30④6
建康(东晋十六国)25－26③7
建康(十六国)27－28②4
建康(十六国)27－28⑥9
建康(十六国)27－28⑧17
建康(十六国)27－28⑪24
建康(南北朝)29－30③7
建康(南北朝)31－32③7
建康(南北朝)33－34③7
建康(南北朝)35－36③7
建康府(金南宋)53－54③7
建康府(金南宋)55－56③7
建康路(元)57－58③7
建德郡(十六国)27－28⑩24
建德郡(南北朝)31－32②7
建德郡(南北朝)33－34②7
建德郡(白狼城)(南北朝)29－30②7
建德郡(白狼城)(南北朝)35－36②7
建德路(元)57－58④7
肃州(唐)39－40③6
肃州(唐)41－42③5
肃州(唐)43－44③5
肃州(五代十国)47－48③5
肃州(辽北宋)51－52③5
肃州(金南宋)53－54③5
肃州(金南宋)55－56③5
肃州(清)65－66③5
肃州(清)67－68③5
肃州卫(明)61－62③5
肃州卫(明)63－64③5
肃州路(元)57－58③5
肃州路(元)59－60③5
肃慎(商)7－8②9－8
肃慎(西周)9－10②9－8
肃慎(春秋)11－12②9－8
肃慎(战国)13－14②9－8
肃慎(秦)15－16②9－8
肃慎(西汉)17－18②9－8
居延泽～(西汉)17－18②6
居延泽～(东汉)19－20②6
居延泽～(三国)21－22②6
居延泽～(西晋)23－24②6
居延泽～(东晋十六国)25－26②6
居延泽～(十六国)27－28①3
居延泽～(十六国)27－28⑤8
居延泽～(十六国)27－28⑦16
居延泽～(十六国)27－28⑩23
居延泽～(南北朝)29－30②6
居延泽～(南北朝)31－32②6
居延泽～(南北朝)33－34②6
居延泽～(南北朝)35－36②6
居延泽～(隋)37－38②6
居延海～(唐)39－40②7
居延海～(唐)41－42②6
居延海～(唐)43－44②6
居延海～(五代十国)47－48②6
居延海～(明)61－62②6
居延海～(明)63－64②6
屈利水～(南北朝)29－30②8
屈利水～(南北朝)31－32②8
屈利水～(南北朝)33－34②8
屈利水～(南北朝)35－36②8
屈家岭(原始社会)3－4③7
弥诺江～(唐)39－40④6
弥诺江～(唐)41－42④5
弥诺江～(唐)43－44④5
承天府(明)63－64③7
承化(民国)69－70②4
承化寺(清)67－68②4
承德(民国)69－70②7
承德(民国)71－72②7
承德府(热河)(清)65－66②7
承德府(清)67－68②7
孟加拉(清)67－68④4－5
孟加拉(民国)69－70④4－5
孟加拉湾～(民国)69－70⑤4－5
孟加拉湾～(民国)71－72⑤4－5
孟艮府(明)61－62④5
孟艮府(明)63－64④5
孟连司(清)65－66④5
孟定府(明)61－62④5
孟定府(明)63－64④5
孟定府(清)65－66④5
孟定路(元)59－60④5
孟养(明)63－64④5
孟养司(明)61－62④5
孤竹(商)7－8③7
孤竹(西周)9－10③7
孤竹(春秋)11－12③7
孤竹(战国)13－14③7
陕西行都司(明)61－62③6
陕西行都司(明)63－64③6
陕州(唐)43－44③7
陕州(唐)45－46③3
陕州(五代十国)47－48③7
陕州(五代十国)49－50②2
陕州(五代十国)49－50⑪15
陕州(清)65－66③7
陕州(清)67－68③7
陕虢观(唐)43－44③7
陕虢观察使(唐)45－46③3
函谷关(秦)15－16③7
姑蔑(春秋)11－12④7
姑蔑(战国)13－14④7
姑臧(十六国)27－28②3
姑臧(十六国)27－28⑥8
姑臧(十六国)27－28⑧16
姑臧(十六国)27－28⑪23
姑墨(西汉)17－18②4
姑墨(东汉)19－20②3－4
姑墨州都督府(唐)39－40③3
始平僚郡(南北朝)31－32③6
始州(南北朝)35－36③6
始兴江～(辽北宋)51－52④7
始兴郡(西晋)23－24④7
始兴郡(东晋十六国)25－26④7
始兴郡(南北朝)29－30④7
始兴郡(南北朝)31－32④7
始兴郡(南北朝)35－36④7
始安郡(西晋)23－24④7
始安郡(东晋十六国)25－26④7
始安郡(南北朝)29－30④7
始安郡(南北朝)31－32④7
始安郡(南北朝)33－34④7
始安郡(南北朝)35－36④7
始安郡(隋)37－38④7
迦比罗卫(东晋十六国)25－26④4
迦布罗(唐)43－44③2
迦没路(唐)41－42④5
迦毘耶罗(唐)41－42④4
迦毗罗伐窣覩(唐)43－44④4
迦维罗卫(南北朝)31－32④4

迦湿弥逻(隋)37—38③3
迦摩缕波(唐)39—40④6
迦臂施(隋)37—38③2
终南山△(战国)13—14③6
终南山△(清)65—66③6
绍庆府(元)57—58④6
绍庆路(元)59—60④6
绍兴府(金南宋)53—54④8
绍兴府(金南宋)55—56④8
绍兴府(明)61—62④8
绍兴府(明)63—64④8
绍兴府(清)67—68④8
绍兴路(元)57—58③8

九　画

契丹(东晋十六国)25—26②8
契丹(十六国)27—28⑤10
契丹(十六国)27—28⑦18
契丹(十六国)27—28⑩25
契丹(南北朝)29—30②8
契丹(南北朝)31—32②8
契丹(南北朝)33—34②8
契丹(南北朝)35—36②8
契丹(隋)37—38②8
契丹(唐)43—44②7—8
契丹(五代十国)49—50①2
契丹(五代十国)49—50①3
契丹(五代十国)49—50④12
契苾(唐)41—42②6
契骨(东晋十六国)25—26①5
契骨(南北朝)29—30①5
契骨(南北朝)31—32①5
契骨(南北朝)33—34①5
契骨(南北朝)35—36①5
契骨(隋)37—38①5
贰师城(西汉)17—18②3
春州(唐)39—40④8
春州(唐)41—42④7
春州(唐)43—44④7
春州(唐)45—46⑥3
珍州(唐)45—46④2
封开(原始社会)3—4④7
封父(商)7—8③7
封州(唐)45—46⑥3
封州路(元)57—58④7
拱宸城(清)65—66②4
挞鲁河～(五代十国)47—48②8
城阳(战国)13—14③7
城阳国(西汉)17—18③7
城郭诸国(秦)15—16②3—4
城郭诸国(秦)15—16③3—4
赵(战国)13—14③7
赵(五代十国)49—50②2
赵长城(战国)13—14②6—7
赵州(南北朝)35—36③7
赵州(唐)45—46②4
赵州(清)67—68③7
赵兴郡(南北朝)29—30③6
赵国(西汉)17—18③7
赵国(东汉)19—20③7
赵郡(隋)37—38③7
括州(唐)39—40④8
荆门州(元)57—58③7
荆门州(清)67—68③7
荆州(三国)21—22③7
荆州(西晋)23—24③7
荆州(东晋十六国)25—26③7
荆州(十六国)27—28②4
荆州(十六国)27—28③3
荆州(十六国)27—28⑥9
荆州(南北朝)29—30③7
荆州(南北朝)31—32③7
荆州(南北朝)33—34③7
荆州(南北朝)35—36③7
荆州(唐)39—40③8
荆州(唐)41—42③7
荆州府(明)61—62③7
荆州府(明)63—64③7
荆州府(清)65—66③7
荆州府(清)67—68③7
荆宜道(民国)69—70③7
荆南节(唐)43—44③7
荆南节度使(唐)45—46④4
荆南路(元)57—58③7
带方郡(三国)21—22③8
带方郡(西晋)23—24③8
草头达靼(辽北宋)51—52③5
莒(春秋)11—12③7
莒(战国)13—14③7
莒州(元)57—58③7
茶札剌部(辽北宋)51—52①7
茶赤剌部(金南宋)53—54①7
茫施路(元)57—58④5
茫施路(元)59—60④5
茫部(唐)39—40④7
茫部(唐)41—42④6
荣州(唐)45—46④2
(荤粥)熏育(夏)5—6③6
(荤粥)熏育(商)7—8③6
荥阳郡(隋)37—38③7
胡(西周)9—10③7
胡里改万户府(元)57—58②8
胡里改万户府(元)59—60②9
胡里改路(金南宋)53—54②8
胡里改路(金南宋)55—56②8
茹拖(清)65—66③3
南土尔扈特(清)65—66②4
南土尔扈特(清)67—68②4
南大洋～(清)65—66④8
南山△(西周)9—10③6
南山△(秦)15—16③6
南山△(十六国)27—28⑥7—8
南山△(隋)37—38③3—4
南山(昆仑山)△(三国)21—22③3—4
南广郡(东晋十六国)25—26④6
南广郡(南北朝)29—30④6
南乡郡(西晋)23—24③7
南平(五代十国)47—48③7
南平(五代十国)49—50⑤12—⑥12
南平(五代十国)49—50⑧6
南平(五代十国)49—50⑪15
南平(民国)69—70④7
南东海郡(南北朝)29—30③7
南北二青州(南北朝)33—34③7
南兰陵郡(南北朝)33—34③7
南汉(五代十国)47—48④6—7
南汉(五代十国)49—50⑯18
南宁(原始社会)3—4④6
南宁州(南北朝)35—36④6
南宁州(唐)41—42④6
南宁军(元)57—58⑤6
南宁府(明)61—62④6
南宁府(明)63—64④6
南宁府(清)65—66④6
南宁府(清)67—68④6
南宁道(民国)69—70④6
南宁路(元)59—60④6
南司州(南北朝)33—34③7
南朱提郡(南北朝)31—32④6
南合州(南北朝)35—36④7
南州(南北朝)35—36③6
南州(唐)43—44④6
南州(唐)45—46④2
南州厅(清)67—68④7
南汝阴郡(南北朝)29—30③7
南汝阴郡(南北朝)31—32③7
南安(原始社会)3—4④7
南安府(清)67—68④7
南安郡(十六国)27—28⑧16
南安郡(南北朝)35—36④7
南安路(元)57—58④7
南阳(原始社会)3—4③7
南阳国(西晋)23—24③7
南阳府(元)57—58③7
南阳府(明)61—62③7
南阳府(明)63—64③7
南阳府(清)65—66③7
南阳府(清)67—68③7
南阳郡(秦)15—16③7
南阳郡(西汉)17—18③7
南阳郡(东汉)19—20③7
南阳郡(三国)21—22③7
南阳郡(东晋十六国)25—26③7
南阳郡(南北朝)29—30③7
南阳郡(南北朝)31—32③7
南阳郡(隋)37—38③7
南阳路(元)59—60③7
南岐州(南北朝)33—34③6
南沙群岛　(民国)69—70⑧13
南沙群岛　(民国)71—72⑧13
南汾州(南北朝)33—34③7
南汾州(南北朝)35—36③7
南宋(金南宋)53—54④6—7
南诏(唐)43—44④5—6
南诏(唐)45—46⑤2
南诏(唐)45—46⑥2
南青州(南北朝)31—32③7
南青州(南北朝)33—34③7
南青州(南北朝)35—36③7
南昌(原始社会)3—4④7
南昌(民国)69—70④7
南昌(民国)71—72④7
南昌府(明)61—62④7
南昌府(明)63—64④7
南昌府(清)65—66④7
南昌府(清)67—68④7
南京(原始社会)3—4③7
南京(唐)43—44③8
南京(辽北宋)51—52③7
南京(金南宋)55—56③7
南京(明)61—62③7
南京(明)63—64③7
南京(燕京)(五代十国)47—48③7
南京万户府(元)57—58②8
南京万户府(元)59—60②8
南京市(民国)71—72③7
南京路(元)57—58③7
南兖州(东晋十六国)25—26③7
南兖州(南北朝)29—30③7
南兖州(南北朝)31—32③7
南兖州(南北朝)33—34③7
南兖州(南北朝)35—36③7
南郑(战国)13—14③6
南郑(民国)69—70③6
南郑(汉中)(民国)71—72③6
南定州(南北朝)33—34④6
南定州(南北朝)35—36④6
南城(西汉)17—18②4
南牂柯郡(南北朝)31—32④6
南思路(元)57—58④7
南剑路(元)57—58④7
南洛州(南北朝)33—34③6
南室韦(南北朝)35—36②8
南室韦(隋)37—38②8
南郡(秦)15—16③7
南郡(西汉)17—18③7
南郡(东汉)19—20③7
南郡(三国)21—22③7
南郡(西晋)23—24③7
南郡(十六国)27—28②4
南郡(南北朝)29—30③7
南郡(南北朝)33—34③7
南郡(隋)37—38③7
南秦州(东晋十六国)25—26③6
南秦州(南北朝)33—34③6
南晋郡(南北朝)33—34③6
南恩州(元)59—60④7
南徐州(南北朝)29—30③7
南徐州(南北朝)31—32③7
南徐州(南北朝)33—34③7
南徐州(南北朝)35—36③7
南唐(五代十国)47—48③7—④7
南唐(五代十国)49—50⑧6
南唐(五代十国)49—50⑫15
南凉(十六国)27—28⑪23
南海(战国)13—14④7
南海～(秦)15—16⑤7
南海～(西汉)17—18⑤7
南海～(辽北宋)51—52⑤7
南海～(金南宋)53—54⑤7
南海～(金南宋)55—56⑤7
南海～(元)57—58⑤7
南海～(元)59—60⑤7
南海～(明)61—62⑤7
南海～(明)63—64⑤7
南海～(清)65—66②9
南海～(清)65—66⑤7
南海～(清)67—68⑤7
南海～(民国)69—70⑤7
南海～(民国)69—70⑦13—⑧13
南海～(民国)71—72⑤7
南海(涨海)～(东汉)19—20⑤7
南海(涨海)～(三国)21—22⑤7
南海(涨海)～(西晋)23—24⑤7
南海(涨海)～(东晋十六国)25—26⑤7
南海(涨海)～(南北朝)29—30⑤7
南海(涨海)～(南北朝)31—32⑤7
南海(涨海)～(南北朝)33—34⑤7
南海(涨海)～(南北朝)35—36⑤7
南海(涨海)～(隋)37—38⑤7

南海(涨海)～(唐)39－40⑤9
南海(涨海)～(唐)41－42⑤7
南海(涨海)～(唐)43－44⑤7
南海(涨海)～(唐)45－46⑦4－5
南海(涨海)～(五代十国)47－48⑤7
南海府(唐)43－44③8
南海郡(秦)15－16④7
南海郡(西汉)17－18④7
南海郡(东汉)19－20④7
南海郡(三国)21－22④7
南海郡(西晋)23－24④7
南海郡(南北朝)29－30④7
南海郡(南北朝)33－34④7
南海郡(南北朝)35－36④7
南海郡(隋)37－38④7
南陵郡(南北朝)33－34③7
南陵郡(南北朝)35－36③7
南营州(南北朝)35－36③7
南野(战国)13－14④7
南盘江～(元)57－58④6
南盘江～(元)59－60④6
南盘江～(明)61－62④6
南盘江～(明)63－64④6
南康府(清)67－68④7
南康郡(东晋十六国)25－26④7
南康郡(南北朝)29－30④7
南康郡(南北朝)31－32④7
南康郡(南北朝)33－34④7
南康郡(南北朝)35－36④7
南康郡(隋)37－38④7
南康路(元)57－58④7
南梁州(南北朝)33－34③6
南梁郡(南北朝)29－30③7
南巢氏(商)7－8③7
南越(秦)15－16④6－7
南雄州(清)67－68④7
南雄路(元)57－58④7
南掌(清)65－66④6－⑤6
南澳(清)65－66④7
南豫州(南北朝)29－30③7
南豫州(南北朝)31－32③7
南豫州(南北朝)33－34③7
南豫州(南北朝)35－36③7
南燕(十六国)27－28⑪24
南豳州(南北朝)33－34③6
南襄州(南北朝)33－34③7
药杀水～(隋)37－38②2
药杀水～(唐)39－40②3
药杀水～(唐)41－42②2
药杀水～(唐)43－44②2
药杀水～(五代十国)47－48②2
柯提(辽北宋)51－52②2
柘支(唐)43－44②2
相州(南北朝)29－30③7
相州(南北朝)31－32③7
相州(唐)39－40③8
相州(唐)41－42③7
相州(唐)45－46②4
相州(五代十国)47－48③7
相州(五代十国)49－50②2
相州(辽北宋)51－52③7
枳(战国)13－14④6
柏海～(唐)39－40③6
柏海～(唐)41－42③5
柏海～(唐)43－44③5
柏海儿湖～(清)65－66①6
柏海儿湖～(清)67－68①6
栎阳(战国)13－14③6
栅城(南北朝)29－30②9
栅城(南北朝)31－32②9
栅城(南北朝)33－34②9
栅城(南北朝)35－36②9
柳州(唐)39－40④7
柳州(唐)41－42④6
柳州(唐)43－44④6
柳州(唐)45－46⑤3
柳州(五代十国)47－48④6
柳州府(明)61－62④6
柳州府(明)63－64④6
柳州府(清)65－66④6
柳州府(清)67－68④6
柳州路(元)57－58④6
柳州路(元)59－60④6
柳江(原始社会)3－4④6
柳江道(民国)69－70④6
柳城郡(隋)37－38②8
枹罕镇(南北朝)29－30③6
枹罕郡(南北朝)35－36③6
枹罕郡(隋)37－38③6
勃利州(唐)41－42②9
勃泥(唐)39－40⑧14
勃泥(唐)41－42⑧13
(勃泥)文莱(明)61－62⑧13
勃律(布路州)(五代十国)47－48③3
渤海～(秦)15－16③7－8
渤海～(西汉)17－18③7－8
渤海～(东汉)19－20③7－8
渤海～(三国)21－22③7－8
渤海～(西晋)23－24③7－8
渤海郡(西汉)17－18③7
渤海郡(东汉)19－20③7
渤海郡(三国)21－22③7
渤海郡(西晋)23－24③7
剌火儿(辽北宋)51－52③3
剌火儿(金南宋)53－54③3
剌火儿(金南宋)55－56③3
柬埔寨(清)65－66⑦12
柬埔寨(清)67－68⑦12
柬埔寨(民国)69－70⑦12
柬埔寨　(民国)71－72⑦12
(匽)燕(西周)9－10③7
咸平府(金南宋)55－56②8
咸平府(元)59－60②8
咸平路(元)57－58②8
咸州(金南宋)53－54②8
咸阳(战国)13－14③6
咸阳(秦)15－16③6
咸海～(民国)69－70②1－2
咸海～(民国)71－72②1－2
威宁州(清)65－66④6
威海卫(明)61－62③8
威海卫(明)63－64③8
威海卫(清)67－68③8
威海卫(民国)69－70③8
威海卫租借地(民国)69－70③8
威楚府(辽北宋)51－52④6
威楚府(金南宋)53－54④6
威楚府(金南宋)55－56④6
威楚路(元)57－58④6
威楚路(元)59－60④6
鸦儿看(辽北宋)51－52③3
鸦儿看(元)57－58③3
鸦儿看(元)59－60③3
鸦儿看河～(元)57－58③3
鸦儿看河～(元)59－60③3
鸦龙江～(清)67－68③5－④6
临川郡(三国)21－22④7
临川郡(西晋)23－24④7
临川郡(东晋十六国)25－26④7
临川郡(南北朝)29－30④7
临川郡(南北朝)31－32④7
临川郡(南北朝)33－34④7
临川郡(南北朝)35－36④7
临川郡(隋)37－38④7
临邛郡(隋)37－38④6
临江州(清)67－68②9
临江府(明)61－62④7
临江府(明)63－64④7
临江府(清)67－68④7
临江路(元)57－58④7
临安府(金南宋)53－54③8
临安府(金南宋)55－56③8
临安府(清)65－66④6
临安府(清)67－68④6
临安路(元)57－58④6
临汾(民国)71－72③7
临汾郡(隋)37－38③7
临武(战国)13－14④7
临松郡(南北朝)29－30③6
临易(春秋)11－12③7
临洮(战国)13－14③6
临洮(秦)15－16③6
临洮府(金南宋)53－54③6
临洮府(金南宋)55－56③6
临洮府(元)57－58③6
临洮府(明)61－62③6
临洮府(明)63－64③6
临洮郡(南北朝)29－30③6
临洮郡(南北朝)31－32③6
临洮郡(隋)37－38③6
临贺郡(三国)21－22④7
临贺郡(西晋)23－24④7
临贺郡(东晋十六国)25－26④7
临贺郡(南北朝)29－30④7
临贺郡(南北朝)31－32④7
临贺郡(南北朝)35－36④7
临振郡(隋)37－38⑤6
临海郡(三国)21－22④7
临海郡(西晋)23－24④8
临海郡(东晋十六国)25－26④8
临海郡(南北朝)29－30④8
临海郡(南北朝)31－32④8
临海郡(南北朝)35－36④8
临菑(东汉)19－20③7
临清州(清)67－68③7
临淮国(西晋)23－24③7
临淮郡(西汉)17－18③7
临淄(春秋)11－12③7
临淄(战国)13－14③7
临淄郡(秦)15－16③7
临潢府(五代十国)47－48②7
临潢府(辽北宋)51－52②7
临潢府(金南宋)53－54②7
临潢府(金南宋)55－56②7
临濠府(元)57－58③7
郢(春秋)11－12③7
郢(战国)13－14③7
郢州(南北朝)31－32③7
郢州(南北朝)33－34③7
郢州(南北朝)35－36③7
郢州(唐)45－46④4
郢州(五代十国)49－50②2
郢州(五代十国)49－50⑤12
显州(南北朝)35－36③7
显德府(唐)43－44②8
(禺氏)月氏(战国)13－14②5－③6
禺州(唐)45－46⑥3
呎哒(滑国)(南北朝)31－32③2－3
呎哒(滑国)(南北朝)33－34③2－②3
呎哒属国(南北朝)31－32③3－4
曷苏馆路(金南宋)53－54③8
曷剌河～(辽北宋)51－52②7－8
曷董城(金南宋)53－54②6
曷懒路(金南宋)53－54②8
曷懒路(金南宋)55－56②8
昴城(东晋十六国)25－26③6
昴城(南北朝)31－32③6
昭义节(唐)43－44③7
昭义节度使(唐)45－46②4
昭乌达盟(清)65－66②7
昭乌达盟(清)67－68②8－7
昭乌达盟(民国)69－70②7－8
昭乌达盟(民国)71－72②7－8
昭关(战国)13－14③7
昭州(唐)43－44④7
昭州(唐)45－46⑤3
昭通(原始社会)3－4④6
昭通府(清)65－66④6
昭通府(清)67－68④6
畏兀儿(金南宋)53－54②4－5
畏兀儿(金南宋)55－56②4－5
毗沙都督府(唐)41－42③3
毗耶离(唐)41－42④4
毗耶离(五代十国)47－48④4
毗陵典农校尉(三国)21－22③7
毗陵郡(西晋)23－24③7
毗陵郡(隋)37－38③7
贵山城(西汉)17－18②3
贵山城(东汉)19－20②3
贵山城(南北朝)31－32②3
贵西道(民国)69－70④6
贵州(唐)43－44④6
贵州(唐)45－46⑥3
贵州(元)57－58④6
贵州司(明)61－62④6
贵阳(民国)69－70④6
贵阳(民国)71－72④6
贵阳府(明)63－64④6
贵阳府(清)65－66④6
贵阳府(清)67－68④6
贵德厅(清)67－68③6
贵德州(元)57－58③6
(贵霜)大月氏(东汉)19－20③2－④3
(贵霜)大月氏(三国)21－22③2－3
(贵霜)大月氏(西晋)23－24③2－3

界虾思咽郇哈炭峡骨幽钟钦钧拜矩毡香科重复段顺修保俄信泉鬼侯衍叙剑爱胪胜胸独饶

界科(清)65—66③5
虾夷(元)57—58②10
虾夷(元)59—60②10
虾夷(明)61—62②10
虾夷(清)63—64②10
虾夷(清)65—66②10
思达藏(明)61—62④4
思达藏(明)63—64④4
思州(唐)45—46④3
思州安抚司(元)57—58④6
思州府(清)67—68④6
思茅(民国)69—70④6
思明(元)57—58④6
思明(民国)69—70④7
思明府(清)61—62④6
思明路(元)59—60④6
思南府(明)61—62④6
思南府(明)63—64④6
思南府(清)67—68④6
思恩府(清)59—60④6
思唐(唐)45—46②2
思答笿剌万户(元)57—58④5
思慕部(唐)39—40①10—②10
思慕部(唐)41—42①9—②9
思慕部(唐)43—44①9—②9
咽萝(唐)39—40②4-5
郇(春秋)11—12③7
郇阳府(清)65—66③7
郇阳府(清)67—68③7
郇县(原始社会)3—4③7
哈巴罗夫斯克(伯力)(民国)69—70②9
哈巴罗夫斯克(伯力)(民国)71—72②9
哈尔滨(原始社会)3—4②8
哈尔滨(民国)71—72②8
哈尔滨市(民国)71—72②8
哈赤温后王封地(元)57—58②7
哈实哈儿(明)61—62③3
哈实哈儿(明)63—64③3
哈剌火州(元)57—58②4
哈剌火州总管府(元)59—60②4
哈剌鲁(金南宋)53—54②3
哈剌鲁(金南宋)55—56②3
哈剌温山△(元)57—58②8-7
哈剌温山△(元)59—60②8-7
哈剌温山△(明)61—62①8—②8
(哈剌温山)黑山△(明)63—64①8—②8
(哈剌慎)朵颜(明)63—64②7
哈烈(明)61—62③2
哈萨克(明)61—62①2—②3
哈萨克(明)63—64②3
哈密(原始社会)3—4②5
哈密(明)63—64②5
哈密(清)65—66②5

哈密(民国)71—72②5
哈密力(金南宋)53—54②5
哈密力(金南宋)55—56②5
哈密力(元)57—58②5
哈密力(元)59—60②5
哈密卫(明)61—62②5
哈密厅(清)67—68②5
哈喇昆仑山△(清)65—66③3
哈喇塔勒(清)65—66②3
炭山△(五代十国)47—48②7
峡州(唐)39—40③8
峡州(唐)41—42③7
峡州(唐)43—44③7
峡州(唐)45—46③3
峡州(辽北宋)51—52③7
峡州路(元)57—58③7
峡州路(元)59—60③7
骨利干(唐)39—40①7
骨利干(唐)41—42①6
骨利干(唐)43—44①6-7
骨咄(唐)41—42③2
骨嵬(元)57—58①10
骨嵬(元)59—60①10
幽州(三国)21—22③7
幽州(西晋)23—24③7
幽州(东晋十六国)25—26③7
幽州(十六国)27—28②3
幽州(十六国)27—28②4
幽州(十六国)27—28⑥9
幽州(十六国)27—28⑧17
幽州(十六国)27—28①23
幽州(南北朝)29—30③7
幽州(南北朝)31—32③7
幽州(南北朝)33—34③7
幽州(南北朝)35—36③7
幽州(唐)39—40③8
幽州(唐)41—42③7
幽州(唐)43—44③7
幽州(唐)45—46②5
幽州(五代十国)49—50②2
幽州(五代十国)49—50⑤12
幽都府(五代十国)47—48③7
钟吾(春秋)11—12③7
钟离(战国)13—14③7
钟离郡(南北朝)29—30③7
钟离郡(南北朝)33—34③7
钟离郡(隋)37—38③7
钦州(唐)39—40④7
钦州(唐)45—46③3
钦州(辽北宋)51—52④6
钦州(金南宋)53—54④6
钦州(金南宋)55—56④6
钦州(清)65—66④6
钦州路(元)57—58④6
钦县(民国)69—70④6
钦廉道(民国)69—70④6
钦察汗国(元)57—58②1—3
钦察汗国(元)59—60①1

—3
(钧台)夏台(夏)5—6③7
拜城(清)67—68②4
矩州(唐)39—40④7
矩州(唐)41—42④6
矩州(辽北宋)51—52④6
矩州(金南宋)53—54④6
矩州(金南宋)55—56④6
毡的(辽北宋)51—52②2
毡的(金南宋)53—54②2
毡的(金南宋)55—56②2
香港(原始社会)3—4④7
香港(清)67—68④7
香港 (民国)69—70④7
香港 (民国)71—72④7
香港仔(清)65—66④7
科布多(清)65—66①4—②5
科布多(清)65—66②5
科布多(清)67—68②5
科布多(民国)69—70②5
科布多(民国)71—72②5
科尔沁左中旗(清)67—68②8
科尔沁右翼中旗(清)65—66②8
科尔沁右中旗(清)67—68②8
重庆(原始社会)3—4④6
重庆市(民国)71—72④6
重庆府(金南宋)53—54④6
重庆府(金南宋)55—56④6
重庆府(明)61—62④6
重庆府(清)63—64④6
重庆府(清)67—68④6
重庆路(元)57—58④6
重庆路(元)59—60④6
复州(唐)43—44③7
复州(金南宋)55—56③8
复州卫(明)61—62③8
复州卫(明)63—64③8
段部(十六国)27—28①4—②4
顺天府(明)61—62③7
顺天府(明)63—64③7
顺天府(清)65—66③7
顺天府(清)67—68③7
顺元宣抚司(元)59—60③7
顺化(清)67—68⑦12
顺宁府(清)65—66④5
顺宁府(清)67—68④5
顺庆府(清)57—58③6
顺庆府(明)61—62③6
顺庆府(清)65—66③6
顺庆府(清)67—68③6
顺庆路(元)59—60③6
顺阳郡(南北朝)29—30③7
顺政郡(隋)37—38③7
顺德府(明)61—62③7
顺德府(清)65—66③7
顺德府(清)67—68③7
顺德路(元)57—58③7

顺德路(元)59—60③7
修水(原始社会)3—4④7
修水~(三国)21—22④7
修阳郡(南北朝)31—32③7
修鲜都督府(唐)39—40③4
保大节度使(五代十国)49—50②1
保大节度使(五代十国)49—50①14
保义节度使(五代十国)49—50①15
保宁府(元)57—58③6
保宁府(明)61—62③6
保宁府(清)63—64③6
保宁府(清)67—68③6
保定府(明)61—62③7
保定府(明)63—64③7
保定府(清)65—66③7
保定道(民国)69—70③7
保定路(元)57—58③7
保定路(元)59—60③7
保德州(元)57—58③7
保德州(清)65—66③7
保德州(清)67—68③7
俄力思(明)63—64③3—4
俄力思军民元帅府(明)61—62③3—4
俄罗斯(清)65—66①3—7
俄罗斯(清)67—68①3—7
信州(南北朝)33—34③6
信州(南北朝)35—36③6
信州(唐)45—46④5
信州(辽北宋)51—52④7
信州(金南宋)53—54④7
信州(金南宋)55—56④7
信州(安蜀城)(南北朝)35—36③7
信州路(元)57—58④7
信州路(元)59—60④7
信阳(原始社会)3—4④7
信阳(民国)69—70③7
信阳(清)67—68③7
信度(隋)37—38④3-2
信度(唐)39—40④3-4
信度河~(唐)39—40③4
信度河~(唐)43—44③3
信都(西汉)17—18③7
信都郡(隋)37—38③7
泉州(唐)39—40④8
泉州(唐)41—42④7
泉州(唐)43—44④7
泉州(唐)45—46⑤5
泉州(五代十国)47—48④7
泉州(五代十国)49—50⑥18
泉州(辽北宋)51—52④7
泉州(金南宋)53—54④7
泉州(金南宋)55—56④7
泉州(民国)71—72④7
泉州府(明)61—62④7
泉州府(清)63—64④7
泉州府(清)65—66④7
泉州府(清)67—68④7

泉州路(元)57—58④7
泉州路(元)59—60④7
鬼方(商)7—8②7
鬼方(西周)9—10②7
侯官(三国)21—22④7
衍州(唐)49—50⑤11
衍敦谷(西汉)17—18③3
叙永厅(清)65—66④6
叙州(元)57—58④6
叙州府(明)61—62④6
叙州府(明)63—64④6
叙州府(清)65—66④6
叙州府(清)67—68④6
叙州路(元)59—60④6
剑川(原始社会)3—4④5
剑川城(唐)43—44④5
剑水~(南北朝)29—30①5
剑水~(南北朝)31—32①5
剑水~(南北朝)33—34①5
剑水~(南北朝)35—36①6
剑水~(隋)37—38①5
剑州(唐)43—44③6
剑州(唐)45—46③2
剑河~(唐)39—40①5
剑河~(唐)41—42①5
剑河~(唐)43—44①5
剑河~(五代十国)47—48①5
剑南节度使(唐)41—42③6
剑南东川节(唐)43—44③6
剑南东川节度使(唐)45—46④2
剑南西川节(唐)43—44③6
剑南西川节度使(唐)45—46④2
爱陵(战国)13—14③7
胪胸河~(五代十国)47—48②7
胪胸河~(辽北宋)51—52②7
胪胸河~(明)61—62②7
胪胸河~(清)63—64②7
胪滨府(清)67—68②7
胜州(唐)39—40②8
胜州(唐)41—42②7
胜州(唐)45—46①3
胜州(五代十国)47—48②7
胜州(五代十国)49—50⑩15
胸忍(战国)13—14③6
胸衍(春秋)11—12③6
胸衍(战国)13—14③6
独石口厅(清)67—68②7
独乐河~(唐)39—40②7
独乐河~(唐)41—42②6
独乐河~(唐)43—44②6
独乐河~(五代十国)47—48②6
独洛水~(隋)37—38②6
饶(战国)13—14③7
饶风岭△(金南宋)55—56③6
饶乐水~(西汉)17—

18②7－8
饶乐水～(东汉)19－20②7－8
饶乐都督府(唐)39－40②8
饶乐都督府(唐)41－42②7
饶州(唐)39－40④8
饶州(唐)41－42④7
饶州(唐)43－44④7
饶州(唐)45－46④5
饶州(五代十国)47－48②7
饶州府(明)61－62④7
饶州府(明)63－64④7
饶州府(清)67－68④7
饶州路(元)57－58④7
饶安(战国)13－14③7
(饶安城)沧州(南北朝)33－34③7
(饶安城)沧州(南北朝)35－36③7
饶河(原始社会)3－4②9
奖州(唐)45－46⑤3
哀牢(西汉)17－18④5
亮噶尔(清)65－66②3
庭州(唐)39－40②5
庭州(唐)41－42②4
音陈(清)65－66②7
帝丘(夏)5－6③7
帝丘(春秋)11－12③7
施州(唐)45－46④3
施州(元)57－58③6
施州卫(明)61－62③6
施州卫(明)63－64③6
施南府(清)65－66③6
施南府(清)67－68③6
施鹤道(民国)69－70③6－④6
闽(五代十国)47－48④7
闽(五代十国)49－50⑯18
闽中郡(秦)15－16④7
闽江～(三国)21－22④7
闽江～(辽北宋)51－52④7
闽江～(金南宋)53－54④7
闽江～(金南宋)55－56④7
闽江～(元)57－58④7
闽江～(元)59－60④7
闽江～(清)67－68④7
闽江～(民国)69－70④7
闽江～(民国)71－72④7
闽侯(民国)69－70④7
闽海道(民国)69－70④7
闽越(战国)13－14④7
养夷(明)61－62②3
美稷(西晋)23－24③7
类伍齐(清)67－68③5
迷儿军万户(元)59－60③5
前赵(十六国)27－28②3
前秦(十六国)27－28⑥8
前凉(十六国)27－28①2－③3
前凉(十六国)27－28⑤5－⑥8
前蜀(五代十国)49－50②1
前蜀(五代十国)49－50⑬9
前燕(十六国)27－28⑥9
前藏(民国)69－70③5－④5
前藏(民国)71－72③5－④5
炽俟(五代十国)47－48②3
炽俟(辽北宋)51－52②3
洱水～(五代十国)47－48④6
洪州(唐)39－40④8
洪州(唐)41－42④7
洪州(唐)43－44④7
洪州(唐)45－46④4
洪州(五代十国)47－48④7
洪州(五代十国)49－50③2
洪州(五代十国)49－50⑥12
洪州(五代十国)49－50⑨6
洪州(五代十国)49－50⑫15
洪州(五代十国)49－50⑯18
洪州(辽北宋)51－52④7
洪州(金南宋)53－54④7
洪和城(南北朝)33－34③6
洪和郡(南北朝)31－32③6
洹河～(五代十国)47－48④3－4
浇河(东晋十六国)25－26③6
浇河郡(南北朝)31－32③6
浇河郡(隋)37－38③6
浈水～(金南宋)53－54④7
浈水～(金南宋)55－56④7
浈水～(元)57－58④7
浈水～(元)59－60④7
洞吾(明)63－64⑤5
(洞吾)底兀剌司(明)61－62⑤5
洞庭～(战国)13－14④7
洞庭～(秦)15－16④7
洞庭～(西汉)17－18④7
洞庭～(东汉)19－20④7
洞庭～(三国)21－22④7
洞庭～(西晋)23－24④7
洞庭湖～(东晋十六国)25－26④7
洞庭湖～(十六国)27－28③4
洞庭湖～(南北朝)29－30④7
洞庭湖～(南北朝)31－32④7
洞庭湖～(南北朝)33－34④7
洞庭湖～(南北朝)35－36④7
洞庭湖～(隋)37－38④7
洞庭湖～(唐)39－40④8
洞庭湖～(唐)41－42④7
洞庭湖～(唐)43－44④7
洞庭湖～(唐)45－46④4
洞庭湖～(五代十国)47－48④7
洞庭湖～(五代十国)49－50③2
洞庭湖～(五代十国)49－50⑥12
洞庭湖～(五代十国)49－50⑨6
洞庭湖～(五代十国)49－50⑫15
洞庭湖～(五代十国)49－50⑭10
洞庭湖～(五代十国)49－50⑯18
洞庭湖～(辽北宋)51－52④7
洞庭湖～(金南宋)53－54④7
洞庭湖～(金南宋)55－56④7
洞庭湖～(元)57－58④7
洞庭湖～(元)59－60④7
洞庭湖～(明)61－62④7
洞庭湖～(明)63－64④7
洞庭湖～(清)65－66④7
洞庭湖～(清)67－68④7
洞庭湖～(民国)69－70④7
洞庭湖～(民国)71－72④7
洞普(清)67－68③5
洮水～(战国)13－14③6
洮水～(东汉)19－20③6
洮水～(三国)21－22③6
洮水～(西晋)23－24③6
洮水～(南北朝)29－30③6
洮水～(南北朝)31－32③6
洮水～(南北朝)33－34③6
洮水～(南北朝)35－36③6
洮水～(隋)37－38③6
洮水～(唐)39－40③7
洮水～(唐)41－42③6
洮水～(唐)43－44③6
洮州(南北朝)35－36③6
洮州(唐)39－40③7
洮州(唐)43－44③6
洮州(元)57－58③6
洮江～(明)61－62④6
洮江～(明)63－64④6
洮阳城(南北朝)33－34③6
洮昌道(民国)69－70②8
洮南府(清)67－68②8
洵州(南北朝)33－34③6
洵阳郡(南北朝)33－34③6
洛(西周)9－10③7
洛水～(夏)5－6③7
洛水～(西周)9－10③6
洛水～(西周)9－10③7
洛水～(春秋)11－12③6
洛水～(战国)13－14③6
洛水～(秦)15－16③6
洛水～(秦)15－16③7
洛水～(西汉)17－18③6
洛水～(东汉)19－20③6
洛水～(三国)21－22③6
洛水～(三国)21－22③7
洛水～(西晋)23－24③6
洛水～(西晋)23－24③7
洛水～(东晋十六国)25－26③6
洛水～(南北朝)29－30③6
洛水～(南北朝)29－30③7
洛水～(南北朝)31－32③6
洛水～(南北朝)31－32③7
洛水～(南北朝)33－34③6
洛水～(南北朝)33－34③7
洛水～(南北朝)35－36③6
洛水～(隋)37－38③6
洛水～(唐)39－40③7
洛水～(唐)41－42③6
洛水～(唐)43－44③6
洛水～(唐)45－46③3
洛水～(五代十国)47－48③6
洛水～(辽北宋)51－52③6
洛古河(清)67－68①8
洛州(东晋十六国)25－26③6
洛州(十六国)27－28⑥9
洛州(南北朝)29－30③7
洛州(南北朝)31－32③6
洛州(南北朝)33－34③6
洛州(南北朝)33－34③7
洛州(南北朝)35－36③6
洛州(南北朝)35－36③7
洛州(唐)39－40③8
洛阳(三国)21－22③7
洛阳(西晋)23－24③7
洛阳(南北朝)31－32③7
洛阳(民国)69－70③7
洛浦(清)67－68③4
洛窝(唐)39－40④6
洛窝(唐)41－42④5
济水～(西周)9－10③7
济水～(春秋)11－12③7
济水～(战国)13－14③7
济水～(秦)15－16③7
济水～(东汉)19－20③7
济水～(三国)21－22③7
济水～(西晋)23－24③7
济水～(南北朝)29－30③7
济水～(南北朝)31－32③7
济水～(南北朝)33－34③7
济水～(南北朝)35－36③7
济水～(隋)37－38③7
济水～(唐)45－46②5
济水～(五代十国)47－48③7
济水～(五代十国)49－50②2
济水～(五代十国)49－50⑤12
济水～(五代十国)49－50⑧6
济水～(五代十国)49－50⑪15
济水～(辽北宋)51－52③7
济北郡(秦)15－16③7
济宁(民国)69－70③7
济宁(民国)71－72③7
济宁州(清)67－68③7
济宁道(民国)69－70③7
济宁路(元)57－58③7
济州(南北朝)31－32③7
济州(南北朝)33－34③7
济州(南北朝)35－36③7
济州(金南宋)53－54②8
济州(清)65－66③8
济州(清)67－68③8
济州(碻磝城)(南北朝)29－30③7
济州岛(民国)69－70③8
济州岛(民国)71－72③8
济阴郡(东汉)19－20③7
济阴郡(隋)37－38③7
济咙宗(清)65－66④4
济南(原始社会)3－4③7
济南(民国)71－72③7
济南王部(元)59－60②7
济南府(金南宋)53－54③7
济南府(金南宋)55－56③7
济南府(明)61－62③7
济南府(明)63－64③7
济南府(清)65－66③7
济南府(清)67－68③7
济南郡(西汉)17－18③7
济南郡(东晋十六国)25－26③7
济南郡(十六国)27－28②4
济南郡(十六国)27－28⑥9
济南郡(十六国)27－28⑧17
济南郡(十六国)27－28⑪24
济南道(民国)69－70③7
济南路(元)57－58③7
济南路(元)59－60③7
济隆(清)67－68④4
洋州(南北朝)35－36③6
洋州(唐)45－46③2
洋州(元)57－58③6
浑河州(唐)39－40②6
浑麻出海～(元)57－58②5
浑麻出海～(元)59－60②5
津吉里克(清)65－66①5
津海道(民国)69－70③7
浔州(唐)39－40④7
浔州(唐)41－42④6
浔州(唐)45－46⑥3
浔州(金南宋)53－54④6
浔州府(明)61－62④6
浔州府(明)63－64④6
浔州府(清)65－66④6
浔州府(清)67－68④6
浔州路(元)57－58④6
浔州路(元)59－60④6
浔江～(辽北宋)51－52④7
浔江～(金南宋)53－54④7

浔浪涝洺恒恤恰恨宣宥室宫突郡费眉姚怒贺柔结绛骆狡统泰秦珠班珲敖素捕振起盐捐袁

浔江～(金南宋)55－56④7
浔江～(元)57－58④7
浔江～(元)59－60④7
浔阳道(民国)69－70④7
浪水～(战国)13－14④7
涝貊(西汉)17－18③8
涝貊(东汉)19－20③8
涝貊(三国)21－22③8
涝貊(西晋)23－24③8
洺州(唐)45－46②4
洺州(五代十国)49－50⑤12
恒山郡(秦)15－16③7
恒水～(东晋十六国)25－26④4
恒水～(南北朝)29－30④4
恒水～(南北朝)31－32④4
恒水～(南北朝)33－34④4
恒水～(南北朝)35－36④4
恒州(南北朝)31－32②7
恒州(南北朝)35－36②7
恒州(唐)39－40③7
恒州(唐)41－42③7
恒州(五代十国)47－48③7
恒河～(清)67－68④4
恒河～(民国)69－70④3
恒河～(民国)69－70④4
恒河～(民国)71－72④3
(恤品路)速频路(金南宋)53－54②9
(恤品路)速频路(金南宋)55－56②9
恰卜恰(清)65－66③6
恰克图(清)65－66①6
恰克图(清)67－68①6
恨古河～(明)61－62①9
恨古河～(明)63－64①9
宣化(民国)69－70②7
宣化府(辽北宋)51－52③6
宣化府(金南宋)53－54③6
宣化府(金南宋)55－56③6
宣化府(清)65－66②7
宣化府(清)67－68②7
宣州(唐)39－40③8
宣州(唐)41－42③7
宣州(唐)43－44③7
宣州(唐)45－46④5
宣州(五代十国)47－48③7
宣武节(唐)43－44③7
宣武节度使(唐)45－46③4
宣城郡(西晋)23－24③7
宣城郡(东晋十六国)25－26③7
宣城郡(南北朝)29－30③7
宣城郡(南北朝)31－32③7
宣城郡(南北朝)33－34③7
宣城郡(隋)37－38③7
宣德府(元)57－58②7

宣歙观(唐)43－44③7
宣歙观察使(唐)45－46④5
宥州(唐)45－46②3
室韦(南北朝)35－36①8－②8
室韦(隋)37－38①8－②8
室韦(唐)41－42①8－②8
室韦(唐)43－44①8－②8
室韦(唐)43－44①9－8
室韦(五代十国)47－48①8－②8
室韦(辽北宋)51－52①8－②8
室韦都督府(唐)41－42②7－①9
室利差呾罗(唐)39－40⑤6
室利差呾罗(唐)41－42⑤5
室利差呾罗(唐)43－44⑤5
室罗伐(唐)43－44④4
宫亭～(三国)21－22④7
突骑施(唐)39－40②4
突骑施(唐)41－42②3－4
突骑施(五代十国)47－48②3－5
突厥(南北朝)33－34②4－5
突厥(南北朝)35－35②3－6
突厥(唐)39－40②7－8
突厥(唐)41－42②5－7
突厥牙帐(南北朝)35－36②6
突厥牙帐(隋)37－38②6
突厥牙帐(唐)41－42②6
郡利部(唐)39－40①11
郡利部(唐)41－42①10
郡利部(唐)43－44①10
费(战国)13－14③7
费州(唐)45－46⑤3
眉山郡(隋)37－38④6
眉州(南北朝)35－36③6
眉州(唐)45－46④1
眉州(五代十国)49－50①49
眉州(清)67－68③6
姚州(唐)39－40④7
姚州(唐)41－42④6
姚府(五代十国)47－48④6
怒曲～(元)57－58③5
怒曲～(元)59－60③5
怒曲～(明)61－62③5
怒曲～(明)63－64③5
怒江～(唐)39－40④6
怒江～(唐)41－42④5
怒江～(唐)43－44④5
怒江～(五代十国)47－48④5
怒江～(五代十国)49－50④8
怒江～(辽北宋)51－52④5
怒江～(金南宋)53－54④5

怒江～(金南宋)55－56④5
怒江～(清)67－68④5
怒江～(民国)69－70④5
怒江～(民国)71－72④5
贺兰山△(唐)39－40③7
贺兰山△(唐)41－42③6
贺兰山△(唐)43－44③6
贺兰山△(唐)45－46②2
贺兰山△(明)61－62③6
贺兰山△(明)63－64③6
贺兰山△(清)67－68③6
贺兰山△(民国)69－70③6
贺兰山△(民国)71－72③6
贺州(唐)43－44④7
贺州(唐)45－46⑤3
贺州(元)57－58④7
柔玄镇(南北朝)29－30②7 31－32②7
柔然(东晋十六国)25－26②6－7
柔然(十六国)27－28①3
柔然(十六国)27－28⑤8
柔然(十六国)27－28⑦16
柔然(十六国)27－28⑩23
柔然(南北朝)29－30②5－6
柔然(南北朝)31－32②5－7
柔然(南北朝)33－34②5－7
柔然可汗庭(南北朝)29－30②6
柔然可汗庭(南北朝)31－32②6
柔然可汗庭(南北朝)33－34②6
结骨(唐)39－40①6
(结骨)黠戛斯(唐)41－42①5
绛(西周)9－10③7
绛(春秋)11－12③7
绛州(唐)43－44③7
绛州(唐)45－46③3
绛州(五代十国)49－50⑤12
绛州(五代十国)49－50⑧6
绛州(五代十国)49－50①15
绛州(清)67－68③7
绛郡(隋)37－38③7
骆越(战国)13－14④6
狡马(唐)39－40①6－7
狡马(唐)41－42①5－6
统万镇(南北朝)29－30③6

十 画

泰山△(战国)13－14③7
泰山△(唐)39－40③8
泰山△(唐)41－42③7
泰山△(唐)43－44③7
泰山△(唐)45－46②5
泰山郡(西汉)17－18③7
泰山郡(东汉)19－20③7

泰山郡(三国)21－22③7
泰山郡(西晋)23－24③7
泰山郡(十六国)27－28①24
泰山郡(南北朝)29－30③7
泰山郡(南北朝)31－32③7
泰宁(罕哈)(明)63－64②7－8
泰宁卫(明)61－62②8
泰宁节度使(五代十国)49－50②2
泰宁节度使(五代十国)49－50⑤12
泰宁节度使(五代十国)49－50⑧6
泰宁路(元)59－60②8
泰华山△(夏)5－6③7
泰州(南北朝)33－34③7
泰州(五代十国)49－50⑤12
泰州(辽北宋)51－52②8
泰州(金南宋)53－54②8
泰州(金南宋)55－56②8
泰州路(元)57－58③8
泰安府(清)67－68③7
泰国(民国)71－72⑤5－6
秦(西周)9－10③6
秦(春秋)11－12③6
秦(战国)13－14③6
秦水～(西汉)17－18④7
秦长城(战国)13－14③6
秦州(西晋)23－24③6
秦州(东晋十六国)25－26③6
秦州(十六国)27－28②3
秦州(十六国)27－28⑥8
秦州(十六国)27－28⑧16
秦州(十六国)27－28①23
秦州(南北朝)29－30③6
秦州(南北朝)31－32③6
秦州(南北朝)33－34③6
秦州(南北朝)35－36③6
秦州(唐)39－40③7
秦州(唐)43－44③6
秦州(五代十国)47－48③6
秦州(五代十国)49－50⑤11
秦州(五代十国)49－50①14
秦州(五代十国)49－50③9
秦州(辽北宋)51－52③6
秦州(金南宋)53－54③6
秦州(元)59－60③6
秦州(清)65－66③6
秦州(清)67－68③6
秦岭△(清)67－68③6
秦岭△(民国)69－70③6
秦岭△(民国)71－72③6
秦皇岛(清)67－68③7
秦海～(东汉)19－20②4
珠尔干河～(清)67－68①8
珠崖郡(西汉)17－18⑤7

珠崖郡(南北朝)33－34⑤6
珠崖郡(南北朝)35－36⑤6
珠崖郡(隋)37－38⑤7
珠穆朗玛山△(清)65－66④4
珠穆朗玛峰△(民国)69－70④4
珠穆朗玛峰△(民国)71－72④4
班公湖～(清)65－66③3
班公湖～(清)67－68③3
班公湖～(民国)69－70③3
班公湖～(民国)71－72③3
班城(金南宋)53－54③2
班城(金南宋)55－56③2
珲春(清)65－66②9
珲春厅(清)67－68②9
敖汉旗(清)67－68②7
敖嫩河～(清)67－68①7－②7
素可泰(元)57－58⑤5
素可泰(元)59－60⑤5
捕那川～(东晋十六国)25－26④3
捕那川～(南北朝)29－30④3
捕那川～(南北朝)31－32④3
捕那川～(南北朝)33－34④3
捕那川～(南北朝)35－36④3
捕鱼儿海～(明)61－62②7
捕鱼儿海～(明)63－64②7
捕鱼儿海子～(金南宋)53－54②7
捕鱼儿海子(金南宋)55－56②7
捕鱼儿海子～(元)57－58②7
捕鱼儿海子～(元)59－60②7
捕喝(唐)43－44③2
振州(唐)39－40⑤7
振州(唐)41－42⑤6
振州(唐)43－44⑤6
振州(唐)45－46⑦3
振武节(唐)43－44②7
振武节度使(唐)45－46①3
起儿漫(金南宋)53－54②2
盐川郡(隋)37－38③6
盐井(清)67－68④5
盐州(唐)45－46②2
盐州(五代十国)49－50⑧5
捐毒(西汉)17－18②3
袁州(唐)39－40④8
袁州(唐)41－42④7
袁州(唐)45－46④5
袁州(五代十国)49－50①618
袁州府(明)61－62④7
袁州府(明)63－64④7
袁州府(清)65－66④7

袁挹都哲耆热耽聂恭莽莱莫荷莘鄯郡晋莎真桂栲栳郴桓桐桃格样索哥速鬲栗夏破原烈顾虔

袁州府(清)67—68④7
袁州路(元)57—58④7
挹娄(东汉)19—20②9—8
挹娄(三国)21—22②9—8
挹娄(西晋)23—24②9—8
挹娄(东晋十六国)25—26②9—8
都匀司(明)61—62④6
都匀府(明)63—64④6
都匀府(清)65—66④6
都匀府(清)67—68④6
都里镇(唐)43—44③6
都里镇(唐)45—46②6
都泥江～(唐)39—40④7
都泥江～(唐)41—42④6
都泥江～(唐)43—44④6
都泥江～(唐)45—46⑤2—⑥3
都泥江～(五代十国)47—48④6
都泥江～(辽北宋)51—52④6
都泥江～(金南宋)53—54④6
都泥江～(金南宋)55—56④6
(都波)都播(唐)43—44①5—6
都野～(东汉)19—20④6
都赖水～(西汉)17—18②3
都播(唐)39—40①6
都播(唐)41—42①5
都播(都波)(唐)43—44①5—6
哲里木盟(清)65—66②8
哲里木盟(清)67—68②8
哲里木盟(民国)69—70②8
哲孟雄(清)65—66④4
哲域(元)57—58④4
哲域(元)59—60④4
哲域(明)61—62④4
哲域(明)63—64④4
(耆)黎(商)7—8③7
(热河)承德府(清)65—66②7
热河道(民国)69—70②7
热海～(隋)37—38②3
热海～(唐)39—40②4
热海～(唐)41—42②3
热海～(唐)43—44②3
热海～(五代十国)47—48②3
热海～(明)61—62②3
热海～(明)63—64②3
耽罗(元)59—60③8
耽罗军民总管府(元)57—58③8
耽摩栗底(唐)39—40④5
聂曲～(明)61—62③5
聂曲～(明)63—64③5
聂拉木(原始社会)3—4④4
聂拉木(辽北宋)51—52④4
聂拉木(金南宋)53—54④4

聂拉木(金南宋)55—56④4
聂拉木(清)65—66④4
聂拉木(清)67—68④4
恭州(南北朝)35—36④6
恭州(隋)37—38④6
恭州(辽北宋)51—52④6
莽哥河～(明)61—62①9—10
莽哥河～(明)63—64①9—10
莱(商)7—8③7
莱夷(夏)5—6③8
莱州(唐)39—40③8
莱州(唐)41—42③7
莱州(唐)45—46②5
莱州(五代十国)49—50②2
莱州(五代十国)49—50⑤12
莱州(五代十国)49—50⑧6
莱州(五代十国)49—50①15
莱州(元)57—58③7
莱州府(明)61—62③7
莱州府(明)63—64③7
莱州府(清)67—68③7
莫曳皆部(唐)39—40①10—②10
莫曳皆部(唐)41—42①9—②9
莫曳皆部(唐)43—44①9—②9
莫州(唐)45—46②5
莫里勒克(清)65—66①8
莫卧儿帝国(明)63—64③2—④4
莫温河卫(明)63—64②9
荷属东印度(民国)69—70⑧12—13

莘(夏)5—6⑦13
鄀(西周)9—10③6
鄀(苴)(春秋)11—12③6
郡(西周)9—10③7
郯(春秋)11—12④7
晋(西周)9—10③7
晋(春秋)11—12③7
晋(战国)13—14③7
晋(五代十国)47—48③7
晋(五代十国)49—50②2
晋宁军(金南宋)53—54③7
晋宁郡(东晋十六国)25—26④6
晋宁郡(南北朝)29—30④6
晋宁郡(南北朝)33—34④6
晋州路(元)59—60③7
晋州(南北朝)33—34③7
晋州(唐)39—40③8
晋州(唐)41—42③7
晋州(唐)43—44③7
晋州(唐)45—46②3
晋州(五代十国)47—48③7
晋州(辽北宋)51—52③7
晋兴郡(东晋十六国)25

—26④6
晋兴郡(南北朝)29—30④6
晋兴郡(南北朝)31—32④6
晋兴郡(南北朝)35—36④6
晋安郡(东晋十六国)25—26④7
晋安郡(南北朝)29—30④7
晋安郡(南北朝)31—32④7
晋安郡(南北朝)33—34④7
晋安郡(南北朝)35—36④7
晋阳(夏)5—6③7
晋阳(战国)13—14③7
晋阳(东汉)19—20③7
晋昌郡(南北朝)33—34②5
晋绥解放区(民国)71—72②7—③7
晋熙郡(南北朝)29—30③7
晋熙郡(南北朝)31—32③7
晋察冀解放区(民国)71—72②7—③7
莎车(战国)13—14③3
莎车(西汉)17—18③3
莎车(东汉)19—20③3
莎车(三国)21—22③3
莎车(西晋)23—24③3
莎车府(清)67—68③3
真定国(西汉)17—18③7
真定府(辽北宋)51—52③7
真定府(金南宋)53—54③7
真定府(金南宋)55—56③7
真定府(明)61—62③7
真定府(明)63—64③7
真定路(元)57—58③7
真定路(元)59—60③7
真珠河～(唐)39—40②4
真珠河～(唐)41—42②3
真珠河～(唐)43—44②3
真腊(隋)37—38⑦12
真腊(唐)39—40⑦7
真腊(五代十国)47—48⑦12
真腊(辽北宋)51—52⑦12
真腊(金南宋)53—54⑦12
真腊(金南宋)55—56⑦12
真腊(元)57—58⑩22
真腊(无)59—60⑩22
真腊(明)61—62⑦12
真腊(明)63—64⑦12
桂(战国)13—14④6
桂州(南北朝)33—34④7
桂州(南北朝)35—36④7
桂州(唐)39—40④8
桂州(唐)41—42④7
桂州(唐)43—44④7
桂州(唐)45—46⑤3
桂州(五代十国)47—48

④7
桂州(辽北宋)51—52④7
桂阳州(清)65—66④7
桂阳州(清)67—68④7
桂阳郡(西汉)17—18④7
桂阳郡(东汉)19—20④7
桂阳郡(三国)21—22④7
桂阳郡(西晋)23—24④7
桂阳郡(东晋十六国)25—26④7
桂阳郡(南北朝)29—30④7
桂阳郡(南北朝)31—32④7
桂阳郡(南北朝)33—34④7
桂阳郡(南北朝)35—36④7
桂阳郡(隋)37—38④7
桂阳路(元)57—58④7
桂林(原始社会)3—4④7
桂林(民国)69—70④7
桂林(民国)71—72④7
桂林府(明)61—62④7
桂林府(明)63—64④7
桂林府(清)65—66④7
桂林府(清)67—68④7
桂林郡(秦)15—16④6
桂林郡(西晋)23—24④6
桂林郡(东晋十六国)25—26④6
桂林道(民国)69—70④7
桂管观(唐)43—44④7
桂管观察使(唐)45—46⑤3
栲栳泺～(辽北宋)51—52②7
栳栳泺～(金南宋)53—54②7
郴州(唐)39—40④8
郴州(唐)41—42④7
郴州(唐)43—44④7
郴州(唐)45—46⑤4
郴州(辽北宋)51—52④7
郴州(金南宋)53—54④7
郴州(金南宋)55—56④7
郴州(明)61—62④7
郴州(明)63—64④7
郴州(清)67—68④7
郴州路(元)57—58④7
桓州(金南宋)55—56②7
桐(西周)9—10④7
桐(春秋)11—12④7
桃温万户府(元)57—58②8
格布特岛(清)65—66①9
格尔木(民国)71—72③5
格登山△(清)65—66②4
样磨(五代十国)47—48②3—③3
样磨(辽北宋)51—52②3—③3
索果克(清)65—66②4
索果克(清)67—68②4
哥勿州都督府(唐)39—40②9
哥勿州都督府(唐)41—42②8
哥疾宁(元)57—58③2
哥疾宁(元)59—60③2
哥疾宁(明)61—62③2
哥疾宁(明)63—64③2

④7
速末水～(南北朝)29—30②8
速末水～(南北朝)31—32②8
速末水～(南北朝)33—34②8
速末水～(南北朝)35—36②8
速频路(恤品路)(金南宋)53—54②9
速频路(恤品路)(金南宋)55—56②9
鬲(夏)5—6①14
鬲昆(秦)15—16①4—5
栗水～(南北朝)29—30②6
栗水～(南北朝)31—32②6
栗水～(南北朝)33—34②6
栗水～(南北朝)35—36②6
夏(十六国)27—28①23
夏口(东晋十六国)25—26③7
夏口厅(清)67—68③7
夏台(钧台)(夏)5—6③7
夏州(南北朝)31—32③6
夏州(南北朝)33—34③6
夏州(南北朝)35—36③6
夏州(唐)39—40③7
夏州(唐)43—44③6
夏州(唐)45—46②3
夏州(五代十国)47—48
夏州(五代十国)49—50②1
夏州(五代十国)49—50⑤11
夏州(五代十国)49—50⑧5
夏州(五代十国)49—50①14
夏州(辽北宋)51—52③6
夏州(金南宋)53—54③6
夏州(金南宋)55—56③6
夏缓节(唐)43—44③6
夏缓节度使(唐)45—46②3
破洛那(南北朝)31—32②3
原(夏)5—6③7
原州(南北朝)33—34③6
原州(南北朝)35—36③6
原州(唐)39—40③7
原州(唐)41—42③6
原州(唐)43—44③6
原州(五代十国)49—50①14
原州(金南宋)53—54③6
原阳(战国)13—14②7
烈伍栋(明)61—62④5
烈伍栋(明)63—64④5
顾(夏)5—6⑦13
顾(战国)13—14③7
虔州(唐)39—40④8
虔州(唐)41—42④7
虔州(唐)45—46⑤4
虔州(五代十国)47—48④7

虔州(五代十国)49－50⑯18
虔州(辽北宋)51－52④7
虔州(金南宋)53－54④7
虔南厅(清)67－68④7
党州(唐)45－46⑥3
党项(南北朝)29－30③5－6
党项(南北朝)31－32③5－6
党项(南北朝)33－34③5－6
党项(南北朝)35－36③5－6
党项(隋)37－38③5－6
党项(五代十国)47－48③6
党项(五代十国)49－50⑤11
党项(五代十国)49－50⑧5
党项(五代十国)49－50⑪14
鸭儿看(五代十国)47－48③3
鸭渌水～(隋)37－38②8
鸭渌水～(唐)39－40②9
鸭渌水～(唐)41－42②8
鸭渌水～(唐)43－44②8
鸭渌江～(辽北宋)51－52②8
鸭渌江～(金南宋)53－54②8
鸭渌江～(金南宋)55－56②8
鸭绿江～(元)57－58②8
鸭绿江～(元)59－60②8
鸭绿江～(明)61－62②8
鸭绿江～(明)63－64②8
鸭绿江～(清)65－66②8
鸭绿江～(清)67－68②8
鸭绿江～(民国)69－70②8
鸭绿江～(民国)71－72②8
鸭渌府(唐)43－44②8
晃州厅(清)67－68④6
恩州(唐)45－46⑥4
恩州(金南宋)53－54③7
恩施(民国)69－70③6
峨眉山△(唐)45－46④1
峰州(唐)39－40④7
峰州(唐)41－42④6
峰州(唐)45－46⑥2
钱塘道(民国)69－70③8－④7
钵和(南北朝)31－32③3
钵和(南北朝)35－36③3
钵室韦(南北朝)35－36①8－9
钵室韦(隋)37－38①8－9
钹汗(隋)37－38②3
铁门关(金南宋)53－54③2
铁门关(金南宋)55－56③2
铁木哥斡赤斤后王封地(元)57－58②7－8
铁州(五代十国)47－48②8
铁州(元)57－58③6
铁利府(唐)43－44②8
铁利部(唐)39－40②9－10
铁利部(唐)41－42②8－9
铁甸(铁骊)(五代十国)47－48②8
铁岭△(元)57－58③8
铁桥城(唐)43－44④5
铁骊(辽北宋)51－52②8
(铁骊)铁甸(五代十国)47－48②8
铁勒(南北朝)33－34②6
铁勒(南北朝)35－36②6
铁勒(隋)37－38①5－7
铁勒(隋)37－38②2－3
铁勒(隋)37－38②4
铁勒测景所(元)57－58①6
铁勒测景所(元)59－60①6
铎陈(清)65－66①8
钮(夏)5－6⑦13
特磨道(辽北宋)51－52④6
特磨道(金南宋)53－54④6
特磨道(金南宋)55－56④6
敌烈(五代十国)47－48②7
敌烈八部(辽北宋)51－52②7
秣菟罗(唐)39－40④4
秣菟罗(辽北宋)51－52④3
积石山△(战国)13－14③6
积石山△(秦)15－16③6
积石山△(西汉)17－18③5－6
积石山△(东汉)19－20③6
积石山△(三国)21－22③5－6
积石山△(南北朝)29－30③5－6
积石山△(南北朝)31－32③5－6
积石山△(南北朝)33－34③5－6
积石山△(南北朝)35－36③5－6
积石山△(隋)37－38③5－6
积石山△(唐)39－40③6－7
积石山△(唐)41－42③5－6
积石山△(唐)43－44③5－6
积石山△(金南宋)53－54③6
积石山△(金南宋)55－56③6
称海城(元)57－58②5
称海宣慰司(元)59－60②5
俺的干(明)61－62②3
俺的干(明)63－64②3
俱兰(唐)41－42②3
俱伦泊～(唐)39－40②8
俱伦泊～(唐)41－42②7
俱伦泊～(唐)43－44②7
俱战提(辽北宋)51－52②2
倭(西汉)17－18③9
倭(东汉)19－20③9
倭(三国)21－22③9
倭(西晋)23－24③9
倭(东晋十六国)25－26③9
倭(十六国)27－28⑥11
倭(南北朝)29－30③9
倭(南北朝)31－32③9
倭(南北朝)33－34③9
倭(南北朝)35－36③9
倭国(隋)37－38③9
倭海及蕊(清)65－66③3
健驮罗(唐)39－40③4
健陀罗(五代十国)47－48③3
射阳郡(南北朝)35－36③7
射阳湖～(东晋十六国)25－26③8
射阳湖～(南北朝)29－30③8
射阳湖～(南北朝)31－32③7－8
射阳湖～(南北朝)33－34③7－8
射阳湖～(南北朝)35－36③7－8
皋兰(民国)69－70③6
徒太山△(隋)37－38②8
徒多河～(唐)39－40③4
徒多河～(唐)41－42③3
徒多河～(唐)43－44③3
徐(西周)9－10③7
徐(春秋)11－12③7
徐尔固(清)65－66②9
徐州(原始社会)3－4③7
徐州(三国)21－22③7
徐州(西晋)23－24③7
徐州(东晋十六国)25－26③7
徐州(十六国)27－28②4
徐州(十六国)27－28⑥9
徐州(十六国)27－28⑧17
徐州(十六国)27－28⑪24
徐州(南北朝)29－30③7
徐州(南北朝)31－32③7
徐州(南北朝)33－34③7
徐州(南北朝)35－36③7
徐州(唐)39－40③8
徐州(唐)41－42③7
徐州(唐)43－44③7
徐州(唐)45－46③5
徐州(五代十国)47－48③7
徐州(辽北宋)51－52③7
徐州(金南宋)53－54③7
徐州(金南宋)55－56③7
徐州(元)57－58③7
徐州(元)59－60③7
徐州(明)61－62③7
徐州(明)63－64③7
徐州(民国)71－72③7
徐州府(清)65－66③7
徐州府(清)67－68③7
徐海道(民国)69－70③7
殷州(南北朝)33－34③7
釜山(清)65－66③8
釜山(清)67－68③8
爱乌罕(清)65－66③2
爱古斯河～(清)65－66②4－3
爱州(南北朝)33－34⑤6
爱州(南北朝)35－36⑤6
爱州(唐)39－40⑤7
爱州(唐)41－42⑤6
爱州(唐)43－44⑤6
爱州(唐)45－46⑦2
爱辉(原始社会)3－4①8
爱珲(旧)(清)65－66①8
(爱珲)黑龙江城(清)65－66②8
奚(隋)37－38②7
奚(唐)43－44②7
奚(唐)45－46①5
奚(五代十国)47－48②7
翁牛特左旗(清)67－68②7
胶东国(西汉)17－18③8
胶东郡(秦)15－16③8
胶东道(民国)69－70③7－8
胶州(南北朝)33－34③7
胶州(南北朝)35－36③7
胶州(元)57－58③8
胶州(清)67－68③7
胶州湾～(清)67－68③8
胶州湾(民国)69－70③8
胶州湾～(民国)71－72③8
脑温江～(明)61－62②8
脑温江～(明)63－64②8
狼山△(南北朝)31－32②6
狼山△(南北朝)33－34②6
狼山州(唐)39－40②5－6
狼居胥山△(西汉)17－18②6
狼居胥山△(东汉)19－20②6
逄(商)7－8③7
高车(东晋十六国)25－26②5－6
高车(南北朝)31－32②3－4
高车(南北朝)31－32②6－7
高车(敕勒)(南北朝)29－30①5－7
高车(敕勒)(南北朝)31－32①5－7
高平(十六国)27－28②3
高平(十六国)27－28⑪23
高平郡(南北朝)29－30③7
高平郡(南北朝)31－32③7
高平郡(南北朝)33－34③6
高平镇(南北朝)29－30③6
高平镇(南北朝)31－32③6
高句丽(秦)15－16②8
高句丽(西汉)17－18②8
高句丽(东汉)19－20②8
高句丽(三国)21－22②8
高句丽(西晋)23－24②8
高句丽(东晋十六国)25－26②8－③8
高句丽(十六国)27－28①5－②5
高句丽(十六国)27－28⑤10－⑥10
高句丽(十六国)27－28⑦18－⑧18
高句丽(十六国)27－28⑩25－⑪25
高句丽(南北朝)29－30②8－③8
高句丽(南北朝)31－32②8－③8
高句丽(南北朝)33－34②8－③8
高句丽(南北朝)35－36②8－③8
高夷(战国)13－14②8
高州(南北朝)33－34④7
高州(南北朝)35－36④7
高州(唐)45－46⑥3
高州府(明)61－62④7
高州府(明)63－64④7
高州府(清)65－66④7
高州府(清)67－68④7
高兴郡(南北朝)31－32④7
高丽(隋)37－38②8－③8
高丽(唐)39－40②9－③9
高丽(五代十国)47－48③8
高丽(五代十国)49－50⑪16
高丽(五代十国)49－50⑮19
高丽(辽北宋)51－52③8
高丽(金南宋)53－54③8
高丽(金南宋)55－56③8
高丽(元)57－58③8
高丽(元)59－60③8
高州路(元)57－58④7
高州路(元)59－60④7
高邮路(元)57－58③7
高邑(东汉)19－20③7
高附(东汉)19－20③2
高附(三国)21－22③2
高昌(三国)21－22②4
高昌(西晋)23－24②4
高昌(南北朝)29－30②4
高昌(南北朝)31－32②4
高昌(南北朝)33－34②4
高昌(南北朝)35－36②4
高昌(隋)37－38②4
高昌(辽北宋)51－52②4
高昌郡(东晋十六国)25－26②4
高昌郡(十六国)27－28⑦14
高柳(战国)13－14②7
高凉郡(三国)21－22④7
高凉郡(东晋十六国)25－26④7
高凉郡(南北朝)29－30③7
高凉郡(南北朝)29－30④7

高凉郡(南北朝)31－32④7
高凉郡(南北朝)33－34④7
高凉郡(隋)37－38④7
高密郡(南北朝)31－32③7
高密郡(隋)37－38③7
高雷道(民国)69－70④7
高阙(秦)15－16②6
高阙(三国)21－22②6
高阙(西晋)23－24②6
高阙塞(战国)13－14②6
高黎贡山△(五代十国)47－48④5
高黎贡山△(金南宋)55－56④5
亳(夏)5－6⑦13
亳(商)7－8③7
亳(西周)9－10③7
亳(春秋)11－12③6
亳州(唐)39－40③8
亳州(唐)41－42③7
亳州(唐)45－46(③4
郭耳(金南宋)53－54③2
郭耳(金南宋)55－56③2－3
郭耳(金南宋)55－56④4
斋桑泊～(清)65－66②4
斋桑泊～(民国)69－70②4
斋桑泊～(民国)71－72②4
斋桑淖尔～(清)67－68②4
离水～(秦)15－16④7
离水～(西汉)17－18④7
离石(战国)13－14③7
离石郡(隋)37－38③7
唐(商)7－8③7
唐(西周)9－10③7
唐(唐)39－40③7
唐(唐)43－44③7
唐(五代十国)49－50⑤12
唐(五代十国)49－50⑬9
唐山(原始社会)3－4③7
唐古拉△(辽北宋)51－52③4－5
唐古拉△(金南宋)53－54③4－5
唐古拉△(金南宋)55－56③4
唐古拉山△(民国)69－70③4－5
唐古拉山△(民国)71－72③4－5
唐州(唐)39－40③8
唐州(唐)41－42③7
唐州(唐)43－44③7
唐州(唐)45－46③4
唐州(五代十国)49－50⑧6
唐州(辽北宋)51－52③7
唐州(金南宋)53－54③7
唐州(金南宋)55－56③7
唐努山△(清)67－68①5
唐努山△(民国)69－70①5
唐努乌梁海(清)65－66①4－6
唐努乌梁海(清)67－68①5－6
唐努乌梁海(民国)69－70①5－6
唐努乌梁海旗(清)67－68①5
唐旄(西汉)17－18③4－5
唐旄(东汉)19－20③5
唐麓岭△(元)57－58①5
唐麓岭△(元)59－60①5
唐麓岭△(明)61－62①5
唐麓岭△(明)63－64①5
庲降都督(三国)21－22④6
资水～(秦)15－16④7
资水～(西汉)17－18④7
资水～(东汉)19－20④7
资水～(三国)21－22④7
资水～(西晋)23－24④7
资水～(东晋十六国)25－26④7
资水～(南北朝)29－30④7
资水～(南北朝)31－32④7
资水～(南北朝)33－34④7
资水～(南北朝)35－36④7
资水～(隋)37－38④7
资水～(唐)41－42④7
资州(南北朝)35－36③6
资州(唐)43－44④6
资州(唐)45－46④2
资州(清)67－68④6
资阳郡(隋)37－38④6
凉州(三国)21－22③6
凉州(西晋)23－24③6
凉州(东晋十六国)25－26③6
凉州(十六国)27－28②3
凉州(十六国)27－28⑥8
凉州(十六国)27－28⑧16
凉州(十六国)27－28⑪22
凉州(十六国)27－28⑪23
凉州(南北朝)31－32③6
凉州(南北朝)33－34③6
凉州(南北朝)35－36③6
凉州(唐)39－40③7
凉州(唐)41－42③6
凉州(唐)43－44③6
凉州(西凉府)(五代十国)47－48③6
凉州卫(明)61－62③6
凉州卫(明)63－64③6
凉州府(清)65－66③6
凉州府(清)67－68③6
凉州镇(南北朝)29－30③6
剖阿里(辽北宋)51－52②9
旅大(原始社会)3－4③8
旅大租借地(民国)69－70③8
旅顺(清)67－68③8
旅顺(民国)69－70③8
旅顺(民国)71－72③8
旅顺口(元)59－60③8
阆中(民国)69－70③6
阆州(唐)41－42③6
阆州(唐)45－46④2
阆州(五代十国)47－48③6
益兰州(元)57－58①5
益兰州(元)59－60①5
益兰州等部断事官辖地(元)57－58①5
益宁(南北朝)35－36④6
益宁郡(南北朝)31－32④6
益州(西汉)17－18③6－④6
益州(三国)21－22③6
益州(西晋)23－24③6
益州(东晋十六国)25－26③6
益州(十六国)27－28②3
益州(南北朝)29－30③6
益州(南北朝)31－32③6
益州(南北朝)33－34③6
益州(南北朝)35－36③6
益州(唐)39－40③7
益州(唐)41－42③6
益州郡(西汉)17－18④6
益州郡(东汉)19－20④6
益都府(金南宋)53－54③7
益都府(金南宋)55－56③7
益都路(元)57－58③7
益都路(元)59－60③7
益离(金南宋)53－54②4
益离(金南宋)55－56②4
朔方(西汉)17－18③6
朔方节(唐)43－44③6
朔方节度使(唐)41－42③6
朔方节度使(唐)45－46②2
朔方节度使(五代十国)49－50②1
朔方节度使(五代十国)49－50⑤11
朔方郡(西汉)17－18②6
朔方郡(东汉)19－20②6
朔方郡(东晋十六国)25－26②6
朔方郡(十六国)27－28①3
朔方郡(十六国)27－28⑤8
朔方郡(南北朝)29－30③6
朔方郡(南北朝)31－32③6
朔方郡(隋)37－38③6
朔平府(清)67－68②7
朔州(十六国)27－28①3
朔州(十六国)27－28②3
朔州(南北朝)31－32②7
朔州(南北朝)35－36③7
朔州(唐)39－40③8
朔州(唐)41－42②7
朔州(唐)45－46②4
烦(春秋)11－12③7
烧当羌(东汉)19－20③6
烟台(原始社会)3－4③8
烟台(民国)69－70③8
烟台(民国)71－72③8
郯(西周)9－10③7
郯(春秋)11－12③7
郯(战国)13－14③7
郯县(东汉)19－20③7
浙东观(唐)43－44④8
浙东观察使(唐)45－46④6
浙西观(唐)43－44③7
浙西观察使(唐)45－46③5
浙江～(战国)13－14③7－④7
浙江～(秦)15－16④8－7
浙江～(西汉)17－18③8－④9
浙江～(东汉)19－20④8－7
浙江～(三国)21－22③7－④7
浙江～(西晋)23－24③7－④7
浙江～(东晋十六国)25－26④7
浙江～(南北朝)29－30④7
浙江～(南北朝)31－32④7
浙江～(南北朝)33－34④7
浙江～(南北朝)35－36④7
浙江～(隋)37－38③7－④7
浙江～(唐)45－46④5
浙江～(五代十国)49－50⑯18
浦峪路万户府(元)59－60②8
涑沫江～(唐)43－44②8
酒泉(原始社会)3－4③5
酒泉(十六国)27－28⑪22
酒泉(民国)69－70③5
酒泉(民国)71－72③5
酒泉军(南北朝)31－32③5
酒泉郡(西汉)17－18③5
酒泉郡(东汉)19－20③5
酒泉郡(三国)21－22③5
酒泉郡(西晋)23－24③5
酒泉郡(东晋十六国)25－26③5
酒泉郡(十六国)27－28②2
酒泉郡(十六国)27－28⑧15
酒泉郡(十六国)27－28⑪22
酒泉郡(南北朝)33－34③5
酒泉郡(南北朝)35－36③5
浡泥(元)57－58⑪23
浡泥(元)59－60⑪23
(浡泥)文莱(明)63－64⑧13
娑陵水～(隋)37－38②6－①6
娑陵水～(唐)39－40①7
娑陵水～(唐)41－42①6－②6
娑陵水～(唐)43－44①6
娑陵水～(五代十国)47－48①6－②6
涅(战国)13－14③7
涅水～(东晋十六国)25－26④7
涅水～(南北朝)29－30④7
涅水～(南北朝)31－32④7
涅水～(南北朝)33－34④7
涅水～(南北朝)35－36④7
涡水～(唐)45－46③5
涡水～(元)57－58③7
涡水～(元)59－60③7
浩罕(明)63－64②3
海～(西周)9－10③8
海～(春秋)11－12③7
海～(春秋)11－12③8
海～(西汉)17－18②4
海口(民国)71－72⑤7
海口所(清)67－68④7
海门厅(清)67－68③8
海丰(原始社会)3－4④7
海龙府(清)67－68②8
海兰泡(布喇郭威什臣斯克)(清)67－68①8
(海兰泡)黄河屯(清)65－66①8
海头(三国)21－22②4
海头(西晋)23－24②4
海头(东晋十六国)25－26②4
海头(十六国)27－28⑦14
海头(十六国)27－28⑩21
海宁州(元)57－58③7
海西女真部(明)61－62②9－8
海西女真部(明)63－64②9－8
海伦府(清)67－68②8
海州(南北朝)35－36③7
海州(唐)39－40③8
海州(唐)41－42③7
海州(唐)45－46③5
海州(五代十国)49－50⑪15
海州(五代十国)49－50⑮18
海州(辽北宋)51－52③7
海州(金南宋)53－54③7
海州(金南宋)55－56③7
海州(清)65－66③7
海州(清)67－68③7
海押立(金南宋)53－54②3
海押立(金南宋)55－56②3
海押立(元)57－58②3
海拉尔(原始社会)3－4②7
海拉尔(民国)71－72②7
海昌郡(南北朝)29－30④7
海参崴(清)65－66②9
海参崴(清)67－68②9
(海参崴)符拉迪沃斯托克(民国)69－70②9
(海参崴)符拉迪沃斯托克(民国)71－72②9

海南岛(清)67—68⑤6—7
海南岛(民国)69—70⑤6—7
海南岛(民国)71—72⑤6
海剌儿河～(金南宋)53—54②7—8
海剌儿河～(金南宋)55—56②7—8
海津镇(元)59—60③7
海陵郡(南北朝)29—30③8
海勒水～(辽北宋)51—52②7—8
海满道(民国)69—70①8—②7
涂山氏(夏)5—6③7
浮阳郡(南北朝)31—32③7
流求(隋)37—38④8
流求(唐)39—40④9
流求(唐)41—42④8
流求(唐)43—44④8
流求(唐)45—46⑤6—⑥6
流求(五代十国)47—48④8
流求(五代十国)49—50⑯19
流求(辽北宋)51—52④8
流求(金南宋)53—54④8
流求(金南宋)55—56④8
流沙(战国)13—14②5—③6
流沙(秦)15—16②6—③6
润州(唐)39—40③8
润州(唐)41—42③7
润州(唐)43—44③7
润州(唐)45—46③5
(涨海)南海～(东汉)19—20⑤7
(涨海)南海～(三国)21—22⑤7
(涨海)南海～(西晋)23—24⑤7
(涨海)南海～(东晋十六国)25—26⑤7
(涨海)南海～(南北朝)29—30⑤7
(涨海)南海～(南北朝)31—32⑤7
(涨海)南海～(南北朝)33—34⑤7
(涨海)南海～(南北朝)35—36⑤7
(涨海)南海～(隋)37—38⑤7
(涨海)南海～(唐)39—40⑤9
(涨海)南海～(唐)41—42⑤7
(涨海)南海～(唐)43—44⑤7
(涨海)南海～(唐)45—46⑦4—5
(涨海)南海～(五代十国)47—48⑤7
浚稽山△(西汉)17—18②6
浚稽山△(东汉)19—20②6
浚稽山△(三国)21—22②6
浚稽山△(西晋)23—24②6
浚稽山△(南北朝)29—30②6
浚稽山△(南北朝)31—32②6
浚稽山△(南北朝)33—34②6
悦般(南北朝)29—30②3—4
悦跋城(南北朝)31—32③6
宽城子(清)65—66②8
宾州(唐)43—44④6
宾州(唐)45—46⑥3
宾州厅(清)67—68②8
宾州路(元)57—58④6
容州(南北朝)35—36③6
容州(唐)39—40④8
容州(唐)41—42④7
容州(唐)43—44④7
容州(唐)45—46⑥3
容州路(元)57—58④7
容管经(唐)43—44④7
容管经略使(唐)45—46⑥3
朗州(唐)39—40④8
朗州(唐)41—42④7
朗州(唐)45—46④3
朗州(五代十国)47—48④7
诸(商)7—8③7
诸木洪(原始社会)3—4③5
诺矣江～(唐)39—40③6—7
诺矣江～(唐)41—42③5—6
诺矣江～(唐)43—44③5—6
冥(春秋)11—12④7
冥水～(东汉)19—20③5
冥水～(唐)39—40②6—③6
冥水～(唐)41—42②5—③5
冥水～(唐)43—44②5—③5
冥泽～(西汉)17—18②5
冥泽～(东汉)19—20②5
谅州(唐)39—40④7
弱水～(战国)13—14②6
弱水～(西汉)17—18②6
弱水～(西汉)17—18②8—9
弱水～(东汉)19—20②6—③6
弱水～(东汉)19—20②8—9
弱水～(三国)21—22②6—③6
弱水～(三国)21—22②8—9
弱水～(西晋)23—24②5—③6
弱水～(西晋)23—24②8—9
弱水～(东晋十六国)25—26②6—③6
弱水～(十六国)27—28①3—②2
弱水(十六国)27—28⑤8—⑥7
弱水～(十六国)27—28⑦16—⑧15
弱水～(十六国)27—28⑩23—⑪22
弱水～(南北朝)29—30②6—③6
弱水～(南北朝)31—32②6—③6
弱水～(南北朝)33—34②6—③5
弱水～(南北朝)35—36②6—③6
弱水～(隋)37—38②6—5
弱洛水～(东晋十六国)25—26②6
弱洛水～(东晋十六国)25—26②7—8
弱洛水～(南北朝)29—30②6
弱洛水～(南北朝)31—32②6
弱洛水～(南北朝)31—32②7—8
弱洛水～(南北朝)33—34②6
弱洛水～(南北朝)35—36②6
弱洛水～(隋)37—38②7—8
陵州(唐)45—46④2
陵阳(战国)13—14③7
勐老(金南宋)55—56⑤6
勐渤(五代十国)47—48④6
勐渤(辽北宋)51—52④6
勐渤(金南宋)53—54④6
勐赖(清)65—66④6
陶(战国)13—14③7
陶丘(春秋)11—12③7
陶林厅(清)67—68②7
陷牟河～(五代十国)47—48④3
娘曲(三国)21—22④4
娘曲～(西晋)23—24④4
娘波(三国)21—22③5—④5
娘波(西晋)23—24③5—④5
通川郡(隋)37—38③6
通化(民国)71—72②8
通宁郡(南北朝)35—36④7
通州(南北朝)35—36③6
通州(唐)39—40③7
通州(唐)41—42③6
通州(唐)43—44③6
通州(唐)45—46④2
通州(五代十国)49—50⑬9
通州(辽北宋)51—52②8
通州(清)65—66③8
通州(清)67—68③8
通州路(元)57—58③8
通远军(五代十国)49—50⑪14
通济渠～(隋)37—38③7
通海都督府(唐)43—44④6
难水～(东晋十六国)25—26①9—②9
难水～(南北朝)29—30①9—②9
难水～(南北朝)31—32①9—②9
难水～(南北朝)33—34①9—②9
难水～(南北朝)35—36①9—②9
难河～(隋)37—38②8—9
难兜(西汉)17—18③3
桑干水～(隋)37—38③7—②7
桑干河～(唐)39—40③8—②8
桑干河～(唐)41—42③7
桑干河～(唐)43—44③7
桑干河～(唐)45—46②4—①4
桑干水～(五代十国)47—48③7—②7
桑干水～(五代十国)49—50②2—①2
桑干水～(五代十国)49—50⑤12—④12
桑干河～(辽北宋)51—52③7—②7
桑干河～(元)57—58③7
桑干水～(元)59—60③7—②7
桑干河～(清)67—68③7—②7
桑干河～(民国)69—70③7—②7
桑干河～(民国)71—72③7—②7
桑昂曲宗(清)65—66④5
骊山氏(商)7—8③6
绣州(唐)45—46⑥3
绥化(民国)69—70②8
绥化府(清)67—68②8
绥兰道(民国)69—70②8
绥州(南北朝)33—34③7
绥州(南北朝)35—36③7
绥州(唐)45—46②3
绥安府(清)67—68③6
绥阳(原始社会)3—4④6
绥远厅(清)67—68②7
绥远城厅(清)65—66②7
绥远道(民国)69—70②7—③6
绥芬厅(清)67—68②9
绥来(清)67—68②4
绥德州(元)57—58③7
绥德州(清)65—66③7
绥德州(清)67—68③7
邕宁(民国)69—70④6
邕州(唐)39—40④7
邕州(唐)41—42④6
邕州(唐)43—44④6
邕州(唐)45—46⑥3
邕州(辽北宋)51—52④6
邕州(金南宋)53—54④6
邕州(金南宋)55—56④6
邕州路(元)57—58④6
邕管经(唐)43—44④6
邕管经略使(唐)45—46⑥3
牂州(金南宋)53—54④6
牂州(金南宋)55—56④6
牂柯水～(东晋十六国)25—26④6
牂柯水～(十六国)27—28③3
牂柯水～(南北朝)29—30④6
牂柯水～(南北朝)31—32④6
牂柯水～(南北朝)33—34④6
牂柯水～(南北朝)35—36④6
牂柯江～(西汉)17—18④6
牂柯江～(东汉)19—20④6
牂柯郡(西汉)17—18④6
牂柯郡(东汉)19—20④6
牂柯郡(三国)21—22④6
牂柯郡(西晋)23—24④6
牂柯郡(东晋十六国)25—26④6
牂柯郡(南北朝)29—30④6
牂柯郡(南北朝)33—34④6
牂柯郡(隋)37—38④6
牂牁(五代十国)47—48④6
(牂牁)且兰(战国)13—14④6

十一画

春陵郡(隋)37—38③7
理番厅(清)67—68③6
理塘(原始社会)3—4③6
琉球(元)57—58④8
琉球(元)59—60④8
琉球(明)63—64④8
琉球(清)65—66④8
琉球群岛(民国)69—70④8
琉球群岛(民国)71—72④8
琅邪(春秋)11—12③7
琅邪(战国)13—14③7
琅邪国(东汉)19—20③7
琅邪国(三国)21—22③7
琅邪郡(秦)15—16③7
琅邪郡(西汉)17—18③7
琅邪郡(十六国)27—28⑧17
琅邪郡(十六国)27—28⑪24
琅邪郡(南北朝)29—30③7
琅邪郡(南北朝)31—32③7
琅邪郡(南北朝)33—34③7
琅邪郡(隋)37—38③7
琅勃拉邦(民国)71—72⑤6
焉耆(原始社会)3—4②4
焉耆(西汉)17—18②4
焉耆(东汉)19—20②4
焉耆(三国)21—22②4
焉耆(西晋)23—24②4
焉耆(东晋十六国)25—26②4
焉耆(十六国)27—28

⑦14
焉耆(十六国)27－28⑩21
焉耆(南北朝)31－32②4
焉耆(南北朝)33－34②4
焉耆(南北朝)35－36②4
焉耆(隋)37－38②4
焉耆(唐)43－44②4
焉耆(辽北宋)51－52②4
焉耆(民国)69－70②4
焉耆府(清)67－68②4
焉耆都督府(唐)41－42②4
焉耆道(民国)69－70②4－③4
焉耆镇(南北朝)29－30②4
焉耆镇(唐)39－40②5
焉耆镇(唐)41－42②4
掸(东汉)19－20④5
捷格尔苏特依(清)65－66①4
基瓦(明)63－64②2
基方(商)7－8③7
聊城(民国)69－70③7
勒布什(清)65－66②3
勒拿河～(民国)69－70①6－7
勒拿河～(民国)71－72①6－7
黄(西周)9－10③7
黄(春秋)11－12③7
黄山△(唐)41－42③7
黄山△(唐)43－44③7
黄山△(唐)45－46④5
黄水～(唐)39－40②8－9
黄水～(唐)41－42②7－8
黄水～(唐)43－44②7－8
黄龙府(五代十国)47－48②8
黄龙府(辽北宋)51－52②8
黄头回纥(辽北宋)51－52③5
黄州(南北朝)33－34④6
黄州(南北朝)35－36④6
黄州(唐)45－46④4
黄州(五代十国)49－50⑪15
黄州(辽北宋)51－52③7
黄州府(明)61－62③7
黄州府(明)63－64③7
黄州府(清)65－66③7
黄州府(清)67－68③7
黄州路(元)57－58③7
黄河～(南北朝)29－30③7
黄河～(南北朝)31－32③7
黄河～(南北朝)33－34③7
黄河～(南北朝)35－36③7
黄河～(隋)37－38③7
黄河～(唐)39－40③8
黄河～(唐)41－42③7
黄河～(唐)43－44③7
黄河～(五代十国)49－50⑧6
黄河～(五代十国)49－50⑬8－9
黄河～(五代十国)49－50⑬10
黄河～(辽北宋)51－52③7
黄河～(金南宋)53－54③7
黄河～(金南宋)55－56③7
黄河～(元)57－58③7
黄河～(元)59－60③7
黄河～(明)61－62③7
黄河～(明)63－64③7
黄河～(清)65－66③7
黄河～(清)67－68③7
黄河～(民国)69－70③6
黄河～(民国)69－70③7
黄河～(民国)71－72③7
黄河北流～(辽北宋)51－52③7
黄河(河水)～(唐)45－46②3
黄河(河水)～(五代十国)47－48③7
黄河(河水)～(五代十国)49－50②2
黄河(河水)～(五代十国)49－50⑤12
黄河(河水)～(五代十国)49－50⑧6
黄河(河水)～(五代十国)49－50⑪15
黄河屯(海兰泡)(清)65－66①8
黄草泊～(元)57－58②4
黄草泊～(元)59－60②4
黄海～(清)67－68③8
黄海～(民国)69－70③8
黄海～(民国)71－72③8
菴摩罗跛(隋)37－38④5
菲列宾(清)67－68⑤8
菲律宾 (民国)69－70⑤8
菲律宾(民国)71－72⑤8
萌古部(辽北宋)51－52①7－②7
萌古斯部(蒙古部)(金南宋)53－54②6－①7
萌渚岭△(明)61－62④7
营口厅(清)67－68②8
营丘(西周)9－10③7
营州(十六国)27－28②4
营州(南北朝)29－30②8
营州(南北朝)31－32②8
营州(南北朝)33－34②8
营州(唐)39－40②9
营州(唐)41－42②8
营州(唐)43－44②8
营州(唐)45－46①6
营州(五代十国)49－50①3
营州(昌黎城)(南北朝)35－36②8
营阳郡(南北朝)29－30④7
营阳郡(南北朝)31－32④7
乾宁安抚司(元)59－60⑤7
乾州(元)57－58③6
乾州(清)67－68③6
乾州厅(清)67－68④6
乾陀罗(南北朝)31－32③3
乾陀罗(唐)43－44③3
萧(春秋)11－12③7
萨历萨莱(元)59－60③2
萨末鞬(唐)43－44③2
萨末鞬(辽北宋)51－52③2
萨末鞬(金南宋)53－54③2
萨尔温江～(清)67－68④5－⑤5
萨尔温江～(民国)69－70④5－⑤5
萨尔温江～(民国)71－72④5－⑤5
萨加(明)61－62④4
萨加(明)63－64④4
萨里川(金南宋)55－56②6
萨拉齐厅(清)67－68②7
萨迦(清)67－68④4
萨毗泽～(隋)37－38③4
萨哈林岛(库页岛)(民国)71－72②10
萨彦岭△(民国)69－70①5
萨彦岭△(民国)71－72①5
萨曼王朝(五代十国)47－48③2
萨斯迦(元)59－60④4
梧州(唐)39－40④8
梧州(唐)41－42④7
梧州(唐)43－44④7
梧州(唐)45－46⑥3
梧州(五代十国)47－48④7
梧州(辽北宋)51－52④7
梧州(金南宋)53－54④7
梧州(金南宋)55－56④7
梧州(民国)71－72④7
梧州府(明)61－62④7
梧州府(明)63－64④7
梧州府(清)65－66④7
梧州府(清)67－68④7
梧州路(元)57－58④7
梧州路(元)59－60④7
梅州(辽北宋)51－52④7
梅州(金南宋)53－54④7
梅州(金南宋)55－56④7
梅州路(元)57－58④7
梅县(原始社会)3－4④7
梅里急部(辽北宋)51－52①6
梓州(唐)39－40③7
梓州(唐)41－42③6
梓州(唐)43－44③6
梓州(唐)45－46④2
梓州(五代十国)47－48③6
梓州(辽北宋)51－52③6
梓潼(战国)13－14③6
梓潼郡(三国)21－22③6
梓潼郡(西晋)23－24③6
曹(西周)9－10③7
曹(春秋)11－12③7
曹州(唐)45－46③4
曹州(五代十国)49－50⑤12
曹州(元)57－58③7
曹州府(清)67－68③7
(敕勒)高车(南北朝)29－30①6－7
(敕勒)高车(南北朝)31－32①6－7
戛里(明)61－62④5
戛里(明)63－64④5
硇什达尔乌兰落布逊山△(清)65－66③4－5
奢延(西晋)23－24③6
奢延水～(南北朝)29－30③6
奢延水～(南北朝)31－32③6
奢延水～(南北朝)33－34③6
奢延水～(南北朝)35－36③6
奢延水～(隋)37－38③6－7
龚州(唐)45－46⑥3
殑伽河～(唐)39－40④4－5
殑伽河～(唐)41－42④3－4
殑伽河～(唐)43－44④3－4
盛乐(三国)21－22②7
盛乐(西晋)23－24②7
盛乐(东晋十六国)25－26②7
盛乐(十六国)27－28①4
盛乐(十六国)27－28⑤9
盛乐(十六国)27－28⑦17
盛乐(南北朝)29－30②7
盛乐(南北朝)31－32②7
盛京(清)65－66②8
雪山△(南北朝)31－32③5
雪山△(唐)39－40④5－6
雪山△(唐)41－42④4－5
雪山△(唐)43－44④4－5
雪山△(元)57－58②5
雪山△(元)59－60②5
雪峨岭△(元)57－58①4－5
雪峨岭△(元)59－60①4－5
辅教王驻地(明)61－62④4
辅教王驻地(明)63－64④4
虖池河～(秦)15－16③7
虖池河～(西汉)17－18③7
虖沱河～(东汉)19－20③7
虖沱河～(西晋)23－24③7
虖沱河～(东晋十六国)25－26③7
虖沱河～(十六国)27－28②4
虖沱河～(十六国)27－28⑥9
虖沱河～(十六国)27－28⑧17
虖沱河～(十六国)27－28⑪24
敞(战国)13－14④6
常山国(东汉)19－20③7
常山郡(西汉)17－18③7
常山郡(西晋)23－24③7
常乐郡(南北朝)35－36②5
常州(唐)43－44③7
常州(唐)45－46④5
常州府(清)67－68③7
常州路(元)57－58③8
常德(民国)71－72④7
常德府(金南宋)55－56④7
常德府(明)61－62④7
常德府(明)63－64④7
常德府(清)65－66④7
常德府(清)67－68④7
常德路(元)57－58④7
常德路(元)59－60④7
(悬瓠城)汝南郡(南北朝)33－34③7
野莫～(东晋十六国)25－26③6
野莫～(十六国)27－28②3
野莫～(十六国)27－28⑥8
野莫～(十六国)27－28⑧16
野莫～(十六国)27－28⑪23
曼德勒(清)67－68④5
曼德勒(民国)69－70④5
曼德勒(民国)71－72④5
略阳郡(南北朝)29－30③6
鄂(西周)9－10③7
鄂(战国)13－14③7
鄂布河～(清)65－66①4
鄂布河～(清)67－68①4
鄂尔多和(清)65－66①6
鄂尔多斯左中旗(清)67－68③6
鄂尔多斯右前旗(清)67－68③6
鄂尔多斯左翼中旗(清)65－66③6
鄂尔坤河～(清)67－68②6
鄂尔浑河～(民国)69－70②6
鄂尔浑河～(民国)71－72②6
鄂毕河～(民国)69－70①4
鄂毕河～(民国)71－72①4
鄂州(唐)39－40③8
鄂州(唐)41－42③7
鄂州(唐)43－44③7
鄂州(唐)45－46④4
鄂州(五代十国)47－48③7
鄂州(五代十国)49－50②2
鄂州(五代十国)49－50⑤12
鄂州(五代十国)49－50⑧6
鄂州(五代十国)49－50⑬10
鄂州(五代十国)49－

鄂患啜崖逻崇铜银秽移符盘悉领敔脱象猪祭馆麻康庸鹿章竟商望率阇阐着盖粘清鸿淹涿渠混淮

50⑮18
鄂州(辽北宋)51—52③7
鄂州(金南宋)53—54③7
鄂州(金南宋)55—56③7
鄂州路(元)57—58③7
鄂岳观(唐)43—44③7
鄂岳观察使(唐)45—46
　④4
鄂斯(清)65—66②3
鄂嫩河~(民国)69—70
　①7—②7
鄂嫩河~(民国)71—72
　①7—②7
鄂霍次克海~(清)67—
　68①10—11
鄂霍次克海~(民国)69
　—70①10—11
鄂霍次克海~(民国)71
　—72①10—11
鄂穆河~(明)61—62①3
鄂穆河~(明)63—64①3
忠武节(唐)43—44③7
啜水~(南北朝)29—30
　②8
啜水~(南北朝)31—32
　②8
啜水~(南北朝)33—34
　②8
啜水~(南北朝)35—36
　②8
崖州(南北朝)33—34⑤6
崖州(南北朝)35—36⑤6
崖州(唐)39—40④7
崖州(唐)41—42⑤7
崖州(唐)43—44⑤7
崖州(唐)45—46⑦3
崖州(五代十国)47—48
　⑤7
崖州(清)65—66⑤6
崖州(清)67—68⑤6
崖县(原始社会)3—4⑤6
逻些城(唐)39—40④6
逻些城(唐)41—42④5
逻些城(唐)43—44④5
逻些城(五代十国)47—
　48④5
逻些城(辽北宋)51—52
　④5
逻些城(金南宋)53—54
　④5
逻些城(金南宋)55—56
　④5
崇(夏)5—6⑦13
崇(商)7—8③7
崇庆路(元)57—58③6
崇明县(元)57—58③8
铜山(民国)69—70③7
铜仁府(明)61—62④6
铜仁府(明)63—64④6
铜仁府(清)65—66④6
铜仁府(清)67—68④6
银川(原始社会)3—4③6
银川(民国)71—72③6
银生府(唐)43—44④6
银州(南北朝)35—36③6
银州(唐)45—46②3
秽(战国)13—14②8
移支(东汉)19—20②5
移相哥碑(元)57—58①7
符拉迪沃斯托克(海参
　崴)(民国)69—70②9
符拉迪沃斯托克(海参

崴)(民国)71—72②9
(符娄)缚娄(战国)13—
　14④7
盘水~(东晋十六国)25
　—26④6
盘州(唐)39—40④7
盘州(唐)41—42④6
盘江~(三国)21—22④6
盘江~(西晋)23—24④6
盘江~(南北朝)29—30
　④6
盘江~(南北朝)31—32
　④6
盘江~(南北朝)33—34
　④6
盘江~(南北朝)35—36
　④6
盘县(原始社会)3—4④6
盘越国(东汉)19—20④5
盘越国(三国)21—22④5
悉万斤(南北朝)31—32
　④6
领安奔(明)61—62④4
敔州(唐)43—44④6
敔州(唐)45—46⑤3
脱木河卫(明)61—62①8
　—9
脱木河卫(明)63—64①8
　—9
脱思麻(五代十国)47—
　48③5—6
脱思麻(辽北宋)51—52
　③5—6
脱思麻(金南宋)53—54
　③5—6
脱思麻(金南宋)55—56
　③5—6
脱思麻路(元)57—58③5
　—6
脱思麻路(元)59—60③5
　—6
脱斡怜万户府(元)57—
　58②9
象禾(战国)13—14③7
象州(唐)43—44④6
象州(唐)45—46③3
象州路(元)57—58④6
象郡(秦)15—16④6
象雄(三国)21—22③3—
　4
象雄(西晋)23—24③3—
　4
象雄(东晋十六国)25—
　26③3—4
象雄(南北朝)29—30③3
　—4
象雄(南北朝)31—32③3
　—4
象雄(南北朝)33—34③3
　—4
象雄(南北朝)35—36③3
　—4
象雄(隋)37—38③3—4
象雄(唐)39—40③4—5
象雄(唐)41—42③3—4
猪野泽~(战国)13—14
　③6
祭方(商)7—8③7
馆觉(明)61—62④4
馆觉(明)63—64④4
麻(唐)39—40③4

麻(唐)41—42③3
麻(唐)43—44③3
麻州(唐)39—40④7
麻州(金南宋)55—56③3
麻域(五代十国)47—48
　③3
麻域(辽北宋)51—52③3
麻域(金南宋)53—54③3
麻域(元)57—58③3
麻域(元)59—60③3
麻逸(元)57—58①0④4
麻逸(元)59—60①0④4
麻逸(辽北宋)51—52⑤8
麻逸(金南宋)53—54⑤8
麻逸(金南宋)55—56⑤8
康(隋)37—38③2
康(唐)41—42③2
康(清)67—68③5
康州(唐)43—44④7
康州(唐)45—46③3
康里(金南宋)53—54②2
康里(金南宋)55—56②2
康定(原始社会)3—4③6
康定(民国)69—70③6
康定(民国)71—72③6
康居(西汉)17—18②3—
　2
康居(东汉)19—20②3—
　2
康居(三国)21—22②3—
　2
康居(西晋)23—24②3—
　2
康居都督府(唐)39—40
　③3
庸(商)7—8③7
庸(西周)9—10③7
庸(春秋)11—12③7
鹿浑海~(南北朝)29—
　30②6
鹿浑海~(南北朝)31—
　32②6
鹿浑海~(南北朝)33—
　34②6
鹿浑海~(南北朝)35—
　36②6
章武郡(东晋十六国)25
　—26③7
竟陵郡(东晋十六国)25
　—26③7
竟陵郡(南北朝)29—30
　③7
竟陵郡(隋)37—38③7
商(夏)5—6③7
商(商)7—8③7
商(战国)13—14③7
商丘(夏)5—6⑦13
商丘(西周)9—10③7
商丘(春秋)11—12③7
商州(唐)39—40③6
商州(唐)41—42③6
商州(唐)43—44③7
商州(唐)45—46③3
商州(元)57—58③6
商州(清)67—68③6
商弥(唐)39—40③4
望建河~(唐)39—40①9
　—②9
望建河~(唐)41—42①8
　—②8
望建河~(唐)43—44①8

—②8
望部(唐)39—40④6
望部(唐)41—42④5
率宾府(唐)43—44②9
率宾府(辽北宋)51—52
　①9—②9
阇兰达罗(唐)41—42③3
阇兰陀(隋)37—38③3
阇烂达罗(唐)39—40③4
阇鄽(金南宋)53—54③4
阇鄽(金南宋)55—56③4
阇鄽(元)57—58③4
阇鄽(元)59—60③4
阎牟那河~(唐)39—40
　④4
阎牟那河~(唐)43—44
　④3—4
阐化王驻地(明)61—62
　④5
阐化王驻地(明)63—64
　④5
阐教王驻地(明)61—62
　④5
阐教王驻地(明)63—64
　③5
着由万户(明)61—62④5
盖马大山△(西汉)17—
　18②8
盖马大山△(东汉)19—
　20②8
盖马大山△(三国)21—
　22②8
盖水~(南北朝)29—30
　②7
盖水~(南北朝)31—32
　②7
盖水~(南北朝)33—34
　②7
盖水~(南北朝)35—36
　②7
盖州(金南宋)55—56②8
盖州卫(明)61—62②8
盖州卫(明)63—64②8
盖牟新城(唐)43—44②8
粘八葛部(辽北宋)51—
　52①4—②5
粘拔恩部(乃满部)(金南
　宋)53—54②4—5
清水~(唐)45—46③2
清水河厅(清)67—68③7
清化(明)63—64⑤6
清化郡(隋)37—38③6
清江(原始社会)3—4③7
清江~(隋)37—38③6—
　7
清江~(元)59—60③6—
　7
清江郡(隋)37—38③7
(清江浦)清河(清)65—
　66③7
清苑(民国)69—70③7
清苑(民国)71—72③7
清河(清)67—68③7
清河(清江浦)(清)65—
　66③7
清河(东汉)19—20③7
清漳河~(西汉)17—18
　③7
鸿厘寺(清)65—66②7
淅川厅(清)67—68③7
淅州(南北朝)33—34③7
淅州(南北朝)35—36③7

淅阳郡(隋)37—38③7
淹水~(东汉)19—20④6
淹水~(三国)21—22④6
淹水~(西晋)23—24④6
淹水~(东晋十六国)25
　—26④6
淹水~(十六国)27—28
　③3
淹水~(南北朝)29—30
　④6
淹水~(南北朝)31—32
　④6
淹水~(南北朝)33—34
　④6
淹水~(南北朝)35—36
　④6
涿邪山△(西汉)17—18
　②5
涿邪山△(东汉)19—20
　②5
涿邪山△(三国)21—22
　②5
涿邪山△(西晋)23—24
　②5
涿邪山△(东晋十六国)
　25—26②5
涿邪山△(南北朝)29—
　30②5
涿邪山△(南北朝)31—
　32②5
涿邪山△(南北朝)33—
　34②5
涿州(唐)45—46②5
涿郡(西汉)17—18③7
涿郡(东汉)19—20③7
涿郡(隋)37—38③7
渠州(南北朝)33—34③6
渠州(唐)45—46④2
渠州安抚司(元)57—58
　③7
渠勒(西汉)17—18③4
渠勒(东汉)19—20③4
渠犁(西汉)17—18③4
混同江~(辽北宋)51—
　52②9
混同江~(辽北宋)51—
　52②8
混同江~(金南宋)53—
　54①10—②9
混同江~(金南宋)55—
　56①10—②9
混同江~(金南宋)55—
　56②8
混同江~(元)57—58①9
　—②9
混同江~(元)59—60①9
　—②9
(混同江)黑龙江~(清)
　65—66①9—②9
(混同江)黑龙江~(清)
　67—68①9—②9
淮水~(夏)5—6③7
淮水~(商)7—8③7
淮水~(西周)9—10③7
淮水~(春秋)11—12③7
淮水~(战国)13—14③7
淮水~(秦)15—16③7
淮水~(西汉)17—18③7
淮水~(东汉)19—20③7
淮水~(三国)21—22③7
淮水~(西晋)23—24③7
淮水~(东晋十六国)

25—26③7
淮水～(十六国)27—28②4
淮水～(十六国)27—28⑥9
淮水～(十六国)27—28⑧17
淮水～(十六国)27—28⑪24
淮水～(南北朝)29—30③7
淮水～(南北朝)31—32③7
淮水～(南北朝)33—34③7
淮水～(南北朝)35—36③7
淮水～(隋)37—38③7
淮水～(隋)39—40③8
淮水～(唐)41—42③7
淮水～(唐)43—44③7
淮水～(唐)45—46③5
淮水～(五代十国)47—48③7
淮水～(五代十国)49—50②2
淮水～(五代十国)49—50⑤12
淮水～(五代十国)49—50⑧6
淮水～(五代十国)49—50⑪15
淮水～(五代十国)49—50⑬10
淮水～(五代十国)49—50⑮18
淮水～(辽北宋)51—52③7
淮水～(金南宋)53—54③7
淮水～(金南宋)55—56③7
淮水～(元)57—58③7
淮水～(元)59—60③7
淮扬道(民国)69—70③8
淮夷(商)7—8③7
淮夷(春秋)11—12③7
淮夷(九夷)(西周)9—10③7
淮州(南北朝)33—34③7
淮州(南北朝)35—36③7
淮安府(明)61—62③7
淮安府(明)63—64③7
淮安府(清)67—68③7
淮安郡(隋)37—38③7
淮安路(元)57—58③7
淮安路(元)59—60③7
淮阳国(西汉)17—18③7
淮阳郡(南北朝)29—30③7
淮阳郡(隋)37—38③7
淮阴(东晋十六国)25—26③7
淮阴(民国)69—70③7
淮河～(明)61—62③7
淮河～(明)63—64③7
淮河～(清)65—66③7
淮河～(清)67—68③7
淮河～(民国)69—70③7
淮河～(民国)71—72③7
淮泗道(民国)69—70③7
淮南节(唐)43—44③7
淮南节度使(唐)45—46③5
淮南节度使(五代十国)49—50⑪15
淮南郡(西晋)23—24③7
淮南郡(东晋十六国)25—26③7
渔阳郡(秦)15—16②7
渔阳郡(西汉)17—18②7
渔阳郡(东汉)19—20②7
渔阳郡(三国)21—22②7
渔阳郡(隋)37—38②7
淳于(战国)13—14③7
涪水～(战国)13—14③6
涪水～(西汉)17—18③6
涪水～(东汉)19—20③6
涪水～(西晋)23—24③6
涪水～(隋)37—38③6
涪水～(元)57—58③6
涪水～(元)59—60③6
涪州(唐)39—40④7
涪州(唐)41—42④6
涪州(唐)43—44④6
涪州(唐)45—46④2
涪州(金南宋)53—54④6
涪州(金南宋)55—56④6
涪江～(五代十国)47—48③6
涪江～(辽北宋)51—52③6
涪江水～(唐)45—46④2
涪陵江～(唐)39—40④7
涪陵江～(唐)41—42④6
涪陵江～(唐)43—44④6
涪陵江～(唐)45—46④3—⑤2
涪陵江～(五代十国)47—48④6
涪陵江～(五代十国)49—50⑭9
涪陵江～(元)57—58④6
涪陵江～(元)59—60④6
涪陵江～(明)61—62④6
涪陵江～(明)63—64④6
涪陵江～(清)67—68④6
涪陵郡(三国)21—22④6
涪陵郡(西晋)23—24④6
涪陵郡(南北朝)31—32④6
涪陵郡(南北朝)33—34④6
涪陵郡(南北朝)35—36④6
涪陵郡(隋)37—38③6
淯水～(东汉)19—20③7
淯水～(三国)21—22③7
淯水～(西晋)23—24③7
淯水～(隋)37—38③7
淯州(南北朝)35—36③7
深末怛室韦(南北朝)35—36①8—9
深末怛室韦(隋)37—38①8—9
深州(唐)45—46②4
深州(清)67—68③7
渌州(辽北宋)51—52②8
婆罗门(五代十国)47—48③3—④4
婆罗洲(清)67—68⑧13
婆罗洲(民国)69—70⑧13
婆罗痆斯(唐)39—40④5
婆速路(金南宋)53—54②8
婆速路(金南宋)55—56②8
梁(西周)9—10③7
梁(春秋)11—12③7
梁(南北朝)33—34④6
梁(五代十国)49—50②2
梁水郡(东晋十六国)25—26④6
梁水郡(南北朝)29—30④6
梁水郡(南北朝)31—32④6
梁水郡(南北朝)33—34④6
梁化郡(南北朝)35—36④7
梁州(西晋)23—24③6
梁州(东晋十六国)25—26③6
梁州(十六国)27—28②3
梁州(十六国)27—28⑥8
梁州(南北朝)29—30③6
梁州(南北朝)31—32③6
梁州(南北朝)35—36③6
梁州(南北朝)35—36③7
梁州(唐)39—40③7 41—42③6
梁安郡(南北朝)33—34④7
梁国(西汉)17—18③7
梁郡(南北朝)29—30③7
梁郡(南北朝)31—32③7
梁郡(隋)37—38③7
淄州(唐)45—46②5
淄莱路(元)57—58③7
寇漫汗(西晋)23—24②8—①9
寇漫汗(东晋十六国)25—26②8—①9
寄蔑(五代十国)47—48②2—3
宿(西周)9—10③7
宿(春秋)11—12③7
宿州(唐)45—46③5
宿州(五代十国)49—50⑤12
宿州(五代十国)49—50⑧6
宿州(五代十国)49—50⑪15
宿军(十六国)27—28⑩25
密(商)7—8③6
密(西周)9—10③6
密儿纪部(金南宋)53—54①6
密山府(清)67—68②9
密云郡(南北朝)29—30②7
密尔坦(清)65—66③3
密州(唐)45—46②5
密州(五代十国)49—50②2
密州(五代十国)49—50⑤12
密州(五代十国)49—50⑧6
密州(五代十国)49—50⑪15
密州(辽北宋)51—52③7
密州(金南宋)53—54③7
密州(金南宋)55—56③7
谋统府(金南宋)53—54④6
谋统府(金南宋)55—56④6
谌离(西汉)17—18⑤5
扈(夏)5—6③6
敢(唐)39—40③6
敢(唐)41—42③5
敢(五代十国)47—48③5
敢(辽北宋)51—52③5
敢(金南宋)53—54③5
敢(金南宋)55—56③5
尉头(西汉)17—18②3
尉头(东汉)19—20②3
屠何(春秋)11—12②7
屠何(春秋)11—12②8
弹筝峡～(唐)45—46③2
隋(隋)37—38③6
隋州(唐)39—40③8
隋州(唐)41—42③7
随(西周)9—10③7
随(春秋)11—12③7
随(战国)13—14③7
随州(南北朝)35—36③7
随州(唐)45—46④4
随州(五代十国)49—50⑪15
随州(元)57—58③7
隗(西周)9—10③7
隗(春秋)11—12③7
隆庆府(元)57—58③6
隆州(南北朝)35—36③6
隆州(唐)39—40③7
隆州(金南宋)55—56②8
隆兴长(清)67—68②6
隆兴府(金南宋)55—56④7
隆兴路(元)57—58②7
隆兴路(元)57—58④7
隆勃拉邦(清)67—68⑤6
隆勃拉邦(民国)69—70⑤6
隆勃剌邦(清)65—66⑤6
隆德府(辽北宋)51—52③7
婼羌(西汉)17—18③4
婼羌(清)67—68③4
绳水～(西汉)17—18④6
维州(唐)43—44③6
维州(五代十国)49—50⑬9
维季姆河～(民国)69—70①7
维季姆河～(民国)71—72①7
绵水～(隋)37—38③6—④6
绵州(唐)39—40③7
绵州(唐)45—46④2
绵州(五代十国)49—50⑬9
绵州(清)65—66③6
绵州(清)67—68③6
绵诸(战国)13—14③6
巢(夏)5—6③7
巢湖～(唐)39—40③8
巢湖～(唐)41—42③7
巢湖～(唐)43—44③7
巢湖～(唐)45—46④5

十二画

琼山(民国)69—70⑤7
琼州(唐)45—46⑦3
琼州(辽北宋)51—52⑤7
琼州(金南宋)53—54⑤7
琼州(金南宋)55—56⑤7
琼州(元)57—58⑤7
琼州所(清)67—68⑤7
琼州府(明)61—62⑤7
琼州府(明)63—64⑤7
琼州府(清)65—66⑤7
琼崖道(民国)69—70⑤6—7
搽里八万户(元)57—58④5
塔山前卫(明)63—64②8
塔木鲁卫(明)63—64②8
塔什罕(清)65—66②2
塔尔巴哈台(清)65—66②4
塔尔巴哈台山△(清)67—68②4
塔尔巴哈台山△(民国)69—70②4
塔尔巴哈台山△(民国)71—72②4
塔尔巴哈台厅(清)67—68②4
塔里木(辽北宋)51—52③4
塔里木(金南宋)53—54③3—4
塔里木(金南宋)55—56③3—4
塔里木(元)57—58③4
塔里木(元)59—60③4
塔里木(明)61—62③4
塔里木(明)63—64③4
塔里木河～(辽北宋)51—52②4
塔里木河～(金南宋)53—54②4
塔里木河～(金南宋)55—56②4
塔里木河～(元)57—58②4
塔里木河～(清)65—66②4
塔里木河～(清)67—68②4
塔里木河～(民国)69—70②4
塔里木河～(民国)71—72②4
塔里寒(金南宋)55—56③2
塔甸(清)65—66②8
塔拉斯(清)65—66②3
塔林河～(元)59—60②4
塔城(民国)69—70②4
塔城(民国)71—72②4
塔城道(民国)69—70②4
塔剌思(金南宋)53—54②3
塔剌思(金南宋)55—56②3
塔剌思(元)57—58②2
塔哈卫(明)63—64①8
塔塔儿部(阻轐部)(金南宋)53—54②7
塔喇斯科(清)65—66①3
越(商)7—8④8

越(西周)9—10④8
越(春秋)11—12③7
越(春秋)11—12③8
越(战国)13—14③7
越(战国)13—14③8
越北朝(明)63—64④6
越州(南北朝)31—32④6
越州(南北朝)33—34④6
越州(南北朝)35—36④6
越州(唐)39—40④9
越州(唐)41—42④8
越州(唐)43—44④8
越州(唐)45—46④6
越州(五代十国)47—48③8
越李朝(辽北宋)51—52④6—⑤6
越李朝(金南宋)53—54④6—⑤6
越李朝(金南宋)55—56④6—⑤6
越吴朝(五代十国)47—48④6—⑤6
越里吉(辽北宋)51—52②8
越陈朝(元)57—58④6—⑤6
越陈朝(元)59—60④6—⑤6
越南(清)65—66④6—⑤6
越南(清)67—68④6—⑤6
越南(民国)69—70④6—⑤6
越南 (民国)71—72④6—⑤6
越南朝(明)63—64⑤6
越嶲郡(西汉)17—18④6
越嶲郡(东汉)19—20④6
越嶲郡(三国)21—22④6
越嶲郡(西晋)23—24④6
越嶲郡(东晋十六国)25—26④6
越嶲郡(十六国)27—28③3
越嶲郡(南北朝)29—30④6
越嶲郡(南北朝)33—34④6
越嶲郡(隋)37—38④6
越嶲僚郡(南北朝)31—32④6
越黎朝(明)61—62④6—⑤6
博州(唐)45—46②5
博和哩屯(清)65—66①8
博陵郡(南北朝)35—36③7
博陵郡(隋)37—38③7
博斯腾淖尔～(清)67—68②4
博斯腾湖～(民国)69—70②4
博斯腾湖～(民国)71—72②4
博窝(清)65—66④5
揭尔莽(清)65—66③5
喜马拉亚山△(清)65—66③3—④4
喜马拉亚山△(清)67—68③3—④4
喜马拉雅山△(民国)69—70③3—④4
喜马拉雅山△(民国)71—72③3—④4
喜申卫(明)61—62②9
彭(商)7—8③7
彭(彭祖氏)(商)7—8③7
彭州(唐)45—46④1
彭弥(战国)13—14④7
彭城(战国)13—14③7
彭城国(东汉)19—20③7
彭城国(三国)21—22③7
彭城国(西晋)23—24③7
彭城郡(十六国)27—28⑥9
彭城郡(南北朝)29—30③7
彭城郡(隋)37—38③7
(彭祖氏)彭(商)7—8③7
彭域(隋)37—38③4—5
彭湖(辽北宋)51—52④7
彭湖屿(元)59—60④7
彭湖屿(明)61—62④7
彭湖屿 (明) 63-64④7
彭蠡泽～(战国)13—14④7
彭蠡泽～(秦)15—16④7
彭蠡泽～(西汉)17—18④7
彭蠡泽～(东汉)19—20④7
彭蠡泽～(西晋)23—24④7
彭蠡湖～(东晋十六国)25—26④7
彭蠡湖～(南北朝)29—30④7
彭蠡湖～(南北朝)31—32④7
彭蠡湖～(南北朝)33—34④7
彭蠡湖～(南北朝)35—36④7
彭蠡湖～(隋)37—38④7
彭蠡湖～(唐)39—40④8
彭蠡湖～(唐)41—42④7
彭蠡湖～(唐)43—44④7
彭蠡湖～(唐)45—46④5
彭蠡湖～(五代十国)47—48④7
彭蠡湖～(五代十国)49—50③2
彭蠡湖～(五代十国)49—50⑥12
彭蠡湖～(五代十国)49—50⑨6
彭蠡湖～(五代十国)49—50⑫15
彭蠡湖～(五代十国)49—50⑯18
彭蠡湖～(辽北宋)51—52④7
斯特克(五代十国)47—48③3
斯特克(辽北宋)51—52③3
葫芦岛(清)67—68②8
(葫芦河)蔚如水～(唐)45—46②2
葛(夏)5—6⑦13
葛那及(唐)41—42④3
葛林卫(明)61—62①9
葛览河～(五代十国)47—48②3
葛逻禄(唐)39—40②5
葛逻禄(唐)41—42②4
葛逻禄(唐)43—44②3—4
葛逻禄(五代十国)47—48②3—4
董卜韩胡司(明)61—62③6
董卜韩胡司(明)63—64③6
葱岭(西汉)17—18③3
葱岭(东汉)19—20③3
葱岭(三国)21—22③3
葱岭(西晋)23—24③3
葱岭(东晋十六国)25—26③3
葱岭(十六国)27—28⑧13
葱岭(十六国)27—28⑪20
葱岭(南北朝)29—30③3
葱岭(南北朝)31—32③3
葱岭(南北朝)33—34③3
葱岭(南北朝)35—36③3
葱岭(隋)37—38③3
葱岭(唐)39—40③4
葱岭(唐)41—42③3
葱岭(唐)43—44③3
葱岭(五代十国)47—48③3
葱岭(辽北宋)51—52③3
葱岭(金南宋)53—54③3
葱岭(金南宋)55—56③3
葱岭(元)57—58③3
葱岭(元)59—60③3
葱岭(明)61—62③3
葱岭(明)63—64③3
葱岭(清)65—66③3
葱岭河～(西汉)17—18③3—4
葱岭河～(东汉)19—20③3
葱岭河～(三国)21—22③3
葱岭河～(西晋)23—24③3
葱茈羌(三国)21—22③3—4
葱茈羌(西晋)23—24③4
蒋(春秋)11—12③7
落坦部(唐)39—40①9—②9
落坦部(唐)41—42①8—②8
落坦部(唐)43—44①8—②8
韩(战国)13—14③7
鄚颉府(唐)43—44②8
朝阳府(清)67—68②8
朝鲜(秦)15—16③8
朝鲜(明)61—62③8
朝鲜(明)63—64③8
朝鲜(清)65—66②8—③8
朝鲜(清)67—68③8
朝鲜(民国)71—72②8—③8
朝鲜 (民国)69—70③8
朝鲜海峡～(民国)69—70③8—9
朝鲜海峡～(民国)71—72③8—9
葭州(金南宋)55—56③7
葭州(元)57—58③7
葭萌(战国)13—14③6
棣州(唐)39—40③8
棣州(唐)41—42③7
棣州(唐)45—46②5
棣州(五代十国)49—50⑧6
惠州(辽北宋)51—52④7
惠州(金南宋)53—54④7
惠州(金南宋)55—56④7
惠州府(明)61—62④7
惠州府(明)63—64④7
惠州府(清)65—66④7
惠州府(清)67—68④7
惠州路(元)57—58④7
惠远城(清)67—68②4
(惠远城)伊犁(清)65—66②4
逼阳(春秋)11—12③7
粟弋(东汉)19—20③2
粟弋(西晋)23—24③2
粟弋(东晋十六国)25—26③2
粟末水～(唐)39—40②9
粟末水～(唐)41—42②8
粟末部(隋)37—38②8
粟末部(唐)39—40②9
粟末部(唐)41—42②8
粟特(南北朝)35—36③2
厦门(原始社会)3—4④7
厦门(清)65—66④7
厦门(清)67—68④7
厦门道(民国)69—70④7
雁门郡(秦)15—16③7
雁门郡(西汉)17—18③7
雁门郡(东汉)19—20③7
雁门郡(三国)21—22③7
雁门郡(西晋)23—24③7
雁门郡(东晋十六国)25—26③7
雁门郡(南北朝)29—30③7
雁门郡(南北朝)31—32③7
雁门郡(南北朝)33—34④7
雁门郡(隋)37—38③7
雁门道(民国)69—70②7—③7
雄武节度使(五代十国)49—50⑤11
雄武节度使(五代十国)49—50⑪14
雅龙江～(清)65—66④6
雅尔(清)65—66②4
雅曲～(隋)37—38④4—5
雅州(唐)39—40④7
雅州(唐)41—42④6
雅州(唐)43—44④6
雅州(唐)45—46④1
雅州(五代十国)47—48④6
雅州(辽北宋)51—52④6
雅州(金南宋)53—54④6
雅州(金南宋)55—56④6
雅州(元)57—58③6
雅州(明)61—62④6
雅州(明)63—64④6
雅州府(清)65—66④6
雅安(民国)69—70④6
雅克萨(清)65—66①8
雅砻江～(民国)69—70③5—④6
雅砻江～(民国)71—72③5—④6
雅鲁藏布江～(清)65—66④5
雅鲁藏布江～(清)67—68④5
雅鲁藏布江～(民国)69—70④5
雅鲁藏布江～(民国)71—72④5
晳(战国)13—14③7
紫山△(唐)39—40③6
紫山△(唐)41—42③5
紫山△(唐)43—44③5
辉州(五代十国)49—50②2
棠州(唐)41—42⑤6
鼎州(辽北宋)51—52④7
鼎州(金南宋)53—54④7
喷赤河～(辽北宋)51—52③3
喷赤河～(金南宋)53—54③3
喷赤河～(金南宋)55—56③3
喷赤河～(元)57—58③3
喷赤河～(元)59—60③3
喷赤河～(清)65—66③3
喷赤河～(清)67—68③3
喷赤河～(民国)69—70③3
喷赤河～(民国)71—72③3
喳里江～(明)61—62④5
喳里江～(明)63—64④5
喇萨(清)65—66④5
景东厅(清)65—66④6
景东厅(清)67—68④6
景迈(明)63—64⑤5
(景迈)八百大甸司(明)61—62⑤5
景州(唐)45—46②5
景昽(金南宋)55—56④6
景洪(原始社会)3—4④6
喝盘陀(隋)37—38③3
喝盘陀(唐)39—40③4
喝盘陀(唐)41—42③3
喝盘陀(唐)43—44③3
嗢昆水～(唐)39—40②7
嗢昆水～(唐)41—42②6
嗢昆水～(唐)43—44②6
嗢娘改(五代十国)47—48①6—7
喀木(清)65—66③5
喀切山口(金南宋)53—54③3
喀切山口(金南宋)55—56③3
喀什(原始社会)3—4③3
喀什噶尔(清)65—66③3
喀什噶尔道(民国)69—70②3—③3
喀布尔(清)65—66③2
喀布尔(清)67—68③2
喀布尔(民国)69—70③2

喀赐黑铿锁智犍程集焦粤奥御循舒番鲁颍蛮敦阔善翔普道遂曾湛湖湳湘

喀布尔(民国)71-72③2
喀尔喀(明)63-64②6-7
喀拉达坂(清)67-68②4
喀剌乌苏(清)67-68③5
(喀喇乌苏)那曲(清)65-66③5
喀喇沙尔(清)65-66②4
喀喇沁右翼旗(清)65-66②7
喀喇塔拉额西柯淖尔~(清)67-68②4
赐支河首(东汉)19-20③5
(赐支)析支(战国)13-14③6
黑山(哈剌温山)△(明)63-64①8-②8
黑山威福军司(辽北宋)51-52②6
黑山威福军司(金南宋)53-54②6
黑山威福军司(金南宋)55-56②6
黑车子室韦(五代十国)47-48②7
黑水~(隋)37-38①9-②9
黑水~(唐)39-40①10
黑水~(唐)41-42①9
黑水~(唐)43-44①9
黑水~(元)59-60④6
黑水府(唐)41-42②9
黑水洋~(元)57-58③8
黑水洋~(元)59-60③8
黑水洋~(明)61-62③8
黑水洋~(明)63-64③8
黑水都督府(唐)41-42①9-②9
黑水部(隋)37-38①10-②9
黑水部(唐)39-40②10
黑水部(唐)41-42②9
黑水靺鞨(唐)43-44①9-②9
黑水靺鞨(五代十国)47-48①9-②9
黑水镇燕军司(辽北宋)51-52②6
黑水镇燕军司(金南宋)53-54②6
黑水镇燕军司(金南宋)55-56②6
黑龙江~(金南宋)53-54②9
黑龙江~(金南宋)55-56②9
黑龙江~(明)61-62②9
黑龙江~(明)63-64②9
黑龙江~(清)65-66①8-②8
黑龙江~(民国)69-70①8-②8
黑龙江~(民国)71-72①8-②8
黑龙江(混同江)~(清)65-66①9-②9
黑龙江(混同江)~(清)67-68①9-②9
黑龙江城(爱珲)(清)65-66②8

黑汗(辽北宋)51-52②3
黑汗西支(辽北宋)51-52②2-③2
黑林行宫(金南宋)55-56②6
黑河府(清)67-68①8
黑河道(民国)69-70①8-②8
铿格尔图喇(清)65-66③5
锁庄子(清)65-66③5
智(战国)13-14③7
犍为郡(西汉)17-18④6
犍为郡(东汉)19-20③6
犍为郡(三国)21-22③6
犍为郡(西晋)23-24③6
犍为郡(南北朝)29-30③6
犍为郡(南北朝)31-32④6
犍为郡(隋)37-38④6
犍为属国(东汉)19-20④6
犍陀罗(隋)37-38③3
程(商)7-8③6
集尔浑(清)65-66②7
集宁路(元)57-58②7
集宁路(元)59-60②7
集庆路(元)59-60③7
集州(南北朝)35-36③6
集州(唐)45-46③2
集州(五代十国)49-50①39
焦(西周)9-10③7
焦(战国)13-14③7
粤海道(民国)69-70④7
奥伦堡(清)65-66①1
奥里米(辽北宋)51-52②9
奥廖克马河~(民国)69-70①8-7
奥廖克马河~(民国)71-72①8-7
御夷镇(南北朝)29-30②7
御夷镇(南北朝)31-32②7
御河~(元)57-58③7
御河~(元)59-60③7
(御河)永济渠~(五代十国)49-50②2
(御河)永济渠~(五代十国)49-50⑤12
(御河)永济渠~(五代十国)49-50⑧6
(御河)永济渠~(五代十国)49-50①15
循化厅(清)67-68③6
循州(唐)39-40④8
循州(唐)41-42④7
循州(唐)43-44④7
循州(唐)45-46④4
循州路(元)57-58④7
循江~(隋)37-38④7
循江~(唐)39-40④8
循江~(唐)41-42④7
循江~(唐)43-44④7
循江~(唐)45-46④4
循鲜(西汉)17-18③3
舒(西周)9-10③7
舒(春秋)11-12③7
舒州(唐)45-46④3

舒州(五代十国)49-50①15
舒州(辽北宋)51-52③7
舒州(金南宋)53-54③7
舒鸠(西周)9-10③7
番禺(战国)13-14④7
番禺(民国)69-70④7
鲁(西周)9-10③7
鲁(春秋)11-12③7
鲁(战国)13-14③7
鲁多克(清)67-68③3
鲁多克(民国)69-70③3
鲁多克(民国)71-72③3
鲁阳(战国)13-14③7
鲁国(东汉)19-20③7
鲁国(西晋)23-24③7
鲁郡(三国)21-22③7
鲁郡(南北朝)29-30③7
鲁望(唐)45-46⑤1
颍川郡(秦)15-16③7
颍川郡(西汉)17-18③7
颍川郡(东汉)19-20③7
颍川郡(三国)21-22③7
颍川郡(西晋)23-24③7
颍川郡(十六国)27-28②4
颍川郡(十六国)27-28⑥9
颍川郡(南北朝)29-30③7
颍水~(西周)9-10③7
颍水~(春秋)11-12③7
颍水~(战国)13-14③7
颍水~(秦)15-16③7
颍水~(西汉)17-18③7
颍水~(东汉)19-20③7
颍水~(三国)21-22③7
颍水~(西晋)23-24③7
颍水~(东晋十六国)25-26③7
颍水~(南北朝)29-30③7
颍水~(南北朝)31-32③7
颍水~(南北朝)33-34③7
颍水~(南北朝)35-36③7
颍水~(隋)37-38③7
颍水~(唐)39-40③8
颍水~(唐)41-42③7
颍水~(唐)43-44③7
颍水~(唐)45-46④4
颍水~(五代十国)47-48③7
颍水~(元)57-58③7
颍水~(元)59-60③7
颍州(南北朝)33-34③7
颍州(唐)39-40③8
颍州(唐)41-42③7
颍州(唐)45-46③4
颍州(五代十国)49-50②2
颍州(五代十国)49-50⑤12
颍州(五代十国)49-50⑧6
颍州(金南宋)53-54③7
颍州(金南宋)55-56③7
颍州(元)57-58③7

颍州府(清)65-66③7
颍州府(清)67-68③7
颍昌府(辽北宋)51-52③7
蛮莫(明)61-62④5
蛮莫(明)63-64④5
敦煌郡(西汉)17-18②5
敦煌郡(东汉)19-20②5
敦煌郡(三国)21-22②5
敦煌郡(西晋)23-24②5
敦煌郡(东晋十六国)25-26②5
敦煌郡(十六国)27-28①2
敦煌郡(南北朝)33-34②5
敦煌郡(南北朝)35-36②5
敦煌郡(隋)37-38②5
敦煌镇(南北朝)29-30②5 31-32②5
敦薨山△(战国)13-14②3-4
敦薨水~(三国)21-22②4
敦薨水~(西晋)23-24②4
阔连海子~(金南宋)55-56②7
阔连海子~(元)57-58②7
阔连海子~(元)59-60②7
阔滦海子~(明)61-62②7
阔滦海子~(明)63-64②7
善见城(南北朝)31-32③3
善阐府(唐)43-44④6
善阐府(辽北宋)51-52④6
善阐府(金南宋)53-54④6
善阐府(金南宋)55-56④6
翔庆军(辽北宋)51-52③6
翔庆军(金南宋)53-54③6
翔庆军(金南宋)55-56③6
普兰(明)61-62③4
普兰(明)63-64③4
普兰(清)67-68③4
普州(唐)45-46④2
普州(五代十国)49-50①39
普安宣抚司(元)57-58④6
普定卫(明)61-62④6
普定府(元)57-58④6
普录(清)65-66①10
普洱府(清)65-66④6
普洱府(清)67-68④6
普洱道(民国)69-70④5-6
普隆霭(清)65-66①10
道州(唐)45-46⑤3
道州路(元)57-58④7
遂宁府(元)57-58③6

遂州(南北朝)35-36③6
遂州(唐)39-40③7
遂州(唐)41-42③6
遂州(唐)43-44③6
遂州(唐)45-46④2
遂州(五代十国)47-48③6
遂安郡(隋)37-38④7
曾(战国)13-14③7
湛江(原始社会)3-4④7
湖汉水~(西汉)17-18④7
湖州(唐)45-46④6
湖州府(清)67-68③8
湖州路(元)57-58③8
湖南观(唐)43-44④7
湖南观察使(唐)45-46④4
浦定江~(金南宋)53-54④6
浦定江~(金南宋)55-56④6
湘水~(战国)13-14④7
湘水~(秦)15-16④7
湘水~(西汉)17-18④7
湘水~(东汉)19-20④7
湘水~(三国)21-22④7
湘水~(西晋)23-24④7
湘水~(东晋十六国)25-26④7
湘水~(十六国)27-28③4
湘水~(南北朝)29-30④7
湘水~(南北朝)31-32④7
湘水~(南北朝)33-34④7
湘水~(南北朝)35-36④7
湘水~(隋)37-38④7
湘水~(唐)39-40④8
湘水~(唐)41-42④7
湘水~(唐)43-44④7
湘水~(唐)45-46⑤4
湘水~(五代十国)47-48④7
湘水~(辽北宋)51-52④7
湘水~(金南宋)53-54④7
湘水~(金南宋)55-56④7
湘水~(明)61-62④7
湘水~(明)63-64④7
湘东郡(三国)21-22④7
湘东郡(西晋)23-24④7
湘东郡(东晋十六国)25-26④7
湘东郡(南北朝)29-30④7
湘东郡(南北朝)31-32④7
湘东郡(南北朝)35-36④7
湘州(十六国)27-28③4
湘州(南北朝)29-30④7
湘州(南北朝)31-32④7
湘州(南北朝)33-34③7
湘州(南北朝)33-34④7
湘州(南北朝)35-36④7
湘江~(五代十国)49

—50③2
湘江～(五代十国)49—50⑥12
湘江～(五代十国)49—50⑨6
湘江～(五代十国)49—50⑫15
湘江～(五代十国)49—50⑭10
湘江～(五代十国)49—50⑯18
湘江～(元)57—58④7
湘江～(元)59—60④7
湘江～(清)65—66④7
湘江～(清)67—68④7
湘江～(民国)69—70④7
湘江～(民国)71—72④7
湘江道(民国)69—70④7
渤泥(辽北宋)51—52⑧13
渤泥(金南宋)53—54⑧13
渤泥(金南宋)55—56⑧13
渤海(唐)43—44②8—9
渤海～(战国)13—14③8—7
渤海～(东晋十六国)25—26③7—8
渤海～(十六国)27—28②5—4
渤海～(十六国)27—28⑥9—10
渤海～(十六国)27—28⑧17—18
渤海～(十六国)27—28⑪24—25
渤海～(南北朝)29—30③7—8
渤海～(南北朝)31—32③7—8
渤海～(南北朝)33—34③7—8
渤海～(南北朝)35—36③7—8
渤海～(隋)37—38③7
渤海～(唐)39—40③9—8
渤海～(唐)41—42③8—7
渤海～(唐)43—44③8—7
渤海～(唐)45—46②5—6
渤海～(五代十国)47—48③8—7
渤海～(五代十国)49—50②3—2
渤海～(五代十国)49—50⑤13—12
渤海～(五代十国)49—50⑧7—6
渤海～(五代十国)49—50⑪16—15
渤海～(辽北宋)51—52③8—7
渤海～(金南宋)53—54③7
渤海～(金南宋)55—56③7
渤海～(元)57—58③8—7
渤海～(元)59—60③8—7
渤海～(明)61—62③7—8
渤海～(明)63—64③7—8
渤海～(清)65—66③7—8
渤海～(清)67—68③7—8
渤海～(民国)69—70③7—8
渤海～(民国)71—72③7—8
渤海郡(南北朝)29—30③7
渤海郡(南北朝)33—34③7
渤海郡(隋)37—38③7
渤海都督府(唐)41—42②8
温水～(西汉)17—18④6
温水～(东汉)19—20④6
温州(唐)41—42④8
温州(唐)43—44④8
温州(唐)45—46④6
温州(五代十国)47—48④8
温州(辽北宋)51—52④8
温州(金南宋)53—54④8
温州(金南宋)55—56④8
温州(民国)71—72④8
温州府(明)61—62④8
温州府(明)63—64④8
温州府(清)65—66④8
温州府(清)67—68④8
温州路(元)57—58④8
温州路(元)59—60④8
温宿(西汉)17—18②3
温宿(东汉)19—20②3
温宿(三国)21—22②3
温宿(西晋)23—24②3
温宿(东晋十六国)25—26②3
温宿(清)67—68②4
温宿府(清)67—68②4
渴槃陁(南北朝)31—32③3
渭川道(民国)69—70③6
渭水～(西周)9—10③6
渭水～(春秋)11—12③6
渭水～(战国)13—14③6
渭水～(秦)15—16③6
渭水～(西汉)17—18③6
渭水～(东汉)19—20③6
渭水～(三国)21—22③6
渭水～(西晋)23—24③6
渭水～(东晋十六国)25—26③6
渭水～(十六国)27—28②3
渭水～(十六国)27—28⑥8
渭水～(十六国)27—28⑧16
渭水～(十六国)27—28⑪23
渭水～(南北朝)29—30③6
渭水～(南北朝)31—32③6
渭水～(南北朝)33—34③6
渭水～(南北朝)35—36③6
渭水～(隋)37—38③6
渭水～(唐)39—40③7
渭水～(唐)41—42③6
渭水～(唐)43—44③6
渭水～(唐)45—46③2
渭水～(五代十国)47—48③6
渭水～(五代十国)49—50②1
渭水～(五代十国)49—50⑤11
渭水～(五代十国)49—50⑧5
渭水～(五代十国)49—50⑪14
渭水～(五代十国)49—50⑬9
渭水～(辽北宋)51—52③6
渭水～(金南宋)53—54③6
渭水～(金南宋)55—56③6
渭水～(元)57—58③6
渭水～(元)59—60③6
渭水～(明)61—62③6
渭水～(明)63—64③6
渭水～(清)65—66③6
渭州(南北朝)29—30③6
渭州(南北朝)33—34③6
渭州(南北朝)35—36③6
渭州(唐)43—44③6
渭州(唐)45—46③2
渭州(辽北宋)51—52③6
渭河～(清)67—68③6
渭河～(民国)69—70③6
渭河～(民国)71—72③6
滑(春秋)11—12③7
(滑台城)兖州(南北朝)29—30③7
滑州(唐)39—40③8
滑州(唐)41—42③7
滑州(唐)43—44③7
滑州(唐)45—46③4
(滑国)呎哒(南北朝)31—32③2—3
(滑国)呎哒(南北朝)33—34③2—3
湟水～(战国)13—14③6
湟水～(三国)21—22③6
湟水～(西晋)23—24③6
湟水～(南北朝)29—30③6
湟水～(南北朝)31—32③6
湟水～(南北朝)33—34③6
湟水～(南北朝)35—36③6
渝州(唐)39—40④7
渝州(唐)41—42④6
渝州(唐)43—44④6
渝州(唐)45—46④2
渝州(五代十国)49—50⑭9
湔氐(战国)13—14③6
湄公河～(清)67—68④6—⑤6
湄公河～(民国)69—70⑤6
湄公河～(民国)71—72⑤6
湄沱湖～(唐)39—40②10
湄沱湖～(唐)41—42②9
湄沱湖～(唐)43—44②9
滁州(唐)43—44③7
滁州(唐)45—46③5
滁州(清)67—68③7
滁州路(元)57—58③7
割禄(辽北宋)51—52②3
寒(夏)5—6③7
富州(唐)45—46⑤3
富春(清)65—66⑦12
富替新(清)65—66②9
颏根河～(东晋十六国)25—26②6
颏根河～(南北朝)29—30②6
颏根河～(南北朝)31—32②6
颏根河～(南北朝)33—34②6
颏根河～(南北朝)35—36②6
颏根河～(隋)37—38②6
窝鲁朵城(金南宋)53—54②6
窝鲁朵城(金南宋)55—56②6
窝阔台汗国(元)57—58②2—4
谢飑(唐)41—42③2
谦河～(辽北宋)51—52①5
谦河～(金南宋)53—54①5
谦河～(金南宋)55—56①5
谦河～(元)57—58①5
谦河～(元)59—60①5
谦河～(明)61—62①5
谦河～(明)63—64①5
谦谦州(金南宋)53—54①5
谦谦州(金南宋)55—56①5
疏附(原始社会)3—4③3
疏附(清)67—68③3
疏勒(西汉)17—18③3
疏勒(东汉)19—20③3
疏勒(三国)21—22③3
疏勒(西晋)23—24③3
疏勒(东晋十六国)25—26③3
疏勒(十六国)27—28⑧13
疏勒(十六国)27—28⑪20
疏勒(南北朝)29—30③3
疏勒(南北朝)31—32③3
疏勒(南北朝)33—34③3
疏勒(南北朝)35—36③3
疏勒(隋)37—38③3
疏勒(唐)43—44③3
疏勒(辽北宋)51—52③3
疏勒(民国)69—70③3
疏勒(民国)71—72③3
疏勒府(清)67—68③3
疏勒都督府(唐)41—42③3
疏勒镇(唐)39—40③4
疏勒镇(唐)41—42③3
登州(唐)39—40③9
登州(唐)41—42③8
登州(唐)45—46②6
登州(五代十国)49—50⑤13
登州(五代十国)49—50⑧7
登州(五代十国)49—50⑪16
登州(辽北宋)51—52③8
登州(金南宋)53—54③8
登州(金南宋)55—56③8
登州府(明)61—62③8
登州府(明)63—64③8
登州府(清)65—66③8
登州府(清)67—68③8
登科(清)67—68③5
登笼(元)59—60⑤5
婺州(唐)39—40④8
婺州(唐)41—42④7
婺州(唐)43—44④7
婺州(唐)45—46④5
婺州(五代十国)47—48④7
婺州路(元)57—58④7
婺州路(元)59—60④7
疎勒(五代十国)47—48③3
缅(元)57—58④5
缅甸(明)61—62④5—⑤5
缅甸(明)63—64④5—⑤5
缅甸(清)65—66④5
缅甸(清)67—68④5
缅甸 (民国)71—72④5
缅甸 (民国)69—70④5
缅甸司(阿瓦)(明)61—62④5
缗(夏)5—6⑦14
缗(战国)13—14③7

十三画

瑞州府(清)67—68④7
瑞州路(元)57—58④7
瑞安(原始社会)3—4④8
(瑕丘)兖州(南北朝)33—34③7
肆州(南北朝)29—30③7
肆州(南北朝)31—32③7
肆州(南北朝)35—36③7
鼓(春秋)11—12③7
搠只哈撒儿(元)57—58①7—8
斟鄩(夏)5—6③7
斟灌(夏)5—6⑦13
鄞(战国)13—14④8
鄞县(民国)69—70④8
勤州(唐)45—46⑥3
蓝氏城(西汉)17—18③2
蓝氏城(东汉)19—20③2
蓝田(原始社会)3—4③6
蓟(西周)9—10③7
蓟(春秋)11—12③7
蓟(战国)13—14③7
蓟州(唐)41—42②7
蓟州(唐)45—46①5

蓟蓬蒲蒙楚榆楼楪剽�碎雷零虞睦睢蜀嵩错锡锦稚简筰筦微鹏腾鲍解廓廉郿靖新

蓟县(东汉)19—20③7

(蓟城)燕郡(南北朝)33—34③7

蓬县(南北朝)35—36③6

蓬州(唐)45—46④2

蒲(春秋)11—12③7

蒲与路(金南宋)53—54②8

蒲与路(金南宋)55—56②8

蒲甘(辽北宋)51—52④5

蒲甘(金南宋)53—54④5

蒲甘(金南宋)55—56④5

蒲甘(元)57—58④5

蒲华(金南宋)53—54③2

蒲华(金南宋)55—56③2

蒲州(唐)39—40③8

蒲州(唐)41—42③7

蒲州(金南宋)53—54③7

蒲州府(清)67—68③7

蒲阳(战国)13—14③7

蒲花罗(辽北宋)51—52③2

蒲里噜(辽北宋)51—52⑤8

蒲里噜(金南宋)53—54⑤8

蒲里噜(金南宋)55—56⑤8

蒲昌海~(西汉)17—18②5

蒲昌海~(东汉)19—20②5

蒲昌海~(三国)21—22②5

蒲昌海~(隋)37—38②4

蒲昌海~(唐)39—40②6

蒲昌海~(唐)41—42②4

蒲昌海~(唐)43—44②5

蒲昌海~(五代十国)47—48②4

蒲昌海~(辽北宋)51—52②5

蒲昌海~(明)61—62②4

蒲昌海~(明)63—64②4

蒲类(西汉)17—18②5

蒲类后国(西汉)17—18②5

蒲犁(西汉)17—18③3

蒲犁厅(清)67—68③3

蒙化厅(清)67—68④6

蒙化路(元)57—58④6

蒙古(金南宋)55—56②5—7

蒙古(民国)71—72②5—6

蒙古二十九旗(民国)71—72③5

(蒙古部)萌古斯部(金南宋)53—54②6—①7

蒙可山△(元)57—58①8—②8

蒙可山△(元)59—60①8—②8

蒙光路(元)59—60④5

蒙自(清)67—68④6

蒙自(民国)69—70④6

蒙自道(民国)69—70④6

蒙庆宣慰司(元)59—60④5

蒙(唐)45—46⑤3

蒙怜甸(元)57—58④5

蒙莱甸(元)57—58④5

楚(商)7—8③7

楚(西周)9—10③7

楚(春秋)11—12③7

楚(东汉)19—20④7

楚(战国)13—14③7

楚(五代十国)47—48④7

楚(五代十国)49—50①④9

楚丘(春秋)11—12③7

楚州(南北朝)35—36④6

楚州(唐)41—42③7

楚州(唐)43—44③7

楚州(唐)45—46③5

楚州(五代十国)49—50①15

楚州(五代十国)49—50⑮18

楚州(辽北宋)51—52③7

楚州(金南宋)53—54③7

楚州(金南宋)55—56③7

楚库河(清)67—68①6—7

楚库柏兴(清)65—66①6

楚库柏兴(清)67—68①6

楚国(西汉)17—18③7

楚雄府(明)61—62④6

楚雄府(明)63—64④6

楚雄府(清)65—66④6

楚雄府(清)67—68④6

榆中(秦)15—16③6—7

榆林卫(明)63—64③6

榆林郡(南北朝)35—36③6

榆林府(清)67—68③6

榆林郡(隋)37—38②7

榆林道(民国)69—70③6

楼(春秋)11—12②7

楼兰(西汉)15—16③4—5

楼烦(战国)13—14③7

楼烦郡(隋)37—38③7

楪榆~(秦)15—16④6

楪榆泽~(三国)21—22④6

楪榆泽~(西晋)23—24④6

剽(三国)21—22⑤5

剽(西晋)23—24⑤5

剽国(隋)37—38④5—⑤5

�门安抚司(元)59—60③6

�门鱼通司(元)57—58③6

碎叶(隋)37—38②3

碎叶(唐)39—40②4

碎叶(唐)41—42②3

碎叶川~(隋)37—38②3

碎叶川(唐)43—44②3

碎叶水~(唐)39—40②4

碎叶水~(唐)41—42②3

碎叶水~(唐)43—44②3

雷山△(东汉)19—20③3

雷州(唐)41—42④7

雷州(唐)43—44④7

雷州(辽北宋)51—52④7

雷州(金南宋)53—54④7

雷州(金南宋)55—56④7

雷州府(明)61—62④7

雷州府(明)63—64④7

雷州府(清)65—66④7

雷州府(清)67—68④7

雷州路(元)57—58④7

雷州路(元)59—60④7

零陵郡(西汉)17—18④7

零陵郡(东汉)19—20④7

零陵郡(三国)21—22④7

零陵郡(西晋)23—24④7

零陵郡(东晋十六国)25—26④7

零陵郡(南北朝)29—30④7

零陵郡(南北朝)31—32④7

零陵郡(南北朝)33—34④7

零陵郡(南北朝)35—36④7

零陵郡(隋)37—38④7

虞(夏)5—6③7□3

虞(商)7—8③7

虞州(南北朝)35—36③7

虞娄部(唐)39—40②10

虞娄部(唐)41—42②9

睦(唐)45—46④5

睢水~(秦)15—16③7

睢水~(东汉)19—20③7

睢水~(西晋)23—24③7

睢水~(十六国)27—28②4

睢水~(十六国)27—28⑧17

睢水~(十六国)27—28①①24

睢州(南北朝)33—34③7

睢阳(战国)13—14③7

蜀(商)7—8③6

蜀(西周)9—10③6

蜀(春秋)11—12③6

蜀(战国)13—14③6

(蜀)成(十六国)27—28③3

蜀州(唐)45—46④1

蜀郡(秦)15—16③6

蜀郡(西汉)17—18③6

蜀郡(东汉)19—20③6

蜀郡(三国)21—22③6

蜀郡(西晋)23—24③6

蜀郡(十六国)27—28②3

蜀郡(南北朝)31—32③6

蜀郡(南北朝)33—34③6

蜀郡(南北朝)35—36③6

蜀郡(隋)37—38③6

蜀郡属国(东汉)19—20③6

嵩州(元)57—58③7

错那(五代十国)47—48④5

错那(辽北宋)51—52④5

错那(金南宋)53—54④5

错那(金南宋)55—56④5

锡尔河~(清)65—66②2

锡尔河~(清)67—68②2

锡尔河~(民国)69—70②2

锡尔河~(民国)71—72②2

锡林郭勒盟(清)65—66②7

锡林郭勒盟(清)67—68②7

锡林郭勒盟(民国)69—

锡林郭勒盟(民国)71—72②7

锡金(清)67—68④4

锡金(民国)69—70④4

锡金(民国)71—72④4

锡赫特山△(清)65—66②9

锦州(原始社会)3—4②8

锦州(唐)45—46③3

锦州(五代十国)47—48②8

锦州(辽北宋)51—52②8

锦州(金南宋)53—54②8

锦州(金南宋)55—56②8

锦州(元)57—58②8

锦州府(清)65—66②8

锦州府(清)67—68②8

稚内(清)67—68②10

简州(唐)45—46④2

筰(战国)13—14④6

筰都(秦)15—16④6

筦城(西汉)17—18③7

微(商)7—8③7

鹏茄罗(辽北宋)51—52④4—5

鹏茄罗(金南宋)53—54④4—5

鹏茄罗(金南宋)55—56④4—5

腾吉斯池~(清)65—66①2

腾吉斯池~(清)67—68①2

腾冲(民国)69—70④5

腾冲府(五代十国)47—48④5

腾冲府(辽北宋)51—52④5

腾冲府(金南宋)53—54④5

腾冲府(金南宋)55—56④5

腾冲府(元)57—58④5

腾格里池~(清)67—68③5

(腾格里池)纳木错~(清)65—66③5

腾格里湖~(民国)69—70③5

腾格里湖~(民国)71—72③5

腾越厅(清)65—66④5

腾越厅(清)67—68④5

腾越道(民国)69—70④5—6

鲍丘水~(三国)21—22②7—③7

鲍丘水~(西晋)23—24②7—③7

解州(清)67—68③7

廓尔喀(清)65—66④4

廓州(唐)43—44③6

廉州(唐)39—40④7

廉州(唐)41—42④6

廉州(唐)45—46③3

廉州府(明)61—62④6

廉州府(明)63—64④6

廉州府(清)65—66④6

廉州府(清)67—68④6

廉州路(元)57—58④6

郿州(南北朝)35—36③6

郿州(唐)39—40③7

郿州(唐)41—42③6

郿州(唐)43—44③6

郿州(五代十国)47—48③6

郿州(五代十国)49—50②1

郿州(五代十国)49—50①14

郿州(金南宋)53—54③6

郿州(清)67—68③6

郿坊节(唐)43—44③6

郿坊节度使(唐)45—46③3

靖州(明)61—62④6

靖州(明)63—64④6

靖州(清)65—66④6

靖州(清)67—68④6

靖州路(元)57—58④6

靖安(清)67—68②8

靖房卫(明)63—64③6

新土尔扈特二旗(清)65—66②5

新平(清)67—68②4

新田(春秋)11—12③7

新田(战国)13—14③7

新头河~(西晋)23—24③3

新宁郡(南北朝)33—34④7

新民府(清)67—68②8

新会郡(南北朝)29—30④7

新会郡(南北朝)35—36④7

新州(南北朝)33—34④7

新州(南北朝)35—36④7

新州(唐)43—44④7

新州(唐)45—46④4

新州路(元)57—58④7

新兴郡(西晋)23—24④6

新安郡(西晋)23—24④7

新安郡(东晋十六国)25—26④7

新安郡(南北朝)29—30④7

新安郡(南北朝)31—32④7

新安郡(南北朝)33—34④7

新安郡(南北朝)35—36④7

新安郡(隋)37—38④7

新罗(东晋十六国)25—26③8

新罗(十六国)27—28⑥10

新罗(南北朝)29—30③8

新罗(南北朝)31—32③8

新罗(南北朝)33—34③8

新罗(南北朝)35—36③8

新罗(隋)37—38③8

新罗(唐)39—40③9

新罗(唐)41—42③8

新郑(春秋)11—12③7

新城(战国)13—14③7

新城(南北朝)31—32③8

新城府(清)67—68②8

新城郡(南北朝)29—30③7

新城郡(南北朝)33—

新郭雍慈阛慈溱满漠滇溧溪滦漓滂滨潋渰慎塞窦窅福叠缚崟静瑗嘉戬慕蔡靺斡熙蔚蓼樊磁臧辖裴薰箕箇管僚僧鼻鄱

新～34③7
新泉军(唐)43－44③6
新都郡(三国)21－22④7
新陶河～(南北朝)31－32③3
新野郡(南北朝)29－30③7
新蔡(春秋)11－12③7
郭郡(秦)15－16③7
雍(西周)9－10③7
雍(春秋)11－12③6
雍(战国)13－14③6
雍州(三国)21－22③6
雍州(西晋)23－24③6
雍州(东晋十六国)25－26③7
雍州(十六国)27－28②3
雍州(十六国)27－28⑧8
雍州(十六国)27－28⑧16
雍州(十六国)27－28⑧17
雍州(南北朝)29－30③6
雍州(南北朝)29－30③7
雍州(南北朝)31－32③6
雍州(南北朝)31－32③7
雍州(南北朝)33－34③6
雍州(南北朝)33－34③7
雍州(南北朝)35－36③6
雍州(唐)39－40③7
(雍方)羌方(商)7－8③6
阛池(西汉)17－18②3
慈(唐)45－46②3
慈悲岭△(元)57－58③8
溱水～(秦)15－16④7
溱水～(东汉)19－20④7
溱水～(三国)21－22④7
溱水～(西晋)23－24④7
溱水～(东晋十六国)25－26④7
溱水～(南北朝)29－30④7
溱水～(南北朝)31－32④7
溱水～(南北朝)33－34④7
溱水～(南北朝)35－36④7
溱水～(隋)37－38④7
溱水～(唐)39－40④8
溱水～(唐)41－42④7
溱水～(唐)43－44④7
溱水～(唐)45－46⑤4－⑥4
溱水～(五代十国)47－48④7
溱州(唐)45－46④2
满官嗔(土默特)(明)63－64②7
满潘汗(战国)13－14③8
漠河(清)65－66①8
漠河(清)67－68①8
漠河(民国)69－70①8
漠河(民国)71－72①8
滇(战国)13－14④6
滇(秦)15－16④6
滇中道(民国)69－70④6
滇池(战国)13－14④6
滇池～(秦)15－16④6
滇池～(唐)39－40④7
滇池～(唐)41－42④6
滇池～(唐)43－44④6

滇池～(五代十国)47－48④6
滇越(秦)15－16④5
溧阳路(元)57－58③7
溪河(唐)45－46④3
滦河～(唐)39－40②8
滦河～(唐)41－42②7
滦河～(唐)43－44②7
滦河～(唐)45－46①5
滦河～(五代十国)47－48②7
滦河～(五代十国)49－50①2
滦河～(辽北宋)51－52②7
滦河～(金南宋)53－54②7
滦河～(金南宋)55－56②7
滦河～(元)57－58②7
滦河～(元)59－60②7
滦河～(明)61－62②7
滦河～(明)63－64②7
漓水～(东汉)19－20④7
漓水～(三国)21－22④7
漓水～(西晋)23－24④7
漓水～(东晋十六国)25－26④7
漓水～(南北朝)29－30④7
漓水～(南北朝)31－32④7
漓水～(南北朝)33－34④7
漓水～(南北朝)35－36④7
漓水～(隋)37－38④7
漓水～(唐)39－40④8
漓水～(唐)41－42④7
漓水～(唐)43－44④7
漓水～(五代十国)47－48④7
滂江(明安)(清)67－68④7
滨州(五代十国)49－50①15
滨州厅(清)67－68②8
滨江(民国)69－70②8
滨江道(民国)69－70②8
潋州(唐)45－46③4
渰水～(唐)39－40④8
渰水～(唐)43－44④7
渰水～(唐)45－46④3－⑤3
渰水～(五代十国)47－48④7
渰水～(辽北宋)51－52④7
渰水～(金南宋)53－54④7
渰水～(金南宋)55－56④7
慎州(五代十国)47－48②8
塞尔柱(辽北宋)51－52④7
塞尔柱(金南宋)53－54③2
塞种(秦)15－16③3－②4
窦州(唐)45－46⑥3
窅说部(唐)39－40①11

－②11
窅说部(唐)41－42①10－②10
窅说部(唐)43－44①10－②10
福山(清)65－66②10
福山卫(明)61－62①9
福宁府(清)65－66④7
福宁府(清)65－66④7
福州(原始社会)3－4④7
福州(唐)41－42④7
福州(唐)43－44④7
福州(唐)45－46⑤5
福州(辽北宋)51－52④7
福州(金南宋)53－54④7
福州(金南宋)55－56④7
福州(民国)71－72④7
福州府(明)61－62④7
福州府(明)63－64④7
福州府(清)65－66④7
福州府(清)67－68④7
福州路(元)57－58④7
福州路(元)59－60④7
福余(好儿趁)(明)63－64②8
福建观(唐)43－44④7
福建观察使(唐)45－46⑤5
叠州(唐)43－44③6
缚娄(符娄)(战国)13－14①6
缚喝(唐)41－42③2
啚方(商)7－8③7

十四画

静宁州(元)57－58③6
静州(南北朝)35－36④7
静江府(金南宋)53－54④7
静江府(金南宋)55－56④7
静江路(元)57－58④7
静江路(元)59－60④7
静难节度使(五代十国)49－50①14
瑗珲(民国)69－70②8
瑗珲厅(清)67－68②8
嘉州(唐)39－40④7
嘉州(唐)41－42④6
嘉州(唐)43－44④6
嘉州(唐)45－46④1
嘉州(金南宋)53－54④6
嘉兴府(清)67－68④8
嘉兴路(元)57－58③8
嘉应州(清)65－66④7
嘉应州(清)67－68④7
嘉良(隋)37－38③6
嘉定州(明)63－64④6
嘉定府(金南宋)55－56④6
嘉定府(清)65－66④6
嘉定府(清)67－68④6
嘉定府路(元)57－58④6
嘉定府路(元)59－60④6
嘉峪关(清)67－68③5
嘉陵江～(唐)39－40③7
嘉陵江～(唐)41－42③6
嘉陵江～(唐)43－44③6
嘉陵江～(唐)45－46③2

－②2
嘉陵江～(五代十国)47－48③6
嘉陵江～(辽北宋)51－52③6
嘉陵江～(金南宋)53－54③6
嘉陵江～(金南宋)55－56③6
嘉陵江～(元)57－58③6－④6
嘉陵江～(元)59－60③6－④6
嘉陵江～(明)61－62③6
嘉陵江～(明)63－64③6
嘉陵江～(清)65－66③6
嘉陵江～(清)67－68③6
嘉陵江～(民国)69－70③6
嘉陵江～(民国)71－72③6
嘉陵道(民国)69－70③6
戬(商)7－8③7
慕容部(十六国)27－28①5
蔡(商)7－8③7
蔡(西周)9－10③7
蔡(春秋)11－12③7
蔡州(唐)45－46③4
蔡州(辽北宋)51－52③7
蔡州(五代十国)49－50②2
蔡州(五代十国)49－50⑤12
蔡州(五代十国)49－50⑥6
蔡州(五代十国)49－50①15
蔡州(金南宋)53－54③7
蔡州(金南宋)55－56③7
蔡州(元)57－58③7
靺鞨(隋)37－38①9－②9
靺鞨(唐)39－40②10
靺鞨(唐)41－42②9
斡兰河(明)63－64②9
斡耳罕河～(金南宋)53－54②6
斡耳罕河～(金南宋)55－56②6
斡耳寒河～(元)57－58②6
斡耳寒河～(元)59－60②6
斡朵伦卫(明)61－62②8
斡朵怜万户府(元)57－58②8
斡亦剌部(金南宋)55－56①5
斡朗改(辽北宋)51－52①6－7
斡难河～(辽北宋)51－52①7－②7
斡难河～(金南宋)53－54①7
斡难河～(金南宋)55－56①7
斡难河～(元)57－58①7
斡难河～(元)59－60①7
斡难河～(明)61－62①7
斡难河～(明)63－64①7
斡难河卫(明)61－62①7

斡端(金南宋)53－54③3
斡端(金南宋)55－56③3
斡端(元)57－58③3
斡端(元)59－60③3
熙平郡(隋)37－38④7
熙州(辽北宋)51－52③6
蔚州(唐)45－46②4
蔚州(金南宋)55－56③7
蔚州(元)57－58③7
蔚如水(葫芦河)～(唐)45－46②2
蓼(西周)9－10③7
蓼(春秋)11－12③7
樊(战国)13－14④6
磁山(原始社会)3－4③7
磁州(唐)45－46②4
臧曲～(三国)21－22④4－5
臧曲～(西晋)23－24④5
臧曲～(东晋十六国)25－26④4－5
臧曲～(十六国)27－28③2
臧曲～(南北朝)29－30④5
臧曲～(南北朝)31－32④5
臧曲～(南北朝)35－36④5
臧河～(唐)39－40④5－6
臧河～(唐)41－42④4－5
臧河～(唐)43－44④4－5
辖戛斯(五代十国)47－48①5
辖戛斯(辽北宋)51－52①5
裴李岗(原始社会)3－4③7
薰育(荤粥)(夏)5－6③6
薰育(荤粥)(商)7－8③6
箕(商)7－8③7
箇失蜜(唐)39－40③4
箇失蜜(唐)41－42③3
箇失蜜(唐)43－44③3
管(商)7－8③7
管(西周)9－10③7
管(春秋)11－12③7
管(战国)13－14③7
管城(东汉)19－20③7
管城(西晋)23－24③7
管城(东晋十六国)25－26③7
管城(十六国)27－28②4
管城(十六国)27－28⑥9
管城(十六国)27－28⑧17
管城(十六国)27－28①24
管城(南北朝)31－32③7
僚子部(唐)39－40④7
僚子部(唐)41－42④6
僧宗(清)65－66④5
鼻骨德(辽北宋)51－52②9
鄱阳郡(三国)21－22④7
鄱阳郡(西晋)23－24④7
鄱阳郡(东晋十六国)25－26④7
鄱阳郡(南北朝)35－

鄱鲜彰韶端鄯精潢潖漳演滼漏潍赛察谭肇谯鄑嫩雒翟熊骠麾撒髮播 縠駞蕃蕲横碻震噶遏颓墨镇

36④7
鄱阳郡(隋)37—38④7
鄱阳湖～(金南宋)53—54④7
鄱阳湖～(金南宋)55—56④7
鄱阳湖～(元)57—58④7
鄱阳湖～(元)59—60④7
鄱阳湖～(明)61—62④7
鄱阳湖～(明)63—64④7
鄱阳湖～(清)65—66④7
鄱阳湖～(清)67—68④7
鄱阳湖～(民国)69—70④7
鄱阳湖～(民国)71—72④7
鲜卑(西汉)17—18②8—7
鲜卑(东汉)19—20②5—7
鲜卑(三国)21—22②5—7
鲜卑(西晋)23—24②5—7
鲜卑(东晋十六国)25—26②6—7
鲜卑(十六国)27—28①4
鲜卑墓群(三国)21—22②7
鲜虞(春秋)11—12③7
彰八里(辽北宋)51—52②4
彰八里(元)57—58②4
彰义节度使(五代十国)49—50⑧5
彰化(清)65—66④8
彰武节度使(五代十国)49—50⑧5
彰德府(明)61—62③7
彰德府(明)63—64③7
彰德府(清)65—66③7
彰德府(清)67—68③7
彰德路(元)57—58③7
彰德路(元)59—60③7
韶关(原始社会)3—4④7
韶关(民国)71—72④7
韶州(唐)39—40④8
韶州(唐)41—42④7
韶州(唐)43—44④7
韶州(唐)45—46⑤4
韶州(辽北宋)51—52④7
韶州(金南宋)53—54④7
韶州(金南宋)55—56④7
韶州府(明)61—62④7
韶州府(明)63—64④7
韶州府(清)65—66④7
韶州府(清)67—68④7
韶州路(元)57—58④7
韶州路(元)59—60④7
端氏(战国)13—14③7
端州(唐)39—40④8
端州(唐)41—42④7
端州(唐)43—44④7
端州(唐)45—46④4
鄯州(南北朝)33—34③6
鄯州(南北朝)35—36③6
鄯州(唐)39—40③7
鄯州(唐)41—42③6
鄯州(唐)43—44③6
鄯城(唐)39—40③6
鄯城(唐)41—42③6
鄯城(唐)43—44③6

鄱阳府(五代十国)47—48④6
鄯善(西汉)17—18③4—5
鄯善(东汉)19—20③4
鄯善(三国)21—22③4
鄯善(西晋)23—24③4
鄯善(东晋十六国)25—26③4
鄯善(十六国)27—28⑧14—15
鄯善(南北朝)29—30③4
鄯善(南北朝)33—34③4
鄯善(清)67—68②5
鄯善(扜泥)(南北朝)31—32③4
鄯善郡(隋)37—38③4
鄯善镇(南北朝)31—32③6
精河厅(清)67—68②4
精绝(西汉)17—18③4
精绝(东汉)19—20③4
精绝(三国)21—22③4
潢河～(五代十国)47—48②7—8
潢河～(辽北宋)51—52②7—8
潢河～(元)57—58②7
潢河～(元)59—60②7
潢河～(明)61—62②7—8
潢河～(明)63—64②7—8
滹沱河～(南北朝)29—30③7
滹沱河～(南北朝)31—32③7
滹沱河～(南北朝)33—34③7
滹沱河～(南北朝)35—36③7
滹沱水～(隋)37—38③7
滹沱水～(唐)45—46②4
滹沱水～(五代十国)47—48③7
滹沱水～(五代十国)49—50⑤12
滹沱水～(五代十国)49—50⑧6
滹沱水～(五代十国)49—50①15
滹沱河～(元)57—58③7
滹沱河～(元)59—60③7
漳水～(秦)15—16③7
漳水～(三国)21—22③7
漳水～(西晋)23—24③7
漳水～(十六国)27—28⑧17
漳水～(南北朝)29—30③7
漳水～(南北朝)31—32③7
漳水～(南北朝)33—34③7
漳水～(南北朝)35—36③7
漳水～(唐)39—40③8
漳水～(唐)41—42③7
漳水～(唐)45—46②4
漳州(唐)41—42④7

漳州(唐)43—44④7
漳州(唐)45—46⑤5
漳州(五代十国)47—48④7
漳州(五代十国)49—50⑯18
漳州(金南宋)53—54④7
漳州府(明)61—62④7
漳州府(明)63—64④7
漳州府(清)65—66④7
漳州府(清)67—68④7
漳州路(元)57—58④7
漳州路(元)59—60④7
演水(唐)45—46⑦2
滼水～(东汉)19—20③7
滼河～(西汉)17—18③7
漏卧(秦)15—16④6
潍水～(三国)21—22③7
潍水～(唐)45—46②5
赛马尔堪(清)67—68②6
赛音诺颜部(清)67—68②6
赛音诺颜旗(清)67—68②6
察木多(清)65—66③5
察木多(清)67—68③5
察合台汗国(元)57—58③2—②4
察合台汗国(元)59—60②2—4
察汗鄂博(清)65—66②4
察赤(金南宋)53—54②2
察赤(金南宋)55—56②2
察赤(元)57—58②2
察赤(元)59—60②2
察里巴(明)61—62④5
察里巴(明)63—64④5
察罕儿(明)63—64②7—8
察哈尔(清)65—66②7
察哈尔(清)67—68②7
察隅(清)65—66③5
谭(西周)9—10③7
肇庆府(明)61—62④7
肇庆府(明)63—64④7
肇庆府(清)65—66④7
肇庆府(清)67—68④7
肇庆路(元)57—58④7
肇庆路(元)59—60④7
肇州(金南宋)53—54②8
肇州厅(清)67—68②8
谯州(南北朝)35—36③7
谯县(东汉)19—20③7
谯国(西晋)23—24③7
谯郡(三国)21—22③7
谯郡(东晋十六国)25—26③7
谯郡(南北朝)29—30③7
谯郡(隋)37—38③7
鄑(西周)9—10③7
嫩江(原始社会)3—4②8
嫩江～(清)67—68②8
嫩江～(民国)69—70②8
嫩江～(民国)71—72②8
嫩江府(清)67—68②8
雒水(西汉)17—18③7
雒水～(东汉)19—20③7
雒阳(东汉)19—20③7
雒县(东汉)19—20③6
翟(春秋)11—12③6
熊岳城(清)65—66②8

熊津(南北朝)31—32③8
熊津城(唐)39—40③9
熊津都督府(唐)39—40③9
骠国(南北朝)29—30④5
骠国(南北朝)33—34④5
骠国(南北朝)35—36④5—⑤5
骠国(唐)39—40④6—⑤6
骠国(唐)41—42④5
骠国(唐)43—44④5—⑤5

十五画

麾(商)7—8③7
撒叉河卫(明)61—62②8
撒马儿罕(明)61—62③2
撒马儿罕(明)63—64③2
撒里库儿(明)61—62③3
撒里库儿(明)63—64③3
撒剌卫(明)63—64②8
撒麻耳干(五代十国)47—48③2
撒麻耳干(元)57—58③2
撒麻耳干(元)59—60③2
犛牛羌(东汉)19—20④6
播仙镇(唐)41—42③4
播仙镇(五代十国)47—48③4
播州(唐)39—40④7
播州(唐)41—42④6
播州(唐)43—44④6
播州(唐)45—46⑤2
播州(明)61—62④6
播州司(明)63—64④6
播州宣抚司(元)59—60④6
播南路(元)57—58④6
縠(西周)9—10③7
駞駌(明)61—62②5—7
駞駌(明)63—64②5—7
駞駌土默特部(明)63—64③5
駞駌海峡～(民国)69—70①10—②10
駞駌海峡～(民国)71—72①10—②10
蕃(夏)5—6⑦14
蕃离(西周)9—10③8
蕲(战国)13—14③7
蕲州(唐)45—46④4
蕲州(五代十国)49—50⑮18
蕲州(金南宋)53—54③7
蕲州(金南宋)55—56③7
蕲州路(元)57—58③7
蕲春郡(隋)37—38③7
横山△(南北朝)29—30⑤6
横山△(南北朝)31—32⑤6
横山△(南北朝)33—34⑤6
横山△(南北朝)35—36⑤6
横山寨(金南宋)53—54④6
横山寨(金南宋)55—56④6

横州(唐)45—46⑥3
横州路(元)57—58④6
横海节(唐)43—44③7
横海节度使(唐)45—46②5
横海节度使(五代十国)49—50⑤12
横海节度使(五代十国)49—50⑧6
横海节度使(五代十国)49—50①15
(碻磝城)济州(南北朝)29—30③7
震泽～(东汉)19—20③7
震泽～(三国)21—22③7
噶大克(清)67—68③4
噶玛兰厅(清)65—66④8
遏(元)57—58⑤6
遏(元)59—60⑤6
暹罗(明)61—62⑤6
暹罗(明)63—64⑤6
暹罗(清)65—66⑤5—6
暹罗(清)67—68⑤5—6
暹罗(民国)69—70⑤5—6
颓臾(西周)9—10③7
墨尔根(清)65—66②8
墨脱(原始社会)3—4④5
墨脱(唐)39—40④6
墨脱(唐)41—42④5
墨脱(辽北宋)51—52④5
墨脱(金南宋)53—54④5
墨脱(金南宋)55—56④5
墨脱(元)57—58④5
镇边厅(清)67—68④5
镇西厅(清)67—68②5
镇西路(元)57—58④5
镇西路(元)59—60④5
镇州(唐)43—44③7
镇州(五代十国)49—50②2
镇州(辽北宋)51—52②6
镇江(民国)71—72③7
镇江节度使(五代十国)49—50③9
镇江府(清)65—66③7
镇江府(清)67—68③7
镇江路(元)57—58③7
镇安(元)57—58④6
镇安府(明)61—62④6
镇安府(明)63—64④6
镇安府(清)65—66④6
镇安府(清)67—68④6
镇安路(元)59—60④6
镇远(民国)69—70④6
镇远府(清)65—66④6
镇远府(清)67—68④6
镇远道(民国)69—70④6
镇沅厅(清)67—68④6
镇国节度使(五代十国)49—50②2
镇南节度使(五代十国)49—50①18
镇南关(清)65—66④6
镇南关(清)67—68④6
镇南关(民国)69—70④6
镇南关(民国)71—72④6
镇南道(民国)69—70④6
镇原州(元)57—58③6

镇海节度使(五代十国)49—50⑮18
镇康路(元)57—58④5
镇雄州(清)67—68④6
镐(西周)9—10③6
稻坝(清)67—68④6
黎(西周)9—10③7
黎(耆)(商)7—8③7
黎平府(明)61—62④6
黎平府(明)63—64④6
黎平府(清)67—68④6
黎州(南北朝)33—34③6
黎州(南北朝)35—36④6
黎州(唐)39—40④7
黎州(唐)41—42④6
黎州(唐)45—46④1
黎州(五代十国)49—50⑭9
黎州(元)57—58④6
儋耳郡(西汉)17—18⑤6
儋耳郡(隋)37—38⑤6
儋州(唐)39—40⑤7
儋州(唐)41—42⑤6
儋州(唐)43—44⑤6
儋州(唐)45—46⑦3
儋罗(唐)39—40③9
儋罗(唐)41—42③8
儋罗(唐)43—44③8
德尔密(清)65—66③2
德宁路(元)59—60②7
德庆路(元)57—58④7
德州(南北朝)33—34⑤6
德州(南北朝)35—36⑤6
德州(唐)45—46②5
德州(五代十国)49—50⑤12
德州(辽北宋)51—52③7
德州(元)57—58③7
德州(清)65—66③7
德安府(元)57—58③7
德安府(元)59—60③7
德安府(明)61—62③7
德安府(清)67—68③7
德里(清)65—66④3—4
德里(清)67—68④3
德里(民国)69—70④3
德里(民国)71—72④3
德胜节度使(五代十国)49—50⑮18
虢州(唐)45—46③3
虢州(五代十国)49—50⑧6
滕(战国)13—14③7
摩头罗(东晋十六国)25—26④3
摩头罗(南北朝)31—32④3
褒(西周)9—10③6
羯馂伽(唐)39—40⑤5
遵义(民国)71—72④6
遵义府(清)65—66④6
遵义府(清)67—68④6
遵化府(清)67—68②7
潜水～(战国)13—14③6
潜水～(西汉)17—18③6
潜水～(东汉)19—20③6
澎湖(原始社会)3—4④7
澎湖厅(清)65—66④7
澎湖屿(金南宋)53—54④7
澎湖屿(金南宋)55—56④7
澎湖屿(元)57—58④7
澎湖屿(清)67—68④7
澎湖屿(民国)69—70④7
潮州(唐)39—40④8
潮州(唐)41—42④7
潮州(唐)43—44④7
潮州(唐)45—46⑥5
潮州(辽北宋)51—52④7
潮州(金南宋)53—54④7
潮州(金南宋)55—56④7
潮州(民国)71—72④7
潮州府(明)61—62④7
潮州府(明)63—64④7
潮州府(清)65—66④7
潮州府(清)67—68④7
潮州路(元)57—58④7
潮州路(元)59—60④7
潮循道(民国)69—70④7
潭水～(西汉)17—18④6
潭水～(东汉)19—20④6
潭水～(三国)21—22④6
潭水～(西晋)23—24④6
潭水～(东晋十六国)25—26④6
潭水～(南北朝)29—30④6
潭水～(南北朝)31—32④6
潭水～(南北朝)33—34④6
潭水～(南北朝)35—36④6
潭水～(隋)37—38④6
潭州(唐)39—40④8
潭州(唐)41—42④7
潭州(唐)43—44④7
潭州(唐)45—46④4
潭州(辽北宋)51—52④7
潭州(金南宋)53—54④7
潭州(金南宋)55—56④7
潭州路(元)57—58④7
澳门(原始社会)3—4④7
澳门(清)65—66④7
澳门(清)67—68④7
澳门　(民国)69—70④7
澳门　(民国)71—72④7
潘州(唐)45—46⑥3
潼川府(金南宋)53—54③6
潼川府(金南宋)55—56③6
潼川府(元)57—58③6
潼川府(清)67—68③6
潼关(南北朝)29—30③7
潼关(南北朝)31—32③7
潼关(南北朝)33—34③7
潼州(南北朝)33—34③6
潼州(南北朝)35—36③6
潼关厅(清)65—66③7
潼关防御使(唐)45—46③3
澜沧水～(隋)37—38④5—6
澜沧江～(唐)39—40④6—7
澜沧江～(唐)41—42④5—6
澜沧江～(唐)43—44④5—6
澜沧江～(五代十国)47—48④5—6
澜沧江～(五代十国)49—50⑭8—9
澜沧江～(辽北宋)51—52④5—6
澜沧江～(金南宋)53—54④5
澜沧江～(金南宋)55—56④5
澜沧江～(明)61—62④5—6
澜沧江～(明)63—64④5—6
澜沧江～(清)65—66④5
澜沧江～(清)67—68④5
澜沧江～(民国)69—70④5
澜沧江～(民国)71—72④5
澄州(唐)45—46⑥3
澂江路(元)57—58④6
额尔古讷河～(清)65—66①8—7
额尔古讷河～(清)67—68①8
额尔古纳河～(民国)69—70①8—7
额尔古纳河～(民国)71—72①8—7
额尔吉克塔尔噶克山△(清)65—66①5
额尔齐斯河～(清)65—66①3
额尔齐斯河～(清)67—68①3
额尔齐斯河～(清)67—68②4
额尔齐斯河～(民国)69—70①3
额尔齐斯河～(民国)69—70②4
额尔齐斯河～(民国)71—72①3
额尔齐斯河～(民国)71—72②4
额尔纳土尔扈特旗(民国)69—70②5—6
额济纳土尔扈特旗(清)65—66②5—6
额济纳土尔扈特旗(清)67—68②5—6
额济纳土尔扈特旗(民国)71—72②5—6
鹤庆府(明)61—62④6
鹤庆府(明)63—64④6
鹤州(元)57—58④6
鹤峰厅(清)67—68④7
豫宁郡(南北朝)35—36④7
豫州(三国)21—22③7
豫州(西晋)23—24③7
豫州(东晋十六国)25—26③7
豫州(十六国)27—28②4
豫州(十六国)27—28⑥9
豫州(十六国)27—28⑧17
豫州(南北朝)29—30③7
豫州(南北朝)31—32③7
豫州(南北朝)33—34③7
豫州(南北朝)35—36③7
豫州(虎牢城)(南北朝)29—30③7
豫章水～(东汉)19—20④7
豫章郡(西汉)17—18④7
豫章郡(东汉)19—20④7
豫章郡(三国)21—22④7
豫章郡(西晋)23—24④7
豫章郡(东晋十六国)25—26④7
豫章郡(南北朝)29—30④7
豫章郡(南北朝)31—32④7
豫章郡(南北朝)35—36④7
豫章郡(隋)37—38④7
豫章道(民国)69—70④7
缯(夏)5—6③7

十六画

嶲州(南北朝)33—34④6
嶲州(唐)39—40④7
嶲州(唐)41—42④6
嶲州(唐)43—44④6
嶲州(唐)45—46④1
撼合纳(元)59—60①5
燕(战国)13—14③7
燕(匽)(西周)9—10③7
燕(燕京戎)(西周)9—10③7
燕长城(战国)13—14②7—8
燕州(南北朝)31—32②7
燕国(三国)21—22③7
燕国(西晋)23—24③7
燕京(金南宋)53—54③7
(燕京)南京(五代十国)47—48③7
(燕京戎)燕(西周)9—10③7
燕郡(十六国)27—28②4
燕郡(十六国)27—28⑥9
燕郡(十六国)27—28⑧17
燕郡(十六国)27—28⑪24
燕郡(南北朝)29—30③7
燕郡(蓟城)(南北朝)33—34③7
燕郡(隋)37—38②8
燕郡城(唐)43—44②8
燕郡城(唐)45—46①6
燕都尹(十六国)27—28⑪24
燕然山△(西汉)17—18②5—6
燕然山△(东汉)19—20②5—6
燕然山△(三国)21—22②5—6
燕然山△(西晋)23—24②5—6
燕然山△(东晋十六国)25—26②5—6
燕然山△(南北朝)29—30②5—6
燕然山△(南北朝)31—32②5—6
燕然山△(南北朝)33—34②5—6
薛(夏)5—6⑦14
薛(西周)9—10③7
薛(春秋)11—12③7
薛(战国)13—14③7
薛良格河～(金南宋)53—54②6
薛良格河～(金南宋)55—56②6
薛良格河～(元)57—58②6
薛良格河～(元)59—60②6
薛灵哥河～(辽北宋)51—52①6—②6
薛郡(秦)15—16③7
薛凉格河～(明)63—64②6
薄罗(南北朝)35—36③2
薄姑(商)7—8③7
薄骨律镇(南北朝)29—30③6
薄骨律镇(南北朝)31—32③6
融州(唐)43—44④6
融州(唐)45—46⑤3
融州路(元)57—58④6
融溪水～(唐)45—46⑤3
霍(商)7—8③7
霍(西周)9—10③7
霍州(南北朝)33—34③7
霍州(南北朝)35—36③7
霍州(元)57—58③7
霍州(清)67—68③7
霍罕(清)65—66②3
霍博克赛里(明)61—62②4
霍博克赛里(明)63—64②4
冀宁道(民国)69—70③7
冀宁路(元)59—60③7
冀州(三国)21—22③7
冀州(西晋)23—24③7
冀州(东晋十六国)25—26③7
冀州(十六国)27—28②4
冀州(十六国)27—28⑥9
冀州(十六国)27—28⑧17
冀州(十六国)27—28⑪24
冀州(南北朝)29—30③7
冀州(南北朝)31—32③7
冀州(南北朝)33—34③7
冀州(南北朝)35—36③7
冀州(唐)39—40③8
冀州(唐)41—42③7
冀州(唐)45—46②4
冀州(五代十国)49—50⑧6
冀州(五代十国)49—50⑪15
冀州(清)67—68③7
冀州(历城)(南北朝)29—30③7
黔中郡(秦)15—16④7
黔中道(民国)69—70④6
黔州(唐)39—40④7
黔州(唐)41—42④6
黔州(唐)43—44④6
黔州(唐)45—46④3
黔州(五代十国)47—48④6
黔州(五十代国)49—

50⑭9
黔州(辽北宋)51—52④6
黔州(金南宋)53—54④6
黔州(金南宋)55—56④6
黔州观(唐)43—44④6
黔州观察使(唐)45—46④3
黔安郡(隋)37—38④6
镛州(五代十国)47—48④7
赞善王驻地(明)61—62③5
赞善王驻地(明)63—64③5
穆(隋)37—38③2
穆陵关(西周)9—10③7
穆斯岛(清)67—68②4
衡山△(战国)13—14④7
衡山△(明)61—62④7
衡山郡(秦)15—16③7
衡山郡(隋)37—38④7
衡州(南北朝)33—34④7
衡州(南北朝)35—36③7
衡州(唐)39—40④8
衡州(唐)41—42④7
衡州(唐)43—44④7
衡州(唐)45—46⑤4
衡州(辽北宋)51—52④7
衡州(金南宋)53—54④7
衡州(金南宋)55—56④7
衡州府(明)61—62④7
衡州府(明)63—64④7
衡州府(清)65—66④7
衡州府(清)67—68④7
衡州路(元)57—58④7
衡州路(元)59—60④7
衡阳(原始社会)3—4④7
衡阳(民国)69—70④7
衡阳(民国)71—72④7
衡阳郡(三国)21—22④7
衡阳郡(西晋)23—24④7
衡阳郡(南北朝)29—30④7
衡阳郡(南北朝)31—32④7
衡阳郡(南北朝)33—34④7
衡阳郡(南北朝)35—36④7
衡阳道(民国)69—70④7
歙州(唐)39—40④8
歙州(唐)41—42④7
歙州(唐)43—44④7
歙州(唐)45—46④5
歙州(五代十国)49—50⑯18
歙州(辽北宋)51—52④7
雕阴(战国)13—14③6
雕阴郡(隋)37—38③7
鲸海～(元)57—58②9
鲸海～(元)59—60②9
鲸海～(明)61—62②10—9
鲸海～(明)63—64②10—9
磨儿勘(明)61—62④5
磨儿勘(明)63—64④5
辩州(唐)45—46⑥3
潞(西周)9—10③7
潞氏(春秋)11—12③7
潞州(唐)39—40③8
潞州(唐)41—42③7
潞州(唐)43—44③7
潞州(唐)45—46②4
潞州(五代十国)47—48③7
潞州(金南宋)53—54③7
潞州(金南宋)55—56③7
潞州(元)57—58③7
潞江～(元)57—58④5
潞江～(元)59—60④5
潞江～(明)61—62④5
潞江～(明)63—64④5
潞江～(清)65—66④5
潞安府(清)67—68③7
澧水～(战国)13—14④7
澧水～(秦)15—16④7
澧水～(西汉)17—18④7
澧水～(东汉)19—20④7
澧水～(三国)21—22④7
澧水～(西晋)23—24④7
澧水～(东晋十六国)25—26④7
澧水～(南北朝)29—30④7
澧水～(南北朝)31—32④7
澧水～(南北朝)33—34④7
澧水～(南北朝)35—36④7
澧水～(隋)37—38④7
澧水～(唐)45—46④3
澧水～(辽北宋)51—52④7
澧州(唐)43—44④7
澧州(唐)45—46④3
澧州(金南宋)53—54④7
澧州(金南宋)55—56④7
澧州(清)65—66④7
澧州(清)67—68④7
澧州路(元)57—58④7
澧阳郡(隋)37—38④7
澧县(原始社会)3—4④7
澶州(唐)45—46③4
濛池都护府(唐)39—40②3—4
寰州(五代十国)49—50⑤12
壁州(唐)43—44③6
壁州(唐)45—46④2
隰州(唐)39—40③8
隰州(唐)41—42③7
隰州(唐)45—46②3
隰州(五代十国)49—50⑤12
隰州(五代十国)49—50⑧6
隰州(五代十国)49—50⑪15
隰州(元)57—58③7
隰州(清)67—68③7
壕境(明)63—64④7
巒州(唐)45—46⑥3

十七画

藏(五代十国)47—48④4
藏(辽北宋)51—52④4
藏(金南宋)53—54④4
藏(金南宋)55—56④4
藏 (清)65—66③4
藏布～(辽北宋)51—52④4—5
藏布～(金南宋)53—54④4—5
藏布～(金南宋)55—56④4—5
藏布～(元)57—58④5
藏布～(元)59—60④5
藏布～(明)61—62④4—5
藏布～(明)63—64④4—5
藏博(南北朝)31—32④5
檀州(唐)45—46①5
懋功厅(清)67—68③6
翳徒戎(商)7—8③7
磴口(原始社会)3—4②6
豳(商)7—8③6
豳(西周)9—10③6
豳州(南北朝)31—32③6
豳州(唐)39—40③7
螺城(五代十国)47—48④6
罽宾(西汉)17—18③3
罽宾(东汉)19—20③3
罽宾(三国)21—22③3
罽宾(西晋)23—24③3
罽宾(东晋十六国)25—26③3
罽宾(南北朝)29—30③3
罽宾(南北朝)31—32③3
罽宾(南北朝)33—34③3
罽饶夷(东晋十六国)25—26④3
罽饶夷(南北朝)31—32④3
镡州(五代十国)47—48④7
镡城(战国)13—14④6
魏(西周)9—10③7
魏(春秋)11—12③7
魏(战国)13—14③7
魏(十六国)27—28⑦17
魏(十六国)27—28⑪24
魏(南北朝)31—32③6
魏尹(南北朝)33—34③7
魏州(唐)39—40③8
魏州(唐)41—42③7
魏州(唐)43—44③7
魏州(唐)45—46②4
魏兴郡(三国)21—22③6
魏兴郡(西晋)23—24③7
魏兴郡(东晋十六国)25—26③6
魏兴郡(南北朝)29—30③6
魏兴郡(南北朝)31—32③6
魏郡(西汉)17—18③7
魏郡(东汉)19—20③7
魏郡(三国)21—22③7
魏郡(西晋)23—24③7
魏郡(十六国)27—28②4
魏郡(南北朝)29—30③7
魏郡(隋)37—38③7
魏博节(唐)43—44③7
魏博节度使(唐)45—46②4
徽州(金南宋)53—54④7
徽州(金南宋)55—56④7
徽州(元)57—58③6
徽州府(明)63—64④7
徽州府(清)65—66④7
徽州府(清)67—68④7
徽州路(元)57—58④7
徽州路(元)59—60④7
襄平(战国)13—14②8
襄州(南北朝)35—36③7
襄州(唐)39—40③8
襄州(唐)41—42③7
襄州(唐)43—44③7
襄州(唐)45—46③4
襄州(五代十国)49—50②2
襄州(辽北宋)51—52③
襄阳(民国)69—70③7
襄阳(民国)71—72③7
襄阳府(金南宋)53—54③7
襄阳府(金南宋)55—56③7
襄阳府(明)61—62③7
襄阳府(明)63—64③7
襄阳府(清)65—66③7
襄阳府(清)67—68③7
襄阳郡(三国)21—22③7
襄阳郡(西晋)23—24③7
襄阳郡(南北朝)29—30③7
襄阳郡(南北朝)35—36③7
襄阳郡(隋)37—38③7
襄阳道(民国)69—70③7
襄阳路(元)57—58③7
襄阳路(元)59—60③7
襄国(十六国)27—28②4
襄国郡(东晋十六国)25—26③7
襄国郡(隋)37—38③7
襄城郡(南北朝)31—32③7
襄城郡(隋)37—38③7
麋水～(西汉)17—18④6
濡水～(秦)15—16②7
濡水～(西汉)17—18②7
濡水～(东汉)19—20②7
濡水～(三国)21—22②7
濡水～(西晋)23—24②7
濡水～(东晋十六国)25—26②7
濡水～(十六国)27—28①4—②4
濡水～(十六国)27—28⑤9—⑥9
濡水～(十六国)27—28⑦17—⑧17
濡水～(十六国)27—28⑩24—⑪24
濡水～(隋)37—38②7
濡水～(唐)45—46①5—②5
濡河～(南北朝)29—30②7
濡河～(南北朝)31—32②7
濡河～(南北朝)33—34②7
濡河～(南北朝)35—36②7
濮(商)7—8③6
濮(西周)9—10③6
濮(西周)9—10④6
濮子部(唐)39—40④7
濮子部(唐)41—42④6
濮州(唐)45—46③4
濮阳(战国)13—14③7
濮阳国(西晋)23—24③7
濮部(南北朝)35—36④5—6
濮部(隋)37—38④5—6
濠州(唐)45—46③5
豁里秃麻部(金南宋)55—56①6
翼只水～(辽北宋)51—52①3—②4
(曆)历(商)7—8③7
豲(春秋)11—12③6
豲(战国)13—14③6

十八画

藤州(唐)45—46⑥3
藤州(元)57—58④7
瞻波(东晋十六国)25—26④4
瞻波(唐)39—40④5
黠戛斯(唐)43—44①5
黠戛斯(金南宋)53—54①5
黠戛斯(结骨)(唐)41—42①5

十九画

麓川平缅司(明)61—62④5
麓川路(元)57—58④5
霅(隋)37—38②8
霅(唐)41—42②8
瀚海(明)61—62②6—7
瀚海(明)63—64②6—7
瀛州(南北朝)31—32③7
瀛州(南北朝)33—34③7
瀛州(南北朝)33—34④7
瀛州(南北朝)35—36③7
瀛州(唐)39—40③8
瀛州(唐)41—42③7
瀛州(唐)45—46②5

廿画

耀州(金南宋)53—54③6
耀州(元)57—58③6
籍端水～(西汉)17—18③5
籍端水～(元)57—58②5
驩州(唐)39—40⑤7
驩州(唐)41—42⑤6
驩州(唐)43—44⑤6
驩州(唐)45—46⑦2
驩泥(东汉)19—20③4

廿一画

霸州(五代十国)47—48②8
赣水～(东汉)19—20④7
赣水～(三国)21—22④7
赣水～(西晋)23—24④7
赣水～(东晋十六国)25—26④7
赣水～(南北朝)29—30④7
赣水～(南北朝)31—32④7
赣水～(南北朝)33—34④7
赣水～(南北朝)35—

36④7
赣水～(隋)37－38④7
赣水～(唐)39－40④8
赣水～(唐)41－42④7
赣水～(唐)43－44④7
赣水～(唐)45－46⑤4
赣水～(五代十国)47－48④7
赣水～(五代十国)49－50③2
赣水～(五代十国)49－50⑥12
赣水～(五代十国)49－50⑫15
赣水～(五代十国)49－50⑭10
赣水～(辽北宋)51－52④7
赣水～(金南宋)53－54④7
赣水～(金南宋)55－56④7
赣州(金南宋)55－56④7
赣州府(明)61－62④7
赣州府(明)63－64④7
赣州府(清)65－66④7
赣州府(清)67－68④7
赣州路(元)57－58④7
赣州路(元)59－60④7
赣江～(五代十国)49－50⑨6
赣江～(元)57－58④7
赣江～(元)59－60④7
赣江～(明)61－62④7
赣江～(明)63－64④7
赣江～(清)65－66④7
赣江～(清)67－68④7
赣江～(民国)69－70④7
赣江～(民国)71－72④7
赣县(民国)69－70④7
赣南道(民国)69－70④7
夔(西周)9－10③7
夔(春秋)11－12③7
夔州(唐)39－40③7
夔州(唐)43－44③6
夔州(唐)45－46④3
夔州(五代十国)47－48③6
夔州(五代十国)49－50⑬9
夔州(辽北宋)51－52③6
夔州(金南宋)53－54③6
夔州(金南宋)55－56③6
夔州府(明)61－62③6
夔州府(明)63－64③6
夔州府(清)65－66③6
夔州府(清)67－68③6
夔州路(元)57－58③6
夔州路(元)59－60③6

廿二画

囊哈儿卫(明)61－62①10
韉劫子(五代十国)47－48①7－8

廿三画

麟州(唐)43－44③7
麟州(唐)45－46②3
麟州(五代十国)49－50⑪15

廿四画

衢州(唐)41－42④7
衢州(唐)43－44④7
衢州(唐)45－46④5
衢州(五代十国)49－50⑯18
衢州(辽北宋)51－52④7
衢州(金南宋)53－54④7
衢州(金南宋)55－56④7
衢州府(清)65－66④7
衢州府(清)67－68④7
衢州路(元)57－58④7
衢县(民国)69－70④7
瀔水～(三国)21－22③7－②7
瀔水～(西晋)23－24②7
瀔水～(东晋十六国)25－26③7－②7
瀔水～(十六国)27－28②4－①4
瀔水～(十六国)27－28⑥9－⑤9
瀔水～(十六国)27－28⑧17－⑦17
瀔水～(十六国)27－28⑪24－⑩24
瀔水～(南北朝)29－30②7－③7
瀔水～(南北朝)31－32③7
瀔水～(南北朝)33－34③7
瀔水～(南北朝)35－36②7－③7
瀔水～(南北朝)35－36②8

地名首字笔画检字表

汉 字 简 体 繁 体 对 照 表

（一） 不作简化偏旁用的简化字

碍〔礙〕 肮〔骯〕 袄〔襖〕 坝〔壩〕 板〔闆〕 办〔辦〕 帮〔幫〕 宝〔寶〕 报〔報〕 币〔幣〕 毙〔斃〕 标〔標〕 表〔錶〕 别〔彆〕 卜〔蔔〕 补〔補〕 才〔纔〕 蚕〔蠶〕 灿〔燦〕 层〔層〕 搀〔攙〕 谗〔讒〕 馋〔饞〕 缠〔纏〕 忏〔懺〕

偿〔償〕 淀〔澱〕 厂〔廠〕 彻〔徹〕 尘〔塵〕 衬〔襯〕 称〔稱〕 迟〔遲〕 冲〔衝〕 丑〔醜〕 出〔齣〕 础〔礎〕 处〔處〕 触〔觸〕 辞〔辭〕 聪〔聰〕 奋〔奮〕 粪〔糞〕 凤〔鳳〕 肤〔膚〕 妇〔婦〕 复〔複〕 盖〔蓋〕 干〔乾〕

点〔點〕 赶〔趕〕 电〔電〕 迭〔叠〕 巩〔鞏〕 沟〔溝〕 构〔構〕 购〔購〕 谷〔穀〕 顾〔顧〕 刮〔颳〕 关〔關〕 观〔觀〕 柜〔櫃〕 汉〔漢〕 号〔號〕 合〔閤〕 轰〔轟〕 后〔後〕 胡〔鬍〕 壶〔壺〕 沪〔滬〕 护〔護〕 划〔劃〕 怀〔懷〕 坏〔壞〕

欢〔歡〕 环〔環〕 还〔還〕 回〔迴〕 伙〔夥〕 获〔獲〕 秽〔穢〕 击〔擊〕 鸡〔鷄〕 积〔積〕 极〔極〕 际〔際〕 继〔繼〕 家〔傢〕 价〔價〕 艰〔艱〕 歼〔殲〕 茧〔繭〕 拣〔揀〕 硷〔鹼〕 夸〔誇〕 块〔塊〕 亏〔虧〕 困〔睏〕 邻〔鄰〕

讲〔講〕 酱〔醬〕 胶〔膠〕 阶〔階〕 疖〔癤〕 累〔纍〕 霉〔黴〕 蒙〔矇〕 纤〔縴〕 类〔類〕 里〔裏〕 礼〔禮〕 隶〔隸〕 帘〔簾〕 联〔聯〕 怜〔憐〕 炼〔煉〕 练〔練〕 粮〔糧〕 疗〔療〕 辽〔遼〕 了〔瞭〕 猎〔獵〕 临〔臨〕 岭〔嶺〕 苹〔蘋〕 凭〔憑〕 扑〔撲〕

兰〔蘭〕 拦〔攔〕 陆〔陸〕 驴〔驢〕 烂〔爛〕 累〔纍〕 垒〔壘〕 霉〔黴〕 蒙〔濛〕 面〔麵〕 庙〔廟〕 灭〔滅〕 蔑〔衊〕 亩〔畝〕 脑〔腦〕 拟〔擬〕 酿〔釀〕 疟〔瘧〕 盘〔盤〕 辟〔闢〕 苹〔蘋〕 洒〔灑〕 伞〔傘〕 丧〔喪〕

炉〔爐〕 陆〔陸〕 驴〔驢〕 乱〔亂〕 么〔麽〕 霉〔黴〕 蒙〔矇〕 庙〔廟〕 窍〔竅〕 窃〔竊〕 寝〔寢〕 庆〔慶〕 琼〔瓊〕 秋〔鞦〕 曲〔麯〕 权〔權〕 劝〔勸〕 确〔確〕 让〔讓〕 扰〔擾〕 热〔熱〕 认〔認〕 洒〔灑〕 伞〔傘〕

仆〔僕〕 朴〔樸〕 启〔啟〕 签〔籤〕 千〔韆〕 牵〔牽〕 纤〔纖〕 窍〔竅〕 窃〔竊〕 寝〔寢〕 庆〔慶〕 琼〔瓊〕 秋〔鞦〕 曲〔麯〕 权〔權〕 劝〔勸〕 确〔確〕 让〔讓〕 扰〔擾〕 热〔熱〕 认〔認〕 伞〔傘〕 丧〔喪〕

扫〔掃〕 涩〔澀〕 晒〔曬〕 伤〔傷〕 舍〔捨〕 沈〔瀋〕 声〔聲〕 胜〔勝〕 铁〔鐵〕 听〔聽〕 县〔縣〕 响〔響〕 向〔嚮〕 象〔像〕 拥〔擁〕 佣〔傭〕 踊〔踴〕 忧〔憂〕 优〔優〕 邮〔郵〕 余〔餘〕 御〔禦〕 吁〔籲〕 郁〔鬱〕

态〔態〕 坛〔壇〕 叹〔嘆〕 誊〔謄〕 体〔體〕 嚏〔嚏〕 显〔顯〕 宪〔憲〕 县〔縣〕 厅〔廳〕 头〔頭〕 图〔圖〕 涂〔塗〕 团〔團〕 推〔推〕 洼〔窪〕 袜〔襪〕 网〔網〕 卫〔衛〕 稳〔穩〕 务〔務〕 雾〔霧〕 牺〔犧〕 习〔習〕

系〔係〕 戏〔戲〕 虾〔蝦〕 吓〔嚇〕 咸〔鹹〕 显〔顯〕 宪〔憲〕 县〔縣〕 响〔響〕 向〔嚮〕 协〔協〕 胁〔脅〕 衅〔釁〕 兴〔興〕 须〔鬚〕 悬〔懸〕 选〔選〕 旋〔鏇〕 压〔壓〕 盐〔鹽〕 阳〔陽〕 养〔養〕 痒〔癢〕 样〔樣〕

钥〔鑰〕 药〔藥〕 爷〔爺〕 叶〔葉〕 医〔醫〕 亿〔億〕 忆〔憶〕 应〔應〕 痈〔癰〕 拥〔擁〕 佣〔傭〕 踊〔踴〕 忧〔憂〕 优〔優〕 邮〔郵〕 余〔餘〕 御〔禦〕 吁〔籲〕 郁〔鬱〕 誉〔譽〕 渊〔淵〕 园〔園〕 远〔遠〕

痒〔癢〕 愿〔願〕 跃〔躍〕 运〔運〕 酝〔醞〕 杂〔雜〕 赃〔臟〕 脏〔臟〕 凿〔鑿〕 枣〔棗〕 灶〔竈〕 斋〔齋〕 毡〔氈〕 战〔戰〕 赵〔趙〕 折〔摺〕 这〔這〕 征〔徵〕 症〔癥〕 证〔證〕 只〔隻〕 致〔緻〕 制〔製〕 钟〔鐘〕

肿〔腫〕 种〔種〕 众〔眾〕 昼〔晝〕 朱〔硃〕 烛〔燭〕 筑〔築〕 庄〔莊〕 桩〔樁〕 妆〔妝〕 装〔裝〕 壮〔壯〕 状〔狀〕 准〔準〕 浊〔濁〕 总〔總〕 钻〔鑽〕

（二） 可作简化偏旁用的简化字和简化偏旁

爱〔愛〕 长〔長〕 当〔當〕〔噹〕 丰〔豐〕〔彙〕 灵〔靈〕 罗〔羅〕〔囉〕 宁〔寧〕 啬〔嗇〕 孙〔孫〕 亚〔亞〕 鱼〔魚〕 与〔與〕 | 简化偏旁 | 兴〔興〕

罢〔罷〕 尝〔嘗〕〔嚐〕 风〔風〕 会〔會〕 进〔進〕 刘〔劉〕〔瀏〕 农〔農〕 杀〔殺〕 条〔條〕 严〔嚴〕 | | | 讠〔訁〕 | 圣〔聖〕〔睪〕

备〔備〕 车〔車〕 党〔黨〕 冈〔岡〕 几〔幾〕 举〔舉〕 龙〔龍〕 马〔馬〕 齐〔齊〕 万〔萬〕 厌〔厭〕 云〔雲〕 尧〔堯〕 | | 饣〔飠〕 | 齐〔齊〕

贝〔貝〕 齿〔齒〕 东〔東〕 广〔廣〕 夹〔夾〕 壳〔殼〕 娄〔婁〕 买〔買〕 岂〔豈〕 圣〔聖〕 为〔爲〕 郑〔鄭〕 | | 个〔個〕 | 亦〔繜〕

笔〔筆〕 虫〔蟲〕 动〔動〕 归〔歸〕 戋〔戔〕 来〔來〕 卢〔盧〕 监〔監〕 气〔氣〕 师〔師〕 韦〔韋〕 业〔業〕 执〔執〕 | | 纟〔糹〕 | 罔〔罔〕

毕〔畢〕 刍〔芻〕 断〔斷〕 龟〔龜〕 监〔監〕 乐〔樂〕 虏〔虜〕 卖〔賣〕 迁〔遷〕 时〔時〕 乌〔烏〕 页〔頁〕 质〔質〕 | | 𡿨〔臤〕 |

边〔邊〕 从〔從〕 对〔對〕 国〔國〕 见〔見〕 离〔離〕 历〔歷〕 麦〔麥〕 门〔門〕 寿〔壽〕 无〔無〕 义〔義〕 专〔專〕 | | 呙〔咼〕 |

宾〔賓〕 窜〔竄〕 队〔隊〕 尔〔爾〕 华〔華〕 将〔將〕〔曆〕〔鹵〕 乔〔喬〕 属〔屬〕 乡〔鄉〕 艺〔藝〕 | | | 𭾸〔臨〕 |

参〔參〕 达〔達〕 尔〔爾〕 带〔帶〕 画〔畫〕 节〔節〕 丽〔麗〕 虑〔慮〕 鸟〔鳥〕 穷〔窮〕 岁〔歲〕 写〔寫〕 犹〔猶〕 | | | 只〔戠〕 |

仓〔倉〕 产〔產〕 单〔單〕〔髮〕 汇〔匯〕 尽〔盡〕 两〔兩〕 仑〔侖〕 聂〔聶〕 区〔區〕 寻〔尋〕 | | | 车〔軍〕

（三） 应用（二）所列简化字和简化偏旁得出来的简化字

爱
嗳〔噯〕 嫒〔嬡〕 叆〔靉〕 瑷〔璦〕 暧〔曖〕

罢
摆〔擺〕 罴〔羆〕 襬〔襬〕

备
惫〔憊〕

贝
贞〔貞〕 则〔則〕 负〔負〕 贡〔貢〕 呗〔唄〕 员〔員〕 财〔財〕 狈〔狽〕 责〔責〕 厕〔廁〕 贤〔賢〕 账〔賬〕 贩〔販〕 贬〔貶〕 败〔敗〕 贪〔貪〕 贫〔貧〕 侦〔偵〕 侧〔側〕 货〔貨〕 贯〔貫〕 测〔測〕 浈〔湞〕 恻〔惻〕 贰〔貳〕 贵〔貴〕 贻〔貽〕 账〔賬〕 贱〔賤〕 贴〔貼〕 贶〔貺〕 贷〔貸〕 贸〔貿〕 贺〔賀〕 陨〔隕〕 涢〔溳〕 资〔資〕 祯〔禎〕 贾〔賈〕 损〔損〕 贽〔贄〕

坝〔壩〕 桢〔楨〕 唝〔嗊〕 唝〔嗊〕 赃〔賍〕 赔〔賠〕 赕〔賧〕 喷〔噴〕 赌〔賭〕 赂〔賂〕 赎〔贖〕 赐〔賜〕 赒〔賙〕 锁〔鎖〕 馈〔饋〕 殒〔殞〕 赉〔賚〕 赖〔賴〕 赪〔赬〕 碛〔磧〕 殨〔殨〕 赗〔賵〕 赙〔賻〕 赚〔賺〕 赛〔賽〕 赜〔賾〕 赘〔贅〕 撄〔攖〕 嘤〔嚶〕 赞〔贊〕 赠〔贈〕 赡〔贍〕 赢〔贏〕 瘿〔癭〕 樱〔櫻〕

黄〔黃〕 横〔橫〕 圆〔圓〕 赋〔賦〕 赌〔賭〕 赠〔贈〕 锁〔鎖〕 懒〔懶〕 赖〔賴〕 赪〔赬〕 噗〔噗〕 赠〔贈〕 缨〔纓〕 镔〔鑌〕 殡〔殯〕 鬓〔鬢〕

鲗〔鰂〕 缨〔纓〕 璎〔瓔〕 蹰〔躕〕

车
轧〔軋〕 轨〔軌〕 军〔軍〕 轩〔軒〕 库〔庫〕 连〔連〕 轫〔軔〕 诨〔諢〕 浑〔渾〕 珲〔琿〕 晖〔暉〕 辉〔輝〕 转〔轉〕 轮〔輪〕 斩〔斬〕 轭〔軛〕 轲〔軻〕 轱〔軲〕 轷〔軤〕 轴〔軸〕 轵〔軹〕 轶〔軼〕 轸〔軫〕 轹〔轢〕 轺〔軺〕 轻〔輕〕 轳〔轤〕 挥〔揮〕 荤〔葷〕 轾〔輊〕

边
笾〔籩〕

宾
傧〔儐〕 滨〔濱〕 槟〔檳〕 嫔〔嬪〕 缤〔繽〕 殡〔殯〕 膑〔臏〕 镔〔鑌〕 髌〔髕〕 鬓〔鬢〕

产
浐〔滻〕 萨〔薩〕 铲〔鏟〕

长
伥〔倀〕 帐〔帳〕 张〔張〕 枨〔棖〕 账〔賬〕 胀〔脹〕 涨〔漲〕

参
渗〔滲〕 惨〔慘〕 掺〔摻〕 骖〔驂〕 毵〔毿〕 瘆〔瘮〕 碜〔磣〕 糁〔糝〕 穇〔穇〕 掺〔摻〕

尝
鲿〔鱨〕

仓
伧〔傖〕 沧〔滄〕 怆〔愴〕 苍〔蒼〕 抢〔搶〕 呛〔嗆〕 炝〔熗〕 玱〔瑲〕 枪〔槍〕 戗〔戧〕 疮〔瘡〕 鸧〔鶬〕 舱〔艙〕 跄〔蹌〕

齿
龀〔齔〕 啮〔齧〕 龅〔齙〕 龆〔齠〕 龈〔齦〕 龊〔齪〕 龌〔齷〕 龄〔齡〕 龃〔齟〕 龇〔齜〕 龉〔齬〕

从
苁〔蓯〕 纵〔縱〕 枞〔樅〕 怂〔慫〕 耸〔聳〕 驺〔騶〕 诌〔謅〕 皱〔皺〕 趋〔趨〕 雏〔雛〕 刍〔芻〕

刍
邹〔鄒〕 趋〔趨〕 雏〔雛〕 皱〔皺〕 诌〔謅〕 驺〔騶〕 刍〔芻〕

窜
镩〔鑹〕

达
挞〔撻〕 哒〔噠〕 鞑〔韃〕

带
滞〔滯〕

单
郸〔鄲〕 惮〔憚〕 阐〔闡〕 掸〔撣〕 弹〔彈〕 婵〔嬋〕 禅〔禪〕 殚〔殫〕 蝉〔蟬〕 箪〔簞〕 蕲〔蘄〕 冁〔囅〕

当
挡〔擋〕 档〔檔〕 裆〔襠〕 铛〔鐺〕

党
谠〔讜〕 傥〔儻〕 镗〔钂〕

东
冻〔凍〕 陈〔陳〕 栋〔棟〕

动
恸〔慟〕

断
簖〔籪〕

对
怼〔懟〕

队
坠〔墜〕

尔
迩〔邇〕 弥〔彌〕 祢〔禰〕 玺〔璽〕 猕〔獼〕

丰
沣〔灃〕 艳〔艷〕 滟〔灔〕

风
讽〔諷〕 沨〔渢〕 岚〔嵐〕 枫〔楓〕 疯〔瘋〕 砜〔碸〕 飒〔颯〕 飓〔颶〕 飘〔飄〕 飙〔飆〕

冈
刚〔剛〕 㧏〔摃〕 岗〔崗〕 纲〔綱〕 棡〔棡〕 钢〔鋼〕

广
邝〔鄺〕 圹〔壙〕 扩〔擴〕 犷〔獷〕 纩〔纊〕 旷〔曠〕 矿〔礦〕

归
岿〔巋〕

龟
阄〔鬮〕

国
掴〔摑〕 帼〔幗〕 腘〔膕〕 蝈〔蟈〕

过
挝〔撾〕

华
哗〔嘩〕 骅〔驊〕 烨〔燁〕 桦〔樺〕 晔〔曄〕 铧〔鏵〕

画
婳〔嫿〕

汇
㧾〔撙〕

会
刽〔劊〕 郐〔鄶〕 侩〔儈〕 浍〔澮〕 荟〔薈〕 哙〔噲〕 狯〔獪〕 绘〔繪〕 烩〔燴〕 桧〔檜〕 脍〔膾〕 鲙〔鱠〕

剑
剑〔劍〕 郐〔鄶〕

佥[僉] 浍[澮] 荟[薈] 哙[噲] 狯[獪] 绘[繪] 烩[燴] 脍[膾] 桧[檜] 鲙[鱠]

几
讥[譏] 叽[嘰] 饥[饑] 机[機] 玑[璣] 矶[磯]

夹
郏[郟] 侠[俠] 陕[陝] 浃[浹] 挟[挾] 荚[莢] 峡[峽] 狭[狹] 惬[愜] 硖[硤] 铗[鋏] 颊[頰] 蛱[蛺] 瘗[瘞] 箧[篋]

戈
划[劃] 浅[淺] 饯[餞] 线[線] 残[殘] 栈[棧] 贱[賤] 盏[盞] 笺[箋] 溅[濺] 践[踐]

监
滥[濫] 蓝[藍] 尴[尷] 槛[檻] 褴[襤] 篮[籃]

见
苋[莧] 岘[峴] 觃[覎] 视[視] 规[規] 现[現] 觅[覓] 觉[覺] 砚[硯] 觋[覡] 览[覽] 宽[寬] 蚬[蜆] 觎[覦] 觍[覥] 觐[覲] 觊[覬] 靓[靚] 搅[攪] 满[滿] 瞒[瞞] 颟[顢] 螨[蟎] 觏[覯] 觑[覷] 觌[覿]

灵
棂[欞]

刘
浏[瀏]

龙
陇[隴] 泷[瀧] 宠[寵] 庞[龐] 垄[壟] 拢[攏] 茏[蘢] 咙[嚨] 珑[瓏] 栊[櫳] 昽[曨] 聋[聾] 龚[龔] 龛[龕] 笼[籠] 垅[壠] 砻[礱]

来
涞[淶] 莱[萊] 崃[崍] 徕[徠] 赉[賚] 睐[睞] 铼[錸]

乐
泺[濼] 栎[櫟] 轹[轢] 烁[爍] 铄[鑠]

离
漓[灕] 篱[籬]

历
沥[瀝] 坜[壢] 苈[藶] 呖[嚦] 枥[櫪] 疬[癧] 雳[靂]

丽
俪[儷] 郦[酈] 逦[邐] 鹂[鸝] 酾[釃] 鲡[鱺]

卢
泸[瀘] 炉[爐] 栌[櫨] 轳[轤] 胪[臚] 鸬[鸕] 颅[顱] 舻[艫] 鲈[鱸]

虏
掳[擄]

两
俩[倆] 唡[啢] 辆[輛]

卤
醭[醶] 策[筞]

录
箓[籙]

虑
滤[濾] 摅[攄]

仑
论[論] 伦[倫] 沦[淪] 抡[掄] 囵[圇] 纶[綸] 轮[輪] 痪[癵]

买
荬[蕒]

卖
读[讀] 渎[瀆] 续[續] 椟[櫝] 觌[覿] 赎[贖] 犊[犢] 牍[牘] 窦[竇] 黩[黷]

黾
渑[澠] 绳[繩] 鼋[黿] 蝇[蠅] 鼍[鼉]

罗
萝[蘿] 逻[邏] 椤[欏] 锣[鑼] 箩[籮]

马
冯[馮] 驭[馭] 驮[馱] 驰[馳] 驯[馴] 妈[媽] 玛[瑪] 驱[驅] 驳[駁] 码[碼] 驼[駝] 驻[駐] 驽[駑] 驾[駕] 骀[駘] 驶[駛] 驷[駟] 驸[駙] 驹[駒] 骓[騅] 骇[駭] 骈[駢] 骁[驍] 骄[驕] 骅[驊] 骆[駱] 骊[驪] 骋[騁] 验[驗] 骏[駿] 骎[駸] 骐[騏] 骑[騎] 骒[騍] 骖[驂] 骗[騙] 骘[騭] 骚[騷] 骛[騖] 骜[驁] 骝[騮] 骟[騸] 骠[驃] 骢[驄] 骡[騾] 骣[驏] 骤[驟] 骥[驥] 骦[驦] 骧[驤] 驴[驢] 骂[罵] 骆[駱]

麦
唛[嘜] 麸[麩]

门
闩[閂] 闪[閃] 们[們] 闭[閉] 问[問] 闯[闖] 闰[閏] 闲[閑] 间[間] 闵[閔] 闶[閌] 闸[閘] 闹[鬧] 闺[閨] 闻[聞] 闼[闥] 闽[閩] 闾[閭] 阀[閥] 阁[閣] 阂[閡] 阃[閫] 阄[鬮] 阅[閱] 阆[閬] 阇[闍] 阈[閾] 阉[閹] 阊[閶] 阋[鬩] 阌[閿] 阍[閽] 阎[閻] 阏[閼] 阐[闡] 阑[闌] 阒[闃] 阓[闠] 阔[闊] 阕[闋] 阖[闔] 阗[闐] 阘[闒] 阙[闕] 阚[闞] 阛[闤]

难
傩[儺] 滩[灘] 摊[攤] 瘫[癱]

鸟
凫[鳧] 鸠[鳩] 岛[島] 茑[蔦] 鸢[鳶] 鸣[鳴] 枭[梟] 鸩[鴆] 鸦[鴉] 鸨[鴇] 鸪[鴣] 鸫[鶇] 鸭[鴨] 鸯[鴦] 鸱[鴟] 鸲[鴝] 鸳[鴛] 鸵[鴕] 鸶[鷥] 鸷[鷙] 鸸[鴯] 鸹[鴰] 鸺[鵂] 鸻[鴴] 鸽[鴿] 鸾[鸞] 莺[鶯] 鹁[鵓] 鸿[鴻] 鹂[鸝] 鸶[鷥] 鹈[鵜] 鹅[鵝] 鹆[鵒] 鹃[鵑] 鹄[鵠] 鹅[鵝] 鹉[鵡] 鹊[鵲] 鹋[鶓] 鹌[鵪] 鹏[鵬] 鹎[鵯] 鹐[鵮] 鹑[鶉] 鹕[鶘] 鹗[鶚] 鹘[鶻] 鹚[鷀] 鹛[鶥] 鹜[鶩] 鹝[鷊] 鹞[鷂] 鹣[鶼] 鹤[鶴] 鹡[鶺] 鹧[鷓] 鹨[鷚] 鹩[鷯] 鹪[鷦] 鹫[鷲] 鹬[鷸] 鹭[鷺] 鹰[鷹] 鹱[鸌] 鹲[鸏] 鹳[鸛] 鹴[鸘]

挤 脐[臍] 挢[撟] 峤[嶠] 骄[驕] 娇[嬌] 桥[橋] 轿[轎] 硚[礄] 矫[矯] 鞒[鞽]

岂
剀[剴] 凯[凱] 恺[愷] 闿[闓] 垲[塏] 铠[鎧] 觊[覬] 硙[磑] 皑[皚] 铠[鎧]

气
忾[愾] 饩[餼]

师
浉[溮] 狮[獅] 蛳[螄] 筛[篩]

迁
跹[躚]

金
俭[儉] 剑[劍] 险[險] 捡[撿] 敛[斂] 脸[臉] 睑[瞼] 签[簽] 裣[襝] 潋[瀲] 蔹[蘞] 检[檢] 硷[鹼]

时
埘[塒] 莳[蒔] 鲥[鰣]

寿
俦[儔] 涛[濤] 祷[禱] 焘[燾] 畴[疇] 帱[幬] 铸[鑄] 筹[籌] 踌[躊]

属
嘱[囑] 瞩[矚]

乔
侨[僑] 挢[撟] 荞[蕎] 峤[嶠] 轿[轎] 娇[嬌] 硚[礄] 矫[矯] 鞒[鞽]

双
叒

肃
萧[蕭] 啸[嘯] 潇[瀟] 箫[簫] 蟏[蠨]

亲
榇[櫬]

宁
泞[濘] 柠[檸] 狞[獰] 咛[嚀] 聍[聹] 拧[擰] 狝[獮]

农
侬[儂] 浓[濃] 哝[噥] 脓[膿] 秾[穠]

齐
剂[劑] 侪[儕] 济[濟] 荠[薺] 齑[齏] 跻[躋] 霁[霽] 鲚[鱭]

万
厉[厲] 砺[礪] 迈[邁] 励[勵]

殴 鸥[鷗] 呕[嘔] 抠[摳] 躯[軀]

亩
庙[廟]

啬
蔷[薔] 墙[牆] 嫱[嬙] 樯[檣] 穑[穡]

杀
铩[鎩]

审
谉[讅] 婶[嬸]

圣
柽[檉] 泾[涇]

蛏 蜞 鳃

剑 俭[儉] 险[險]

时
埘[塒] 莳[蒔] 鲥[鰣] 鲋[鮒]

寿
俦[儔] 涛[濤] 祷[禱] 焘[燾] 畴[疇] 帱[幬] 铸[鑄] 筹[籌] 踌[躊]

无
怃[憮] 庑[廡] 抚[撫] 芜[蕪] 呒[嘸] 妩[嫵]

属
嘱[囑] 瞩[矚]

献
谳[讞]

乡
芗[薌] 飨[饗]

肃
萧[蕭] 啸[嘯] 潇[瀟] 箫[簫] 蟏[蠨]

写
泻[瀉]

寻
浔[潯] 荨[蕁] 挦[撏] 鲟[鱘]

亚
垩[堊] 垭[埡] 挜[掗] 哑[啞] 娅[婭] 恶[惡] 氩[氬] 壶[壺]

严
俨[儼] 酽[釅]

疠 疠[癘] 蛏[蟶] 螒

为
伪[偽] 沩[溈] 妫[媯]

韦
讳[諱] 伟[偉] 闱[闈] 违[違] 苇[葦] 韧[韌] 帏[幃] 围[圍] 纬[緯] 炜[煒] 祎[禕] 玮[瑋] 軏[軏] 韩[韓] 韫[韞] 趸[躉]

业
邺[鄴]

乌
邬[鄔] 坞[塢] 呜[嗚] 钨[鎢]

无
怃[憮] 庑[廡] 抚[撫] 芜[蕪] 呒[嘸] 妩[嫵]

尧
侥[僥] 浇[澆] 挠[撓] 桡[橈] 荛[蕘] 峣[嶢] 娆[嬈] 骁[驍] 晓[曉] 铙[鐃] 饶[饒] 翘[翹] 跷[蹺]

义
议[議] 仪[儀] 蚁[蟻]

艺
呓[囈]

阴
荫[蔭]

隐
瘾[癮]

犹
莸[蕕]

鱼
钌 渔[漁] 鲂[魴] 鱿[魷] 鲁[魯] 鲎[鱟] 蓟[薊] 鲊[鮓] 稣[穌] 鲋[鮒] 鲅[鮁] 鲆[鮃] 鲇[鮎] 鲈[鱸] 鲍[鮑] 鲑[鮭] 鲒[鮚] 鲔[鮪] 鲕[鮞] 鲚[鱭] 鲛[鮫] 鲜[鮮] 鲟[鱘] 鲠[鯁] 鲡[鱺] 鲢[鰱] 鲣[鰹] 鲤[鯉] 鲥[鰣] 鲦[鰷] 鲧[鯀] 鲨[鯊] 鲩[鯇] 鲫[鯽] 鲭[鯖] 鲮[鯪] 鲰[鯫] 鲱[鯡] 鲲[鯤] 鲳[鯧] 鲴[鯝] 鲵[鯢] 鲶[鯰] 鲷[鯛] 鲸[鯨]

厌
恹[懨] 庨 砺[礪] 餍[饜]

尧
侥[僥] 浇[澆] 挠[撓] 桡[橈] 荛[蕘] 娆[嬈] 晓[曉] 铙[鐃] 饶[饒] 翘[翹] 跷[蹺] 硗[磽]

义
议[議] 仪[儀] 蚁[蟻]

阴
荫[蔭]

隐
瘾[癮]

犹
莸[蕕]

业
邺[鄴]

页
顶[頂] 顷[頃] 项[項] 顺[順] 须[須] 颃[頏] 顸[頇] 烦[煩] 顽[頑] 顿[頓] 颀[頎] 颁[頒] 颂[頌] 倾[傾] 预[預] 庼[廎] 硕[碩] 颅[顱] 领[領] 颇[頗] 颈[頸] 颉[頡] 颊[頰] 颋[頲] 颌[頜] 颍[潁] 颏[頦] 颐[頤] 频[頻] 颓[頹] 颔[頷] 颖[穎] 颗[顆] 额[額] 颜[顏] 颚[顎] 颛[顓] 颙[顒] 题[題] 颠[顛] 颟[顢] 颡[顙] 颢[顥] 颤[顫] 颥[顬] 颦[顰] 颧[顴] 醭

鲭 鲭[鯖] 鲮[鯪] 鲰[鯫] 鲱[鯡] 鲲[鯤] 鲳[鯧] 鲴[鯝] 鲵[鯢] 鲶[鯰] 鲷[鯛] 鲸[鯨] 鲺[鯴] 鲻[鯔] 鲼[鱝] 鲽[鰈] 鳀[鯷] 鳁[鰛] 鳂[鰃] 鳃[鰓] 鳄[鰐] 鳅[鰍] 鳆[鰒] 鳇[鰉] 鳈[鰁] 鳉[鱂] 鳊[鯿] 鳋[鰠] 鳌[鰲] 鳍[鰭] 鳎[鰨] 鳏[鰥] 鳐[鰩] 鳑[鰟] 鳒[鰜] 鳓[鰳] 鳔[鰾] 鳕[鱈] 鳖[鱉] 鳗[鰻] 鳘[鰵] 鳙[鱅] 鳚[䲁] 鳛[鰼] 鳜[鱖] 鳝[鱔] 鳞[鱗] 鳟[鱒] 鳠[鱯] 鳡[鱤] 鳢[鱧] 鳣[鱣]

与
屿[嶼] 欤[歟]

云
芸[蕓] 昙[曇] 叆[靉] 叇[靆]

郑
掷[擲] 踯[躑]

执
垫[墊] 挚[摯] 贽[贄] 鸷[鷙] 絷[縶]

质
锧[鑕] 踬[躓]

专
传[傳] 抟[摶] 转[轉] 啭[囀] 砖[磚] 䏝[膞] 䄻[䄻]

胨 胨[腖] 鲮[鯪] 鱾 嗪 鲲[鯤]

讠
计[計] 订[訂] 讣[訃] 讥[譏] 议[議] 讨[討] 讧[訌] 讦[訐] 记[記] 讯[訊] 讫[訖] 访[訪] 讶[訝] 讷[訥] 许[許] 讹[訛] 论[論] 讼[訟] 讽[諷] 设[設] 访[訪] 诀[訣] 证[證] 诂[詁] 诃[訶] 评[評] 诅[詛] 识[識] 诈[詐] 诉[訴] 诊[診] 诋[詆] 诌[謅] 词[詞] 诎[詘] 诏[詔] 译[譯] 诒[詒] 诓[誆] 诔[誄] 试[試] 诗[詩] 诘[詰] 诙[詼] 诚[誠] 诛[誅] 诜[詵] 话[話] 诞[誕] 诟[詬] 诠[詮] 诡[詭] 询[詢] 诣[詣] 诤[諍] 该[該] 详[詳] 诧[詫] 诨[諢] 诩[詡] 诫[誡] 诬[誣] 语[語] 诮[誚]

诵 诵[誦] 诳[誑] 误[誤] 诰[誥] 诱[誘] 海[誨]... 诲[誨] 诶[誒] 狱[獄] 谊[誼] 谈[談] 谆[諄] 谉[讅] 谇[誶] 请[請] 诺[諾] 诸[諸] 读[讀] 诼[諑] 诹[諏] 课[課] 诽[誹] 诿[諉] 谀[諛] 谁[誰] 谂[諗] 调[調] 谄[諂] 谅[諒] 谆[諄] 谇[誶] 谈[談] 谊[誼] 谋[謀] 谌[諶] 谍[諜] 谎[謊] 谏[諫] 谐[諧] 谑[謔] 谒[謁] 谓[謂] 谔[諤] 谕[諭] 谖[諼] 谗[讒] 谘[諮] 谙[諳] 谚[諺] 谛[諦] 谜[謎] 谝[諞] 谞[諝] 谟[謨] 谠[讜] 谡[謖] 谢[謝] 谣[謠] 谤[謗] 谥[謚] 谦[謙] 谧[謐] 谨[謹] 谩[謾] 谪[謫] 谫[謭] 谬[謬] 谭[譚] 谮[譖] 谯[譙] 谰[讕] 谱[譜] 谲[譎] 谳[讞] 谴[譴] 谵[譫] 谶[讖] 雠[讎]

谶〔讖〕 霭〔靄〕

〔饣〕
饥〔饑〕 饦〔飥〕 饧〔餳〕 饨〔飩〕 饭〔飯〕 饮〔飲〕 饫〔飫〕 饩〔餼〕 饪〔飪〕 饬〔飭〕 饲〔飼〕 饯〔餞〕 饰〔飾〕 饱〔飽〕 饴〔飴〕 饸〔餄〕 饹〔餎〕 饷〔餉〕 饺〔餃〕 饼〔餅〕 饵〔餌〕 饶〔饒〕 蚀〔蝕〕 馁〔餒〕 饿〔餓〕 馆〔館〕 馄〔餛〕 馃〔餜〕 馅〔餡〕 馉〔餶〕 馇〔餷〕 馈〔饋〕 馊〔餿〕 馐〔饈〕 馑〔饉〕 馒〔饅〕 馓〔饊〕 馔〔饌〕 馕〔饢〕

〔纟〕
丝〔絲〕 纠〔糾〕 纩〔纊〕 纡〔紆〕 纣〔紂〕 红〔紅〕 纪〔紀〕 纫〔紉〕 纥〔紇〕 约〔約〕 级〔級〕 纨〔紈〕 纺〔紡〕 纹〔紋〕 纬〔緯〕 纭〔紜〕 纯〔純〕 纰〔紕〕 纽〔紐〕 纳〔納〕 纲〔綱〕 纱〔紗〕 纴〔紝〕 纷〔紛〕 纶〔綸〕 纸〔紙〕 纵〔縱〕 纾〔紓〕 纼〔紖〕 纻〔紵〕 绀〔紺〕 绁〔紲〕 绂〔紱〕 练〔練〕 组〔組〕 绅〔紳〕 细〔細〕 织〔織〕 终〔終〕 绉〔縐〕 绊〔絆〕 绋〔紼〕 绌〔絀〕 绍〔紹〕 绎〔繹〕 经〔經〕 绐〔紿〕 绑〔綁〕 绒〔絨〕 结〔結〕 绔〔絝〕 绕〔繞〕 绖〔絰〕 绗〔絎〕 绘〔繪〕 给〔給〕 绚〔絢〕 络〔絡〕 绝〔絕〕 绞〔絞〕 统〔統〕 绠〔綆〕 绡〔綃〕 绢〔絹〕 绣〔綉〕 绤〔綌〕 绥〔綏〕 绦〔絛〕 继〔繼〕 绨〔綈〕 绩〔績〕 绪〔緒〕 绫〔綾〕 续〔續〕 绮〔綺〕 绰〔綽〕 绲〔緄〕 绳〔繩〕 维〔維〕 绵〔綿〕 绶〔綬〕 绷〔繃〕 绸〔綢〕 绺〔綹〕 绻〔綣〕 综〔綜〕 绽〔綻〕 绾〔綰〕 绿〔綠〕 缀〔綴〕 缁〔緇〕 缂〔緙〕 缃〔緗〕 缄〔緘〕 缅〔緬〕 缆〔纜〕 缇〔緹〕 缈〔緲〕 缉〔緝〕 缊〔縕〕 缌〔緦〕 缎〔緞〕 缏〔緶〕 缑〔緱〕 缒〔縋〕 缓〔緩〕 缔〔締〕 缕〔縷〕 编〔編〕 缗〔緡〕 缘〔緣〕 缙〔縉〕 缚〔縛〕 缛〔縟〕 缜〔縝〕 缝〔縫〕 缟〔縞〕 缠〔纏〕 缡〔縭〕 缢〔縊〕 缣〔縑〕 缤〔繽〕 缥〔縹〕 缦〔縵〕 缧〔縲〕 缨〔纓〕 缩〔縮〕 缪〔繆〕 缫〔繅〕 缬〔纈〕 缭〔繚〕 缮〔繕〕 缯〔繒〕 缰〔韁〕 缱〔繾〕 缲〔繰〕 缳〔繯〕 缴〔繳〕 缵〔纘〕

〔只〕
识〔識〕 帜〔幟〕 织〔織〕 炽〔熾〕 职〔職〕

劳〔勞〕 茕〔煢〕 茔〔塋〕 荧〔熒〕 荦〔犖〕 荥〔滎〕 荣〔榮〕 莹〔瑩〕 捞〔撈〕 唠〔嘮〕 崂〔嶗〕 痨〔癆〕 耢〔耮〕 莺〔鶯〕 萤〔螢〕 营〔營〕 萦〔縈〕

〔戋〕
刬〔剗〕 浅〔淺〕 饯〔餞〕 线〔綫〕 残〔殘〕 栈〔棧〕 贱〔賤〕 盏〔盞〕 钱〔錢〕 笺〔箋〕 溅〔濺〕 践〔踐〕

〔収（收）〕
览〔覽〕 揽〔攬〕 缆〔纜〕 榄〔欖〕 鉴〔鑒〕 坚〔堅〕 贤〔賢〕

〔钅〕
钆〔釓〕 钇〔釔〕 针〔針〕 钉〔釘〕 钊〔釗〕 钋〔釙〕 钌〔釕〕 钍〔釷〕 钎〔釺〕 钏〔釧〕 钐〔釤〕 钒〔釩〕 钓〔釣〕 钔〔鍆〕 钕〔釹〕 钖〔鍚〕 钗〔釵〕 钘〔鈃〕 钙〔鈣〕 钚〔鈈〕 钛〔鈦〕 钜〔鉅〕 钝〔鈍〕 钞〔鈔〕 钟〔鐘〕 钠〔鈉〕 钡〔鋇〕 钢〔鋼〕 钣〔鈑〕 钤〔鈐〕 钥〔鑰〕 钦〔欽〕 钧〔鈞〕 钨〔鎢〕 钩〔鉤〕 钪〔鈧〕 钫〔鈁〕 钬〔鈥〕 钭〔鈄〕 钮〔鈕〕 钯〔鈀〕 钰〔鈺〕 钱〔錢〕 钲〔鉦〕 钳〔鉗〕 钴〔鈷〕 钵〔缽〕 钶〔鈳〕 钷〔鉕〕 钸〔鈽〕 钹〔鈸〕 钺〔鉞〕 钻〔鑽〕 钼〔鉬〕 钽〔鉭〕 钾〔鉀〕 钿〔鈿〕 铀〔鈾〕 铁〔鐵〕 铂〔鉑〕 铃〔鈴〕 铄〔鑠〕 铅〔鉛〕 铆〔鉚〕 铈〔鈰〕 铉〔鉉〕 铊〔鉈〕 铋〔鉍〕 铌〔鈮〕 铍〔鈹〕 铎〔鐸〕 铏〔鉶〕 铐〔銬〕 铑〔銠〕 铒〔鉺〕 铓〔鋩〕 铕〔銪〕 铖〔鋮〕 铗〔鋏〕 铘〔鋣〕 铙〔鐃〕 铚〔銍〕 铛〔鐺〕 铜〔銅〕 铝〔鋁〕 铞〔銱〕 铟〔銦〕 铠〔鎧〕 铡〔鍘〕 铢〔銖〕 铣〔銑〕 铤〔鋌〕 铥〔銩〕 铦〔銛〕 铧〔鏵〕 铨〔銓〕 铩〔鎩〕 铪〔鉿〕 铫〔銚〕 铬〔鉻〕 铭〔銘〕 铮〔錚〕 铯〔銫〕 铰〔鉸〕 铱〔銥〕 铲〔鏟〕 铳〔銃〕 铴〔鐋〕 铵〔銨〕 银〔銀〕 铷〔銣〕 铸〔鑄〕 铹〔鐒〕 铺〔鋪〕 铻〔鋙〕 铼〔錸〕 铽〔鋱〕 链〔鏈〕 铿〔鏗〕 销〔銷〕 锁〔鎖〕 锂〔鋰〕 锃〔鋥〕 锄〔鋤〕 锅〔鍋〕 锆〔鋯〕 锇〔鋨〕 锈〔銹〕 锉〔銼〕 锊〔鋝〕 锋〔鋒〕 锌〔鋅〕 锍〔鋶〕 锎〔鐦〕 锏〔鐧〕 锐〔銳〕 锑〔銻〕 锒〔鋃〕 锓〔鋟〕 锔〔鋦〕 锕〔錒〕 锖〔錆〕 锗〔鍺〕 锘〔鍩〕 错〔錯〕 锚〔錨〕 锛〔錛〕 锜〔錡〕 锝〔鍀〕 锞〔錁〕 锟〔錕〕 锠〔錩〕 锡〔錫〕 锢〔錮〕 锣〔鑼〕 锤〔錘〕 锥〔錐〕 锦〔錦〕 锧〔鑕〕 锨〔鍁〕 锩〔錈〕 锪〔鍃〕 锫〔錇〕 锬〔錟〕 锭〔錠〕 键〔鍵〕 锯〔鋸〕 锰〔錳〕 锱〔錙〕 锲〔鍥〕 锴〔鍇〕 锵〔鏘〕 锶〔鍶〕 锷〔鍔〕 锸〔鍤〕 锹〔鍬〕 锺〔鍾〕 锻〔鍛〕 锼〔鎪〕 锽〔鍠〕 锾〔鍰〕 锿〔鎄〕 镀〔鍍〕 镁〔鎂〕 镂〔鏤〕 镃〔鎡〕 镄〔鐨〕 镅〔鎇〕 镆〔鏌〕 镇〔鎮〕 镈〔鎛〕 镉〔鎘〕 镊〔鑷〕 镋〔钂〕 镌〔鐫〕 镍〔鎳〕 镎〔鎿〕 镏〔鎦〕 镐〔鎬〕 镑〔鎊〕 镒〔鎰〕 镓〔鎵〕 镔〔鑌〕 镕〔鎔〕 镖〔鏢〕 镗〔鏜〕 镘〔鏝〕 镙〔鏍〕 镚〔鏰〕 镛〔鏞〕 镜〔鏡〕 镝〔鏑〕 镞〔鏃〕 镟〔鏇〕 镠〔鏐〕 镡〔鐔〕 镢〔鐝〕 镣〔鐐〕 镤〔鏷〕 镥〔鑥〕 镦〔鐓〕 镧〔鑭〕 镨〔鐠〕 镩〔鑹〕 镪〔鏹〕 镫〔鐙〕 镬〔鑊〕 镭〔鐳〕 镮〔鐶〕 镯〔鐲〕 镰〔鐮〕 镱〔鐿〕 镲〔鑔〕 镴〔鑞〕 镵〔鑱〕 镶〔鑲〕

〔兴〕
誊〔謄〕 誉〔譽〕 学〔學〕 觉〔覺〕 搅〔攪〕 喾〔嚳〕 鲎〔鱟〕 黉〔黌〕

〔亦〕
变〔變〕 弯〔彎〕 孪〔孿〕 峦〔巒〕 娈〔孌〕 栾〔欒〕 鸾〔鸞〕 恋〔戀〕 挛〔攣〕 湾〔灣〕 蛮〔蠻〕 脔〔臠〕 滦〔灤〕 銮〔鑾〕

译〔譯〕 泽〔澤〕 择〔擇〕 峄〔嶧〕 绎〔繹〕 驿〔驛〕 铎〔鐸〕 释〔釋〕

〔呙〕
剐〔剮〕 涡〔渦〕 埚〔堝〕 喎〔喎〕 锅〔鍋〕 莴〔萵〕 脶〔腡〕 窝〔窩〕 蜗〔蝸〕

〔圣〕
劲〔勁〕 刭〔剄〕 陉〔陘〕 泾〔涇〕 茎〔莖〕 径〔徑〕 烃〔烴〕 氢〔氫〕 胫〔脛〕 颈〔頸〕 轻〔輕〕

痖〔瘂〕 疮〔瘡〕 痉〔痙〕 疬〔癧〕 颈〔頸〕 疏〔疎〕

（四）　以下39个字习惯被看作简化字。
括弧里的字是停止使用的异体字。

呆〔獃騃〕 床〔牀〕 挂〔掛〕 秸〔稭〕 昆〔崑崐〕 厘〔釐〕 猫〔貓〕 升〔陞昇〕 席〔蓆〕 凶〔兇〕 涌〔湧〕 灾〔災〕 占〔佔〕
布〔佈〕 唇〔脣〕 哄〔閧鬨〕 杰〔傑〕 捆〔綑〕 麻〔蔴〕 栖〔棲〕 笋〔筍〕 绣〔繡〕 岩〔巖〕 岳〔嶽〕 札〔剳劄〕 周〔週〕
痴〔癡〕 雇〔僱〕 迹〔蹟〕 巨〔鉅〕 泪〔淚〕 脉〔脈〕 弃〔棄〕 它〔牠〕 锈〔鏽〕 异〔異〕 韵〔韻〕 扎〔紮紥〕 注〔註〕

（五）　下列地名用字，因为生僻难认，已经国务院批准更改，录此以备检查。

黑龙江 铁骊县改铁力县
　　　　　瑷珲县改爱辉县
青　海 亹源回族自治县改门源回族自治县
新　疆 和阗专区改和田专区
　　　　　和阗县改和田县

于阗县改于田县
婼羌县改若羌县
雩都县改于都县
大庾县改大余县
虔南县改全南县
新淦县改新干县
新喻县改新余县
鄱阳县改波阳县

寻邬县改寻乌县
广　西 鬱林县改玉林县
四　川 酆都县改丰都县
　　　　　石砫县改石柱县
　　　　　越嶲县改越西县
　　　　　呷洛县改甘洛县
贵　州 鳛川县改务川县
　　　　　鳛水县改习水县

陕　西 商雒专区改商洛专区
　　　　　盩厔县改周至县
　　　　　郿县改眉县
　　　　　醴泉县改礼泉县
　　　　　郃阳县改合阳县
　　　　　鄠县改户县
　　　　　雒南县改洛南县

邠县改彬县
鄜县改富县
葭县改佳县
沔县改勉县
栒邑县改旬邑县
洵阳县改旬阳县
汧阳县改千阳县

注：本表系按照1964年5月中国文字改革委员会编印的《简化字总表》整理而成。

责任编辑： 顾乃福

封面设计： 陈建华

ISBN 7-5031-1015-5

9 787503 110153

ISBN 7-5031-1015-5 / K · 401

定价：48.00 元